**Landschaft verstehen.**
**Industriearchitektur und Landschaftsästhetik**
**im Schwarzwald**

**Landschaft verstehen.**
Industriearchitektur und Landschaftsästhetik
im Schwarzwald


Richard Schindler
Institut für Visual Profiling & Visual Resources Development, Freiburg

**modo**

**Auftrag. Zu prüfende Hypothese.** Am 28. Oktober 2003 erhielt das Institut für Visual Profiling & Visual Resources Development, Freiburg durch Herrn Andreas Markowsky, Geschäftsführer der regiowind Verwaltungs-GmbH, den Auftrag ein Sachverständigengutachten zu erstatten und dabei folgende Hypothese des Auftraggebers zu prüfen:

Durch die beiden Windkraftanlagen an der Holzschlägermatte ist im Hinblick auf geltendes Recht keine qualifizierte Beeinträchtigung im Sinne einer Verunstaltung des Landschaftsbildes gegeben.

Eine weiterführende Analyse soll der Sinnstruktur typischer Einwände und Bedenken gelten. Diese Analyse soll dem Auftraggeber zur qualitativen Bewertung von Maßnahmen zur Erhöhung öffentlicher Akzeptanz von Windkraftanlagen dienen.

**Gegenstand der Analyse. Bewertung.** Gegenstand der Untersuchung ist das Landschaftsbild Schwarzwald mit den beiden Windkraftanlagen an der Holzschlägermatte. Analysiert wird die Veränderung des Landschaftsbildes durch die Errichtung der Windräder. Bewertet wird, ob dadurch eine Verunstaltung der Landschaft eingetreten ist.

**Der zentrale Befund.** Die Windkraftanlagen an der Holzschlägermatte stellen keine Verunstaltung des Landschaftsbildes dar. (§ 35 Abs. 3 Nr. 5 BauGB)

Die Windkraftanlagen an der Holzschlägermatte stellen landschaftsästhetisch weder einen negativen, noch einen neutralen, sondern einen positiven Sachverhalt dar. „Vielfalt, Eigenart und Schönheit von Natur und Landschaft" (§ 1 Abs. 1 BNatSchG) erfahren keine Minderung, sondern eine Steigerung.

**Zusammenfassung der Einzelergebnisse.** Die Bewertung der künstlerisch-wissenschaftlichen Analyseergebnisse ergibt: Die Windkraftanlagen an der Holzschlägermatte verunstalten das Landschaftsbild Schwarzwald nicht – nicht im künstlerischen Sinn und nicht bezogen auf aktuelle Rechtsprechung.

Mehr noch: mit Rücksicht auf die Tatsache, dass die Errichtung der Anlagen nicht aus ästhetischen, sondern aus energiewirtschaftlichen Gründen (und Interessen) erfolgte, muss festgestellt werden, dass das Erscheinungsbild der Anlagen im Landschaftsbild als Ganzem geradezu ein Glücksfall ist.

Das „Doppel" (die beiden Anlagen müssen als eine einzige Erscheinung zusammen genommen werden) ist eine Hinzufügung, die das Landschaftsbild zurückhaltend, aber prägnant akzentuiert. Typische Merkmale des Schwarzwaldbildes werden durch die Doppelanlage unterstrichen und auf besonders zeitgemäße Weise sichtbar und erfahrbar gemacht.

Die Untersuchung des Landschaftsbildes aus der Tal- und Wanderperspektive, aus der Blickperspektive von Schauinsland-Turm und Schauinsland-Bergstation (beides geschätzte Ausflugsorte mit spektakulärem Talblick und Fernsicht) ergibt, dass das Doppel die für die Vorgebirgslandschaft typische Vermittlung zwischen Berg und Tal unmittelbar einsichtig, optisch ausgewogen und ästhetisch gelungen unterstützt und versinnbildlicht.

Dies wird deutlich in Kontrast zur Schauinslandseilbahn. In unmittelbarer Nachbarschaft zur Windkraftanlage an der Holzschlägermatte, und wie diese ein technisches Bauwerk in der Landschaft, wird doch erst in Verbindung mit diesen zeitgemäßen Anlagen der besondere ästhetische Reiz und Charme sichtbar, den die bereits historisch gewordene Technik der Seilbahn für uns hat.

Während Turm, Seilbahn und Straßen einerseits der verkehrstechnischen bzw. optischen Erschließung der Landschaft dienen und deren ästhetischen Genuss erst ermöglichen, wollen sie andererseits selbst nicht Gegenstand ästhetischer Betrachtung sein. Dennoch bringen sie sich ungewollt massiv, und im Hinblick auf ungestörte Natursicht irritierend, ins Bild. Sie sind von großer optischer Dominanz und daher (in konventioneller Terminologie) als erhebliche Eingriffe, als so genannte Vorbelastungen von Landschaft und Landschaftsbild zu werten.

Dieses plausibel anmutende Urteil erweist sich insofern als vordergründig, als eine analytisch exakte Bestimmung der Besonderheiten des Landschaftsbildes „Schwarzwald" deutlich macht, dass diese landschaftserschließenden Maßnahmen für die Wahrnehmung des Schwarzwaldes nicht nur nicht störend, sondern konstitutiv sind: Landschaft und Landschaftsbild „Schwarzwald" sind von anderen Landschaften und Landschaftsbildern dadurch spezifisch verschieden, dass sie durch vielfältige Blicke und Aussichten erschließende technische Einrichtungen gekennzeichnet sind. Blicke und Sichten, die der Schwarzwald bietet, sind geschätzt und gepriesen, weil der Schwarzwald sie bietet: das heißt sie als Kulturlandschaft erzeugt.

Das Landschaftsbild „Schwarzwald" kann abkürzend charakterisiert werden durch Begriffe wie Garten und Park. Es lebt von der versöhnten Gestalt, in die Natur und Kultur hier in besonderer Weise eingegangen sind.

In diesem Bild sind die Windkraftanlagen an der Holzschlägermatte überzeugender visueller Ausdruck menschlichen Bemühens um diese Versöhnung. Sie sind eine ausdrückliche Bereicherung des Landschaftsbildes.

Die Windkraftanlagen passen nicht deshalb in das Landschaftsbild „Schwarzwald", weil sie sich ihm „anverwandeln" (z.B. durch die grüne Bemalung der Türme), sondern weil sie strukturell von gleicher Art sind: Ihr Bildwert als Technik ist demjenigen der Landschaft homolog.

Denn die Eigenart der Landschaft „Schwarzwald" besteht in der Art und Weise, in der Sichten und Ausblicke technisch erschlossen und erzeugt werden. Ihre Vielfalt ergibt sich aus derjenigen der Blicke und Aussichten. Und ihre Schönheit bestimmt sich nach der versöhnten Gestalt von ansonsten widersprüchlichen Elementen (Natur und Kultur).

Die Doppelanlage an der Holzschlägermatte ist – wie die genannten Einrichtungen Turm, Seilbahn und Straße – eine technische, zweckorientierte Installation. Mit Rücksicht auf ihre Sichtbarkeit ist sie aber einerseits zurückhaltender (darüber hinaus auch optisch sorgfältiger gestaltet) als jene und andererseits deutlicher sichtbar exponiert. Das ist kein bedauerlicher Nachteil, sondern unbeabsichtigter Gewinn einer geglückten Integration in das Ensemble aller Landschaftsbildelemente und die durch sie konstituierte Gesamtheit.

Analysebefund und Wertung sind mehrfach durch Paralleluntersuchungen bestätigt.

1. Die Untersuchung historischer und aktueller künstlerischer und fotografischer Landschaftsbilder vom Schwarzwald (Postkarten, Bildbände, Kalender etc.) ergibt, dass sowohl der Berg an der Holzschlägermatte (auf dem die beiden Anlagen errichtet sind), als auch der dahinter liegende „Schauinsland" aus relevanter Perspektive bisher kein Gegenstand der Aufmerksamkeit waren. Der Blick aus der Tal- und Wanderperspektive auf die fragliche Landschaft ist offenbar überhaupt erst durch die Windkraftanlagen attraktiv geworden. Platzierungen entsprechender Aussichtsbänke empfehlen den Fern- und Talblick und keineswegs den taleinwärts gerichteten Blick auf jenen Landschaftsteil, in dem die Windkraftanlagen stehen. Der solcherart empfohlene Blick wird durch das Doppel nicht tangiert.
2. Exemplarische Analysen typischer Einwände ergeben: Obwohl die untersuchten Stellungnahmen in Wort und Bild zu behaupten suchen, die Anlagen würden das Landschaftsbild verunstalten, ist den Ausführungen zu entnehmen, dass sie implizit und uneingestandener Maßen die überzeugende ästhetische Kraft des durch die Windkraftanlagen entstandenen Landschaftsbildes anerkennen.
3. Schließlich bestätigen die Urteile von Künstlern unseren positiven landschaftsästhetischen Befund. Deren Ausführungen während der Inaugenscheinnahme der Windkraftanlagen an der Holzschlägermatte widersprechen durchgängig der Verunstaltungsbehauptung.

Unser landschaftsästhetischer Positivbefund widerspricht nicht der Möglichkeit, dass ein Betrachter die Anlagen als störend empfindet. In Analogie zu Bildstörungen anderer Art (Fernsehen, bildende Kunst) kann gezeigt werden, dass ihr Störpotential darin besteht, die Aufmerksamkeit auf das Gestörte selbst zu lenken: den Schwarzwald als Bild und Aussichten ermöglichend und erzeugend. Mithin auf eben das, was den Schwarzwald und das Schwarzwaldbild auszeichnet. Eine Störung im Sinne einer landschaftsästhetischen Verunstaltung läge dann vor, wenn die Wahrnehmung von Eigenart, Vielfalt und Schönheit (im oben dargestellten und im Folgenden rekonstruierten Sinn) verhindert wäre, wie beispielsweise durch überformende Monokulturen, aber auch durch Einrichtungen einer „kitschigen" Verschleierung aktueller Welt- und Problemlagen. Deren zerstörende Störungsfreiheit steht mit der rekonstruierten Sinnstruktur des Landschaftsbildes nicht in Einklang. Das Störpotential der Windkraftanlagen an der Holzschlägermatte ist integraler Bestandteil des dort anzutreffenden Landschaftsbildes.

Im Gegensatz zu einer „Rückbauung" empfiehlt das vorliegende Gutachten Ergänzungen und Weiterungen in der Logik der ästhetischen Steigerung (statt Abschwächung) der Erscheinung der Windkraftanlagen an der Holzschlägermatte.

# Zusammenfassung in Bildern

Das Landschaftsbild Schwarzwald findet sich in drei Formaten.
1. in dem, was wir unmittelbar sehen;
2. in dem, was uns Bilder und Texte über den Schwarzwald zeigen;
3. in dem, was wir wissen und uns vorstellen.

Eigenart, Vielfalt und Schönheit des Landschaftsbildes Schwarzwald, das verunstaltet sein könnte, bestimmen sich (unter anderem) durch:

- Parzellierte Wälder und Wiesen in abwechslungsreicher Erscheinung. Durch Seen, Schluchten, Wasserfälle, Städte, Kirchen, Klöster.
- Das Schwarzwaldrind (Vorderwälder- und Hinterwälderrind)
- Das Schwarzwaldhaus
- Tracht und Schwarzwälder Kirschtorte
- Topografische und installative Einrichtungen (Infrastruktur), die die Sichten auf die. Landschaft erst ermöglichen bzw. Landschaftsbilder erzeugen: Eisenbahn, Seilbahn, Gasthäuser, Straßen, Bänke.
- Die Wassermühle
- Die schwarzwälder Kuckucksuhr
- Energieanlagen (Stauseen)

Eigenart, Vielfalt und Schönheit sind *strukturelle* Vorgaben einer Landschaft. Im Schwarzwald sind sie Folge einer Siedlungs- und Wirtschaftsweise, die in besonderer und unverwechselbarer Weise auf die Landschaft Bezug nimmt und diese gestaltet. Davon zeugen das Schwarzwaldhaus als Vorbild für Funktionalität und sinnvolle Berücksichtigung landschaftlicher Gegebenheiten, aber auch das landschaftsbildprägende Schwarzwaldrind als Tierzuchtprodukt, die Kuckucksuhr als Folge wirtschaftlicher Not und der verkehrstechnischen Erschließung durch die Schwarzwaldbahn, die Schwarzwälder Kirschtorte als neu geschaffenes regionales Markenzeichen und die Wassermühlen, die wie die Stauseen, eine effektive Naturkraftnutzung darstellen.

Das Passungsverhältnis der Windkraftanlage an der Holzschlägermatte mit dieser Kulturlandschaft ist ein gelungenes, positives Verhältnis. Die Doppelanlage fügt sich vorbildlich in Eigenart, Vielfalt und Schönheit des Landschaftsbildes und akzentuiert es im Sinne einer Steigerung.

Parzellierte Wälder und Wiesen

Schwarzwaldrind

Vogtsbauernhof

Tracht und Schwarzwälder Kirschtorte

Installative Einrichtungen

Wassermühle

Kuckucksuhr

Stausee

Windkraftanlage

# Vorwort

Die vorliegende Studie bietet unvoreingenommene Blicke, überraschende Perspektiven und irritierende Befunde.

Die Debatte darüber, wieweit Industriearchitektur Landschaft verändern darf und kann, wird heute international und öffentlich geführt. Hoteltürme in Berglandschaften, Windräder im Schwarzwald oder Zollfreistrassen in Naherholungsgebieten stellen die Frage, welcher ästhetische Preis für industrielle Entwicklung zu zahlen ist. Kann eine "Verunstaltung" der Landschaft objektiv festgestellt werden? Gibt es in Sachen Landschaftsschutz und Landschaftsbildbewertung rational entscheidbare Argumente? Wie kommt unsere Wahrnehmung einer "intakten" Landschaft überhaupt zustande?

Veranlasst durch einen konkreten Streitfall um Windkraftanlagen im Schwarzwald, ist eine exemplarische qualitative Landschaftsbildanalyse aus künstlerisch-wissenschaftlicher Sicht entstanden. Dabei erschließt sich die ästhetische Qualität des Passungsverhältnisses von Industriearchitektur und Landschaft nicht aus einer messtechnischen, computergestützten Zahlenmechanik, sondern aus der Konkretion ihrer Erscheinung. Die Untersuchung setzt sich kritisch mit gängigen verwaltungstechnischen Verfahren der Landschaftsbildbewertung auseinander und ist ein Beitrag zum kulturwissenschaftlichen Verständnis von Landschaft.

Die beiden Windkraftanlagen an der Holzschlägermatte bei Freiburg stießen auf heftigen öffentlichen Widerstand. Immer wieder wurde behauptet (etwa in Leserbriefen), die Anlagen würden das Landschaftsbild Schwarzwald verunstalten. Die Betreibergesellschaft war mit ihren Anlagen auf eine Akzeptanzproblematik gestoßen. In dieser Situation hat das Institut für Visual Profiling & Visual Resources Development angeregt, das hier in Buchform vorliegende Gutachten erstellen zu lassen. Unabhängig davon, was das Ergebnis sein würde, wäre mit der Beauftragung zu einem Sachverständigengutachten öffentlich gemacht, dass die Anlagenbetreiber nicht nur die ökologischen, sondern auch die ästhetischen Einwände ernst nehmen. Darüber hinaus ergänzt nun die Veröffentlichung des Gutachtens die handlungspraktischen Bemühungen des Unternehmens vor Ort durch einen diskursiven Beitrag zur derzeit international geführten Debatte um das Schutzgut Landschaft. Die Veröffentlichung unterstreicht, dass die beteiligten Wirtschaftsunternehmen die Belange des Landschaftsschutzes selbst aktiv und verantwortlich verfolgen. Und zwar über den konkreten Fall hinaus: Denn das hier Erarbeitete steht jetzt auch andernorts zur Verfügung. Vor allem im Hinblick auf das angewandte Verfahren der Studie und im Hinblick auf die ebenfalls exemplarische und innovative Kooperation eines Wirtschaftsunternehmens mit einem Künstler.

Denn diese Studie weist zukunftsweisend über herkömmliche Kooperationen zwischen Wirtschaft und Kunst hinaus: die beschränken sich in der Regel auf Sponsoring, unternehmerische Sammlertätigkeit oder die mehr oder weniger geglückte Ausstattung von Firmenräumen mit Kunst. Demgegenüber wird hier gezeigt, wie künstlerische Wahrnehmungsfähigkeiten einen relevanten Beitrag zu gesellschaftlichen Problemlagen leisten und unmittelbar für unternehmerisches Handeln fruchtbar werden können.

Dies alles wäre nicht möglich gewesen ohne engagierte Hilfe zahlreicher Personen. An dieser Stelle sei in sonders den Künstlerkollegen, die zu einer fachlichen Stellungnahme sich verführen ließen, herzlich gedankt. Darüber hinaus gilt ausdrücklicher Dank Frau Petra Zentgraf: Sie hat, besonders in der Anfangsphase des Projekts, mit großem Sachverstand erfolgreich die notwendige Überzeugungsarbeit für eine Kooperation unterstützt. Auch Rechtsanwalt Alexander Simon und Andreas Markowsky, Geschäftsführer der Firma regiowind Verwaltungs-GmbH, seien herzlich für die Kooperationsbereitschaft und für die großzügige finanzielle Unterstützung der Buchpublikation bedankt. Dieter Weber vom Modoverlag war bereit die Drucklegung unter großem Zeitdruck zu realisieren. Ganz ausdrücklich und in besonders hohem Maße bedanke ich mich bei Peter Oberndorfer und Andreas Wernet. Am 28. Oktober 2003 wurde das Institut mit der Erstellung des Gutachtens beauftragt. Bereits am 10. März 2004 war Abgabetermin. Wer die jetzt vorliegende Arbeit überblickt, wird ermessen können, was das bedeutet. Allen, die zum Gelingen beigetragen haben sei gedankt!

Richard Schindler, Freiburg, den 10. August 2005

# Inhaltsverzeichnis

| | |
|---|---|
| 5 | **Auftrag. Gegenstand. Befund.** |
| 8 | **Zusammenfassung in Bildern** |
| 11 | **Vorwort** |
| 13 | **Inhaltsverzeichnis** |
| 17 | **Einleitung** |
| 17 | *Nutze Deine Fehler und Du wirst ein Star. Edith Piaf* |
| 19 | *Objektivität, zum Ersten.* |
| 20 | *Der unvoreingenommene Blick* |
| 21 | **Näherung, die erste. Neuland** |
| 22 | *Bildende Künstler als Sachverständige* |
| 22 | Ästhetische Expertise. Laienurteil |
| 23 | Rechtsbegriff: Landschaft. Landschaft als Bild. Architektur |
| 24 | *Gegenstand der Untersuchung. Datenmaterial* |
| 26 | *Anlass. Verwendungszusammenhang des Gutachtens* |
| 26 | Widerstand |
| 27 | Erwartungen an die Analysemethode |
| 28 | *Methodische Begründung. Praktische Durchführung* |
| 29 | Exkurs zum Bild von Günter Förg |
| 29 | *Darstellung des Ergebnisses. Text und Fotos* |
| 31 | *Methodologischer Exkurs* |
| 31 | Zur Sache |
| 33 | Objektivität, zum Zweiten. Visuelles Profil |
| 36 | Scheineindeutigkeit. Zur Hilflosigkeit „exakter Verfahren" |
| 45 | **Näherung, die zweite. Fehlerhafte Landschaft** |
| 45 | *Exkurs. Lexikalische Einträge* |
| 46 | *Der Betrachter ist im Bild* |
| 47 | *Landschaftsmalerei. Land Art* |
| 48 | Paul Cézanne |
| 50 | Gerhard Richter |
| 52 | Land Art |
| 54 | *Erfahrungen mit Fehlern. Vom Umgang mit Kunstwerken* |
| 55 | Bildstörung |
| 56 | Exkurs. Flecken im Bild |
| 57 | Exkurs. Messfehler |

| | |
|---|---|
| 59 | Flecken auf dem Bild |
| 60 | *Methodische Bestimmungen. Methodologische Umstände* |
| 62 | *Betrachterstandpunkt* |
| 63 | Schiene |
| 65 | Straße |
| 67 | Aussichtsturm everywhere |
| 69 | Web-Cam |
| 71 | **Analyse, die erste. Landschaftsbild Schwarzwald** |
| 73 | *Kulturgeschichtliche Rahmenbedingungen*. Von Peter Oberndorfer |
| 73 | Markenartikel |
| | Schwarzwälder Schinken, Schwarzwälder Kirschwasser I Schwarzwälder Kirschtorte I Schwarzwaldhaus I Die Mühle im Schwarzwald I Schwarzwälder Kuckucksuhren I Schwarzwälder Tracht I Schwarzwälder Rinder- und Pferderassen I Schwarzwaldbahn I Schwarzwaldhochstraße I „Schwarzwald-mädel" I Die Schwarzwaldklinik" I „Die Fallers" I „Familie Boro" („Schwarzwaldhaus 1902") |
| 82 | Kulturlandschaft |
| | Vorbelastung. Empfindlichkeit I Splitter und Balken I Wandel |
| 84 | Mittelgebirgslandschaft |
| | Topografie einer Ferienlandschaft I Schwarzwald und Alpen |
| 88 | Parklandschaft |
| | Aussichten I Seen I Schluchten I Wasserfälle I Berge I Wälder I Städte I Kirchen und Klöster I Denkmäler I Energieanlagen |
| | Infrastruktur I Eisenbahn I Seilbahn I Aussichtstürme I Gasthäuser |
| 96 | Tourismusinformationen. Schwarzwald im Internet |
| | Der Schwarzwald I Die Straßen, die Wege I Die Höllental-Bahn I Die Schwarzwald-Hochstaße I Der Schauinsland I Die Schwebebahn (Seilbahn) |
| 99 | *Bilder vom Schwarzwald* |
| 101 | Ansichtskarten |
| 106 | Bildbände, Kalenderbilder, Web-Cam |
| | Die Schönsten I Bucher: Reisen I Braun: Licht und Dunkel I Rombach I: Impressionen I Rombach II: Stimmungen |
| 119 | Künstlerische Schwarzwaldbilder |
| 125 | **Analyse, die zweite. Landschaftsbild Plus** |
| 125 | *Windkraftanlage* |
| 129 | Rad der Geschichte |
| | Historische Windmühle I Exkurs zum alpinen Stausee I Windräder im Mittel-gebirge I Zwischen Windmühle und Gipfelkreuz. Markierungsfunktion – Windradfeld |
| | Optische Telegrafie I Kinetische Kunstobjekte |
| 136 | Symmetrie. Zweiheit |
| 139 | Asymmetrie. Triskel |
| 140 | Bewegung. Stillstand |
| 142 | *Die Sichten* |
| 148 | Brücke & oberes Stockwerk. (Stadtsicht) |
| 149 | Straßen & Züge. (Fernsicht) |
| 156 | Wanderwege & Spazierwege / Bänke, Türme, Gondeln. (Mittlere Sicht) |

Bank I Aussichtsturm Schlossberg I Bergstation der Seilbahn I Wanderwege & Spazierwege

167 Nahsicht
Das Unvollendete I Die Zweiheit I Das Ei I Der Rotor I Fundament, Turm, Tür.

175 **Analyse, die dritte. Deutungsmuster.** Von Andreas Wernet
175 *Methodische Vorbemerkung. Zum Begriff der immanenten Analyse*
176 *Die zentralen Befunde*
177 *Kritiken und Antikritiken*
177 Zu schön für das Naturschöne
181 Exkurs. Der Makel des Blickfangs
182 Zu schön für das Naturschöne. Fortsetzung
185 Schau doch nicht hin. Ein Pseudo-Plädoyer
193 Wo Windkraftanlagen nicht weiter weh tun
Geglückte Standortsuche I Die Heimat der Fallers I Exkurs. Dissonanzen auf der touristischen Suche nach Authentizität I Selbstentfremdung
202 *Werbung in der Defensive*
202 Methodische Vorbemerkung zur Interpretation von Werbetexten
204 Nicht weiter störend
207 Exkurs. Milieubedingte Haltung und Akzeptanzwerbung
208 Nicht weiter störend. Fortsetzung
211 Offshore
217 **Ästhetische Ad-hoc-Urteile: Kollegengespräche**
218 Geist. Peter Dreher
221 Dramatik. Jürgen Giersch
223 Symbiose. Martin Kasper
225 Kathedrale. Stephan Khodaverdi
228 Akupunktur. Klaus Merkel
231 Kontrast. Annette Merkenthaler
233 Vielfalt. Bernd Seegebrecht
235 Postkartengeeignet. Herbert Wentscher
239 **Diskussion. Bewertung.**
240 *Visuelle Ressource*
249 *Rechtslage*
249 Grundlagen
250 Der Fall
Der ästhetisch aufgeschlossene Betrachter I Beeinträchtigung. Verunstaltung I Durch Nutzung geprägte Form. Blickfang: Rotorbewegung I Vorbelastung. Erholungswert I Eigenart. Vielfalt. Schönheit
265 **Vorschläge. Weiterungen**
266 *Fremdheit anstelle mimetischer Tarnversuche*
267 *Verankerung in Berg und Tal*
267 *Weiterungen in Stichworten*
269 **Anmerkungen**
280 **Literatur**

# Einleitung.

Die Frage, ob die Windkraftanlagen an der Holzschlägermatte das Landschaftsbild verunstalten oder nicht, ist aus künstlerischer Sicht einfach zu beantworten. Unmittelbarer Betrachtung ist evident: Die Anlagen verunstalten das Landschaftsbild nicht.

Ungleich komplexer fällt die Begründung der (einfachen) Antwort aus. Wenn z.B. bestimmt werden soll, von welchem Landschaftsbild genau die Rede ist und was denn nun Verunstaltung überhaupt bedeuten soll. Solche Bestimmungen scheinen notwendig, weil Worte auf mehrfache Weise gebraucht werden, weil nicht jeder auf gleiche Weise mit der einfachen Antwort zufrieden gestellt ist und weil wir es offenbar mit der Deutung von Welt zu tun haben und dies immer eine problematische, d.h. diskursabhängige Angelegenheit ist.

Es kann nicht mit gleichem Recht und in gleicher Hinsicht das Gegenteil gesagt werden: Es sei evident, die Anlagen verunstalten das Landschaftsbild.

**Nutze Deine Fehler und Du wirst ein Star. Edith Piaf.** Als es für uns darum ging, ob wir einen Auftrag zur Erstellung eines künstlerisch-wissenschaftlichen Gutachtens zur Frage der Landschaftsbildverunstaltung durch Windkraftanlagen überhaupt würden annehmen können und wollen, waren wir zunächst intuitiv der Auffassung, dass das Landschaftsbild „Schwarzwald" durch die Windkraftanlagen an der Holzschlägermatte *nicht* verunstaltet sei. Für uns selbst, und um dem Auftraggeber eine gewisse Pla-

*Richard Schindler, Panoramabild (Standort Schauinslandturm), 2003*

nungssicherheit zu bieten, fertigten wir Fotos. Wir wollten in einer abkürzenden Minimalanalyse herausfinden, ob und warum dies so ist.

Die Windkraftanlagen an der Holzschlägermatte sind nicht flüchtig. Aber Licht und Schatten, Wolken und Nebel sind es sehr wohl. Sie verändern das Erscheinungsbild der Anlagen unter Umständen von einer Minute zur anderen. Um dennoch von ein und demselben Bild zu sprechen, um gemeinsam darauf Bezug nehmen zu können, ist es also notwendig, die Erscheinung einer spezifischen Sicht in einem Protokoll festzuhalten. Im Falle visuell wahrnehmbarer Sachverhalte bietet es sich an, Bilder (Foto, Film oder Video) als protokollierendes Medium zu nutzen.

Bei der Betrachtung dieser ersten fotografischen Protokolle stellte sich heraus, dass sich unsere Aufnahmen scheinbar nicht von den Fotos unterschieden, die wir in Veröffentlichungen von so genannten Windkraftgegnern gesehen hatten.[1] Deren Fotos sollten nun aber gerade beweisen, dass und wie Windkraftanlagen ein Landschaftsbild verunstalten. Es war klar: Irgendetwas stimmte nicht. An unserer intuitiven ersten Einschätzung wollten wir zunächst nicht zweifeln. Deshalb suchten wir den vermuteten Fehler in den Fotos

Dabei stellten wir fest, dass unsere Fotos überhaupt nicht abbildeten, was sie doch zeigen sollten: nämlich das *Landschaftsbild mit den Windkraftanlagen*. Wir waren, wie andere vor uns, der Verführung eines fotografisch interessanten Gegenstandes erlegen – und hatten die Windkraftanlagen fotografiert. Und eben nicht die Landschaft! Statt Landschaftsbilder mit Windkraftanlagen, hatten wir Bilder von *Windkraftanlagen mit Landschaft*.

Dieser Fehler war leicht zu beheben. Wir brauchten nichts weiter zu tun, als mit einer modernen Digitalkamera Panoramabilder der Landschaft mit den Windkraftanlagen zu fertigen. Diese neuen Bilder zeigten uns, dass wir uns zunächst verhalten hatten wie manche Pubertierende, die bei einem morgendlichen Blick in den Spiegel entsetzt feststellen, dass sie durch einen kleinen, aber deutlich sichtbaren Pickel im Gesicht vollkommen verunstaltet seien und heute also keinesfalls unter die Leute in die Schule gehen könnten. Bei Erwachsenen würde man dies eine neurotische Fixierung nennen.

Der starre Blick auf immer nur einen Punkt verhindert in diesen Fällen tatsächlich die Wahrnehmung des übergeordneten Ganzen, der Landschaft. Die Frage, die sich daraus für die anstehende Untersuchung stellte, war: Erzwingen die Windkraftanlagen eine Fixierung des Blicks? Verhindern sie dadurch die Wahrnehmung der Landschaft? Lenken sie unsere Aufmerksamkeit auf sich? Bedarf es einer außerordentlichen Willensanstrengung, um von ihnen abzusehen, um Landschaft wahrzunehmen? Denn nur in diesem Fall wäre eine Blickfixierung der Sache und nicht dem Betrachter zuzuschreiben.

Zugleich stellte sich die Frage, welches ist die Landschaft, die gegebenenfalls verunstaltet sein könnte? Was lässt sich objektiv über diese Landschaft sagen? Was lässt sich sagen über den Schwarzwald? Welches sind die objektiven Bestimmungen, auf die wir uns implizit verständigen, wenn wir vom Landschaftsbild Schwarzwald sprechen? Diese Fragen mussten gerade auch dann beantwortet werden, wenn wir davon ausgehen wollten, dass Landschaft jedenfalls mehr sei als das, was hilflose Landschaftsvisagisten dafür ansehen, wenn sie „offene Äcker, geschlossene Äcker, halboffene Äcker" etc. etc., wenn sie Vorbelastungen in Form von Sende- und Strommasten usw. usw. zählen.

Landschaft ist eine *Sinnstruktur,* an der und mit der Menschen (vielleicht nicht schon immer, aber doch schon lange) Aspekte ihres Lebens materialisieren, reflektieren und vergegenwärtigen. Hat nicht genau aus diesem Grund der Gesetzgeber Landschaft als schützenswertes Gut bestimmt? Was aber ist das Besondere, das Schützenswerte, das den Schwarzwald auszeichnet? Und was könnte überhaupt eine Störung, eine Verunstaltung sein?

Wo handlungspraktische Notwendigkeiten bestehen, Entscheidungen getroffen werden müssen, sind wir genötigt, uns darüber zu verständigen, wie wir Welt verstehen wollen. Und zwar mit unbedingter Rücksicht auf diese Welt. Wir können uns nicht in beliebiger Weise auf irgendetwas verständigen und dabei die Welt ignorieren. Kein Papierflieger würde fliegen, keine Brücke würde tragen, kein Windrad würde sich drehen, wenn ihre Konstruktion nicht sachhaltig wäre, wenn nicht schon die Blaupause Welt enthielte.

In diesem Sinn haben wir das Landschaftsbild „Schwarzwald" in seinen objektiven Sinnstrukturen an verschiedenen seiner Objektivationen rekonstruiert und es mit dem konfrontiert, was wir heute an der Holzschlägermatte sehen, um herausfinden, ob das Passungsverhältnis eines der Verunstaltung ist oder nicht.

**Objektivität, zum Ersten.** Nun hält man, zumindest außerhalb der community of artists und der genannten Wissenschaften, gerade die Wahrnehmung und Bewertung von Bildern für äußerst subjektiv. In ästhetischen Fragen ist zunächst jeder sein eigener Richter. Wie sollte es da Objektives geben, wenn der Begriff der Objektivität (wie der der Wahrheit) heute ohnehin nicht hoch im Kurs steht und offensichtlich keine Konjunktur hat?

Auf den Begriff und den gemeinten Sachverhalt zu verzichten, bedeutet aber, einerseits den traditionellen Wissenschaften vom Bild ihre Wissenschaftlichkeit abzusprechen und andererseits den Künstlern und dem Kunstbereich insgesamt die ihnen eigene Rationalität. Aber: Wir führen Theaterstücke auf, veranstalten Konzerte, eröffnen Ausstellungen, und wir diskutieren und schreiben darüber. Wir tauschen Argumente aus, nicht weil es unmöglich ist, ein gültiges Urteil zu finden, sondern weil es möglich und notwendig ist, eines zu fällen. Kunst ist der besondere Raum, in dem wir nicht nur modellhaft Selbst- und Weltverständigung üben. Die gängige Kritik am Kunstbetrieb sollte nicht darüber hinwegtäuschen, dass es auch in diesem ausdifferenzierten Bereich der zeitgenössischen Gesellschaft mit rechten, das heißt rationalen Dingen zugeht. Im Bereich der Kunst ist eine Auseinandersetzung mit Argumenten nicht nur möglich, sondern sie wird tagtäglich geführt.

Die vorliegende Analyse kommt zu objektiv nachprüfbaren Ergebnissen und zu einem begründeten Sachverständigenurteil. Denn ihr Gegenstand „Landschaftsbild" beruht nicht auf subjektiv beliebigen Vorstellungen und idiosynkratischen Vorlieben, sondern weist in mehrfacher Weise objektive Strukturen auf:

1. in den objektiven Rahmenbedingungen für das Landschaftsbild und seine Wahrnehmung (kulturgeschichtlicher, geographischer Hintergrund, juristischer und energiewirtschaftlicher Kontext);
2. im objektiv wahrnehmbaren visuellen Erscheinungsbild (der Landschaft mit ihren Elementen, der Windräder als Objekte im Raum);
3. im diskursiven Anspruch auf Gültigkeit und Verallgemeinerbarkeit in den Argumentationen der Befürworter und Gegner.

Diese objektiven Strukturen wurden von uns analysiert und zueinander ins Verhältnis gesetzt.

Durch Konfrontation dieser Untersuchungsergebnisse mit dem Ergebnis einer Analyse typischer Einwände wurde deren explizierbare Triftigkeit herausgearbeitet.

Die ungewöhnlich heftige, emotional hoch aufgeladene Diskussion um die Windkraftanlagen an der Holzschlägermatte muss als Hinweis darauf verstanden werden, dass wir es in dieser Auseinandersetzung mit Symbolgehalten und Sinnstrukturen zu tun haben, die offenbar bildhaft formuliert sind, als solche auch erfasst und bewertet werden, sich im Alltag aber nicht oder nur schwer mit Worten darstellen und mit rationalen Argumenten verbinden lassen. Unser Analysebericht und die Bewertung des Ergebnisses wird hier Abhilfe schaffen.

Vor dem Hintergrund bildkünstlerischer Erfahrung ist zu vermuten, dass sowohl Befürworter wie Gegner der neu errichteten Anlagen die Sinnstruktur dieser Gebilde zwar gleichermaßen erfassen, aber (auf Grund individueller Relevanz- und Interessenhorizonte) unterschiedlich bewerten und entsprechend anders damit umgehen. Sollte sich diese Hypothese bestätigen, wäre deutlich gemacht, dass der Streit um das Landschaftsbild und das Bemühen um ästhetisch gestützte Argumentation ein nur vorgeschobenes Argument ist. Hinter den sich widersprechenden Äußerungen stünde die gleiche sinnliche Erfahrung, aber ein anderer Wille.

In diesem Sinne ist im Folgenden in besonderem Maße auf den Bildwert der Nutzbauten an der Holzschlägermatte zu achten und das tatsächlich Sichtbare ernst zu nehmen.

**Der unvoreingenommene Blick.** Worauf es also bei der Analyse selbst, wie bei der Rezeption des Ergebnisses ankommt, ist das, was wir den unvoreingenommenen Blick zu nennen gewohnt, aber wenig geübt sind.[2]

Ästhetische Betrachtung heißt seit Kant: interesselose Betrachtung. Und schön heißt eine Sache, ebenfalls seit Kant: wenn ihre interesselose Betrachtung Wohlgefallen auslöst.[3] Kunst, Natur oder Landschaft kann man so betrachten – aber auch Alltagsgegenstände, wie Aschenbecher oder Eierbecher [4] – oder Windkraftanlagen. Letzteres ist keine, wie zu vermuten wäre, Vergewaltigung des Blicks: In die Gestalt der Windkraftanlagen sind nicht nur ingenieurtechnische und andere nicht-künstlerische Überzeugungen und Festlegungen eingegangen, sondern auch ästhetische. Diese legen nahe, sie gerade so wie Landschaft und in der Landschaft, interesselos zu betrachten – wenn man will, um festzustellen, ob sie Wohlgefallen auslösen oder nicht. Wie das Urteil darüber auch ausfallen mag, es ist, ebenfalls nach Kant, mit dem Anspruch allgemeiner Geltung verbunden[5]: eben weil und sofern dieses Urteil ohne jegliches Interesse zustande kam und also für jeden, der interesselos wahrnimmt, gelten muss.

*Richard Schindler, o.T., Foto, 1993*

Man sieht nur, was man weiß! Wohl wahr. Aber dieser Alltagsspruch muss als kritischer Einspruch verstanden werden gegenüber einer Wahrnehmungspraxis, die eben danach verfährt. Wer nur sieht, was er weiß, sieht nicht viel, auch wenn er viel wüsste. Dem wissenden Blick begegnet nichts Fremdes. Ihm ist das Gesehene Testbild für Gewusstes. Nur dem gehen die Augen auf, der sein Wissen vergisst.

Ein Beispiel: Diese Frühjahrsdekoration mit umgewendetem Blumenkasten im Schaufenster eines Optikers hat offensichtlich mehr mit Vergänglichkeit und Tod zu tun, als mit Frühlingserwachen. Aber Gestalter und Geschäftsführung konnten das nicht sehen. Sie sahen, was sie wussten: eine Schaufenster-Frühjahrsdekoration mit Brillen, um Käufer zu werben.

# Näherung, die erste. Neuland.

Das vorliegende Sachverständigengutachten betritt in mehrfacher Hinsicht Neuland. Zu nennen sind:
- der Umstand, dass das Sachverständigengutachten eines bildenden Künstlers zum Bestandteil eines gerichtlichen Verfahrens gemacht wird,
- der Gegenstand der Untersuchung,
- der Anlass und der beabsichtigte Verwendungszusammenhang,
- die methodologische Begründung und praktische Durchführung und
- die Form der Darstellung der Untersuchungsergebnisse.

Diese Umstände machen grundsätzliche und ungewöhnlich umfangreiche Vorbemerkungen und erläuternde Exkurse notwendig. Sie sind aber zugleich sachhaltige Vorarbeit und als solche wesentlicher Bestandteil der gutachterlichen Analyse und Bewertung selbst. Darüber hinaus dienen sie dem Verständnis der Untersuchungsergebnisse. Manche tatsächlichen oder auch nur vermeintlichen Selbstverständlichkeiten müssen ausdrücklich expliziert werden: um der Transparenz und der Nachvollziehbarkeit willen und weil nur so die fragliche Sinnstruktur der Sache selbst aufgezeigt werden kann. Würden wir uns dieser Selbstverständlichkeiten nicht vergewissern, könnten wir für ein Merkmal der Sache halten, was tatsächlich eine spezifische Betrachterperspektive ist.

Bevor auf die genannten Aspekte näher einzugehen ist, soll die generelle Bedeutung des anstehenden Urteils (ob des Gutachtens oder des Gerichts) unterstrichen werden.

Erstmals wird die gesellschaftliche Legitimation eines funktionalen Nutz- und Gebrauchsgegenstandes von seiner ästhetischen Qualität abhängig gemacht.[6] Das bedeutet eine Verschärfung üblicher ästhetischer Prüfungen z.B. durch Veröffentlichung von Kunstwerken in einer Galerie. Dort bedeuten negative Urteile eines (Fach-)Publikums allenfalls, dass die in Rede stehenden Sachverhalte keine (große) Chance mehr auf (öffentliche) Anerkennung haben – es bedeutet nicht, dass sie überhaupt verschwinden müssen.

Wir erkennen darin eine neue Qualität gesellschaftlicher Rechtfertigung funktionaler Sachverhalte. Wurden bisher allenfalls Lifestyle-Produkte (und diese auch nur durch entsprechendes Käuferverhalten) in ihrem Bildgehalt beurteilt, gilt dies jetzt prinzipiell für alle technischen, funktionalen Gegenstände. Zunächst, wie im Fall der Windkraftanlagen, nur in Hinblick auf ihre Konstellation und Positionierung in einer bestimmten Landschaft, so dass streng genommen nicht die Windkraftanlage selbst, wohl aber ihre Inbetriebnahme an bestimmtem Ort ästhetischem Urteil unterworfen wird. Sofern jedoch die Inbetriebnahme zur Sache Windkraftanlage gehört, wie Rotor oder Turm, betrifft das Urteil indirekt doch mehr als nur die Aufstellung der Anlagen an bestimmtem Ort. Anders gesagt: Deutlich wird, dass die Windkraftanlagen in *wesentlichem* Zusammenhang zu sehen sind mit dem Ort, an dem sie in Betrieb genommen werden sollen. Und dies eben nicht aus ingenieurtechnischer Perspektive (wo gibt es hinreichend umfangreiche bewegte Luftmassen), sondern aus künstlerischer Perspektive als Perspektive *wesentlicher* Zusammenhänge.[7]

**Bildende Künstler als Sachverständige.** Unseres Wissens ist der vorliegende Fall der erste, in dem künstlerische Kompetenz (Erfahrung, Wissen und besondere Wahrnehmungsfähigkeiten) bei der alltagsästhetischen, gesellschaftlich relevanten Frage der „Verunstaltung" in Anspruch genommen wird.[8]

**Ästhetische Expertise. Laienurteil.** Während nach populärer Wahrnehmung juristische Entscheidungsfindung häufig durch richterliche Urteilskompetenz plus Sachverständigenurteil bestimmt wird, sind in Sachen Ästhetik bisher kaum ausgewiesene Experten zu Rate gezogen worden.[9] Ein jeder, notierte Lenau einmal, der die deutsche Sprache spricht, halte sich allein darum schon für hinreichend kompetent, auch literarische Werke zu beurteilen. Nun kann und soll diese lebenspraktische ästhetische Urteilskompetenz niemandem abgesprochen werden, weshalb der Gesetzgeber bzw. richterliche Leitsatzformulierungen sich ausdrücklich auf den sog. „ästhetisch aufgeschlossenen Betrachter" beziehen. Gleichwohl liegt hier ein Problem, das nicht ignoriert werden darf.[10]

Alltagspraktische Kompetenz, die wir in Anschlag bringen, wenn wir unsere Wohnung einrichten, Kleidung wählen, einen Gabentisch schmücken oder ein Fahrzeug erwerben, ist keine Eigenschaft, die wir wie Augenfarbe oder Stimmlage einfach haben. Wir haben unsere ästhetische Urteilskompetenz in einem Lernprozess erworben, der von zahlreichen formellen und informellen Umständen bestimmt war. Zu diesen gehören wesentlich auch künstlerische Vorgaben – das sind Erfindungen, die im Laufe der Zeit zum Allgemeingut geworden sind und dabei oft etwas von ihrer Stringenz und Strenge verloren haben.

Das betrifft auch die Wahrnehmung und Darstellung von Landschaft. An Landschaftsbildern aller Art (Kalenderbildern, Postkarten, Bildbänden) lässt sich zeigen, was sie von Landschaftsdarstellungen in der Kunst „gelernt" haben. In diesem Sinne war bereits Oscar Wilde aufgefallen, dass man in London erst dann den Nebel wahrgenommen hat, als er von den Impressionisten thematisiert und gemalt wurde.[11] Von populären Landschaftsbildern wiederum lernen Amateurfotografen und Freizeitmaler für ihre eigenen Bildgestaltungen. Abkürzend lässt sich sagen, dass sich der gesellschaftlich relevante Beitrag bildender Künstler nicht darin erschöpft, Museen zu füllen. Vermutlich gäbe es keine Volkshochschulkurse in bildender Kunst, wenn es zuvor nicht Künstler gegeben hätte, die bildnerische Techniken und Sichtweisen, gestalterische Möglichkeiten entwickelt haben, die sich dann, nachdem sie erst einmal als Optionen vorhanden waren, eben dort lehren lassen.[12] Künstler haben Darstellungs- und Sichtweisen erarbeitet, die nun allgemein zur Verfügung stehen. Kunstwerke machen Mut und befähigen, eigene Ausdrucksgestalten zu erproben.

Wer sich mithin auf seine ureigene ästhetische Wahrnehmung von Landschaft beruft, nimmt dabei uneingestandener Weise eine Erfahrung in Anspruch, die an anderer Stelle bereits entwickelt, geprüft und lehrfähig gemacht wurde. Bei dieser Transformation von explizitem Expertenwissen in den Wissens- und Erfahrungsschatz einer breiten Allgemeinheit finden notwendig Anpassungsverschiebungen statt, die von Experten häufig als Abschleifungen und als Niveauverlust empfunden werden.

Wenn, wie im vorliegenden Fall, ein ästhetisches Gutachten von einem bildenden Künstler erstellt wird, bedeutet das aus der Sicht alltagspraktischer Urteilskompetenz: den Rat eines externen Experten einzuholen. Aus kunsttheoretischer Sicht bedeutet es: Rückgang zu den eigenen Quellen. Oder, anders gewendet: Künstlerisches Handeln lässt sich als strukturelle Steigerung alltagspraktischen Handelns verstehen.[13]

Die Windräder im Zusammenhang mit ihrer Situierung in der Landschaft „wie ein Bild" zu betrachten und dessen Sinnstruktur zu rekonstruieren, ist ein unausdrücklicher alltäglicher Vorgang, der in diesem Gutachten explizit gemacht werden soll. Die hier angewandten Methoden der objektiven Hermeneutik und des Visual Profiling sind strukturelle Steigerungen alltäglicher Praxis. Sie sind daher der hier in Rede stehenden Problematik besonders angemessen und können in Verlauf und Ergebnis von Jedermann nachvollzogen und überprüft werden.

**Rechtsbegriff: Landschaft. Landschaft als Bild. Architektur.** 1976 wurde mit dem Bundesnaturschutzgesetz (BNatSchG) das Planungsinstrument „Landschaftsplanung" zur Erhaltung und Entwicklung der Vielfalt, Eigenart und Schönheit der Landschaft eingeführt.[14] Dies machte implizit einen Betrachtungs- und Bewertungsrahmen für Landschaftsbilder notwendig. Aber noch Jahre später konnten Krause, Adam und Schäfer konstatieren, dass inhaltliche und methodische Grundlagen fehlen, um die Bedeutung von Landschaftsbildern „objektiver und präziser" zu bestimmen.[15] Seitdem hat sich die Situation nicht grundlegend geändert. Noch heute fehlt es an allgemein *akzeptierten Verfahren* und *Begriffsbestimmungen*.[16]

Unterschiedlichste methodische Vorschläge sind inzwischen unterbreitet worden[17], mit deren Hilfe entscheidungsleitende „Landschaftsbildanalysen" durchgeführt werden können. Auch gegenwärtig gibt es entsprechende Forschungsprojekte.[18] Dabei gilt das Bemühen insbesondere der Entwicklung von Analysemethoden, die zugleich möglichst objektiv und einfach anwendbar sind. Sie sollen der Gerichts- und Planungspraxis und deren Zwang zur Entscheidung gerecht werden. Die Bemühungen versprechen zunehmende *Rechtssicherheit* bei landschaftsplanerischen und baulichen Entscheidungen. Engagierte Wissenschaftler und Beamte unterschiedlichster Disziplinen und Ämter haben sich der Problematik angenommen. Dennoch ist ein augenfälliger Sachverhalt bisher nicht aufgefallen oder zumindest nicht weiter thematisiert worden.

Unter dem tatsächlichen oder nur vermeintlichen Zwang zu Wissenschaftlichkeit und Objektivität sind Verfahren entwickelt und weiterentwickelt worden, die Landschaft und ihre Bewertung zu formalisieren suchen. Eingestandenermaßen wurden die damit verbundenen Mängel in Kauf genommen. Landschaftsbilder verlangen aber als solche eine qualitative Bewertung. Formalisierung und Klassifizierung können Bildern nicht gerecht werden.

Die Wahrnehmbarkeit von Nicht-Bildhaftem, Nicht-Künstlerischem „als" Bild oder Kunst wurde durch die Arbeiten von Marcel Duchamp auf den Punkt gebracht und auf alle Alltagsgegenstände ausgedehnt. Einen Mittelbereich stellten vordem schon (bis heute) kunsthandwerkliche Erzeugnisse dar.[19] Mittlerweile befähigt, alles und jedes als Bild wahrzunehmen, können wir natürlich auch Landschaft als Bild ansehen. Gleichwohl bedarf es spezifischer Umstände, damit wir das auch bewusst tun. In der Regel ist das dann der Fall, wenn wir in der gesehenen Landschaft oder dem sichtbaren

Landschaftsausschnitt etwas Auffälliges, Ungewöhnliches oder Typisches erkennen. Es gibt Täler, Wiesen oder Berge und Hügel, die uns typisch erscheinen für eine Gegend, wie zum Beispiel den Schwarzwald. Diese stehen prototypisch für die ganze Landschaft. Sie repräsentieren als typische die Landschaft als Ganzes. Insofern vermag so ein Landschaftsausschnitt tatsächlich auch im engeren Sinne als Bild zu gelten – er repräsentiert ein anderes. Außergewöhnliche Bauwerke, auffallende Felsbrocken, ein kleiner unerwarteter See können Anlass sein für unsere Wahrnehmung der Landschaft als Bild.[20]

Dörte Kuhlmann hat im Anschluss an einen Gedanken Heideggers deutlich machen können, dass der so genannte „Genius loci" keine dem Ort anhaftende Eigenschaft ist, sondern durch geeignete Mittel wie z.B. ein Bauwerk allererst geschaffen wird.[21] Das lässt sich als Erfahrung und konzeptuelles Erbe der Architektur des letzten Jahrhunderts an Bauwerken beispielsweise von Mario Botta zeigen. Nicht, dass sie landschaftlich wertvolle oder besonders charakteristische Merkmale schonend aufgegriffen hat, macht die überzeugende Kraft dieser Architektur aus, sondern im Gegenteil der Umstand, dass sie nicht gezögert hat, ihre Form *gegen* das natürlich Gegebene zu setzen und eben dadurch diesem selbst zur Sichtbarkeit verholfen hat. Was vordem nur sehr sensibler Wahrnehmung zugänglich war, wurde deutlich. „Um dem einmaligen Charakter des Ortes zu dienen, muss der Architekt den natürlichen Gegebenheiten etwas radikal Fremdes entgegensetzen, da nur dann die Natürlichkeiten als etwas Besonderes durch den Kontrast herausgestellt werden."[22]

Das Landschaftsbild erweist sich in diesem Sinne als sensible Balance von Vorhandenem und Hinzugefügtem. Das eine bringt das andere hervor – buchstäblich im Sinne der Anwesenheit und im Sinne der dadurch erst möglich gewordenen Sichtbarkeit.[23]

Landschaft als geschaffenes, gestaltetes Land hat, wie einzelne Elemente der Natur, vermutlich immer auch dazu gedient, „durch sinnlich wahrnehmbare Zeichen eine Verständigung über Sinn zu ermöglichen."[24] Eine Wechselbeziehung, wie sie beispielsweise „zwischen der symbolische Bilderwelt der Blumen und der aus Samen gewachsene Pflanzenwelt der Blumen"[25] anzunehmen ist, hat auch wirksamen Ausdruck in der Landschaft selbst gefunden. Blumenzwiebeln und Pflanzen sind Wegwerfwaren, ihre Zucht folgt Moden, und eine industriemäßig perfekt betriebene „Naturblumenproduktion" kann jede Nachfrage befriedigen. Trotzdem, und mitunter auch deshalb: Blumen riechen, entfalten ihre Farbenpracht, und noch das Geschäft mit Blumen erinnert an Vergessenes am Wegrand oder in Heuwiesen, die es vielerorts nicht mehr gibt.[26] Ostdeutsche, die nach dem Mauerfall in den Westen kamen, haben beim Anblick von Blumengeschäften geweint. „Eine Rose ist eine Rose ist eine Rose."[27] Tourismus ist das Geschäft mit der gemachten Landschaft.

**Gegenstand der Untersuchung. Datenmaterial.** Zum ersten Mal wird mit unserer Untersuchung die ästhetische Wirkung der Windkraftanlagen an der Holzschlägermatte auf das Landschaftsbild gutachterlich thematisch. Zunächst in dem einfachen Sinn, dass die fraglichen Anlagen an der Holzschlägermatte nicht schon einmal Gegenstand einer fachlichen ästhetischen Untersuchung waren. Es gibt einige Laienurteile (die vornehmlich in Leserbriefen zum Ausdruck gebracht wurden), aber es gibt im konkreten Fall kein konkurrierendes Fachgutachten.

Dieser Umstand verweist auf zwei weitere, Aspekte, die einer Vorabklärung bedürfen, weil sich daraus notwendige methodologische Ableitungen ergeben:

a) Ein konkurrierendes ästhetisches Fachgutachten gibt es deshalb nicht, weil dazu keine relevante Methode zur Verfügung steht. Bis heute wird in der einschlägigen Literatur beklagt, dass es keine befriedigenden Analyseinstrumente zur Untersuchung von Landschaftsbildern gibt. Formalisierende Methoden bleiben dem Gegenstand notwendig äußerlich. Sie können über die ästhetische Qualität der zu beurteilenden Landschaft keine Aussage treffen. Anwendern sind sie zu kompliziert und der öffentlich geführten Debatte helfen sie nicht weiter. Andere als formalisierende Methoden sind bisher aber nicht nachhaltig in Erscheinung getreten.[28]

Begriff und Sache „*Schönheit* der Landschaft" und „Landschafts*bild*" legen es nahe, für den damit in Frage stehenden Problemkomplex und seine Bearbeitung die Synergie der künstlerisch-ästhetischen Expertise und der rekonstruierenden (statt subsumierenden) Methodik zu nutzen.

b) Untersuchungen über die Wirkung von Windkraftanlagen auf das Landschaftsbild waren bisher stets antizipatorische Versuche im Rahmen der Bewertung von geplanten Bauvorhaben. Ästhetische Betrachtungen im weitesten Sinne waren deshalb zwangsläufig auf Simulationen angewiesen. Soweit sich solche Betrachtungen überhaupt auf visuell nachvollziehbare Erscheinungen bezogen, und sich nicht etwa mit Tabellen numerischer Werte begnügten[29], handelte es sich in der Regel um computergestützte Bildversuche, die die visuelle Erscheinung einer Anlage mit Hilfe eines Fotos der fraglichen Landschaft darstellten.

Solche (dem Baugenehmigungsverfahren eingelagerte) Visualisierungsversuche gestatten eine nur flächig-bildhafte Thematisierung der zur Anschauung gebrachten Proportionen (Größenverhältnisse, eventuell Farbverhältnisse).[30]

*Fotosimulation, Simonsen Lill Consult Freiburg*

Demgegenüber ist im vorliegenden Fall keine Simulation notwendig, da die Anlagen bereits gebaut sind und unmittelbar in ihrer ästhetischen Landschaftswirkung untersucht werden können. Methodologisch gesehen entfalten an dieser Stelle die Expertengespräche, die Teile dieses Gutachtens sind, ihre Kraft. Es sind gesprächsweise gewonnene Formulierungen, die der tatsächlichen Erfahrung der Windkraftanlagen sprachlichen Ausdruck geben. Dass unsere Untersuchung sich dennoch auch (fotografischer) Bilder bedient, hat andere Gründe als die, die zu Simulationen Anlass geben.

Da die Sache selbst flüchtig ist, sind für die Analyse Bilder notwendige Protokolle. Licht und Wetterverhältnisse ändern sich mitunter so schnell, dass gerade der ästhetische Eindruck von jetzt auf nachher ein gänzlich anderer sein kann. Bilder, Fotos oder Videos sind nicht die Sache selbst – aber sie ermöglichen eine asynchrone Bezugnahme auf ein und denselben Gegenstand durch verschiedene Betrachter.[31]

Aus der künstlerischen Selbstverpflichtung zum „unvoreingenommenen Blick" und der methodologisch zwingenden Maßgabe, nur das tatsächlich Sichtbare als möglichen Gegenstand der Analyse zu akzeptieren, ergibt sich für den Untersuchungsgegenstand, dass beispielsweise Fragen nach der Effizienz von Stromerzeugung bzw. Energieumwandlung in elektrische Energie durch Windkraftanlagen ausgeschlossen bleiben. Ob Windkrafträder effiziente Stromlieferanten, ob sie ökonomisch sinnvoll sind etc., das sind keine Fragen, die in der Zuständigkeit ästhetischer Expertise liegen.

Zur Bewertung unserer Analyse soll nicht allein professionelle Einschätzung helfen, sondern vor allem der Rückbezug des Analyseergebnisses auf das rekonstruierte Schwarzwaldbild des öffentlichen Blicks. Wie und wo hat sich das heutige Schwarzwaldbild, das gegebenenfalls verunstaltet sein könnte, konstituiert? Eine Artikulation des heutigen Schwarzwaldbildes haben wir in Ansichtspostkarten, Bildbänden, Kalenderbildern etc. über den Schwarzwald vor uns. Sie sind Objektivationen des „herrschenden" Landschaftsbildes „Schwarzwald". Warum das so ist, wird im Kapitel über die objektiven Rahmenbedingungen gezeigt und im Verlauf der Analyse verschiedentlich deutlich.

Heute kann auch nicht mehr umstandslos nur davon ausgegangen werden, dass Technik allein auf den Grundideen: „Exaktheit, Rationalität und Fortschritt"[32] beruht. Vielmehr müssen wir feststellen, dass auch technische Hervorbringungen (gewollte und ungewollte) sinnstiftende bildnerische Qualitäten haben. Der öffentlich im Fernsehen gezeigte amerikanische Testversuch zu jenem Zeitpunkt noch neuen sogenannten „Superbombe MOAB" war, wie die Bombe selbst, ein kalkuliertes visuelles Ereignis. „Super-Bomb ist erdacht als erschreckendes Spektakel für unser aller Augen. Sie ist zu allererst Bild."[33] Was für die Kriegstechnologie selbstverständlich sein mag, das absichtsvolle Herzeigen der Waffe als Verkörperung des eigenen Willens zur Macht und seiner Potenz, ist heute an allen Produkten nachzuweisen. Auf neuzeitlichen Märkten kann sich nur behaupten, wer die Definitionsmacht über Bilder hat, die sich in Produkten konstituiert.[34]

Was sich als Bild artikuliert (wie heute jedes Produkt, jede technische Hervorbringung) ist in Erscheinung und Bedeutung nicht beliebig, sondern an Strukturgesetzlichkeiten gebunden, die sich rekonstruieren lassen. Sofern es sich auch bei diesen „Bildern" um eine regelgeleitete Erzeugung ihrer Sinnstruktur handelt, kann sie an jeder beliebigen Stelle rekonstruiert werden. Das heißt, es ist nicht notwendig, unzählige Daten zu erheben und auszuwerten, weil das, was an ihnen Aussagekraft hat, an jedem „Exemplar" des Falls expliziert werden kann.

Unsere willkürliche und scheinbar unbegründete Wahl (zum Beispiel der zu analysierenden Leserbriefe oder Ansichtspostkarten) ist tatsächlich ein methodologisch begründetes Verfahren, das sicher stellt, dass keine unmotivierten und unerkannt bleibenden Präferenzen des Visual Profilers oder des Objektiven Hermeneuten ins Spiel kommen. Die tatsächlich beliebige Wahl der Stelle, an der die Analyse beginnt, verpflichtet umso mehr, sich ganz auf die Sache einzulassen und nach ihrer Maßgabe zu verfahren.

Die Funktion der Bilder (auch der künstlerischen Bilder) in diesem gutachterlichen Prozess ergibt sich aus dem Umstand, dass sie als „Verlängerungen des Wahrnehmbaren in den Bereich des Sichtbaren" verstanden werden können. Landschaftsbilder beispielsweise artikulieren eine (Seh-)Erfahrung, die wir mit Landschaft machen können. Wir haben eine mehr oder weniger bestimmte Empfindung, sehen aber nicht, was das bedeutet. Bilder können (wie unsere Analyse) diese Wahrnehmung sichtbar machen, indem sie eine bloß empfundene Ordnung, Struktur, Stimmung oder einen Farbklang etc. verdichtend zur Anschauung bringen und dadurch für Bewusstsein und Empfindung präzisieren und bewertbar machen.

**Anlass. Verwendungszusammenhang des Gutachtens.**
**Widerstand.** Anlass für die Erstattung des Gutachtens war erstens der öffentliche und politische Widerstand gegen die Windkraftanlagen – trotz vorausgehender allseitiger Prüfung des Bauantrags und der Erteilung der Baugenehmigung. Dies ist insofern bemerkenswert, als die Frage aufgeworfen werden muss, ob es im Hinblick auf die ästhetische Wahrnehmung der Landschaft keine oder eine nur unzureichende Untersuchung gab, ob dies prinzipiell nicht möglich ist (weil man dabei immer nur auf

Antizipationen, auf Modelle, simulierende Vorausschauen angewiesen ist, die prinzipiell immer durch den dann konkret gewordenen Fall widerlegt werden können) oder ob die durchgeführte Untersuchung nicht hinreichend kommuniziert wurde, bzw. ob es überhaupt ganz andere als die genannten ästhetischen Ablehnungsgründe gibt und diese also nur vorgeschoben sind.

„In letzter Zeit nehmen die Diskussionen um das Für und Wider der Windenergienutzung an Schärfe zu. Bei einer Greenpeace-Informationstour zu Offshore-Windkraftanlagen stellte sich heraus, dass vor allem in den Küstenländern Bedenken gegen die Anlagen bestehen: Diese schränkten den Blick auf den Horizont ein und würden damit den Tourismus negativ beeinflussen. Viele Planer werden daher die Windparks in 15 Kilometer Entfernung von der Küste errichten, so dass die Anlagen nur an wenigen besonders klaren Tagen deutlich zu sehen sein werden."[35]

**Erwartungen an die Analysemethode.** Anlass für das Gutachten war zweitens die spürbare Notwendigkeit, ein Verfahren an die Hand zu bekommen, das den allgemein erkannten Methodenproblemen zur Klärung von Landschaftsbildfragen gerecht wird. Das Gutachten soll überzeugend demonstrieren, dass es möglich ist, auch in Fragen der Ästhetik objektiv nachvollziehbare Urteile zu formulieren, ohne durch Pseudoobjektivität formalisierender Verfahren das Ästhetische zu zerstören.

Gemessen an bewährten medizinischen oder technischen Analyse- und Bewertungsverfahren wünscht man eine Möglichkeit, die auch in Sachen Ästhetik ein Substitutionsprinzip geltend machen würde.[36] Die Frage lautete dann: Was wird einer Landschaft durch bauliche Veränderung einerseits genommen[37], was wird ihr andererseits gerade dadurch gegeben? Was wird mit ein und derselben Maßnahme *zuge*fügt, was *hinzu*gefügt? Im Sinne einer Güterabwägung könnte dann festgestellt werden, was im konkreten Fall überwiegt, die Zufügung oder die Hinzufügung. Wonach man (scheinbar?) verlangt, ist eine klare Gewinn- und Verlustrechnung.[38]

Ästhetische Fragen und Urteile sind aber keine Fragen von Gewinn und Verlust. In einem großartigen Film mit Pablo Picasso hat dieser vor laufender Kamera demonstriert, dass die Arbeit an einem Bild nichts anderes ist als die Überführung dieses einen Bildes in ein anderes. Dabei spielt die Frage von besser oder schlechter, von Gewinn oder Verlust keine Rolle. Leonardo ist nicht besser als …, sondern *anders*. Landschaftsbilder sind nicht besser, schöner etc. als andere, sie sind jeweils andere. Was sich daran objektiv nachvollziehbar zeigen lässt, sind ihre Differenzen und was sie bedeuten.

Was sich aufzeigen lässt, sind die unterschiedlichen Bedeutungs- oder Sinnhorizonte einer baulichen Veränderung in einer gegebenen Landschaft. Es ist möglich, begründet darzulegen, was es bedeutet, in eben dieser Landschaft, an dieser Stelle und auf diese Art und Weise einen baulichen Eingriff vorzunehmen oder vorgenommen zu haben. Eben dies leistet das vorliegende Gutachten in Bezug auf das Schwarzwaldbild.

Das ist, auch vor dem Hintergrund der allseits gewünschten Gewinn- und Verlustrechnung, viel. Damit nämlich kann eine begründete Entscheidung darüber getroffen werden, ob eine solche Baumaßnahme im Sinne oder nicht im Sinne geltenden Rechts ist, ob eine Baumaßnahme ein Landschaftsbild verunstaltet oder nicht. Zugleich wird klassisches Technology Assessment, die Bewertung und Einschätzung der Technik unter sozialen, ökonomischen, politischen und ökologischen Gesichtspunkten, um den bedeutsamen ästhetischen Bereich erweitert.[39]

**Methodische Begründung. Praktische Durchführung.** Dieses Gutachten stützt sich auf die methodische Verbindung eines künstlerischen und eines soziologischen Zugriffs auf die Sache. Eine solche Zusammenarbeit von bildender Kunst und Wissenschaft liegt zunächst nicht nahe. Wissenschaft und Kunst gelten als ausdifferenzierte kulturelle Bereiche zeitgenössischer Gesellschaften – mit je eigenen Methoden und Wertestandards. Die gemeinsame Analyse und Bewertung bedarf daher einer Rechtfertigung und methodologischen Begründung, die die theoretische Möglichkeit der Kooperation deutlich macht. Der Gewinn zeigt sich selbst in Form dieses Gutachtens.

Das Verfahren des „Visual Profiling" basiert auf der ästhetischen Urteilskompetenz des Künstlers. Das Verfahren der „Objektiven Hermeneutik" basiert auf der methodischen Kontrolle ästhetischer Urteile. In dem Gutachten wird die Zusammenarbeit beider Verfahren für ästhetische Entscheidungsprozesse fruchtbar gemacht.

Diese künstlerisch-wissenschaftliche Zusammenarbeit erscheint uns hier deshalb besonders angezeigt, weil einerseits die öffentliche Wahrnehmung und Beurteilung von Landschaft weitgehend von künstlerischen Bildern geprägt ist – gerade, wenn sie heute primär über populäre Medien vermittelt werden. Andererseits weichen die öffentlichen Geschmacksurteile von dem ästhetisch objektivierbaren Angemessenheitsurteil ab. Uns kommt es darauf an, diese Urteilsdivergenzen nicht unverstanden zu lassen.[40]

Das Verfahren sieht, alltagssprachlich formuliert, so aus, dass wir uns der gemeinsam geteilten Betrachterperspektive vergewissern und zugleich mögliche, aber nicht realisierte Sichtweisen aufzeigen – das ist der (künstlerische) Aufweis von Möglichkeiten, die im Realisierten vorhanden, aber nicht hinreichend konkretisiert sind, um „gesehen" zu werden.[41]

Anders als beispielsweise eine chemische Analyse, bei der wir als Nicht-Chemiker nur das Ergebnis zur Kenntnis nehmen können, ist es sowohl für das Verfahren der hier angewandten Objektiven Hermeneutik, wie für die künstlerische Methode des Visual Profiling möglich, dem Gang der Analyse selbst zu folgen. Das Ergebnis *ist* die Rekonstruktion der gesuchten bildnerischen Sinnstruktur.[42]

Deshalb muss auch eine Darstellung des kompletten Untersuchungsweges erfolgen: Erst und nur das Ganze ist Basis für eine Auswertung im Sinne der Bewertung der These des Auftraggebers.

Dabei ist immer davon auszugehen, dass die Sache selbst, *nicht* was wir darüber wissen, Gegenstand der Untersuchung ist und wir uns *deren* Sinnstruktur vergewissern. Die allen analytischen Schritten zugrunde liegende Frage ist: Was bedeutet es, wenn, was wir vor uns haben, so ist wie es ist. Ein Beispiel:

Bei der Kunstausstellung „Badischer Untergrund" des Berufsverbandes Bildender Kunst Südbaden im E-Werk, Hallen für Kunst Freiburg (2003) war ein Bild von Günther Förg[43] ausgestellt, das von der Kritik als wenig gelungen angesehen wurde. Vielen Betrachtern erschien es „schlampig" gemalt. Im Sinne der in diesem Gutachten zur Anwendung kommenden Methoden „Objektive Hermeneutik" und „Visual Profiling" verfehlt eine solche Feststellung das zu beurteilende Bild, weil sie allzu schnell mit dem Bild fertig ist und auf halbem Wege stehen bleibt. Denn für eine sachgerechte Beurteilung eines Bildes kann die Frage nicht lauten, ist es „schlampig gemalt" oder nicht, sondern: Was bedeutet es, wenn es „schlampig" gemalt ist? In diesem Sinne ist auch die Frage nach der Bildstörung zu stellen: nicht, liegt eine Bildstörung vor, sondern, was bedeutet es, dass das Bild gestört ist?

*Günther Förg, ohne Titel,*
*Acryl auf Leinwand, 195 x 165 cm, 2002*

*Eduard Munch, Melancholie (Laura) 1899*

**Exkurs zum Bild von Günther Förg.** Wer die malerische Geste für schnoddrig, gar schlampig hält und das Bild allein deshalb verwirft, verkennt das Bild von Günther Förg. Der Farbklang dieses Bildes nämlich ist so präzise wie ein hyperrealistisches Portrait von Thomas Ruff – mit nichts anderem zu vergleichen als den genauesten Signaturen fotografischer Aufnahmegeräte. Was solcher Art und mit erschreckender Unmittelbarkeit porträtiert, prägnant re-formuliert wird, ist jenes Rot einer Erfahrungswelt, die wir von Edvard Munch kennen. Düstere Einsamkeit und Leiden, die es gibt. Aber kein Gegenstand zeigt das an und sagt: Ich stehe ein für Endlichkeit. Das Bild selbst scheint auf, hält eine Stimmung hin, von der Gerüchte sagen, es gibt sie heute nicht mehr. Was auratisch aufscheint, ist Ausdruck einer nüchternen Registratur. Beiläufig fast und mit Leichtigkeit vorgetragen. Die Farbe, nicht aufgewühlt, nicht aufgebrochen, um ihre Lebenskraft scheinen zu lassen. Was dieses Bild uns hinhält, ist dunkel, wie geronnenes Blut. Trockener Sand einer Kampfarena. Vergittert ist dieses Bild, wie die Gefängnisse der Welt. Günther Förg gießt Tränenströme aus Farbe ins Bild. Stumm wie nur ein Schrei von Munch sein kann. Zugegeben: Die Unmittelbarkeit dieser Konfrontation ist schwer zu ertragen, und nur allzu leicht wendet man sich ab von sichtbarem Schmerz. Noch die Signatur verwandelt sich in Stacheldraht und ist ungeschminkt. Wie die Malerei, die „schlampig" ist. Aber genau diese Feststellung ist bedeutsamer Anfang der Interpretation, nicht ihr Ende. Anderes verfehlt die Sache, die zum Sprechen zu bringen Interpretation sich bemüht.

In Bezug auf das zu untersuchende Landschaftsbild Schwarzwald mit Windkraftanlagen bedeutet das: Die bloße Feststellung, dass die Windkraftanlagen das Landschaftsbild verändern, gar „störend" verändern, sagt noch nichts darüber aus, ob das vorhandene und objektiv zu rekonstruierende Landschaftsbild im Sinne des Gesetzes beeinträchtigt oder gar verunstaltet ist. Um dies zu beurteilen, muss zunächst geprüft werden, was eine feststellbare (oder, im Falle noch nicht realisierter Vorhaben, antizipierbare) Veränderung *sinnstrukturell* bedeutet. Denn es ist nicht auszuschließen, dass die Veränderung eines Landschaftsbildes durch eine scheinbar störende Baumaßnahme der vorhandenen Sinnstruktur der Landschaft homolog ist, sie unter Umständen sogar präzisiert.[44]

**Darstellung des Ergebnisses. Text und Fotos.** Das Ergebnis unserer Analyse ist selbst einem Bild zu vergleichen. Das bedeutet, es ist nicht einfach eine beliebige Stelle herauszulösen. Man muss es schon ganz ansehen, das heißt simultan in allen Teilen.[45] Bei einer schriftlichen Darstellung stößt dies naturgemäß auf Probleme, weil das Geschriebene eben nur nacheinander und nicht gleichzeitig gelesen werden kann. Dennoch ist dies möglich, sofern man sich als Leser bewusst hält, dass nur der vollständige Gang der Entwicklung zeigen kann, was gezeigt werden soll.[46] Darin nähert sich diese Darstellung einem literarischen oder musikalischen Werk, das ja auch nicht nur im Hinblick auf die großen gelungenen und meist auch populär gewordenen Stellen gehört werden will.[47]

Nach der Lektüre sollte sich gezeigt haben, dass der Text an allen Stellen gleich nah an der Sache sich hielt, und diese nur scheinbar verließ. Umgekehrt erweisen sich scheinbare Redundanzen als Perspektivwechsel, die dasselbe aus anderem Blickwinkel beleuchten. Dabei wird sich rasch eine Spezifik dieses Vorgehens zeigen: dass es nämlich sehr schnell zu generellen Einsichten fortschreitet, ohne große Datenmengen (wie z.B. bei Befragungen etc.) zu bemühen. So genügen wenige Ansichtskarten und wenige Fotos der Landschaft mit Windkraftanlagen, um die relevanten Strukturmerkmale zu rekonstruieren. Die dennoch erreichte Vielzahl von Fotos war eine gewählte Form der ersten Annäherung und diente der Ermittlung relevanter Betrachterstandorte – sie verdankt sich aber auch einem vom Gegenstand evozierten erkenntnisleitenden Fehler unsererseits.[48] Der angestrebten Transparenz und Nachvollziehbarkeit der Analyse und Bewertung wegen sind alle Aufnahmen vollständig wiedergegeben.

Dabei sollte die Verwendung von Fotos und Videos für Zwecke dieses Gutachtens erkennen lassen, dass es gerade nicht darum geht, stimmungsvolle oder gar spektakuläre Fotos zu machen – das wäre das Allereinfachste, würde aber den Gegenstand nicht zeigen, sondern verschleiern. Es geht vielmehr darum, alltäglich mögliche Blicke und Sichten zu zeigen, die in Abhängigkeit der verschiedenen Perspektiven differente und übereinstimmende Strukturen des Landschaftsbildes verdeutlichen.

Zu fotografischen Aufnahmen von Windkraftanlagen wird manchmal in kritischer Absicht gesagt, dass Fotos die Windkrafträder kleiner scheinen lassen, als sie „in Wirklichkeit" sind. Selbstverständlich verhält es sich gerade umgekehrt. Wir können uns das leicht vergegenwärtigen (und auch empfinden). Das Foto bildet (aus physikalischen Gründen) die Proportionen der Gegenstände im Aufnahmebereich stets richtig ab; nur unser Auge kann einzelne Gegenstände im Gesichtsfeld so fokussieren, dass sie ohne Verkleinerung des sichtbaren Feldes groß erscheinen. Ähnlich verhält es sich mit Hörbarem, z.B. in einem Restaurant: Beim Betreten des Lokals mag uns ein Stimmengewirr entgegen schlagen. Richten wir unsere Aufmerksamkeit auf einen bestimmten Sprecher, können wir verstehen, was gesagt wird. Einem Mikrophon, das ungerichtet aufnimmt, was sich akustisch ereignet, ist alles einerlei und nur Geräusch. Die Blickfokussierung auf die Windkrafträder in einem Foto (die sie so erscheinen ließe, wie sie „in Wirklichkeit" sind) ist aber nicht nötig, da wir wegen der üblichen Größe des Fotos alles gleich wahrnehmen; also auch die mit abgebildete Landschaft.

Das Problem der Darstellung ist nicht neu.[49] Hegel hat sich darüber Rechenschaft abgelegt und formuliert: „… die Sache ist nicht in ihrem Zwecke erschöpft, sondern in ihrer Ausführung, noch ist das Resultat das wirkliche Ganze, sondern es zusammen mit seinem Werden; … das nackte Resultat ist der Leichnam, der die Tendenz hinter sich gelassen hat." Und: „Das leichteste ist, was Gehalt und Gediegenheit hat, zu beurteilen, schwerer, es zu fassen, das schwerste, was beides vereint, seine Darstellung hervorzubringen."[50]

Idealerweise bestünde die angestrebte Darstellung aus zwei Komponenten: einerseits einer geführten Begehung der Landschaft mit Rücksicht auf die erarbeiteten exemplarischen Betrachterstandorte – andererseits und ergänzend in einer Präsentation der hier nur in kleinem Format wiedergegebenen Bildwerke in einer Ausstellung, in der angemessene Bildformate, Karten, Videos und Texte simultan erfahren werden könnten.

Das Gutachten muss eine Form haben, bzw. eine Form finden. Wenn dies gelingt, *zeigt* das Gutachten, wie unser Blick auf die fragliche Sache aussieht und macht jene Sinnhorizonte deutlich, die ein (Landschafts-)Bild von einem anderen unterscheidet. Im Nachvollzug des Gutachtens kann beobachtet werden, wie ein anderer beobachtet hat.[51] Deshalb ist der ganze Prozess, und nicht nur das „Ergebnis" wichtig. Das Ganze ist das Ergebnis.

Die Rede vom Ganzen verweist auf einen weiteren bedeutsamen Sachverhalt: auf die Frage nach dessen Grenze. Der gutachterliche Prozess (Analyse, Bewertung und

Darstellung) ist prinzipiell unabschließbar und wird daher an einem bestimmten Punkt abgebrochen werden. An jeder Stelle der Untersuchung nämlich ließe sich weiter bauen und immer tiefer in das Netzwerk der Bedeutungen eindringen. Aber ab einem bestimmten Punkt ist die gesuchte Sinnstruktur rekonstruiert und weitere Untersuchungen würden mit Rücksicht auf die fragliche Sache nichts aufschlussreich Neues mehr in den Blick bringen.[52]

**Methodologischer Exkurs.**
**Zur Sache.** „Entäußerte wirklich der Gedanke sich an die Sache, … so begänne das Objekt unter dem verweilenden Blick des Gedankens selber zu reden", formulierte Theodor W. Adorno in der „Negativen Dialektik".[53] Das nicht zuletzt unterscheidet gängige Landschaftsbild-Analysen von dem hier eingeschlagenen Weg. Während jene in der Regel subsumtionslogisch verfahren oder sich in Paraphrasen (Katalogisierung des Sichtbaren) erschöpfen, soll hier deutlich werden, was es heißen könnte, einen Gedanken strikt am Leitfaden der Sache zu entwickeln, ohne bloß echohaft zu wiederholen, was diese allemal schon ist, und damit auf Zugewinn an Erkenntnis zu verzichten.

Dass dies leicht gesagt, schwer nur getan ist, ist dem Gutachten abzulesen. Eine systematische Zusammenfassung aber, die sich anheischig machte, dem abzuhelfen, hätte keine Beweiskraft und käme entweder einem Neuanfang gleich oder verriete die gewonnene Gestalt an die Erfordernisse diskursiver Logik, indem sie die Differenz verschwinden ließe, die sie von Subsumtion und Paraphrase scheidet.

Wäre der entwickelte Gedanke referierbar, er wäre, nach einem Diktum Adornos, überflüssig. Das Gutachten lässt sich, kaum anders als ein Kunstwerk, so wenig wie ein solches übersetzen, auf befriedigende Art und Weise kurz zusammenfassen, ohne Entscheidendes zu tilgen. Der Sache nach ist dem Gutachten Durchführung und Darstellung so wesentlich, wie es Adorno für die Philosophie und die Kunst für sich selbst reklamieren. Die dazu notwendige Sisyphusarbeit, als die Adorno Philosophie charakterisiert, kennzeichnet unsere Arbeit.

Visual Profiling und Objektive Hermeneutik beanspruchen, falsifizierbare Methoden zu sein; Methoden, die sich, eben weil sie sich der Sache, nicht dem „vorzeigbaren Ergebnis" verpflichten, an und mit der Sache erst bilden. Jede sachblinde Methodenmechanik ist zu vermeiden. Statt in einem fixen Regelwerk besteht das Methodische der Verfahren in der konsequenten Transparenz des Vorgehens selber.

Die Sache selbst zum Sprechen bringen – der Grundsatz verpflichtet zur Abwehr dessen, was von außen beigezogen und gerade deshalb die Sache in ein Passungsverhältnis nur zwingt. Statt dessen ist, mit der methodischen Haltung der Offenheit, aus der Sache selbst die Konfiguration der Begriffe zu gewinnen, die sie sichtbar macht. Der Gedanke speist sich aus forschungspraktischer, philosophischer und künstlerischer Erfahrung. Objektive Hermeneutik ist, nach Ulrich Oevermann, zur Entwicklung ihrer methodologischen Grundbegriffe „nicht durch theoretische Reflexion gelangt, sondern in der forschungspraktischen Problemlösung, in der die zu untersuchende Wirklichkeit selbst den Forscher … zwang."[54] Freilich nur deshalb, weil er sich „dazu entschieden hatte, nicht mehr sich mit standardisiert erhobenen Daten … zufrieden zu geben, sondern theoretische Vorstellungen mit … der gesellschaftlichen Wirklichkeit unmittelbar zu konfrontieren."[55] Der Kunst ist diese Haltung immanent.

In der gesellschaftlichen Wirklichkeit, als dem geschichtlich Seienden, so Adorno, sucht Nichtidentisches „nach seinem Laut"[56], um sich durch Sprache „aus dem Bann seiner Selbstheit"[57] zu lösen. Geschichtlich Seiendes ist mehr und anderes als es ist, mehr und anderes als schlicht Gegebenes, als reine Faktizität.[58] Sein Mehr und Anderes jedoch ist ein „Zugehängtes" – es ist und ist doch nicht, wartet auf den Ausdruck als seine Entführung „aus dem dinghaften Unwesen".[59] Adornos Begriff der Bedürftigkeit des geschichtlich Seienden hält diese Einsicht fest.

Die Denkfigur ist ihrerseits der Musik, dem Kunstwerk abgelesen. Denn Kunstwerke haben ein objektives „Bedürfnis nach Interpretation".[60] In ihrem Rätselcharakter wenden sie sich an deutende Vernunft, um sich durch philosophische Konstruktion ihren Wahrheitsgehalt, den sie haben, ohne ihn zu wissen, sagen zu lassen.[61] In dieser Bedürftigkeit sieht Adorno ein Moment, das zur Ästhetik nötigt. Weil Kunstwerke „nicht zeitlos sich selbst gleich" sind, sondern zu dem werden, was sie sind, zitieren sie „Formen des Geistes herbei, durch welche jenes Werden sich vollzieht."[62] „Der Wahrheitsgehalt eines Werkes bedarf der Philosophie".[63] Dieser ist der philosophische Begriff.[64] Adorno schloss mit der Sache (und damit jedem Herrschaftsanspruch entgegen) den Beistandspakt, an den sich Objektive Hermeneutik und Visual Profiling gebunden wissen. Ohne Explikation „in der Sprache des Falls" blieben die Fälle unbegriffen, undurchsichtig auch sich selbst. Anders gewendet: Sie wären nicht, was sie sind.

Die Selbstverpflichtung, ausschließlich dem objektiv Feststellbaren sich zuzuwenden, und das Insistieren auf dem Sichtbaren, bedeutet daher nicht die Sache nun doch auf Gelegenheit und Faktizität festzunageln. Das Beharren auf dem Sichtbaren wäre missverstanden, wollte man ihm entnehmen, es solle oder könne durch bloßes Schauen „Zugehängtes" aufgedeckt und die Sache verstanden werden. Das schiere Anstarren der Sache entbirgt so wenig wie abstraktes Denken. „Was Sache selbst heißen mag, ist nicht positiv, unmittelbar vorhanden; wer es erkennen will, muss mehr, und nicht weniger denken ..."[65], nicht frei schwebend über der Sache, vielmehr aus ihr heraus, an ihrem Leitfaden denken. Am Leitfaden der Sache denken heißt, nach dem Selbstverständnis der Objektiven Hermeneutik und des Visual Profiling, methodisch kontrolliert der realen Sequenzialität ihrer Hervorbringung zu folgen. Die zu deutende Sache wird in ihren kleinsten, sinntragenden Sequenzen erfasst, um sie in der natürlichen Folge des Editionsprozesses gleichsam noch einmal durchzuspielen, d.h. zu interpretieren, zu rekonstruieren.

Im Bereich des Bildnerischen sind diese kleinsten sinntragenden Sequenzen wohl unterscheidbare Elementeinheiten: im vorliegenden Fall z. B. der Turm, die Farbgebung, der Rotor, die Eiform etc.[66] Daraus ist wiederum keine starre methodische Anweisung zu machen. Die grundsätzliche Synchronizität einer Bildgestalt, wie sie für die Wahrnehmung in der Regel gegeben ist, wird nicht bedingungslos, nur um jenem methodischen Prinzip genüge zu tun, in Temporalität, in ein geregeltes Nacheinander des Herstellungsvorgangs zerlegt. Vielmehr wird nur analog dem Produktionsprozess (bzw. der sprachlichen Sequenzialität bei Textprotokollen) von der sachimmanenten Strukturiertheit ausgegangen. Die Strukturiertheit des Visuellen ist, analog derjenigen zeitlich strukturierter Gebilde (wie Text oder Musik, die in der Relation von Vorher / Nachher bestimmt sind), in der Einbettungsrelation von Außen und Innen bestimmt. Als methodenpraktische Regel formuliert, bedeutet das, von Außen nach Innen vorzugehen. Aber wieder muss die Durchführung der Analyse dem in sachspezifischer Weise Rechnung tragen: denn was im konkreten Fall Außen und was Innen heißt, welches die sinntragenden, wohl unterscheidbaren Elemente sind, ist nicht abstrakt vorweg zu bestimmen.[67]

Interpretation als Rekonstruktion nach Maßgabe der natürlichen Folge der Produktion ist kein mechanisches Nachspielen einer vorgegebenen Melodie. Adorno hat dies mit dem Hinweis auf den musikalischen Interpreten erläutert: Musikalisch interpretieren heißt, die fragliche Sache sinngemäß noch einmal hervorzubringen.[68] Durch so verstandene Interpretation werden bis dahin verborgene Wahrheitsmomente der Sache zu Gehör gebracht; als interpretierte erst werden sie vernehmbar, d.h. Interpretation bringt sie allererst hervor; auch in dem Sinne, dass sie für die Erfahrung durch Interpretation geschaffen werden. Interpretation muss sie konstruieren.[69] Die Negative Dialektik expliziert dieses Konstruieren der Interpretation als Komposition: Die versprengten Elemente werden so lange in verschiedene Anordnungen gebracht, bis sie zur erhellenden Figur zusammenschießen.

In diesem Sinn ist Re-meneutik auch für die Objektive Hermeneutik konstitutiv für die Sache selbst. „Rekonstruktion ... konstituiert erst das Neue in einer erfahrbaren Gestalt, in der handelnden Wirklichkeit ebenso wie in der Forschungspraxis, in letzterer nur wesentlich expliziter."[70] Dabei ist die in der Alltags- wie in der Forschungspraxis entscheidende Funktion der Rekonstruktion die Überführung der latenten Sinnstruktur der Sache in eine manifeste. Rekonstruktion ist „der Geburtshelfer beim Festhalten des emergierenden Neuen".[71]

Im Verlauf der Analyse sind „wohl unterscheidbare sinntragende Einheiten" (Symmetrie, Farbgebung, Drehbewegung, Zweiheit), die Sichten und die sie konstituierenden Instrumentarien (Aussichtsturm, Straße etc.) thematisch geworden. Dies stand anfänglich nicht einfach schon fest, sondern erwies sich erst im Fortgang der Analyse. Das Aufgreifen und Thematischwerden dieses Sachverhalts verdankte sich zunächst nur einer Intuition, wurde aber praktisch gerechtfertigt durch die Rekonsturktion.

Methodologisch legitimiert sich dieses quasi-subjektive, beliebige Anfangen paradoxerweise gerade aus der Verpflichtung, die Sache selbst zum Sprechen zu bringen. Denn jedes konkrete Gebilde ist, nach dem Verständnis der Objektiven Hermeneutik, weil es geworden und nicht einfach vom Himmel gefallen ist, notwendig strukturiert; ist einer Stukturgesetzlichkeit unterworfen, die sich in jeder Phase ihres Werdens reproduziert bzw. transformiert. Aus der Strukturiertheit der Sache selbst ergibt sich daher die methodische Chance, prinzipiell an jeder Stelle mit gleichem Recht, wenn auch nicht mit gleichem Erfolgsversprechen, einzusetzen und mit der Analyse zu beginnen. Das Problem des rechten Anfangs wird methodisch aus den Angeln gehoben, indem der Sache Folge geleistet wird: Diese hat immer schon angefangen, sie ist hinsichtlich ihrer Bedeutungsstruktur selbst nichts anderes als eine Objektivierung ihrer Transformation bzw. Reproduktionsgesetzlichkeit. Sie ist einer Strukturiertheit unterworfen und entwirft sie zugleich stets aufs Neue. Darin entsricht die Methode alltäglichem und künstlerischem Handeln.

**Objektivität, zum Zweiten. Visuelles Profil.** In Vorbereitung eines zu planenden Kunstprojekts führten wir Anfang der 90er Jahre ein Gespräch mit dem Hersteller jener Reflektoren, wie sie an unseren Straßen benutzt werden. Weil sie auch nachts zu sehen sind, heißen sie Katzenaugen. In der ersten Hälfte des vorigen Jahrhunderts wurden sie von Deutschland aus nach Südamerika exportiert. Mit nur mäßigem Erfolg. Die Reflektoren wurden zwar, wie üblich, an Straßenrändern installiert – aber die einheimische Bevölkerung demontierte kurzerhand die glitzernden Objekte. Sie wurden als Schmuck am Körper getragen.

Die gängige Interpretation dieses erstaunlichen Vorgangs verweist auf die unterschiedlichen kulturellen Hintergründe von Export- und Importland. Offenbar hatten die Angehörigen der uns fremden Kultur Sinn und Zweck des neuen Produkts nicht verstanden: Das Fallbeispiel ist ein Beleg für die Macht unterschiedlicher symbolischer Standards, die zu berücksichtigen das Exportunternehmen versäumt hatte. Die Markteinführung eines neuen Produkts kann nicht gelingen, wenn den Beteiligten verborgen bleibt, wozu das Neue überhaupt gut ist.

Doch diese Deutung verkennt Wesentliches und führt in die Irre. Tatsächlich ist der Gebrauch der Reflektoren, den die Menschen in Südamerika gemacht haben, keineswegs so überraschend oder gar abwegig, wie es scheinen mag. Unfehlbar – und sofort – haben sie die Sinnstruktur dieser unbekannten „Dinger" erkannt: nämlich Gefahr abzuwenden. Schmuck zu tragen ist in allen Kulturen und seit alters her als probates Mittel angesehen worden, Schaden fern zu halten. Und aus keinem anderen Grunde gibt es Katzenaugen an unseren Straßen. Auch wenn die erwartete Gefahr eine andere sein mag, es geht hier wie dort ums Ganze, um Leben oder Sterben. Der Ausdruck „Katzenauge" erinnert selbst schon (oder noch?) an den „bösen Blick", dem der ‚gute Blick' des Schmucks entgegen blickt; funkelnde Schönheit als Versprechen behüteten Lebens.

Kein kulturell bedingtes Missverständnis der einheimischen Bevölkerung also, kein mangelndes Wissen ungebildeter Lateinamerikaner liegt dem fehl gegangenen Exportgeschäft zu Grunde. Das Missverständnis liegt auf Seiten der Interpreten, die sich allein auf den beabsichtigten Zweck ihres Geschäfts konzentrieren und darüber das visuelle Potential ihrer Ware nicht ernst nehmen und die Sinnstruktur ihrer Erscheinung nicht verstehen. In der Nutzungs- und Gebrauchsfunktion eines Produkts steckt eine oft unbeabsichtigte, aber immer vorhandene symbolische Bedeutungsstruktur, die auf universaler Ebene wirkt. Es soll nicht geleugnet werden, dass es lokale Bedeutung gibt, aber es ist hinzuzufügen, dass diese lokalen Auslegungen sich an eine objektive Qualität heften, die universal zu rekonstruieren ist.

Eine (Fehl)Einschätzung der Fassade und des schönen Scheins entsteht dadurch, dass das Sichtbare – wie im Beispiel der Katzenaugen – nicht ernst genug genommen wird. Tatsächlich ist das Sichtbare immer ein gültiger Ausdruck der sich in ihm realisierenden Sinnstrukturen. Die Fassade ist nie nur Fassade. So wenig, wie die Maske nur Maske ist. Was sich hinter der Fassade verbirgt, sind keine ganz anderen Wahrheiten, sondern die Weigerung sehen zu wollen. Daher kann es uns beschämen, wenn die Fassade als Trug erkannt wird, wenn wir plötzlich erfahren, dass die Fassade gar keine Fassade ist, sondern Wahrheit. Die Einsicht setzt sich durch, dass man die Wahrheit vor Augen hatte, sie aber nicht wahr haben wollte.

Die Forschungen Paul Virilios über die bildhafte Erscheinung der Atlantikbunker der Nazis, die Hinweise Slavoj Žižek auf die Sowjetarchitektur und meine eigenen Analysen von Optikerschaufenstern und Einrichtungen von Wartezimmern bei Augenärzten können das Gemeinte verdeutlichen. Die in den Erdboden eingegrabenen Festungsbauten am „Westwall" materialisierten zu Lebzeiten der Erbauer eine Todessehnsucht, und die Frühlingsdekoration eines Optikers hat sichtlich mehr mit dem Ableben zu tun als mit Frühlingserwachen. Die uns allen bekannten überdimensionalen Arbeiterskulpturen über Eingängen sowjetischer Fabriken wurden lange als bloße Fassade verstanden. Man erkannte in ihnen die übertriebene Verherrlichung der werktätigen Bevölkerung. Jeder hat sie als bloße Fassade verstanden, solange man glauben konn-

*Richard Schindler, Reflektierende Flaggen, Kunst an der Straße, Bundeswettbewerb, Freiburg 1988*

te, hinter dieser maßlosen Übertreibung stehe doch der mehr oder weniger gute Wille der Partei. Aber allmählich konnte man wahrnehmen, dass diese Skulpturen de facto riesige Granitblöcke waren, die einschüchternd und bedrohlich über den Köpfen der Menschen hingen. Die Fassade realisiert eine Wahrheit, die auszusprechen unmöglich gewesen wäre. Während sie scheinbar nur der herrschenden Ideologie Vorschub leistet, wirkt sie ihr entgegen. Das war schon immer zu sehen. Aber man wollte/konnte es nicht sehen. Žižek zitiert zu Recht das Motto der „Akte X": „The truth is out there". Künstler wissen das. Auch die schönsten Worte über ein Kunstwerk nützen nichts und niemandem, wenn das Werk etwas anderes zeigt. Kriminalisten und Fahnder wissen das. Schweigen und Reden nützen dem Täter nicht, wenn das Beweismaterial die Wahrheit zeigt.

Wir können nicht nicht kommunizieren (Watzlawick). Auch das Nicht-Kommunizieren ist eine Kommunikation. Oder, in Sherlock Holmes' Worten: Auch das Fehlen einer Spur ist eine Spur. Weil Unternehmen längst ahnen, dass Architektur, Raumgestaltung oder Dekoration eine Haltung realisieren (nicht nur zum Ausdruck bringen), lassen sie Repräsentationsbauten errichten. Aus diesem Grund lassen Könige Schlösser und keine schäbigen Hütten bauen. Weil wir alle das ahnen, richten wir unsere Wohnungen in einer bestimmten Weise ein. Wie ich mich kleide, auf welche Signale ich setze oder welche ich gerade vermeide, immer ist es ein Statement. Als Menschen leben wir in einer symbolisch strukturierten Welt.

Um ein Mädchen vom Lande zu verführen, veranstaltet Casanova einen Hokuspokus mit seinen „übernatürlichen Kräften". Er zeichnet einen „magischen" Kreis auf den Boden. Kaum ist der Kreis vollendet, bricht ein Gewitter los. Der „Meister" erschrickt und springt flüchtend selbst in seinen Kreis. – Im entscheidenden Augenblick war die Macht des Zeichens stärker als sein aufgeklärtes Bewusstsein. Kaum war der Zirkel geschlagen, wurde seine Kraft wirksam und entmachtete das bessere Wissen des Helden. In diesem Sinne wirken „bloße Fassaden". Was vielleicht als Bluff gedacht war, ist keiner. Bilder sind wahr. Dass wir ihre „objektive Intention" (Panofsky) nur selten bewusst wahrnehmen, hat benennbare Gründe.

Die Wahrnehmungsschwierigkeiten liegen in der offensichtlichen und von uns sofort verstandenen Bedeutung. Sie ist die *profile stealth technology* der Dinge. Diese

*Lockheed F117A Stealth Fighter Nighthawk, USA-Air Force, Foto Mike Rotor Nowak, www.airlines.net*

Technologie verhindert bei mobilen militärischen Systemen (Flugzeugen, Schiffen, Raketen) die Detektion durch Radargeräte. Sie haben eine Oberfläche, die Radarsignale nicht reflektieren, sondern absorbieren. Auf ähnliche Weise sind offensichtliche Nutzungs- und Gebrauchszusammenhänge in der Lage, die Wahrnehmung des analytischen Blicks zu verschlucken. Unser Sinnbedürfnis ist so groß (oder schwach), dass es sich zufrieden gestellt sieht, wenn ihm etwas Brauchbares gegeben wird. Das heißt, wir sehen zwar, wollen aber nicht wahrhaben, was wir sehen – es ist, als wäre das Sichtbare zu unerträglich mächtig, um angenommen zu werden. Das gelingt umso leichter, als sich dem Blick ein Surrogat, ein Substitut anbietet, mit dem man leben kann. In aller Regel sind das die erkennbaren Gebrauchsfunktionen und gewussten Bedeutungen. Das Sichtbare wirkt nicht wie ein Schock, der lähmt – vielmehr setzt es sofort Abwehrmechanismen in Gang, die mit erstaunlicher Präzision den Hintergrund verdunkeln und die Silhouette zum Verschwinden bringen. Der alltägliche Blick ist darauf spezialisiert, den Sinn einer Sache wahrzunehmen, wie er sich über spontan aktiviertes Hintergrundwissen darbietet.

Gebrauchsgegenstände sind Bilder, die zukünftig immer weniger hinter Gebrauchs- und Funktionswert versteckt werden können. Funktions- und Gebrauchswerte werden zunehmend als Tarnversuche erscheinen, um sich ein Bild zu kaufen und anzueignen. Nicht also wird den Waren ein Image verpasst, sondern den Bildern eine Funktion. Das Bild wird mit Funktions- und Gebrauchswert geschminkt und tendenziell verdunkelt. Dass das so ist, ist leicht zu erkennen, wenn den Dingen ihre Funktionstüchtigkeit genommen ist. Was dann übrig bleibt, ist ein Bild (Müll). Umgekehrt lässt sich dem Ding das Bild nicht nehmen: Bloße Funktion, reinen Gebrauchswert gibt es nicht. Das bedeutet, wenn wir uns auf das Stichwort ‚Bilderflut' beziehen, immer mehr Dinge werden ihren Funktions- und Gebrauchswert verlieren und als die Bilder sichtbar werden, die sie schon immer waren.

Diese Sachverhalte sind auch bei der Analyse des Landschaftsbildes zu berücksichtigen. Es wird sich zeigen, dass auch die Windkraftanlagen Bildqualitäten haben, die wir bei ausdrücklicher Inaugenscheinnahme nicht ignorieren dürfen.

**Scheineindeutigkeit. Zur Hilflosigkeit „exakter Verfahren".** In seinem methodologischen Schlüsselwerk formuliert Emile Durkheim: „Das Leben lässt sich nicht derart zerlegen; es ist einheitlich, und infolgedessen kann es nur die lebende Substanz in ihrer Totalität zum Sitz haben. Es ist im Ganzen, nicht in den Teilen."[72]

Dem entgegen sucht Landschaftsbildanalyse, wie sie heute üblicherweise betrieben wird, zu objektiven Aussagen zu kommen, indem sie ihr Objekt zerlegt in der Hoffnung, die Einzelteile könnten eindeutig zugerechnet werden. Das Ideal ist ein Verfahren, dessen automatisierte Anwendung auf Knopfdruck das Ergebnis hervorbringt. Auch wenn durchaus gesehen und eingestanden wird, dass eine „absolut objektive Bewertung" nicht zu erreichen sei[73], so wird an dem Ideal einer formalisierenden und standardisierenden Objektivität hartnäckig festgehalten.

Methodologisch ist dieses Vorgehen nicht überraschend. Es schließt sich dem Siegeszug positivistischer Forschung in den Sozial- und Kulturwissenschaften an. Darauf, und auf die intensiven Methodendebatten, braucht hier nicht näher eingegangen zu werden. Die Bedenken gegen Subsumieren, Messen und Quantifizieren haben immer die Frage der Adäquanz aufgeworfen: Kann der Gegenstand, um den es der Forschung jeweils geht, auf diese Weise überhaupt angemessen gewürdigt werden?

Dass Landschaftsbild und landschaftsästhetische Fragen einen denkbar ungeeigneten, höchst problematischen Gegenstand eines „positivistischen" Forschungszugriffs darstellen, liegt auf der Hand. Niemand würde den Versuch ernst nehmen, eine Landschaft und ihr Bild mit Hilfe von Verfahrensanweisungen zu *erstellen*. Umgekehrt sind alle Versuche, die zu erfassende Wirklichkeit im Dienste der Übersichtlichkeit und Handhabbarkeit in Einzelteile zu zerlegen, Verstöße gegen eben diese Wirklichkeit und ihre integrale Gestalt und damit auch gegen den eigenen Anspruch ihrer exakten Erfassung.

Das lässt sich an Beispielen leicht zeigen:

*„Die Erscheinung einer Landschaft wird geprägt durch Landnutzungsmuster, Strukturmerkmale und Ausstattungselemente."* Das hier zitierte Verfahren enthält u.a. *„die Kriterien Empfindlichkeit der Landschaft, Intensität des Eingriffs, Sichtbarkeitsfaktor, Wirkzonen und Verschattungsbereiche als Teile einer objektiven Beurteilung; demgegenüber Vorbelastungs- und Wahrnehmbarkeitsfaktoren als Teile einer subjektiven Beurteilung. Außerdem liegt ihr ein ganzheitlicher Ansatz der Landschaftsbetrachtung zugrunde, der Geräusche und Gerüche einbezieht, nicht aber den Erholungswert einer Landschaft. Das Verfahren orientiert sich zum Teil an dem für Nordrhein-Westfalen entwickelten Verfahren zur Ermittlung der Eingriffskompensation für Landschaftsbildbeeinträchtigungen (ADAM, K; NOHL, W; VALENTIN, W. 1987: Bewertungsgrundlagen für Kompensationsmaßnahmen bei Eingriffen in die Landschaft MURL (Hrsg.), Landesamt für Agrarordnung)."*[74]

An diesem Zitat ist nicht nur beispielhaft die Logik einer die Sache atomisierenden Kategorienbildung zu studieren, sondern auch das „schlechte Gewissen" und die gleichzeitige Hilflosigkeit dieses Vorgehens: *„Außerdem liegt ihr ein ganzheitlicher Ansatz der Landschaftsbetrachtung zugrunde"* (!). Die Forscher wissen sehr wohl, dass sie es mit einem ästhetischen Gegenstand zu tun haben. Sie wissen auch, dass Formalisierung, analytische Zerlegung und Subsumtion der Erscheinungen unter die gebildeten Kategorien das Ganze verfehlen. Deshalb bedarf es *zusätzlich* eines *ganzheitlichen Ansatzes*. Dabei kann es sich natürlich nur um ein methodologisches Lippenbekenntnis handeln.

Schafranski stellt seinem Buch: „Landschaftsästhetik und räumliche Planung" ein Zitat von Konrad Lorenz voran: „Da alle moralische Verantwortlichkeit des Menschen von seinen Wertempfindungen bestimmt wird, muß dem epidemischen Irrglauben entgegengetreten werden, dass nur dem Zähl- und Messbaren Wirklichkeit zukomme." Und ganz im Sinne dieses Zitats führt Schafranski einige Zeilen weiter aus: „Ästhetik ist kein vernachlässigbares Randthema der räumlichen Planung, es ist ein zentraler Aspekt menschlicher Umweltbeziehung und menschlichen Handelns schlechthin."[75]

Wir dürfen aber nicht überrascht sein, dass von diesen „Bekenntnissen" in dem vom Autor entwickelten „Analyseansatz" nichts übrig bleibt. Ästhetik und Ganzheitlichkeit; schön und gut. Aber zur Sicherung von „Validität" und „Reliabilität" muss anderes Geschütz aufgeboten werden: „Im Hinblick auf eine differenzierte ästhetische Analyse müssen die gewählten Landschaftselemente weiter ‚zerlegt' werden." Auch hier scheint dem Autor selbst etwas mulmig geworden zu sein, sonst hätte er das *zerlegt* nicht in Anführungszeichen gesetzt.

Allerorten bemüht man sich um Entwicklung eines praktikablen Bewertungsverfahrens zur Abschätzung der landschaftsästhetischen Folgen von Eingriffsvorhaben. Beispielhaft sei auf eine Diplomarbeit von Holger Schilling hingewiesen. Ziel der Arbeit ist, nach den Worten des Autors, eine Operationalisierung der Landschaftsbildbewertung. Hierbei sollen Wege der Annäherung zwischen Ökonomie, Ökologie und Ästhetik aufgezeigt werden. Nach dem Selbstverständnis des Autors sollen Kriterien erarbeitet werden, die es ermöglichen die ästhetischen Auswirkungen eines geplanten Vorhabens auf die Landschaft zu beurteilen. Verschiedene Ansätze werden zu diesem Zweck überprüft und kombiniert.[76]

Neuer ist ein Versuch von Ivo Gerhards. Der Autor schreibt:

*„Ziel der vorliegenden Arbeit ist es, eine für die Planungspraxis verwendbare Methode zur problemorientierten Erfassung und Bewertung des Landschaftsbildes im Rahmen der Umweltfolgenabschätzung, also bei Umweltverträglichkeitsprüfungen und im Zuge der naturschutzrechtlichen Eingriffsregelung, darzulegen. Insbesondere geht es darum, die Bedeutung der ‚landschaftlichen Eigenart' bei der Behandlung des Landschaftsbildes zu erörtern und diesen Aspekt – zusammen mit dem Bewertungsindikator ‚landschaftliche Identität' – als zentralen Wertmaßstab in ein entsprechendes neues Bewertungsverfahren einfließen zu lassen. Aufgabe ist es daneben, einen Beitrag zur verstärkten Einbeziehung der EDV zu leisten. Dazu wird ein Weg aufgezeigt, wie neuartige Visualisierungstechniken durch Landschaftsmodelle für die Prognose und Beurteilung von absehbaren, vorhabensbedingten Veränderungen des Landschaftsbildes eingesetzt werden können. Hierin wird eine gute Möglichkeit gesehen, künftige Interessenkonflikte zwischen Vorhabensträgern und betroffener Bevölkerung im Zusammenhang mit der Bewahrung bzw. Veränderung von Landschaftsbildern auf einer möglichst objektiven, nachvollziehbaren Informationsgrundlage zu erörtern."*[77]

Auf der Grundlage solchen methodischen Selbstverständnisses kann auch nicht der Versuch überraschen, die Landschaftsbildanalyse vom Computer berechnen zu lassen:

*„Das Programm UMBRA stellt die computergestützte Umsetzung der Methode von Dr. W. Nohl (1993) zur Berechnung der ‚Beeinträchtigungen des Landschaftsbildes durch mastenartige Eingriffe' dar. Unter Berücksichtigung von u. a. Vielfalt, Naturnähe und Eigenart werden die zuvor digitalisierten oder anderweitig gewonnenen landschaftsästhetischen Einheiten bewertet. Dabei wird u. a. der landschaftsästhetische Gesamtwert, die Eingriffsintensität und schließlich die Eingriffserheblichkeit berechnet. Mit Hilfe der von UMBRA ermittelten Flächen der Sichtbarkeitsbereiche, der Eingriffserheblichkeit, der abnehmenden Fernwirkung der WKA (über Wahrnehmungskoeffizienten) sowie eines Kompensationsflächenfaktors wird die Größe der Kompensationsfläche für den speziellen Eingriff im jeweiligen Untersuchungsgebiet berechnet."*[78]

Dass dieser Versuch, ein Computerprogramm zur Landschaftsbildanalyse nach Nohl, überhaupt möglich scheint, wirft ein bezeichnendes Licht auch auf die Methode Nohls. Das Erscheinungsbild dieses Programms spricht für sich (s.S. 39 oben).

Am Geographischen Institut der Mathematisch-Naturwissenschaftlichen Fakultät an der Ernst-Moritz-Arndt-Universität Greifswald wurden

*„ausgehend von den Forderungen nach Objektivität, Nachvollziehbarkeit und Angemessenheit der Landschaftsbildbewertung und basierend auf den aus der Geographie kommenden Ideen zu Landschaft und Landschaftsbild, zu Typ und Individuum, zu Landschaftsphysiognomie und -physiologie […] Struktur-, Funktions- und Werteelemente der Landschaft in einer an Neef (1963) orientierten Schrittfolge zu Landschaftsbildtypen aggregiert, wobei die Großgliederung des Reliefs zur Aufstellung, die*

*Screenshot Softwareprogramm UMBRA*
*www.emd.dk*

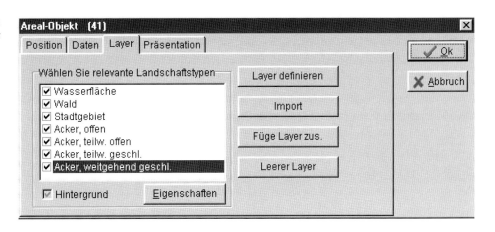

*Morphogenese und Reliefenergie zur Qualifizierung, weitere metrische Elemente der Landschaft zur Quantifizierung sowie stabile, variable und labile Standorteigenschaften zur Definition von Landschaftsbildtypen herangezogen wurden.*

*Die Bewertung erfolgt anhand der Kriterien Vielfalt, Natürlichkeit und Eigenart, wobei bei letzterem vor allem der Eigenartsverlust, die Ursprünglichkeit und Seltenheit, die Struktur und der Charakter des allgemeinen Landschaftszustands beurteilt werden. In die Bewertung der Vielfalt gehen weiter die Art der Reliefausprägung (z.B. die Häufigkeit des Wechsels von Kuppen und Senken, bestimmte Reliefenergiestufen), die Parzellengrößen und Nutzungswechsel, die Kleinstrukturenvielfalt (z.B. Vorhandensein oder Fehlen von gliedernden und belebenden Landschaftselementen) und die Gewässervielfalt ein. Die ausgegliederten Typen von Landschaftsbildeinheiten werden schließlich exemplarisch beschrieben und erhalten eine Gesamtbewertung."*[79]

Nach Ansicht des Autors konnte „auf diese Art und Weise ... das landschaftsplanerisch bisher nur schwer faßbare Schutzgut ‚Landschaftsbild' einer besseren Analyse und Bewertung zugänglich gemacht werden." Das vorgeschlagene Verfahren habe „sich seither in der landschaftsplanerischen Praxis bei Planungen zur Küstenautobahn A 20 und diverser Ortsumfahrungen bewährt und gilt als akzeptiert."[80]

„Als Ergebnis einer Literaturauswertung listet Gareis-Grahmann über 250 Landschaftsbildelemente in 8 Merkmalsgruppen auf. Dabei umfasst der Begriff Landschaftsbildelemente sowohl Strukturen wie z. B. Relief und Vegetation, Nutzungen (z.B. Acker, Grünland) als auch Einzelelemente (z.B. Schornsteine, Hochspannungsmasten, Einzelbäume). Auch optisch nicht wahrnehmbare Phänomene wie beispielsweise Gerüche, Vogelstimmen, Straßenlärm, Temperaturen und vieles mehr zählen zu den Landschaftselementen. Somit können Landschaftsbildelemente als die Gesamtheit der sinnlich wahrnehmbaren, die Landschaftsphysiognomie ausmachenden Elemente verstanden werden."[81]

Es ist evident, dass bei diesem oder auch nur einem vergleichbaren Differenzierungsniveau mit einem nicht mehr zu bewältigenden Datenvolumen zu rechnen ist. Was sich daraus ableitet, ist das Errechnen mit Computerprogrammen.

Während die gesetzlichen Bestimmungen „Vielfalt, Eigenart und Schönheit" ganz offensichtlich noch auf das Ganze abzielen, werden sie von der Forschung in ihre vermeintlichen Bestandteile zerlegt. So schlägt Nohl beispielsweise folgende „Präzisierung" des Begriffs „Vielfalt" vor: Reliefvielfalt, Vegetationsvielfalt, Gewässervielfalt, Nutzungsvielfalt, Erschließungsvielfalt, Aspektvielfalt, Perspektivvielfalt.[82]

$$y = \sum_{n=0}^{\infty} a_n x^n$$

$$\frac{dy}{dx} = \sum_{n=0}^{\infty} n a_n x^{n-1}$$

$$\frac{d^2y}{dx^2} = \sum_{n=0}^{\infty} n(n-1) a_n x^{n-2}$$

$$a_{n+2} = -\frac{(l-n)(l+n+1)}{(n+2)(n+1)} a_n$$

$$y = a_0 \left[ 1 - \frac{l(l+1)}{2!}x^2 + \frac{l(l+1)(l-2)(l+3)}{4!}x^4 + \ldots \right]$$
$$+ a_1 \left[ x - \frac{(l-1)(l+2)}{3!}x^3 + \frac{(l-1)(l+2)(l-3)(l+4)}{5!}x^5 - \ldots \right]$$

$$P_m(x)\frac{d}{dx}\left[(1-x^2)\frac{dP_l(x)}{dx}\right] - P_l(x)\frac{d}{dx}\left[(1-x^2)\frac{dP_m(x)}{dx}\right]$$
$$+ [l(l+1) - m(m+1)]P_m(x)P_l(x) = 0$$

$$\frac{d}{dx}\left[(1-x^2)(P_m\frac{dP_l}{dx} - P_l\frac{dP_m}{dx})\right] + [l(l+1) - m(m+1)]P_m P_l = 0$$

$-1$ to $1$:

$$(1-x^2)(P_m\frac{dP_l}{dx} - P_l\frac{dP_m}{dx})\Big|_{-1}^{1}$$
$$+ [l(l+1) - m(m+1)]\int_{-1}^{1} P_m(x)P_l(x)dx = 0$$

At $x = \pm 1$, $(1-x^2)$ :

$$[l(l+1) - m(m+1)]\int_{-1}^{1} P_m(x)P_l(x)dx = 0$$

$$\frac{1}{r} = \frac{1}{r}\left(1 - \frac{1}{2}\epsilon + \frac{3}{8}\epsilon^2 - \ldots\right)$$
$$= \frac{1}{r}\left[1 - \frac{1}{2}\frac{r'}{r}\left(\frac{r'}{r} - 2\cos\theta'\right) + \frac{3}{8}\left(\frac{r'}{r}\right)^2\left(\frac{r'}{r} - 2\cos\theta'\right)^2 - \ldots\right]$$
$$= \frac{1}{r}\left[1 + \frac{r'}{r}\cos\theta' + \frac{1}{2}\left(\frac{r'}{r}\right)^2(3\cos^2\theta' - 1) + \ldots\right]$$
$$= \frac{1}{r}\sum_{n=0}^{\infty} \left(\frac{r'}{r}\right)^n P_n(\cos\theta')$$

$$V(\vec{r}) = \frac{1}{4\pi\epsilon_0} \sum_{n=0}^{\infty} \frac{1}{r^{n+1}} \int (r')^n P_n(\cos\theta) \rho(\vec{r}') d\tau'$$

$$V(\vec{r}) = \frac{1}{4\pi\epsilon_0} \int \frac{1}{r} \rho(\vec{r}') d\tau'$$

*Richard Schindler, ohne Titel, Digitalprint, 29 x 21 cm, 2004*

„Schönheit scheint von den drei im BNatSchG genannten Kriterien das am schwersten zu fassende sein. Dem entspricht auch die Tatsache, dass Schönheit als explizites Bewertungskriterium zum Teil nicht berücksichtigt wird (z.B. bei Gareis-Grahmann 1993) oder durch andere Kriterien wie z.B. Naturnähe (bei Nohl 1993a sowie Hoisl et al. 1989) ersetzt wird. ... Das Bundesnaturschutzgesetz unterstellt, dass Schönheit trotz der oben angesprochenen Probleme zumindest teilweise quantifizierbar ist. So ist für die Ausweisung eines Landschaftsschutzgebietes (§ 15 BNatSchG) oder eines Naturdenkmals (§ 17 BNatSchG) Schönheit als Kriterium ausreichend, wohingegen für die Ausweisung eines Naturschutzgebietes (§ 13 BNatSchG) ‚hervorragende Schönheit' nötig ist".

Ein weiteres Beispiel soll angeführt werden um zu illustrieren, dass das, was methodisch objektiviert werden soll, jenseits des Erhebungsrasters angesiedelt ist:

Das von Nohl (1993) vorgeschlagene Verfahren, resümiert die Cube Engineering GmbH aus Kassel in ihrem Angebot zur Landschaftsbildbewertung, *„ist in vielen Bundesländern als Methode zur Beurteilung der landschaftsästhetischen Auswirkun-*

*gen vorgeschrieben oder akzeptiert. Eine derartige Studie beinhaltet: Evaluation der landschaftlichen Verhältnisse in Bezug auf das Relief und die Hindernisstrukturen im Untersuchungsraum (i.d.R. 10 km Radius). Zudem Abgrenzung der landschaftsästhetischen Einheiten vor Ort, die sich u. a. bezüglich der Kriterien Eigenart, Vielfalt und Naturnähe unterscheiden, und Bewertung dieser Einheiten nach der Methodik NOHL. Berechnung des durch Sichtbarkeit betroffenen Bereichs. Automatische, programminterne Zuordnung der landschaftsästhetischen Werte. Ermittlung der Kriterien nach NOHL (u.a. Eigenwert der Landschaft, Eingriffsintensität, Empfindlichkeit und Erheblichkeit) und der Kompensationsflächengröße für den landschaftsästhetischen Eingriff des konkreten Projekts. Erstellung eines Berichts (i.d.R. 40 – 50 Seiten Umfang) mit ausführlicher Erläuterung der Berechnungsmethodik, der Voraussetzungen und der Ergebnisse. Weitere Methoden zur Landschaftsbildbewertung sind z. B. die Darmstädter Methode, Adam-Nohl-Valentin, usw."* [83]

Schon die Sprache erscheint hier atomistisch. Solange es um „die Abarbeitung der naturschutzrechtlichen Eingriffsregelung" geht und darum, „anhand der visuellen Empfindlichkeit der Landschaftsbildeinheiten gegenüber einer trassierungstechnisch bedingten Überformung und der Gradientenlagen und Bauformen" „Auswirkungsbereiche" zu bestimmen[84], werden wir den rechtlichen Vorgaben des Gesetzgebers nicht gerecht werden können – und noch weniger eigenverantworteten ästhetischen Ansprüchen.

Solange „das Untersuchungsgebiet hinsichtlich seines ‚landschaftsästhetischen Eigenwertes' in Anlehnung an die Kriterien Relative Naturnähe (4x), Maßstäblichkeit (2x), Bioklimatische Wirkungen (1x), Aspektvielfalt (2x), Element- und Gestaltvielfalt (2x), Akustisches Erlebnis (1x) und Eigenart (4x) (Ansprache im Gelände) in 3 Kategorien bewertet" wird und man „eine additive Verschneidung (overlay) aller einzelnen Wertkriterien, die dabei in Abhängigkeit von ihrem Stellenwert unterschiedlich gewichtet (scalar) und für das gesamte Untersuchungsgebiet flächendeckend ermittelt wurden" veranschlagt, so lange wird das nichts werden. Auf diese Weise können wir allenfalls „Raumwiderstände" ermitteln, indem wir den „landschaftsästhetischen Eigenwert mit der visuellen Verwundbarkeit der Landschaft verschneiden".[85] Immerhin räumen die Autoren ein, dass „trotz des GIS-Einsatzes die Objektivierbarkeit einzelner Phänomene durchaus begrenzt ist und sich der Bearbeiter in diesem Themenkomplex letztendlich nie völlig von seiner eigenen Erfahrungswelt und seinen eigenen Präferenzen frei machen kann."[86]

Die immer wieder zu konstatierenden Bemühungen, sich von der „eigenen Erfahrungswelt" frei zu machen, sind erstaunlich. Denn wir wissen ja: Im Streitfall wird ein Richter vor die Landschaft treten und bei Inaugenscheinnahme gerade umgekehrt seine ganze eigene Erfahrungswelt zu aktivieren suchen.

Wie mühsam sich solche Projekte anlassen, geben die Fragen zu ahnen, die die Autoren zu beantworten für wichtig erachten: „Besteht eine Blickbeziehung zur Anlage? In welcher Entfernung befindet sich der Betrachter zur Anlage? Wie hoch ist der auf der Bezugsfläche liegende Erholungsanspruch? (umfangreiche Erholungsnutzung – hoher Erholungsanspruch; weniger umfangreiche Erholungsnutzung – geringer Erholungsanspruch) Wie stellt sich der Grad der Einbindung des Ferienparks in die Landschaft dar? (abhängig von Zahl, Anordnung, Form, Farbe, Höhe der Gebäude; Erhalt bestehender Landschaftsbildelemente innerhalb der Anlage) Welche ästhetischen Qualitäten liefert der Gesamtkomplex dem Betrachter?"[87]

Kommen wir zu den Windkraftanlagen zurück. Ihre landschaftsästhetische Qualität erscheint wesentlich als Gegenstand der „Sichtprüfung". Der Terminus lässt schon ahnen, dass die Bestnote dieser Prüfung dem Nichtsichtbaren zukommt.

In enger Zusammenarbeit und Abstimmung zwischen dem Wirtschaftsministerium, dem Ministerium Ländlicher Raum und dem Ministerium für Umwelt und Verkehr hat das Referat 44 „Lebenswissenschaften und Erneuerbare Energien" des Wirtschaftsministeriums in vierter Auflage vom August 2003 die so genannte *Windfibel* heraus gebracht. Darin wird in Kapitel 6.4 „Windenergieanlagen und Landschaftsbild" die Durchführung einer Landschaftsbildanalyse dann empfohlen, wenn eine „reale Beeinträchtigung" des Landschaftsbildes zu erwarten ist.[88] Eine Veränderung oder Beeinträchtigung ist dieser Broschüre zufolge dann zu erwarten, wenn die Standorte der Windkraftanlagen gut einsehbar sind. Das ist insofern schlüssig, als ein unsichtbarer Gegenstand schwerlich zu einer visuellen Beeinträchtigung führen kann. Aber nahezulegen, dass die Zunahme an Sichtbarkeit mit der Zunahme einer Beeinträchtigung einhergeht, will sich nur das schwierige Problem der Beantwortung der Frage nach dem *Passungsverhältnis* zwischen Windkraftanlage und Landschaft vom Hals schaffen.

Der schematischen Darstellung der empfohlenen Verfahrensschritte ist die fatale und unrealistische Tendenz solcher Ansätze unmittelbar abzulesen. In einem ersten Schritt soll vorgeklärt werden: „Sichtbarkeit vorhanden" oder „Nicht vorhanden (Landschaftsbildanalyse entfällt)". Während also im Text noch von der *Güte* der Einsehbarkeit die Rede war, ist jetzt nur noch von Sichtbarkeit und Unsichtbarkeit die Rede. Auch wenn wir unterstellen, dass schematische Darstellungen zwangsläufig verknappen und erläuternder Texte bedürfen, ist doch deutlich, wohin eine falsche Grundannahme führt: Wenn es gelänge, eine nicht sichtbare Anlage zu bauen (zum Beispiel unter Tage) würde nach dieser Logik auch keine Landschaftsbildbeeinträchtigung vorliegen können. Dem ist natürlich nur dann zuzustimmen, wenn wir von einem Landschaftsbildbegriff ausgehen, der alle inzwischen erkannten Landschaftsbildaspekte, bis hin zu Hörbarem oder Wissbarem, ignoriert.

Feststellungen wie die folgende sind nicht etwa einem Schulbuch entnommen (auch wenn der Broschürentitel uns hätte warnen können: Windfibel[89]): „Mit zunehmender Entfernung wird der wahrgenommene Gegenstand somit exponentiell kleiner und die optische Wirkung und Eindrucksstärke eines Objektes nimmt daher rasch ab."[90] Selbstverständlich kann ein klein wahrgenommener Gegenstand große optische Wirkung haben (wenn mir beispielsweise meine Freundin von weit entgegen kommt) und von enormer Eindrucksstärke sein (wenn wir einen Unfall kommen sehen). Es ist nicht nur denkbar, sondern mit unserer Analyse nachgewiesen, dass zum Beispiel *zwei* Anlagen für ein Landschaftsbild besser sein können als nur eine Anlage. Es ist sogar möglich, dass ein Anlagendoppel, wie das an der Holzschlägermatte, einem Landschaftsbild besondere Qualität allererst verschafft. Nach der Logik des vom Ministerium vorgeschlagenen Verfahrens wäre beides ausgeschlossen.

Den erwähnten Vorschlägen, Ansätzen und Analysekonzepten soll die Aufrichtigkeit ihres Anliegens nicht abgesprochen werden. Erst recht nicht wollen wir sie der Naivität bezichtigen. Die Idee des Ästhetischen ist ihnen nicht unbekannt. Wir sind oben schon auf den *ganzheitlichen Ansatz* – freilich als Zugabe – gestoßen. Auch die Windfibel weiß von der „visuellen Sensitivität *des Landschaftsbildraumes*" und vom „*ästhetischen Eigenwert*". Und natürlich bleibt die Erkenntnis, dass „die bloße Erhöhung der Vielfalt einer Landschaft mit der Zerstörung ihrer charakteristischen Eigenart einhergehen kann", den atomistischen Verfahren nicht verborgen. Die Analyse aber soll von solchen Verkomplizierungen verschont bleiben. In „selbstverschuldeter Unmündigkeit" (Kant) überantwortet man sich lieber der Objektivität des Verfahrens, als sich der Sache auszusetzen.

Die herrschenden und gängigen Methoden der Landschaftsbildanalyse, denen wir unser Gutachten entgegensetzen, stehen denn auch gar nicht in einem ernst zu nehmenden erkenntnislogischen Gegensatz. Sie wissen oder ahnen von der Gewalt, die sie mit ihren Operationen einer atomistischen Reduktion dem landschaftsästhetischen Gegenstand antun. Sie wollen diesen ästhetischen Gegenstand, um den sie wissen, aber als solchen nicht ernst nehmen, sich nicht auf ihn einlassen. Denn sie wissen auch, dass dies das Ende aller Hoffnung auf ein berechenbares, die bürokratischen Bedürfnisse befriedigendes Entscheidungsprozedere sein würde.

Wir wollen und können sie deshalb keines Besseren belehren. Wir können lediglich die Unzulänglichkeit und Scheineindeutigkeit der Subsumtion des Ästhetischen benennen und uns auf den Weg einer sachhaltigen Analyse begeben.

*Richard Schindler, Digitalprint, 2003*

# Näherung, die zweite. Fehlerhafte Landschaft

*Gemeinsam geteilte kulturgeschichtliche Erfahrungen sind Vorgaben der Wahrnehmung auch von Landschaft, denen wir uns nicht einfach entziehen können. Aber wir können uns ihrer bewusst werden – oder, um eine Formulierung von Jürgen Habermas zu paraphrasieren: Wir können sie nicht überholen, aber einholen. Wenn wir Landschaft betrachten, betrachten wir, was Menschen aus bloßer Natur gemacht haben. Landschaftsbetrachtung ist eine Form der Selbstbegegnung. Der Betrachter ist im Bild. Dabei machen uns Erfahrungen im Umgang mit künstlerischen Landschaftsbildern auf Störungen und Flecken aller Art aufmerksam. Bildstörung ist nicht Zerstörung – sie simuliert den Verlust, den wir wohl ahnen müssen, um zu schätzen, was wir haben. Wenn wir uns methodisch gesichert dem Untersuchungsgegenstand Landschafsbild nähern, müssen wir uns darüber im Klaren sein, welches genau der Gegenstand unserer Betrachtung ist und von wo aus wir darauf schauen. Auch der Point of View ist konstitutiv für das zu untersuchende Bild.*

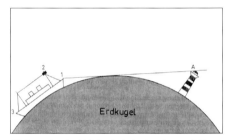

*Sichtweite in Abhängigkeit der Augenhöhe*

Landschaft ist, so weit das Auge reicht. Das ist nicht sehr weit. Die geodätische Sichtweite eines Beobachters am Strand bis zum Meereshorizont beträgt etwa 5 km.[91] Gut platzierte Leuchtfeuer einer Signalstationenkette, wie sie seit dem 5. Jh. v.Chr. bis zum Beginn des 17. Jh. n.Chr. zur Nachrichtenübermittlung in Gebrauch waren, konnten eine Entfernung von 50 km, manchmal mehr überbrücken. Wer auf einen Berg steigt – wie Petrarca zum ersten Mal im 14. Jh. auf den Mont Ventoux (vordem stieg man nicht auf einen Berg, nur um das Land zu sehen!) – sieht weiter. Mit der Erfindung des Fernrohres, 1608 durch den holländischen Brillenmacher Hans Loppershey, war die Möglichkeit, noch weiter zu sehen, gegeben: zur Entdeckung der Jupitermonde durch Galilei, aber kaum zur Betrachtung von Landschaft. Dies kam erst im 19. Jh. in Mode – keine Besteigung eines Aussichtsturms ohne ein Fernrohr.[92] Höhe und Optimierung der Sicht lassen sich nicht beliebig steigern. Jenseits einer nicht bestimmbaren Grenze sieht man wohl die Erde, wie Astronauten sie sehen, aber eben keine Landschaft mehr. Was ist Landschaft, was ein Landschaftsbild?

**Exkurs. Lexikalische Einträge.** Natürlich haben wir einen alltagssprachlichen Vorbegriff von Landschaft und Landschaftsbild. Dies genauer zu vergegenwärtigen nutzen wir die lexikalischen Einträge des Schweizerischen Umweltschutzes zum Begriff *Landschaft* und von P.W. Hartman in seinem großen Kunstlexikon zum Begriff *Landschaftsmalerei*, *Landschafstbild*.

*Landschaft.* „Lebensraum, Identifikationsraum, Naturraum, Kulturraum, Zeugin der Erdgeschichte, Wirtschaftsraum, Gemeineigentum, Erlebnisraum, International, Wahrnehmung und Bewertung: Kulturell vermittelt, individuell und gesellschaftlich inszeniert: Das Bild der Landschaft, das wir durch alle unsere Sinne wahrnehmen, ist entscheidend geprägt durch unser kulturelles Bewusstsein. In verschiedenen Zeiten wurden immer wieder andere Landschaften bevorzugt. Solche Bilder von Landschaften, insbesondere Ideallandschaften, beeinflussen unmittelbar unser tägliches Entscheiden und Handeln, oft unbewusst. Wie die Landschaft schliesslich aussieht, wie wir mit ihr umgehen, ist deshalb das Produkt ihrer Wahrnehmung und Bewertung."[93]

*Landschaftsmalerei, Landschaftsbilder.* „… eine sehr spät entstandene Gattung der naturalistischen Malerei. Es gab zwar bereits in der Antike vereinzelt Maler, die stimmungsvolle Landschaftsbilder schufen, sie sind aber die Ausnahme. Plinius berichtet z. B. von den als Wandgemälde gestalteten Gartenlandschaften des Malers Ludius in einem Prunksaal der Villa ad Gallinas in Prima Porta bei Rom. Anders als etwa in China und Japan, wo die Landschaftsmalerei in Form der Rollbilder (Kakemono, Makimono) mit Pinsel, Tusche und Farben eine lange Tradition hat, bildete die Landschaftsmalerei in Europa während des Mittelalters kein eigenes Thema. Die katholische Kirche war Hauptauftraggeber der Künstler, und die Kunst wurde nicht mehr um ihrer selbst willen gepflogen, sondern diente während des gesamten Mittelalter hauptsächlich sakralen Zwecken.

Dieser Umstand änderte sich erst in der Neuzeit. Für die Renaissance, mit ihrer Hinwendung zur Antike, waren nun nicht mehr die Religion und der agierende Mensch die Hauptthemen der Kunst, sondern es wurde wie in der Antike wieder der Freude an der Kunst wegen gestaltet, was sich u. a. in der Vorliebe für das Ornament ausdrückte (vgl. Groteske, Arabeske). Von einer eigenen Gattung kann man bei der Landschaftsmalerei in Europa erst seit dem 1. Drittel 16. Jh. sprechen, als sich im Rahmen der Donauschule (Hauptmeister Albrecht Altdorfer) erstmals eine Vielzahl von Künstlern diesem Sujet widmete.

Landschaftsmalereien geben nicht primär eine Handlung wieder, sondern die Natur selbst ist das Hauptmotiv; dargestellte Figuren dienen nur als Staffage. Die Bilder vermitteln als Landschaftsschilderung die vom Künstler persönlich als Seherlebnisse empfundenen Eindrücke. Eine Weiterentwicklung erfuhr die Landschaftsmalerei um 1600 durch eine Gruppe von Malern, die Adam Elsheimer (1578–1610) nahestand. Er bevorzugte Ideallandschaften, die manchmal mit Staffagefiguren aus Mythologie und Religionsgeschichte angereichert wurden. Elsheimer beeinflusste u. a. Cornelis Vroom (um 1591–1661), der seinerseits zahlreichen niederländischen Landschaftsmalern Vorbild war. Eine Blütezeit erlebte die Landschaftsmalerei im 19. Jh. durch Auftragsarbeiten von Verlagen; sie dienten als Basis für die Reproduktionsgraphik in Reiseberichten."[94]

**Der Betrachter ist im Bild.** Die Formulierung, „Der Betrachter ist im Bild"[95], besagt zum einen (wie die alltagssprachliche Redewendung „Im Bilde sein") so viel wie informiert sein – wenn wir die Landschaft mit den Windkraftanlagen sehen, sind wir in genauem Sinn auch informiert über unsere Gesellschaft und einen Aspekt ihres Umgangs mit natürlichen Ressourcen. Diese Bedeutung der Formel „Im Bild sein" schneidet sich denn auch mit der zweiten Bedeutung im Sinne von: Der Betrachter ist nicht *vor* dem Bild, *jenseits* des Bildes, sondern *in* ihm. Buchstäblich ist dort, wo wir ein Bild wahrnehmen, etwas von uns selbst zu sehen. In gemachten Bildern ist etwas verobjektiviert, zur Anschauung gebracht, was wir selbst sind und ohne diese Entäußerung nicht wahrnehmen könnten. In der Landschaft mit Windkraftanlagen sehen wir, wie wir uns selbst (gesellschaftlich, nicht individuell) im Hinblick auf Bedarf, Verbrauch und Gewinnung von Energie bestimmen.

Man kann diesen Sachverhalt auch so beschreiben: Landschaft *ist* kultivierte, vergesellschaftete Natur.[96] Hervorgegangen aus privaten oder gesellschaftlichen Zwecken, die *bloße* Natur überformen.[97] Was wir als Landschaft sehen, ist Folge gesellschaftlichen Handels. In diesem Sinn sehen wir uns selbst, wenn wir Landschaft sehen. Wir sehen, was Menschen aus und mit Natur gemacht haben.

Land – oder jede andere Erscheinung – wie ein Bild zu betrachten bedeutet, sich den wahrnehmungssteuernden Elementen zu überlassen – visuelle Attraktionen sowohl hinzunehmen, wie sie willentlich zu verlassen, um sich Anderem, unaufdringlich Randständigem zuzuwenden. Es bedeutet, hier oder da unser Interesse zu fokussieren, einen Zweifel auszuräumen, eine Undeutlichkeit zu klären. Wir versuchen eine Irritation zu beseitigen, eine Täuschung zu korrigieren, um dann wieder absichtslos, von den Sinnen geleitet, weiter zu wandern – mit den Augen zu gehen.

„Die Linien des Lebens sind verschieden, wie Wege sind und wie der Berge Grenzen", heißt es in einem Gedicht von Friedrich Hölderlin (1770–1843). Wenn wir mit Hölderlins Augen den Linien der Wege, den Grenzen der Berge folgen, uns von ihrem Auf und Ab leiten lassen, sehen wir das Land als ein Bild des Lebens. Nicht wie Hölderlin es vor Augen hatte: Sendemasten, Strommasten, Schornsteine, Häuser, begradigte Flussläufe, Autobahnen und vieles andere mehr (was damals nicht vorhanden war) strukturieren das Gesehene. Aber dieser hinzugekommenen Elemente wegen ist das Land nicht weniger Bild des Lebens. Vielmehr ist es gerade darum Bild *unseres* Lebens. Es ist Ausdruck *dieses* Lebens.

Aber Hölderlin spricht in seinem Gedicht nicht vom Leben seiner bestimmten Zeit. Was er sah, waren die Linien des Lebens überhaupt. Er erkannte sie im Nicht-Gemachten der Berggrenzen ebenso wie im Gemachten der Wege. Beides, das notwendig Gewordene, „der Berge Grenzen", wie das willkürlich Gemachte der Wege, ist ihm bildhafter Ausdruck des Lebens. Eine Wegeführung, die der Morphologie des Landes folgt, ist der Horizontlinie der Berge sicher näher, als eine Zug- oder Autotrasse, die ungeachtet aller Erdformationen schnurgerade verläuft. Dennoch ist die Trasse (nicht der Weg) das Mittel der Wahl *unserer* Zeit. Als historisch Gemachtes müssen wir das als gültigen Ausdruck unseres Lebens anerkennen. Das und nur das beinhaltet die prinzipielle Offenheit es anders zu tun.

**Landschaftsmalerei. Land Art.** *Erfahrungen mit Kunstwerken erweitern unsere Möglichkeiten der Wahrnehmung und des Verstehens von Welt. Die Bedeutung der Landschaftsbilder Cézannes liegt darin, dass Landschaft nun auch nicht mehr metaphorisch einstehen kann für eine bergende, allumfassende Totalität. Cézanne lässt das Vergangene als Sichtbar-Vergangenes aufscheinen. Da Bilder aber, auch Landschaftsbilder, das Nicht-Seiende als Seiend vorstellen, haben sie auch ein utopisches Potential.*

*Die Landschaftsbilder von Gerhard Richter machen erfahrbar, dass Fehler und Bildstörungen (Flecken und Unschärfe) unsere Aufmerksamkeit auf das Bild als Bild lenken. Bildstörung und Flecken können mehr als lupenreine, ungestörte Wahrnehmung jenes zur Anschauung bringen, dessentwegen wir eine Landschaft schätzen.*

*Land-Art-Künstler haben gezeigt, dass Landschaft und Landschaftsraum nicht Hintergrund für skulpturale Interventionen sind, sondern selbst Kunstobjekt. Auch Windkraftanlagen stehen in unmittelbarem Verhältnis zur spezifischen Landschaft, weil sie sinnvollerweise nur da aufgestellt werden können, wo entsprechende Windverhältnisse herrschen. Erfahrungen und Forschungsergebnisse der Land-Art-Künstler verdeutlichen sachhaltige Verbindungen zwischen zivilisatorischen Techniken einerseits und kulturellem Ausdruck andererseits. Sie haben die Kategorien der Wahrnehmbarkeit erweitert und unser Bewusstsein für menschliche und natürliche Veränderungen der Erde und ihre kosmischen Dimensionen geschärft.*

Was an Landschaftsmalerei [98] verblüffen oder begeistern kann, ist nicht zuletzt ein in der Renaissance errungenes Vermögen bildlicher Darstellung: Möglichkeit und Fähigkeit, dreidimensionale, räumliche Erscheinungen zweidimensional (in der Fläche) täuschend ähnlich darzustellen. Zentralperspektive und Farbperspektive sind bildnerische Techniken, die erst der Neuzeit zur Verfügung stehen und selbst Metapher geworden sind für die darin sichtbar gewordene neue Positionierung des abendländischen Menschen in und zur Welt. Welt ist auf den Betrachter, den Menschen hin geordnet oder besser: auf ihn hin zu ordnen möglich geworden (und nicht mehr notwendig auf Gott).

Dazu hatte Leonardo da Vinci ein Gerät erfunden, das den technischen Vorgang der Transformation von Räumlichem in Flächiges veranschaulicht. Entsprechend geübtes Wahrnehmen kann ohne solches Gerät auskommen und räumliche Wahrnehmung (spontan) in Fläche übersetzen. Zeichen oder Malen nach dem Gegenstand, realistische gegenständliche Zeichnung oder Malerei ist die Übertragung dieses Wahrnehmungsvorgangs vermittels Auge und Hand in die tatsächliche Bildfläche. Soweit diese Übertragung als für die bildende Kunst zentral angesehen wurde, ist die Übertragungstechnik später (vermeintlich oder tatsächlich) besser durch (seelenlose) Apparate wie den Fotoapparat geleistet worden.

Wenn wir sagen, dies oder jenes sehe aus wie ein Bild, ist damit immer auch gemeint: Es ist ihm einerseits eine Dimension abhanden gekommen, es sieht irgendwie gerahmt, ausschnitthaft, gewissermaßen flächig aus, und andererseits ist ihm (gerade dadurch) eine neue andere Dimension zugewachsen: Was wir sehen (wie ein Bild) weist als solches (Bild) über sich selbst hinaus auf ein Nicht-Sichtbares, Allgemeines. Eine Idee zum Beispiel von einer „göttlichen" oder „himmlischen" Landschaft, eine Ideallandschaft – wir sehen das Wirkliche vor unseren Augen, als sei es unwirklich, als stünde es für ein Anderes ein, das wir meinen, aber nicht haben.

Jedes Bild realisiert ein Nicht-Vorhandenes im Vorhanden, ein Utopisches, Abwesendes. (Es hat lange gedauert bis erkannt war, dass Bilder nicht nur „virtuelle" Räume sind, sondern auch reale Objekte im Hier und Jetzt: aus Keilrahmen, Leinwand und Farbe von Menschen gemacht). Der (gewünschte oder gefürchtete) Zustand der Abwesenheit ist offenbar „wahrnehmungstechnisch" gesehen mit der fehlenden dritten Dimension verknüpft; wo er fehlt, scheint jenes auf.[99]

Das heißt, Landschaft als Bild wahrzunehmen (oder umgekehrt: ein Bild einer Landschaft zu sehen), ist immer mehr als das, was man sieht – und doch genau das, was man sieht, aber so, dass gerade darin Anderes, Unsichtbares *wie* Gesehenes oder *als* Gesehenes aufscheint.

Ein vielleicht parallel zu nennender Vorgang hat statt, wenn wir über die Brüstung eines Aussichtsturms und mit den meist darauf verzeichneten Informationen eine Landschaft wie eine zweidimensionale Landkarte „lesen".

**Paul Cézanne.** In den Landschaftsbildern Cézannes stehen Häuser und Berge gleichberechtigt nebeneinander. Es ist der Versuch, Landschaft „in ein ausgleichendes Sys-

Paul Cézanne, Bibemus: Der rote Felsen, Öl auf Leinwand, 91 x 66 cm, ca. 1897

tem architektonisch-geologischer Ordnung einzufassen, das ob seiner inneren Gesetzmäßigkeit Peripheres und Veränderliches beiseite lässt und nur hervorhebt, was von Dauer ist. ... (Haus und Berg) gehören zwar den unterschiedlichen Kategorien des Gewordenen und des Gemachten an, aber doch erst gemeinsam bilden sie das übergreifende Ganze"[100] – des Bildes. Cézanne erreicht das durch seine berühmt gewordene malerische Behandlung auch der Landschaft gemäß Zylinder, Kugel und Kegel. Noch die bestimmbaren topografischen Merkmale der Landschaft sind dem Bild, der künstlerischen Form untergeordnet. Landschaft ist damit „bildautonome Konstruktion", die „nicht einmal mehr ein in die Gegenwart noch hineinreichendes Geschichtliches, sondern ein endgültig Verschwundenes" ist.[101] Die Ruhe dieser Landschaft ist die der ‚nature morte', Effekt ihrer stillebenhaft verdinglichten, malerischen Behandlung.[102]

(Die panoramatische Wahrnehmung durch das Maschinenensemble Eisenbahn: Was die Eisenbahn, aufgrund ihrer geradlinigen und schnellen Bewegung zu sehen gibt, sind die großen, prägenden Züge des Landes, das Ganze und die Zusammenhänge werden sichtbar bzw. durch die Eisenbahn konstituiert. Weil die Details verschwinden, wird das „Eigentliche", „Wesentliche" deutlich.)

Als Betrachter dieser Bilder erfahren wir, da wir zugleich konfrontiert sind mit einem „romantischen Ausschnitt", „naher, erlebter Erinnerung" und einer Ahnung von Empfindungsmöglichkeiten, dass nicht die Landschaft vergangen, ungleichzeitig ist, sondern, wie Rolf Wedewer hervorhebt, „ungleichzeitig ist das emotionale Bild, das wir uns noch immer von (der Landschaft) machen, indem wir absehen von den konkreten Umständen und Bedingungen, die längst weder Raum noch überhaupt die Möglichkeit einfühlender Aneignung bieten."[103]

Die Bedeutung der Landschaftsbilder Cézannes liegt darin, dass in ihnen „erstmals in der Geschichte künstlerischen Landschaftsverständnisses die innere Diskontinuität des modernen Menschen anschaulich wird".[104] Landschaft kann nun auch nicht mehr metaphorisch einstehen für eine bergende, allumfassende Totalität. Das utopische Potential Cézannes sieht Rolf Wedewer darin, dass das Vergangene als Sichtbar-Vergangenes aufscheint: dessen Betrachtung zeigt dem Gegenwärtigen, „dass die vergangene Größe jedenfalls einmal möglich war und deshalb vielleicht einmal wieder möglich sein wird."[105] Man muss diesen Glauben an einen etwaigen utopischen Gehalt der Cézanneschen Landschaftsbilder nicht teilen, um von Cézanne zu lernen, dass ... was?

Rolf Wedewer zur Landschaft in der Kunst nach 1945: „Längst ist die Weite natürlicher Räume vermessen und ausschließlich der Nutzung erschlossen, da sich der Mensch nach den künstlichen Wegführungen der Verkehrshinweise und nach den Verkehrsinstrumenten orientiert. Täler und Berge sind zu bloßen Zeichen geschrumpft, sind zu abstrakten Chiffren geworden und haben ihre Wirklichkeit damit ebenso verloren wie in ihrer Reduzierung auf Symbole, Zeichen und Farben ihrer kartographischen Reproduktion. Allein noch vielleicht in der ‚Instrumentenlandschaft' – als Hintergrund die Skala eines Meßgerätes oder durch sonst ein optisches Instrument gesehen sind noch Reste ihrer früheren Anschaulichkeit bewahrt, die indessen als solche ohne Funktion und Bedeutung sind und nur als beliebiger Inhalt eines bestimmten, instrumental bedingten Blickwinkels erscheinen. So gilt auch hier die Aufmerksamkeit nicht der im Bild aufscheinenden Landschaft beziehungsweise dem Landschaftssektor, sondern primär der Zeigerstellung des benutzten Instrumentes."[106]

Gemalte Landschaft fokussiert den Blick des Betrachters auf das, was dort in der Landschaft als Möglichkeit angelegt ist und (zunächst) offenbar nur für den Künstler deutlich wahrnehmbar ist – im Nachhinein kann man leicht sagen: Ja genau, das habe ich auch schon immer so empfunden – vielleicht ja, aber erst jetzt wissen wir, dass wir so, genau so empfunden haben. Dazu mindestens hat es des künstlerischen Ausdrucks bedurft.

Gerhard Richter formuliert: „Wenn die ‚Abstrakten Bilder' meine Realität zeigen, dann zeigen die Landschaften oder Stilleben meine Sehnsucht. Das ist natürlich grob vereinfachend, einseitig gesagt – aber obwohl diese Bilder vom Traum nach klassischer Ordnung und heiler Welt, also durchaus nostalgisch motiviert sind, bekommt das Unzeitgemäße darin eine subversive Qualität."[107]

Das Gegenwärtige selber zeigt her, was gleichwohl nur das Bild sichtbar macht. Die Differenz zwischen Abbild und Abgebildetem eröffnet den *gap,* einen (Zwischen-)Raum, der Deutung, Interpretation überhaupt erst möglich macht. Die Differenz verweist (im Falle abgebildeter Landschaft) insofern auf ein Ungenügen an der Landschaft, als sie, im Unterschied zum Bild des Malers, nicht von ihm gemacht ist und sein Bild daher nicht nur sein Vermögen des Abbildens demonstriert, sondern jenen utopischen, nicht oder nur mangelhaft realisierten Gehalt der Landschaft selbst hervorhebt, der sich mit dem Bild als vorhanden erweist – gerade weil und sofern dieser Gehalt dem Abgebildeten, der Landschaft, fehlt. Die Schwarzwälder Schneelandschaften Hermann Dischlers sind immer mehr Schwarzwälder Schneelandschaft als jene jemals war oder, vermutlich, sein kann. Vielleicht, dass sie einmal so war, vielleicht aber auch, dass sie einmal so sein wird. Das Bild stellt das Nicht-Seiende als Seiend vor. In dem, was wir prinzipiell wie der Maler erfahren können, wenn wir eine verschneite Schwarzwaldlandschaft erleben, ist eine Leerstelle, eine auch beim Malen erfahrene Differenz zwischen Abbild und Abzubildendem, die der Maler als Verlust oder als zukünftige Möglichkeit der Landschaft wahrnimmt und uns mit seinem Bild zur Anschauung bringt.

Im Falle der Symmetrie erreicht diese Differenz zwischen Abbild und Abgebildeten ein neues Niveau. Wechselseitig ist das eine Modell des anderen. Das geschieht im Glücksfall adäquater Kunstwahrnehmung: Picasso, zum Vorwurf, die von ihm Porträtierte sehe nicht so aus, wie sein Porträtbild sie zeige: Umso schlimmer für sie!

**Gerhard Richter.** In den Landschaftsbildern von Gerhard Richter wird das Verhältnis von Abbild und Abgebildetem bildnerisch thematisiert. Das wird an der in seinen Bildern häufig verwendeten Unschärfe deutlich. Die Unschärfe des dargestellten Gegenstandes, einer Landschaft etwa, verhindert deren detailgenaue Wahrnehmung. Wie durch die im folgenden Kapitel zu behandelnden Fehler und Bildstörungen wird unsere Aufmerksamkeit auf das Bild als Bild gelenkt. „Die Unschärfe verunmöglicht, durch das Bild hindurchzusehen auf das Dargestellte und dieses genau aufzufassen. Das Flimmern, das durch Fokussierung nicht zu beseitigen ist, verweist uns vom Erscheinenden zurück auf das Medium, das wegen der Unschärfe im Zeigen nicht untergehen und in der Rezeption nicht verschwinden kann."[108] Die Unschärfe in Gerhard Richters Bildern ist eine Bildstörung, die ein neues Bild (eben seines) entstehen lässt, in dem Bild und Abgebildetes in einem sich selbst transparenten und also auch für uns sichtbaren Bezug gebracht sind. Ohne dass wir nur das eine (die Landschaft) oder nur das andere (die Störung, das Bild) sehen könnten, wird uns beides zugleich anschaulich.

*Gerhard Richter, Garmisch,*
*Öl auf Leinwand, 70 x 100 cm, 1981*

*Gerhard Richter, Venedig,
Öl auf Leinwand, 86 x 121 cm, 1986*

In hohem Maße wird diese in den „unscharfen Bildern" erfahrbare Verschränkung auch durch Übermalungen, den spezifischen Einsatz der Farbe erreicht. Was als Bildstörung einer doch gelungenen Landschaftsdarstellung erscheint, ist zugleich die Verwandlung des Landschaftsbildes in ein abstraktes, gegenstandsloses Bild, das als solches unsere Aufmerksamkeit zu fesseln vermag – um in diesem Moment wieder in ein Landschaftsbild umzuschlagen, um dorthin zurückzukehren, von wo es kam.

Dargestellte Landschaft und Bild sind durch die Offenlegung des Mediums (mit Hilfe der „Bildstörungen" Unschärfe oder Farbe) in ein Verhältnis gesetzt, die unsere allgemeine Seherfahrung reflektiert. Wie wir sehen, wie sich uns ein Bild (des Schwarzwaldes) aufbaut (wie das Bild des Malers sich aus Farbe aufbaut), ist immer zugleich Bestandteil dessen, wovon wir uns ein Bild machen (vom Schwarzwald), weil wir es uns *machen*, weil es nicht einfach da ist.

„Richter stützte sich anfänglich auf naive Photographien von Laien und entdeckte die „atmosphärischen" Möglichkeiten der Überbelichtung und der Unschärfe. Den Photos der Amateure sprach Richter die Funktion von ‚Andachtsbildern' zu." Das konnte „in der Unschärfe bewahrt werden. Richter setzt den Schein technischer Unvollkommenheit ein, um die Landschaft, die Menschen, die Gehöfte in einem Schwebezustand zwischen Erscheinen und Verschwinden zu halten. Was sich zeigt, was erscheint aus dem Nebel der Unschärfe, wird nicht fixiert und bleibt Erscheinendes."[109]

Der „Verzicht auf eine interessante Komposition und auf einen harmonischen Ausgleich von Massen, von Nähe und Ferne, Licht und Schatten", den Casper David Friedrich an der holländischen Landschaftsmalerei des 17. Jahrhundert entwickelte, den Gerhard Richter von Casper David Friedrich aufgriff, „bringt die Unabgeschlossenheit der Landschaft hervor", die wir als Zukunftsoffenheit schätzen.

Bilder, auch solche, die wir uns vom Schwarzwald machen, als Vorstellungsbilder oder real durch Umgestaltung von Natur oder Landschaft, bleiben so lange ‚Andachtsbilder', als sie nicht fixiert sind, solange sie in der Schwebe bleiben. Das können sie, wie Gerhard Richters Erfahrung mit Laienfotos, wie unsere Erfahrung mit den Bildern Gerhard Richters zeigt, auch (oder gerade?) durch technische Unvollkommenheit und bewussten Verzicht. Bildstörung und Flecken können mehr als lupenreine, ungestörte Wahrnehmung jenes zur Anschauung bringen, dessentwegen wir eine Landschaft schätzen. Störung ist nicht Zerstörung – sie simuliert den Verlust, den wir wohl ahnen müssen, um zu schätzen, was wir haben.

**Land Art.** Begriff und Sache entstanden Ende der 60er Jahre in den USA und Europa aus dem Kontext der Avandgarde der 50er und 60er Jahre. Gemeint waren künstlerische, meist großräumige Arbeiten, die in der offenen Landschaft realisiert wurden und nur schwer zu vermitteln waren. In Ausstellungen konnten allenfalls Fragmente oder ausschnitthafte Dokumentationen im Fotoformat gezeigt werden. Im engen Sinn kennzeichnet der Begriff Kunstwerke, die nicht nur landschaftsbezogen, sondern aus einer konkreten topografischen Situation entstanden sind. Kunstwerke, die als autonome Skulpturen in der Landschaft nur aufgestellt sind, sind damit nicht gemeint.[110]

Landschaft und Landschaftsraum waren nicht Hintergrund für eine skulpturale Intervention, sondern selbst Kunstobjekt. Die künstlerischen Eingriffe verstanden sich als kritischer Einspruch gegen urbane Zersiedelung und die glatte Perfektion zeitgenössischer Metall- und Kunststoffästhetik, als modellhafte Landschaftsgestaltungen, die als solche deutlich machten, dass jede bauliche Maßnahme ein strukturierender Gestaltungsprozess, eine Veränderungsgeste ist.

Wollte man mit dem Begriff auch solche Arbeiten bezeichnen, die überhaupt mit oder in der Landschaft realisiert werden, müssten selbstverständlich auch frühe Felsbearbeitungen, Gartenkunst oder Architektur, sofern sie Zeichen in der Landschaft sind, einbezogen werden. Windräder beziehen sich expressis verbis auf den Wind und nicht auf Landschaft. Dennoch stehen sie in unmittelbarem Verhältnis zur spezifischen

*Windkraftanlagen am San Gorgonio Pass, nahe Palm Springs, Kalifornien 1985, Quelle Internet*

Landschaft, weil sie sinnvollerweise nur da aufgestellt werden können, wo entsprechende Windverhältnisse herrschen. Und die wiederum sind von der gegebenen Landschaftsformation abhängig.

Haben wir gewusst oder gar wahrnehmen können, dass an der Holzschlägermatte Windstärken zwischen ... und ... üblich sind? Erst die Windkraftanlagen dort haben diese Eigenart der Topografie sichtbar gemacht. Sollte diese Anschauung weniger bedeutsam sein als Hinweise und Empfehlungen an allen Aussichtsplattformen der Welt: nämlich das, was von da zu sehen ist, kartographisch wahrzunehmen? Dieses heißt Kaiserstuhl, jenes Vogesen. Sie sind soundsoviel Meter hoch.

Eine der prominentesten Großraumskulpturen sind die Tempel in Abu Simbel, 1250 v.Chr. von Ramses II veranlasst. Die Fassade einer der beiden Anlagen stellt den König in vier kolossalen Sitzfiguren dar. „Die Überflutung des Geländes durch den Bau des Assuan-Staudammes hätte das Verschwinden der Felstempel bedeutet. Zwischen 1964 und 1968 wurden sie im Rahmen einer Rettungsaktion der UNESCO zersägt; etwa 20.000 Tonnen Felsgestein wurden an den heutigen Standort 180 Meter landeinwärts und 64 Meter oberhalb des alten Niveaus versetzt. Über den wieder zusammengestellten Elementen der Tempel wurden Betonkuppeln errichtet, die durch Aufschüttungsmaterial zugedeckt wurden. Bei Kosten von 40 Millionen Dollar (für 180 Meter Transport – R.S.) war diese Aktion, etwa zeitgleich mit den ersten Projekten der Land Art, eine diese in Dimensionen und Aufwand in den Schatten stellende Leistung. Inhaltlich ist die Abu-Simbel-Verlagerung zwar nicht mit den Anliegen der Land Art vergleichbar. Sie macht jedoch die Ingenieurleistung bewusst; hier hat sie ‚konservierende' Funktion, bringt in anderen Großprojekten aber eigenständige ästhetische Ergebnisse hervor. ... Unabhängig von ästhetisch-gestaltenden Intentionen können solche Anlagen durchaus auch als ‚Objekte' im Sinne jenes erweiterten Kunstbegriffs betrachtet werden, auf dem die Land Art basiert. ... Auch die zahllosen Windmühlen, die in Kalifornien die Hügelketten zwischen Hayward und Livermore säumen, bieten – formal betrachtet – ein Pendant zu Installationen, wie sie etwa Christo 1991 in seinem Umbrella-Projekt in Kalifornien und in Japan realisierte."[111]

Felsentempel von Abu Simbel mit vier Kolossalstatuen von Pharao Ramses II, um 1250 v.Chr., Quelle Internet

Aber nicht nur können Industrieanlagen zeitgemäße ästhetische „Monumente" sein (als die Robert Smithson diejenigen im Industriegebiet von New Jersey sah), sondern auch umgekehrt haben Künstler in den 70er und 80er Jahren Projekte entwickelt, die ihrerseits praktische Funktionen erfüllten. Zum Beispiel „Umgestaltungen aufgelassener, verwüsteter Bodenabbaugebiete und von abgeschlossenen Mülldeponien."[112]

Zum historischen Kontext der Land Art gehört die (amerikanische) Landschaftserfahrung und Landschaftsmalerei, die ihr ihre Bilder gab. Grundlegend ist das in unberührter Natur offenbare Göttliche einerseits und andererseits das Vorrücken der Zivilisation. „Das Erlebnis der Wildnis ist von ihrer Erschließung und damit Zerstörung nicht zu trennen."[113] Die Expansion brachte „eine eigene Ikonographie hervor, die gleichfalls längst mit der Bildwelt des amerikanischen Mythos verschmolzen ist: die Ikonographie der nach Westen vordringenden Eisenbahn. Zwischen 1820 und 1860 wurden 50 000 Kilometer Eisenbahntrasse angelegt ...Mitreisende Maler und Graphiker und später Fotografen hatten als Bildreporter jeden Abschnitt dieser historischen Leistung festzuhalten."[114] In Folge der Eisenbahn entwickelte sich so eine dokumentarische Landschaftsfotografie, die wie selbstverständlich Anleihen bei der zeitgenössischen Landschaftsmalerei machte. Eine Linie, die sich nach Patrick Werkner bis heute nachzeichnen lässt: in der Zigarettenreklame ebenso wie in der amerikanischen „Eroberung des Weltalls".

Die knappen Hinweise auf die Land Art sollen verdeutlichen, dass es innerhalb der Kunst weitreichende Entwicklungen gab, die die sachhaltige Verbindung zwischen zivilisatorischen Techniken einerseits und kulturellem Ausdruck andererseits deutlich machten. Dies war möglich durch eine konzeptuelle Erweiterung des Kunstbegriffs und eine gesteigerte Aufmerksamkeit auf großräumige Verschiebungen der Proportionen z. B. durch Industrieanlagen.

Land-Art-Künstler wie Walter de Maria, Robert Smithson, Michael Heizer, Robert Morris, Dennis Oppenheim, Richard Long, Christo, Charles Ross und viele andere haben die Kategorien der Wahrnehmbarkeit erweitert und unser Bewusstsein über menschliche und natürliche Veränderungen der Erde und ihre kosmischen Dimensionen geschärft.

*Christo und Jeanne-Claude, Verhüllte Bäume Fondation Beyeler und Berower Park, Riehen, Schweiz, 1997–98, Foto: Wolfgang Volz*

**Erfahrungen mit Fehlern. Vom Umgang mit Kunstwerken.** *Ästhetischer Betrachtung und Bewertung von Landschaftsbildern gilt eine Bildstörung zunächst als Fehler oder Verunstaltung. Will man sich künstlerische Erfahrung zu nutze machen, ist es sinnvoll, sich über Funktion und Bedeutung von Fehlern in der Kunst Rechenschaft abzulegen. Eine Störung unserer gewohnten Wahrnehmung von Landschaft kann veranlassen, dass wir Landschaft überhaupt erst als Bild wahrnehmen. Bildstörungen erst bringen das Bild und uns in den Blick. Vermeintliche oder tatsächliche Verunstaltungen müssen als solche betrachtet und bewertet werden. Erst eine Rekonstruktion der Fehler als Fehler erlaubt, ihren eigenen Bedeutungsgehalt begründet zu bewerten. Eine Bildstörung kann integraler Bestandteil eines Bildes sein und ein neues Landschaftsbild mit eigenem Wert entstehen lassen – ohne dabei das „alte" zum Verschwinden zu bringen. Auch wenn Windkraftanlagen das gewohnte Landschaftsbild stören sollten, ist damit noch nicht gesagt, dass sie der ästhetischen Sinnstruktur einer Landschaft widersprechen.*

Landschaft ist, auch nach alltagssprachlichem Vorbegriff, bearbeitete, gestaltete Natur. Natur gestaltet und als solche betrachtet heißt: Land-schaft.[115] Aber nicht alles, was wir betrachten, ist Bild. Der Ausdruck „Landschaftsbild" fokussiert unsere Aufmerksamkeit auf einen bestimmten Aspekt der Wahrnehmung von Landschaft: nämlich die notwendige Beschränkung auf den wahrnehmbaren Ausschnitt. Der Ausdruck „Landschaftsbild" macht uns darauf aufmerksam, dass wir es mit einem Ausschnitt zu tun haben, der auf ein umfassenderes Ganzes verweist. Der Ausschnitt erlaubt uns (und legt uns nahe!), das jeweilige Ganze anhand dieses Ausschnittes zu imaginieren.[116]

*Bernd und Hilla Becher, Fotos, Förderturm der Zeche Neu-Iserlohn, Schacht 3 und Hochofen Nr.1, Hüttenwerk, Ruhrort*

Nicht immer, und noch weniger ausschließlich, nehmen wir Landschaft als Bild wahr. Wir sind, weil wir es im Laufe der abendländischen Geschichte und im Laufe unserer Individualentwicklung gelernt haben, dazu befähigt. Diese Fähigkeit zu nutzen, bedarf es bestimmbarer Umstände. Eine Störung unserer gewohnten Wahrnehmung von Landschaft kann veranlassen, dass wir Landschaft als Bild wahrnehmen. Das bedeutet nicht, dass wir diese Landschaft vordem schon als Bild wahrgenommen haben. Vielmehr macht die Störung, die Bildstörung, uns allererst bewusst, dass wir das Gesehene als Bild wahrnehmen (hätten) können, weil die Störung uns dazu zwingt. Die Störung ist eine Veränderung im optischen Gefüge, die wir nur unter bestimmten Voraussetzungen als Störung empfinden / beurteilen.

Wann ist eine Hinzufügung störend? Eine Brille zum Beispiel ist im Gesicht eine Hinzufügung, die von manchen problemlos akzeptiert wird, von anderen nicht – die Tendenz zu Kontaktlinsen ist ein Hinweis auf die geringer werdende empirische Akzeptanz der Brille als Hinzufügung.[117] Schmuck ist eine Hinzufügung zu unserem Erscheinungsbild, bei der das Was, Wie und Wo wesentlich ist. Es kommt auch hier auf die rechte Dosis an. „Was sich in extremer Piercingpraxis zu erkennen gibt, ist nicht Schmuck, Verschönerung, sondern Verzweiflung, die am Körper rächt, was die Welt versagt."[118]

Fehler sind nie beabsichtigt. Fehler sind Ereignisse oder Handlungen, die das Beabsichtigte stören (kleiner Fehler), verunmöglichen (schwerer Fehler) oder über die Verunmöglichung des Beabsichtigten hinaus etwas verhindern (fataler oder katastrophaler Fehler).[119] Fehler werden bemerkt, rechtzeitig oder zu spät, manchmal (oder meist?) nie. Manches mag wie ein Fehler erscheinen und ist, in bildnerischen Werken, eine gekonnte Störung, Irritation einer sonst langweiligen, uninteressanten Erscheinung. Die Einfügung einer nicht erwarteten Differenz, die das Ganze erst als dieses Ganze erfahrbar macht.

Das ist im Hinblick auf die durchzuführende Analyse deshalb von Bedeutung, weil auch in dem Fall, dass sich die fraglichen Anlagen als Bildstörung des Schwarzwaldbildes erweisen sollten, noch nicht geklärt ist, was das dadurch neu entstandene Bild, gerade in Bezug auf das Schwarzwaldbild, bedeutet.

Wie weit *Künstler* in diesem Zusammenhang zu gehen bereit sind, kann eine Arbeit von Joseph Beuys verdeutlichen. Die Aufforderung eines Sammlers, der im Besitz der russischen Zarenkrone war, „etwas" damit zu machen, hat Joseph Beuys dazu geführt, die Krone einzuschmelzen und aus dem Gold einen Hasen zu gießen.[120] Auf die Frage eines Journalisten, ob dies nicht zu weit gehe, da doch immerhin unzählige Goldschmiede an diesem Stück gearbeitet haben, antwortete Joseph Beuys: „Nein, meine Arbeit ist ja noch dazu gekommen." Was anderen als Verunstaltung und Zerstörung erschien, war für den Plastiker Beuys eine notwendige und erweiternde Umformung (des Symbols der Macht in ein Symbol des Friedens).

*Richard Schindler, Sichtschutz, Digitalprint 2003*

**Bildstörung.** Bildstörungen sind Wahrnehmungsstörungen, die uns das Bildmedium bewusst machen. Während einer spannenden Fernsehsendung (einem Krimi oder einer Fußballübertragung etwa) ist ein Bildausfall eine Störung, die uns zwar nicht mehr erlaubt, dem Geschehen (der Krimihandlung, dem Spielgang) zu folgen, die uns aber gerade dadurch auf eine Bedingung unserer Wahrnehmung aufmerksam macht. Eine Bedingung, die wir „vergessen" hatten: eben dass wir in diesem Moment fernsehen, also einen Apparat, ein Kommunikationssystem nutzen, das gestört sein kann. Es ist wie bei einem Unfall: Erst wenn wir uns das Knie angeschlagen haben, werden wir uns wieder (einmal) bewusst, dass wir überhaupt ein Knie haben. Solange alles funktioniert wie es soll, solange unsere Erwartungen erfüllt werden, so lange entgeht uns das Medium, das Werkzeug, das Mittel zum Zweck – oder wie im Beispiel mit dem Knie: so lange besteht auch die Gefahr, dass wir uns selbst entgehen.[121]

Es gibt absichtlich herbeigeführte Bildstörungen, die wir als solche ohne den sonst üblichen Ärger akzeptieren: wenn etwa in einer Bildveröffentlichung zum Schutz der Persönlichkeitsrechte von Privatpersonen das betreffende Bild unkenntlich gemacht wird, in der Zeitung durch einen schwarzen Balken über den Augen oder im Fernsehen durch große Unschärfe im ganzen Bereich des Gesichts. Durch absichtliche Störung der für die Identität einer Person charakteristischen Merkmale wird das Bild als Bild auffällig.

Dieses Beispiel einer Bildstörung kann zugleich verdeutlichen, dass solche „gestörten" Bilder eine eigene, allgemein akzeptierte Form haben. Es sind Bilder, die „als gestörte" Bilder Geltung haben. Niemand wird sich darüber beklagen, obwohl uns etwas gezeigt wird, das wir gerade nicht erkennen können und auch nicht erkennen sollen. Was uns gezeigt wird und was wir sehen ist: dass wir nicht sehen sollen. Das absichtlich gestörte Bild ist eine eigenständige Bildform, die genau das auf gültige Weise bildnerisch formuliert. Mit einem Bild wird gezeigt, dass kein Bild gezeigt werden soll. Damit wird das Bild (mit der Störung) zu einem Bild über das Bild. (Schindler, 2005.)

Bild eines Gefangenen aus dem Internet. Für die Sendung im Zweiten Deutschen Fernsehen anonymisiert. 4. 12. 2004

Bildstörungen sind, eben weil sie unsere Aufmerksamkeit auf das Bild selbst richten, weil wir dabei etwas über unsere Erwartungen und über das Funktionieren des Bildes selbst erfahren, von höchstem Interesse für bildende Künstler. In Bezug auf Landschaft und Landschafts(bild)wahrnehmung sind aktuell besonders die Landschaftsbilder von Gerhard Richter aufschlussreich. Sie lassen uns erfahren, dass eine Bildstörung selbst integraler Bestandteil eines Bildes sein kann und dass sie ein neues Landschaftsbild mit eigenem Wert entstehen lässt – ohne dabei das „alte" zum Verschwinden zu bringen.

**Exkurs. Flecken im Bild.** In den vergangen Jahren war auf der ART in Basel ein Bild von John Armleder[122] zu sehen, das wie ein konkretes Gemälde[123] anmutete. Zu sehen war ein hochformatiges Bild von ca. 200 cm x 150 cm in zwei Farben. Eine der Farben bildete eine große unstrukturierte Kreisfläche, die andere, ebenfalls unstrukturiert, war Hintergrund, Untergrund oder Umfeld.[124] Auf dieser Hintergrundfläche waren deutlich sichtbar Farbspuren zu sehen, die intuitiv als Spritzer zu erkennen waren und offensichtlich bei der Herstellung der Kreisfläche entstanden waren. Anordnung und Größe waren zufällig, sie verteilten sich unterhalb des Kreises auf der sonst monochromen Farbfläche und waren als Herstellungsspuren zu identifizieren, die sich gewiss mit etwas Sorgfalt hätten vermeiden lassen. Trotzdem war das Bild ausgestellt und also vom Künstler und der ausstellenden Galerie als eines seiner „gültigen" Werke zu Betrachtung und Kauf freigegeben.

War der Fehler gar kein Fehler? Sollte es so sein? Oder wurde nur nachträglich behauptet, die Flecken sollten so sein? Wird, was wir spontan als Missgeschick verstehen, zur „künstlerischen" Absicht bloß erklärt? Oder war es vielleicht doch Absicht? Waren die Farbspritzer gewollt? War absichtlich ein Fehler „eingebaut" worden, um das sonst langweilige Bild irgendwie interessant zu machen?[125]

Würden wir vor einem Auto stehen, einem Möbelstück oder vor einem anderen zum Kauf angebotenen Gebrauchsgegenstand, würden wir, als Eingeständnis des erkennbaren Mangels zumindest einen Preisnachlass erwarten oder den Kauf gar nicht erst erwägen. Die sonst reine, klare und gleichmäßige Oberfläche zeigt an sich selbst, dass sie rein, klar und gleichmäßig sein soll. Auch wenn wir nicht aus Erfahrung wüssten, dass der Lack nicht verkratzt sein soll (aus ästhetischen und technischen Gründen bezüglich der Haltbarkeit), selbst dann erkennen wir die „innere Logik" des einmal Begonnenen: Abweichungen vom so oder so Angefangenen sind entweder gewollt – und also zu akzeptieren und nur mehr unter Geschmacksgesichtspunkten zu verwerfen – oder sie sind ungewollt – und also ein Mangel, ein Fehler, der nicht zu akzeptieren ist. In diesem Fall ist dann auch die Sache selbst nicht mehr mit persönlichen Kriterien des Wohlgefallens zu beurteilen, weil es die Sache, die zu beurteilen wäre, ja eigentlich gar nicht gibt. Es ist dann nämlich, jenseits des

*Gerhard Richter, Abstraktes Bild, Öl auf Leinwand, 43 x 60 cm, 1984*

persönlichen Geschmacksurteils zu entscheiden, ob der Mangel ein erheblicher ist oder nicht: ob der Kratzer im Autolack den Gegenstand so entwertet, dass er überhaupt kein Auto mehr ist – jedenfalls keines, das man sich kaufen würde.

Das Bild von John Armleder war nicht weniger teuer als andere Bilder von ihm, die keine Farbspritzer aufwiesen. Auch ohne nachzufragen, war sichtlich mit keinem Preisnachlass zu rechnen. Es gab keine Anzeichen eines Eingeständnisses von einem Fehler. Es handelte sich nicht um eine Beschädigung, die erst einer Restauration des Bildes bedurfte hätte. Das Angebot, das Bild zu betrachten und zu kaufen, beinhaltete die Akzeptanz des vermeintlichen Fehlers durch den Künstler (und die Akzeptanz dieser künstlerischen Entscheidung durch den Händler). Ob gewollt oder nicht, ist dann aber keine relevante Frage mehr. Es ist keine sinnvolle Frage mehr, ob das Zufällige nun im Nachhinein zur Absicht erklärt wurde oder nicht. Mit der Entscheidung des Künstlers (und der des Händlers), das Bild so zu zeigen und zum Kauf anzubieten, stellt sich sinnvoll nur mehr die Frage, was es für das Bild bedeutet, dass es diese Farbspritzer aufweist. Und die Frage nach der Bedeutung ist unabhängig von der Frage nach der gemeinten Absicht.[126] Wir müssen das Bild mit diesen Farbflecken ernst nehmen. Der simple Umstand, dass das Bild autorisiert ausgestellt ist, verpflichtet und berechtigt dazu, es so anzunehmen, wie wir es jetzt sehen.

Die Bedeutung der Farbspritzer für das fragliche Bild John Armleders ist einfach zu benennen. Ein monochromes, konkretes Bild mit Farbspritzern ist ein kaputtes Bild. Als defektes wird es aber nicht angeboten. Also ist es, in diesem Zustand, überhaupt kein konkretes Bild (mehr). So wenig, wie wir ein neues, aber zerkratztes Auto akzeptieren würden, so wenig ist ein konkretes Bild zu akzeptieren, das solche Farbspritzer aufweist. Es ist vielmehr das Abbild eines konkreten Bildes, ein Portrait eines konkreten Bildes. Nicht eines bestimmten konkreten Bildes[127], sondern der konkreten Kunst überhaupt. Dass ein gemaltes Portrait dem Portraitierten nicht haarklein, wie ein Foto etwa, gleicht, akzeptieren wir. Differenzen im Vergleich von Portrait und Portraitiertem akzeptieren wir als spezifische Sichtweise (oder mangelndes Können) des Künstlers.

Das Bild John Armleders thematisiert mithin eine ganz bestimmte Form oder Ausdrucksgestalt zeitgenössischer bildender Kunst (nämlich die konkrete Kunst) und nimmt zugleich Stellung dazu. Indem es jenes konkrete Bild, das John Armleders Bild *darstellt*, aber nicht *ist*, in dem es das portraitierte Konkrete „befleckt", demonstriert es einen sorglosen oder gar respektlosen Umgang mit jenem. Man könnte auch sagen, John Armleder zeigt, dass ein konkretes Bild gar nicht so lupenrein sauber sein muss, wie wir zu glauben meinen. Dass es vielmehr auch so, mit Spritzern und Flecken, funktioniert und dieser aseptischen, klinisch sauberen Erscheinung nicht bedarf, um jene Erfahrung zu artikulieren, um deren Ausdruck sich Kunst bemüht. Auch konkrete Kunst kann menschlich sein und bedarf keiner technischen oder „göttlichen" Perfektion. Zu dieser (hier abgekürzten) Rekonstruktion der Sinn- oder Bedeutungstruktur dieses Bildes gelangen wir nur, wenn wir den vermeintlichen Fehler ernst nehmen und als eigenständige Ausdrucksgestalt akzeptieren.

**Exkurs. Messfehler.** In weit fortgeschrittener Bauphase des Kunstwerkes „Haltestelle"[128], an einer beruflichen Schule in Freiburg, stellte der verantwortliche Bauleiter fest, dass ein Fehler passiert war. Bei einer von zwei zu mauernden Wänden führte ein Rechenfehler des leitenden Maurers dazu, dass der Fugenabstand zwischen den einzelnen Mauerzeilen nicht der Norm und nicht dem der gegenüberliegenden, bereits fertiggestellten, ersten Wand entsprach. Die endgültige Höhe der noch in Bau befindlichen

Wand würde bei Fertigstellung zwar die vorgesehene sein, aber sie würde sich optisch (nicht bautechnisch-statisch etwa) von der fertigen ersten Wand unterscheiden. Als Autor des Werkes sollte ich entscheiden, ob weiter gebaut werden soll oder nicht.

Die Entscheidung musste sofort erfolgen. Ein Baustopp hätte den Verlust von mehreren Arbeitstagen, des Baumaterials der fast fertigen Wand und erheblichen Ärger mit und unter den Arbeitern bedeutet. Zudem war die termingerechte Fertigstellung des Bauwerks gefährdet. Sollte also wegen eines optischen Fehlers all das in Kauf genommen werden?

Zunächst war es bei einer gemeinsamen Besichtigung von Bauleitung und Autor so erschienen, als würden sich der Messfehler und der daraus resultierende Baufehler nicht sichtbar auffällig auswirken. Einem Laien, so wurde angeführt, würde nicht auffallen, dass eine der beiden Wände eine Mauerzeile mehr hatte als die andere. Aber die Akzeptanz des Fehlers hätte bedeutet, dass eine von zwei vorgesehnen Sitzbänken angehoben hätte werden müssen, um bezüglich der sichtbaren Mauerzeilen mit der gegenüberliegenden Sitzbank auf gleicher Höhe zu sein. Ein optischer Effekt, der nicht vorhersehbar einzuschätzen war und zudem einen erheblicher Mehraufwand bedeutet hätte – aber immer noch weniger aufwendig war, als Abriss und Neubau der Wand.

*Richard Schindler, Haltestelle, Gertrud-Luckner Gewerbeschule Freiburg, 1995*

Die Bauleitung war nicht eindeutig in ihrem Urteil. Zum einen bestand die Hoffnung, weiter bauen zu können und den damit verbundenen finanziellen, zeitlichen und sozialen Verlust zu vermeiden. Zum anderen aber war ein Fehler vorhanden, der zweifelsfrei mit den Standards der eigenen handwerklichen Profession nicht zu vereinbaren war und den kein Fachmann der Branche würde akzeptieren können. Mit der Hinnahme des Fehlers würde unter Umständen auch der gute Ruf des Bauunternehmers gefährdet. Nicht jeder würde es sehen – aber in der angrenzenden Gewerbeschule werden Auszubildende auch des Baugewerbes unterrichtet…

Aus künstlerischer Sicht hat sich zwar eine Güterabwägung aufgedrängt, konnte letztlich aber keine Entscheidungsgrundlage bilden. Die anfänglichen Fragen: Ist der Fehler überhaupt zu sehen? Wird er jemandem auffallen? Steht der immense Aufwand von Abriss und Neubau in einem vertretbaren Verhältnis zum optischen Effekt? Dies waren nachvollziehbare, aber keine künstlerisch relevanten Entscheidungskriterien.

Künstler und Werk sind der Form verpflichtet. Und herauszufinden, was das ist, und unter Umständen mit dem Werk neu zu definieren, ist Aufgabe und Herausforderung künstlerisch verantworteten Handelns. Kein Kunstschaffender kann mit der Oberflächlichkeit oder fehlenden Aufmerksamkeit der Rezipienten rechnen – wie wir andererseits als Publikum, Zuschauer, Zuhörer, Leser oder Betrachter uns darauf verlassen können müssen, dass das Werk den professionellen innerkünstlerischen, werkimmanenten Ansprüchen genügt. Nur so haben wir die Chance, am Werk zu wachsen, mit dem Werk eine für uns aufschlussreiche Erfahrung zu machen. Wir könnten nichts über die Welt und uns selbst erfahren, wenn dem nicht so wäre.

Die künstlerische Entscheidung, abreißen oder weiter bauen, durfte sich solange nicht an ökonomischen, sozialen, handwerklichen oder formal-gestalterischen Erwartungen und deren Störung durch den Fehler messen, als diese Fehler der adäquaten Wahrnehmung des Werkes nicht unnötige Hindernisse entgegen stellt. Einzig künstlerisch relevante Frage war: Verhindert oder erschwert der Fehler die adäquate Wahrnehmung des Werkes? Das war im konkreten Fall einfach zu beantworten.

*Lucas Cranach d.Ä., Portraits von M. Luther und seiner Frau K. von Bora, 1528, nach Säureanschlag 1977*

**Flecken auf dem Bild.** Flecken, die als „Fehler" beim Entstehen eines Werks auftreten, können in einem künstlerischem Entscheidungsprozeß akzeptiert, zu einem integralen, konstitutiven Bestandteil des Werkes werden. Ganz anders verhält es sich mit Flecken, die einem Werk unabsichtlich oder absichtlich von außen zugefügt werden.[129] Im einen Fall nennen wir das Unfall, im anderen Zerstörung. Flecken *auf* dem Bild sind äußerliche Hinzufügungen, die mit der Sache selbst, dem Bild, nur insofern zu tun haben, als sie ihm entgegen stehen.

Eine der berühmtesten Attacken gegen ein einzelnes Kunstwerk war der am 21.5. 1972 unternommene Versuch von Laszlo Toth, mit dem Hammer Michelangelos „Pietà" im Petersdom in Rom zu zerstören.[130] Spektakulär waren der Anschlag auf Barnett Newmans „Who's Afraid of Red, Yellow and Blue IV" in der Westberliner Neuen Nationalgalerie am 13.4.1982 und auf „Who's Afraid of Red, Yellow and Blue III" am 21.3.1986 im Stedelijk Museum, Amsterdam.[131]

Diese wie alle anderen Fälle von Kunstzerstörung machen deutlich, Kunst kann nicht zerstört werden – sondern allenfalls ein Werk.[132] Auch Natur kann nicht zerstört werden: Ein Stein kann zertrümmert, ein Baum entwurzelt, ein Käfer zertreten werden. Zerstörung und Tod sind immer individuell erlitten.

Aber Landschaft kann verbrannt, verwüstet, verunstaltet werden. Denn Landschaft ist nicht Natur, sondern gestaltete Natur. Gestaltetes kann verunstaltet werden – dann ist die Gestalt zwar noch zu erkennen (anderenfalls wäre es keine verunstaltete Gestalt, sondern etwas anderes), aber sie ist an sich selbst geschädigt. Im Gegensatz zur Verunstaltung gibt es Störungen und deren Steigerungsformen: Ein Konzert zum Beispiel kann durch ein vorbeifahrendes Rettungsfahrzeug mit Sirenengeheul gestört werden. Dieses Geräusch wäre ein akustischer Fleck auf dem Klangteppich, den wir genießen wollen. Aber eine andere Musik in Hörweite könnte eine weitaus größere Störung darstellen als dieses eher fremde Geräusch der Sirenen. Geradezu unerträglich wäre die Störung, wenn die Musik, die wir hören wollen, noch einmal erklingt, aber um nur wenige Takte versetzt. Vermutlich spielte es in diesem Fall noch nicht einmal eine große Rolle, wie laut oder deutlich diese Musik zu hören ist. Man kann sie nicht als Fleck bezeichnen – sie ist gerade so schön wie die, der wir zu lauschen versuchen. Aber sie macht adäquate Wahrnehmung unmöglich und zerstört, was wir wahrnehmen wollen.

Dieses Gedankenexperiment liefert einen Hinweis darauf, wie eine Störung vermieden werden kann: nämlich dadurch, dass der strukturelle Abstand zwischen dem potentiell Störenden und dem potentiell Gestörten so groß wie möglich gemacht wird.[133] Umgekehrt kann durch einen nur geringen strukturellen Abstand des einen vom anderen eine erhebliche Störung erzeugt werden.

Im Hinblick auf die an der Holzschlägermatte errichteten Windkraftanlagen der Firma Enercon bedeutet dies, dass die Turmbemalung nicht, wie ablesbar intendiert, eine Angleichung an die Umgebungsfarbe darstellt, sondern umgekehrt, eine grobe Störung des Gesamtbildes. Vergleichbar der Störung einer Musikdarbietung durch die gleiche, aber zeitlich verschobene Musik. Tatsächlich wird mit der Bemalung eine Angleichung nur vorgetäuscht, während dem Sinn der Sache nach eine Zerstörung betrieben wird. Durchaus vergleichbar dem einzigen uns bekannten Fall einer Kunstzerstörung durch „Zuneigung": so jedenfalls das Bekenntnis der Täterin, die in London ein monochromes Bild geküsst und damit zerstört hatte.[134]

Aber auch restauratorische, also Werk erhaltende Maßnahmen können die Wahrnehmung eines Werkes soweit stören, dass es der Wahrnehmung als zerstört gelten muss. Die sehr empfindlichen schwarzen Bilder von Willi Baumeister beispielsweise sind aus Sicherheitsgründen unter einer Plexiglashaube geschützt.[135] Durch Lichtreflexionen in diesem Glas ist eine adäquate Wahrnehmung der Werke praktisch verunmöglicht. In einem anderen Fall geht die Bestand erhaltende, fürsorgende Maßnahme durch einen unmittelbaren Eingriff in das Werk selbst noch einen erheblichen Schritt weiter: Die Skulptur „Pit-Stop" von Jean Tinguely aus dem Jahre 1984 wurde aus restauratorischen Sicherheitsgründen umgebaut. An den langen beweglichen Armen der sich drehenden Skulptur aus Teilen eines Rennwagens befanden sich ursprünglich Super-8-Filmprojektoren mit ihren großen Filmspulen. Sie projizierten eine Endlosschleife eines Films an die umliegenden Wände. Die Projektoren wurden durch Video-Beamer ersetzt, die Super-8-Filme auf Video umkopiert. Damit wurden wesentliche Elemente der Skulptur, die sich drehenden Räder und das durch sie hervorgerufene Geräusch, entfernt.

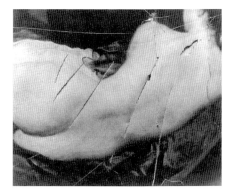

*Diego Velásquez, Venus mit dem Spiegel (Rokeby-Venus: Ausschnitt), um 1640–1648, nach dem Attentat von Mary Richardson am 10 März 1914. Natonal Gallery London*

Im Interesse des Schutzgutes Landschaft wäre diesen kurzen Hinweisen zu entnehmen, dass unter widrigen Umständen auch Maßnahmen des Landschaftsschutzes der erklärten Absicht zuwiderlaufen können. Im Vorgriff auf die Analyseergebnisse soll an dieser Stelle darauf hingewiesen werden, dass die Schwarzwaldlandschaft gerade durch ihre Verknüpfungen mit den avanciertesten Techniken (Eisenbahn, Bergbau, Straßenbau, Holzwirtschaft etc.) gekennzeichnet ist – und zwar durch alle historischen Zeiten hindurch. Ein Ausschluss der Landschaft und ihrer Bewohner von der Teilhabe an einer für die Region in mehrfacher Hinsicht hilfreichen Spitzentechnologie würde der zu schützenden Landschaft schaden.

**Methodische Bestimmungen. Methodologische Umstände.** *Drei Gebrauchsmöglichkeiten des Begriffs „Landschaftsbild Schwarzwald" lassen sich unterscheiden. Wir sollten sie präsent haben und darum wissen, wenn wir Landschafsbilder in analytischer Perspektive vor uns haben. Dabei sind Betrachterabstand und Perspektive für die Wahrnehmung und Erfahrung von (Landschafts-)Bildern von grundlegender Bedeutung.*

Bevor wir mit der eigentlichen Analyse im engeren Sinne beginnen können, müssen einige methodische Bestimmungen vorgenommen und methodologische Umstände vergegenwärtigt werden. Diese der eigentlichen Untersuchung vorgelagerte Überlegungen sind insofern Bestandteil der Untersuchung selbst, als sich hier bereits wesentliche Einsichten im Hinblick auf das Untersuchungsziel gewinnen lassen.

Für die vorzunehmende Untersuchung sind diese Vorabklärungen auch deshalb von besonderer Bedeutung, weil es das erste Mal ist, dass so eine Untersuchung überhaupt aus künstlerischer Sicht vorgenommen wird, und weil sie zum Selbstverständnis sowohl einer künstlerischen Annäherung an einen Gegenstand als auch zum Selbstverständnis der qualitativen objektiven hermeneutischen Methodik gehört. Beide, sowohl die künstlerische als auch diese wissenschaftliche Methode, gehen davon aus, dass die Annäherung an den jeweiligen Untersuchungsgegenstand je neu und diesem angemessen vorgenommen werden muss und also nichts vorausgesetzt werden darf.

Wenn wir zum Beispiel eine Schwarz-Weiß-Fotografie aus dem Jahre 1980 untersuchen wollen, müssen wir uns vor der eigentlichen Bildbetrachtung vergegenwärtigen, dass Schwarz-Weiß-Fotografie im Jahre 1980 eine für den Fotografen optionale Möglichkeit war, weil es zu diesem Zeitpunkt natürlich schon längst üblich war, Farbfotografien zu machen. 1980 war Schwarz-Weiß-Fotografie keine technische Notwendigkeit mehr, sondern eine gestalterische Möglichkeit unter anderen. Insofern Farbfotografie das übliche und verbreitete Mittel war, bedeutet Schwarz-Weiß-Fotografie 1980 einen ausdrücklichen Verzicht auf Farbe, der als solcher bedeutsam und im Fortgang der Untersuchung zu berücksichtigen ist. Dies ist Ergebnis einer Vorüberlegung, die gleichwohl Wesentliches zum Untersuchungsgegenstand beiträgt, obwohl zu diesem Zeitpunkt das Foto gleichsam noch keines Blickes gewürdigt wurde.

Im vorliegenden Fall gehört zu diesen notwendigen und aufschlussreichen ersten Schritten die nähere Bestimmung des Untersuchungsgegenstandes „Landschaftsbild Schwarzwald". Üblicherweise werden in der Literatur deshalb zuerst Bestimmungen des Begriffs Landschaft und Landschaftsbild vorgenommen. In diesem Sinne unterscheiden wir drei Gebrauchsmöglichkeiten des Begriffs „Landschaftsbild Schwarzwald" (Tatsächlich gehen alle drei Gebrauchsweisen – und ihre sichtbaren Realisierungen – ineinander über, weshalb diese Unterscheidung nur eine methodisch heuristische ist):

Erstens das Landschaftsbild, wie es uns ein Maler oder Fotograf bietet,

zweitens das Landschaftsbild, das Maler oder Fotograf vor sich haben, wenn sie malen oder fotografieren, und

drittens das Landschaftsbild, das unter Umständen Werbestrategen der Tourismusbranche in unseren Köpfen herstellen oder doch zumindest zu beeinflussen suchen: das Landschaftsbild Schwarzwald als Behauptung.

Alle drei Formen des Wortgebrauchs verweisen auf miteinander verbundene Sachverhalte. Und alle drei artikulieren sich in Objektivationen, ohne die wir nicht wüssten, dass wir diese unterscheidbaren Wortbedeutungen nutzen.

Das Landschaftsbild der Maler oder Fotografen ist abhängig von technischen Möglichkeiten (wie zum Beispiel der Farbfotografie), abhängig von handwerklichen Fertigkeiten. Es ist aber ebenso bestimmt von der Landschaft, die Maler oder Fotograf sichtbar vor sich haben, und davon, was sie im Kopf haben. Das Ergebnis oder Resultat dieser Abhängigkeiten sind die Bilder der Maler oder Fotografen. Was sich in ihnen sichtbar und objektivierbar realisiert, ist die Konvergenz dieser Bedeutungsvektoren.

Das „Landschaftsbild Schwarzwald", das wir im Kopf haben, ist geprägt von den Landschaftsbildern, wie sie uns Maler oder Fotografen gezeigt haben; davon, wie wir Landschaft und Landschaftsbild im Besonderen erfahren und erlebt haben. Also auch davon, was wir darüber wissen. Dieses Landschaftsbild begegnet uns in beschreibenden Äußerungen, in Wertungen und Stellungnahmen zur Landschaft und den Windkraftanlagen.

Das Landschaftsbild, das nur behauptet wird, ist ein Vorstellungsbild, das Werbung bietet. Es ist deshalb nicht weniger wahr oder von geringerer Bedeutung für die Landschaft, die wir meinen, wenn wir von der Schwarzwaldlandschaft sprechen, wie die beiden anderen Landschaftsbilder.

Wir brauchen auf diese unterscheidbaren Gebrauchsweisen des Landschaftsbegriffs nicht näher eingehen, aber wir sollten sie gegebenenfalls präsent haben und darum wissen, wenn wir Landschaftsbilder vor uns haben, wenn wir wandern in einer Gegend oder sie mit Zug oder Auto erfahren.

Dies berührt einen weiteren wesentlichen Aspekt der notwendigen Vorklärung – nämlich die Frage nach dem Standort des Betrachters. Vom Umgang mit Bildern (denen der Kunst zum Beispiel) wissen wir, dass Betrachterabstand und Perspektive für die Wahrnehmung und Erfahrung eines Bildes von grundlegender Bedeutung sind. Es gibt, so wissen wir aus Erfahrung, einen idealen oder optimalen Betrachterabstand. Wer zu dicht am Bild ist, verliert den sonst möglichen Überblick, wer zu weit weg ist, kann keine Details mehr erkennen. Wie bestimmt sich der optimale oder ideale Abstand und was bedeutet das für die Wahrnehmung von Landschaftsbildern? Was ist der optimale Betrachterstandpunkt? Lässt er sich frei wählen? Durch was ist er mitbestimmt, gar determiniert? Von wo aus sehen wir oder können wir nur sehen?

**Betrachterstandpunkt.** *Das Landschaftsbild Schwarzwald wird durch gesellschaftlich verantwortete Einrichtungen bestimmt, die unseren Blick in einem dramatischen historischen Veränderungsprozess umgestaltet haben. Wer wissen will, wie das Landschaftsbild, das beeinträchtigt oder verunstaltet sein könnte, aussieht, sollte sich der Umstände der Bilderzeugung vergewissern. Wie wir das Landschaftsbild Schwarzwald wahrnehmen, verdankt sich wesentlich technischen Einrichtungen.*

*Landschaft wird durch den Standpunkt des Betrachters konstituiert. Unterschiedliche optische Blickwinkel und Betrachterabstände lassen das Landschaftsbild allererst entstehen. Die Bank am Weg und der Aussichtsturm sind statische, Straße, Eisenbahn und Seilbahn sind dynamische Betrachterstandpunkte, die je eigene Landschaftsbilder erzeugen. Diese öffentlichen Einrichtungen sind Empfehlung oder Nötigung, einen bestimmten Blick einzunehmen. Sie sind aber auch, wie der Aussichtsturm, Zeugen des Vergnügens am Sehen selbst.*

Richtigerweise sollte uns aus der genauen und geduldigen Betrachtung dessen, was ist, auch ein Begriff von Landschaft erwachsen. Einen Landschaftsbegriff an die Sache nur heranzutragen, wird dem Gesehenen nicht gerecht. Wenn wir akzeptieren, dass Landschaft wie ein Bild betrachtet werden kann, dann stellt sich, wie bei der Betrachtung eines Bildes, die Frage nach den Wahrnehmungsbedingungen: Betrachterabstand, Beleuchtung, Perspektive etc. Eine dem Gegenstand verpflichtete Wahrnehmung muss sich diese Bedingungen der Betrachtung idealerweise vom Gegenstand selbst vorschreiben lassen.[136] Dabei ist es notwendig zu wissen, von wo aus wir Landschaft betrachten. Buchstäblich und im übertragenen Sinn müssen wir uns des Betrachterstandortes, unserer Perspektive vergewissern.

Für die Wahrnehmung von Landschaft haben sich in unterschiedlichsten Kontexten unterscheidbare und aufschlussreiche Betrachtungskriterien herausgebildet. In Bezug auf Landschaftbildbewertung haben quantitative Angaben in Fachliteratur Eingang gefunden. Dabei wird in der Regel unterschieden: Wahrnehmung im Nahbereich, im Fernbereich und im Mittelbereich.

Dem gegenüber gibt es die im alltagspraktischen Kontext erarbeiteten qualitativen Betrachtungskriterien, die als Empfehlungen zu charakterisieren sind und von weitaus größerer Bedeutung für die Wahrnehmung von Landschaft sind als schiere Entfernungen und ihre Messung zu Zwecken der Landschaftsbildbewertung. Bänke in Parks oder an Wegen sind nicht nur Aufforderungen zum Verweilen und Ruhen, sondern immer auch Empfehlungen, einen bestimmten Blick einzunehmen. Interessanterweise lässt sich an der Platzierung wie an der Ausrichtung der Bänke sofort ablesen, ob sie primär als Ruheangebot oder als Betrachtungsvorschlag zu verstehen sind.

Die Sichten, die wir in Bezug auf Landschaftswahrnehmung einnehmen können, sind nicht nur different wegen ihrer quantifizierbaren Abständigkeit zur betrachteten Landschaft, sondern vor allem durch die Betrachterpositionierung im Sinne einer Blickpunktkonstruktion, die nicht nur als Empfehlung, sondern mitunter auch als Nötigung zu charakterisieren ist.

Den Aussichtsbänken vergleichbare Empfehlungen sind Aussichtstürme, die dies mit ihrem Namen schon kenntlich machen. Sie sind errichtet um der „schönen Aussicht" willen (wie wir noch sehen werden, nicht nur). Daneben gibt es andere und nicht immer als solche wahrgenommene „Aussichtspunkte": besonders gelegene Parkplätze, Seilbahnen, Burgen, letztlich auch Straßen, Eisenbahnen und Luftverkehrseinrichtungen. Alle können als Installation eines besonderen Blicks verstanden werden. Das wird eigens und gesondert bei der Analyse des Landschaftsbildes Schwarzwald zu betrachten sein.

**Schiene.** Heute nehmen wir Landschaft vorwiegend aus schneller Eigenbewegung heraus wahr – aus dem Flugzeug, dem Auto oder dem Zug. Diesen Reisetechniken entspricht ein spezifischer Blick, den es vor der Einrichtung von Eisenbahn und Autobahn nicht gab. Wir haben diesen Blick wie selbstverständlich gelernt und ahnen kaum, dass es einmal anders war. Es ist angebracht, diesen historischen Vorgang zu vergegenwärtigen, weil die Voraussetzungen unserer Wahrnehmung von Landschaft deutlich werden sollen und weil der Vorgang exemplarisch zeigt, wie die krisenhaft erlebte Zuspitzung einer technischen Entwicklung zu einer neuen Wahrnehmung führte – die jetzt die unsere ist.

*Richard Schindler, Aussichtsbank Freiburg – Merzhausen, Foto, 2004*

Die ersten Eisenbahnreisenden haben sehr genau beschrieben, was ihnen und der Landschaft geschieht, wenn sie wie ein Projektil durch die Landschaft geschossen werden: Sie haben den Übergang von der Kutschentechnik zur Eisenbahntechnik, die zunehmende Mechanisierung der Triebkräfte, die Abschaffung animalisch hergestellter Bewegung als Desorientierung und als Vernichtung von Raum und Zeit erlebt. Zwar „schließt die Bahn neue Räume auf, die bisher nicht verfügbar waren, auf der anderen Seite geschieht dies, indem Raum vernichtet wird, nämlich der Raum dazwischen."[137]

Reise wird „als Geschossenwerden durch die Landschaft erlebt, bei dem Sehen und Hören vergeht. ‚Beim Reisen in der Eisenbahn', heißt es in einem anonymen Text von 1844, ‚gehen in den meisten Fällen der Anblick der Natur, die schönen Ausblicke auf Berg und Tal verloren oder werden entstellt. Das Auf und Ab im Gelände, die gesunde Luft und all die anderen aufmunternden Assoziationen, die man mit ‹der Straße› verbindet, verschwinden'."[138] „‚Es ist gleichgültig, ob Sie Augen im Kopf haben oder blind sind oder schlafen, ob Sie intelligent sind oder dumm; was Sie über das Land, durch das Sie fahren, bestenfalls erfahren können, das ist seine geologische Struktur und seine allgemeine Oberfläche.' Dieser Verlust der Landschaft betrifft alle Sinne."[139] „Die Reisenden ... sehen nur mehr eine verflüchtigte Landschaft. Die Schwierigkeit überhaupt noch etwas in der durchreisten Landschaft zu erkennen außer den gröbsten Umrissen, spricht aus allen frühen Beschreibungen von Bahnreisen. ... Die Grunderfahrung ist, dass durch die Geschwindigkeit die Gegenstände sich dem Blick entziehen, der jedoch weiterhin versucht, sie zu erfassen."[140] Reisende, die noch am vorindustriellen Reisen orientiert waren, kommen zu der Feststellung, dass das „Reisen im exakten Verhältnis zur Geschwindigkeit stumpfsinnig werde".

In dieser Krise der am traditionellen Reisen orientierten Wahrnehmung entwickelt sich eine neue, andere, die die bedrohlich erlebten Effekte der Eisenbahntechnik in sich aufzunehmen sucht. In seiner Geschichte der Eisenbahnreise hat Wolfgang Schivelbusch gezeigt, dass und wie sich, materialisiert in den Telegrafenmasten und

-drähten, die Maschine Eisenbahn buchstäblich zwischen den Reisenden und die Landschaft schob und die neue technische Apparatur sich also in genauen Zusammenhang bringen lässt mit Veränderungen der psychischen Struktur des modernen Menschen. Die Menschen „entwickeln eine neue Wahrnehmung. Bald erscheint ihnen nicht mehr die gleichförmig-schnelle Bewegung der Dampflokomotive gegenüber der durch Zugtiere hergestellten als das Unnatürliche, sondern umgekehrt: die mechanische Gleichförmigkeit wird ihnen die neue Natur, der gegenüber die Natur der Zugtiere als gefährliches Chaos erscheint."[141] „Die Geschwindigkeit und Geradlinigkeit, mit der der Zug die Landschaft durchquert, vernichtet diese nicht, sondern bringt sie erst richtig zur Entfaltung."[142]

Weit entfernte Landschaft wird durch die Eisenbahn nahe gebracht: nicht physisch, aber doch so, das sie als *Produkt* der Bahn erlebt wird. Die Normandie gehört, wie die Bretagne, zur Ligne de l'Ouest. „Die Landschaft, die von Paris aus mit der Bahn zu erreichen ist, realisiert sich für die Pariser durch die Bahn" und sie wird zu einer durch das Billett erworbenen Theatervorstellung. „Sie gehört zur Eisenbahnlinie wie die Bühne zum Theater."[143] Ähnliches geschieht mit der Zeit. Während anfänglich jede Eisenbahnlinie ihre eigene, lokale Zeit hatte, wurde die Eisenbahnzeit 1880 zuerst in England, 1893 auch in Deutschland zur Standardzeit.[144]

Nicht eine malerische Landschaft wird durch die Eisenbahn zerstört, „sondern umgekehrt, eine an sich eintönige Landschaft wird durch die Eisenbahn erst in eine ästhetische ansprechende Perspektive gebracht. Die Eisenbahn inszeniert eine neue Landschaft."[145] Die Szenerie vor den Abteilfenstern nämlich ist gekennzeichnet durch das Fehlen von Details, was gleichbedeutend wird mit dem vordem unmöglichen Blick aufs Ganze. Erst jetzt wird Überblick, der „panoramatische Blick" möglich. Für die Eisenbahnreisenden ist die Maschine Mont Ventoux und Aussichtsturm in einem. Und Wolfgang Schivelbusch merkt an: „Was die Eisenbahn real herstellt – mühelose Erreichbarkeit entfernter Orte – das streben in den ihr unmittelbar vorangehenden Jahrzehnten die Panoramen und Dioramen an. Ihr Zweck ist, durch Ansichten ferner Landschaften, Städte, exotischer Szenen, ‚Ersatz für die immer noch teuren und mühseligen Reisen zu bieten'".[146]

Mit den Aussichtstürmen hatte sich der Wandel in der Wahrnehmung von Natur schon Ende des 18. Jahrhunderts angekündigt. Das Panorama war Ziel und Lohn der Reise. Bis dahin aber war unkultivierte Natur als Bedrohung empfunden worden: „In einem Reisebericht über Grindelwald von 1765/67 wird allein von den Gefahren erzählt, welchen hier die Reisenden durch ‚Abgründe' und ‚überhangende Felsmauern' ausgesetzt seien; man höre ‚das Geschrei der Geier und anderer Raubvögel', das ‚den Schauer dieser wilden Einöden vermehrt', über denen die ‚fürchterliche Majestät der Schneegebirge' steht. Noch Johann Gottfried von Herder (1744–1803) verhängte bei einer Überquerung der Alpen die Fenster seiner Kutsche, um der Gefahr nicht ins Auge sehen zu müssen. Die Maler, Dichter und Reisenden empfanden Landschaft vor dem Ende des 18. Jahrhunderts kaum als ‚malerisch' oder ‚romantisch'".[147] Erst in diesem Jahrhundert findet eine zunehmende Umwertung auch der Alpen statt „vom Ort schrecklicher und gefährlicher Wildnis zum Symbol für Reinheit, Schönheit, Freiheit und das irdische Paradies sowie – damit verbunden – das ästhetische Erlebnis der Alpen vermittels der Kategorie des ‚Erhabenen'."[148]

Erst Naturbeherrschung befähigt zum Naturgenuss. „Die Beherrschung der Natur drückt sich auch im Aussichtsturm aus, der über dieser ‚thront', denn der Turm ist auch Herrschaftszeichen über den Raum"¹⁴⁹ (vgl. die Türme der Windkraftanlage).

Die Eisenbahn zeigt das Wesentliche, indem sie nahe gelegene Details links und rechts liegen lässt. Das ist gleichbedeutend mit dem Verschwinden des Vordergrundes. „Über den Vordergrund bezog sich der Reisende auf die Landschaft, durch die er sich bewegte. Er wusste sich selber als Teil dieses Vordergrundes, und dieses Bewusstsein verband ihn mit der Landschaft, band ihn ein, soweit in die Ferne sie sich erstrecken mochte. ... Der panoramatische Blick gehört ... nicht mehr dem gleichen Raum an wie die wahrgenommenen Gegenstände. Er sieht die Gegenstände, Landschaften usw. durch die Apparatur hindurch, mit der er sich durch die Welt bewegt. Diese Apparatur, d.h. die Bewegung, die sie herstellt, geht ein in den Blick, der folglich nur noch mobil sehen kann." ¹⁵⁰

„Der Blick aus der Gondel der Schauinslandbahn streift über die Rheinebene, die Rebhänge von Tuniberg und Kaiserstuhl bis in die Vogesen. Vom Gipfel geht die Sicht auf den Feldberg, den traumhaften Hochschwarzwald und bis weit hinaus auf die Alpenkette. ... Die Schauinslandbahn macht immer wieder ein neues, ganz eigenes Erlebnis daraus." So liest sich das heute in Tourismusinformationen über den Schwarzwald im Internet.¹⁵¹

**Straße.** Dem entspricht der Blick aus dem Auto – von hinter der Scheibe her ist alles, nur durch das Fensterformat begrenzt, Panorama. Die ersten Autobahnbauer der 30er Jahre wussten das. Und auch die der Schwarzwald-Hochstraße: „Nicht das Herstellen einer schnellen Verkehrsverbindung war der Grund für ihren Bau, sondern als Aussichtsstraße für den damals beginnenden Autotourismus gedacht. ... Bei klarem Wetter haben Sie von dort einen großartigen Blick über die Rheinebene bis zu den Vogesen."¹⁵²

„Die Erfüllung des reinen Verkehrszwecks ist nicht der letzte Sinn des deutschen Straßenbaus. Die deutsche Straße muß Ausdruck ihrer Landschaft und Ausdruck deutschen Wesens sein" formulierte Dr. Fritz Todt, der Generalinspekteur, 1934 die Aufgabe nationalsozialistischer Straßenbaupolitik.¹⁵³ Was die Landschaft betraf, war die Autobahn als Gesamtkunstwerk konzipiert. „Ausblicke, die sich dem vorüberreisenden Autowanderer auf Sehenswürdigkeiten, auf Burgen und Schlösser wie etwa bei Limburg öffneten, wurden ebenso durch die Streckenführung eingeplant, wie Naturdenkmäler und Traditionsmotive, vermeintliche germanische Kultstätten bzw. politisch bedeutsame Kriegsgräberstätten bei Ittenbach oder das Freikorps-Ehrenmal in Annaberg/Oberschlesien berücksichtigt wurden. Die stilistische Anbindung der Brückenbauten, der Tankstellen und Autobahnmeistereien durch Betonkonstruktionen, vor allem aber der symbolische Charakter der aufgemauerten Brücken und Funktionsgebäude aus dem als ‚zeitlos' empfundenen ... Haustein unterstrich den ‚Ewigkeitswert' und Anspruch, ließ den Straßenbau als nationale, genuin deutsche Aufgabe erscheinen".¹⁵⁴

Dem entspricht auch der mobile Blick durch den stets mitgeführten Fotoapparat (oder im 19. Jahrhundert das Fernrohr) – auch wenn ein „Münzfernseher" an der Bergstation der Schauinslandbahn fest installiert ist, ist dies nur eine Serviceleistung für das heute von jedermann mitzuführende eigene Glas – wie übrigens die Ansichtskarte die Mitnahme des eigenen Fotoapparates erspart. Alles ist schon da und sinnvoll eingerichtet. Beide, sowohl die Ansichtskarte als auch das Fernrohr, implizieren die Fixierung auf einen Betrachterstandpunkt. Eine Fixierung, die einen einzigen optimalen Standort unterstellt und zugleich empfiehlt – wie die Installation von Aus-

*Kaiser-Wilhelm-Turm in Essen-Stoppenberg, um 1939, in: Joachim Kleinmanns, Schau ins Land – Aussichtstürme, Marburg 1999, S. 26*

sichtsbank oder -turm den rechten Blickpunkt (manchmal zwingend) vorschlägt. Die Mobilität, die in den panoramatischen Blick des Eisenbahn- oder Autoreisenden eingegangen ist, ist zugleich eine Standortfixierung: Mit hoher Geschwindigkeit unterwegs, kann man den Ort des Blicks doch nicht verlassen (nicht das Zugabteil, nicht das Auto – wer vom Weg abkommt, ist verloren oder macht sich verdächtig). Mobilität und Fixierung sind gleichsam in sich verschlungen, es gibt eine Fixierung in der Mobilität selbst (die eine nur mechanische, keine geistige ist).

„Der Point of View wird zu einem zentralen Punkt der Landschaftskonstitution: Er markiert den Ort, von dem aus die optimale Distanz und der optische Blickwinkel die Landschaft vor dem Auge des Betrachters erst erscheinen lässt. Bevor man von dort aus dann allzu rasch ästhetische Geschmacksurteile fällt, sollte man vielleicht auch einmal darüber nachdenken, was denn die so genannten störenden Elemente einer Landschaft in ihrer Erscheinungsweise über sich und die Ursachen ihres Störens verraten. So mag den Empfindsamen an einer Autobahnbrücke nicht deren Hässlichkeit an sich stören – denn was heißt das schon – sondern dass deren Konstruktion dem Begriff Brücke selbst zuwiderläuft: Sie signalisiert, dass es ihr nicht mehr darum geht, zwei Ufer zu verbinden, einen Abgrund zu überbrücken, zwischen Gegensätzlichen einen Bogen zu schlagen, sondern nur mehr um eines: um die gradlinige Fortsetzung der Straße mit anderen Mitteln. Das allerdings ist kein Verrat an der Natur, sondern der an einer Idee. Denkbar, dass so nicht ein der Natur Unangemessenes, sondern ein spezifischer kulturpolitischer Gestus, der sich zur Erscheinung bringt, das ästhetische Missfallen auslöst."[155]

Straße und Eisenbahnlinie sind die visuellen Erscheinungsformen für die panoramatische Wahrnehmung „im Zusammenhang und auf der Grundlage beschleunigter Warenzirkulation".[156] Zu dieser (möglichst ungehinderten, also gradlinigen) Warenzirkulation gehört offensichtlich auch die touristische Wahrnehmung von Landschaft:

*Richard Schindler, Foto, Aussichtsturm Schauinsland, 25. 11. 2003*

Aussichtsturm Hochsteinchen, Hundsrück, erbaut 1893, in: Joachim Kleinmanns, Schau ins Land – Aussichtstürme, Marburg 1999, S. 30

Taipei 101 Financial Center, Taipeh, Taiwan. Das Hochhaus als Aussichtsturm: Die Etagen 89 bis 91 und das Dach sind für Besucher offen. Darüber folgt ein deutlich zurückgesetzter zehnstöckiger Aufsatz. Insgesamt sind es 101 Etagen.
www.carrier.es/obras/taipei.htm

„Seh-Zeichen" an der Plattformbrüstung, Aussichtsturm Rüdersdorfer Kalkberg Berlin 30er Jahre, Cover (Detail) Joachim Kleinmanns, Schau ins Land – Aussichtstürme, Marburg 1999

Landschaft ist ebenso Ware, wie der Blick auf sie. Es wird dafür bezahlt: Eisenbahnfahrkarte, Autobahnmaut, Ticket für die Seilbahn, Gebühr für das Fernrohr. Nur auf den Schauinslandturm kann man noch umsonst – man bezahlt mit körperlicher Anstrengung und hoffentlich fürs Hotel in der Stadt. Von oben aber kann man sehen: Die Begradigung der Dreisam folgt derselben Logik der kürzesten Strecke, wie sie der Architekt Haussmann, ganz wie ein Eisenbahningenieur, für die Straßen von Paris bestimmt hat.[157]

Der Begriff des panoramatischen Blicks kennzeichnet die Differenz zwischen der vorindustriellen und der neuzeitlichen Wahrnehmung. Von panoramatischer Wahrnehmung zu sprechen, meint Schivelbusch, sei „nur so lange sinnvoll, als es die Ungleichzeitigkeit einer dergestalt traditionellen ‚veralteten' Wahrnehmung noch gibt."[158] Heute aber ist unsere Wahrnehmung vollständig und allen gemeinsam durch Apparatetechnik bestimmt: Panoramatische Wahrnehmung bezeichnet die Erscheinungsweise der Dinge.

**Aussichtsturm everywhere.** Unser Institut ist in der Villa Mitscherlich untergebracht: Einem 100 Jahre alten Haus, am etwas höher gelegenen Sternwaldeck am südlichen Stadtrand von Freiburg. Das Atelierfenster im obersten Stockwerk gewährt Aussicht auf das Münster und die Stadt. Noch kein Besucher, und das waren im Laufe der Jahre zwischen 2000 und 2500 Personen[159], hat diesen Blick unkommentiert gelassen oder gar ignoriert. Als sei es unser Verdienst, wurde uns versichert, dass dies ein herrlicher Blick sei und dass dies ein Privileg sei, das nicht jedem zuteil werde. Selbstverständlich haben nicht wir diesen Ausblick eingerichtet und selbstverständlich zahlen wir kostendeckende Miete. Dennoch ist nachvollziehbar, warum wir sowohl auf den großartigen Ausblick als auch auf die unbestreitbar herausgehobene Position aufmerksam gemacht werden.

Der Blick von oben gestattet Überblick und hat seit je, nicht nur symbolisch, mit Herrschaft zu tun: der Adler blickt von dort, das Auge Gottes, Ritter und Fürsten auf ihren Burgen, und wer als Ausguck in der Mastspitze saß, lenkte buchstäblich die

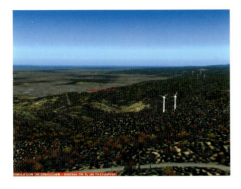

Richard Schindler, Screenshots MS-Flugsimulator, Freiburg-Szenerie. Nur wenige Wochen nach Fertigstellung der Windkraftanlagen waren sie von FS-Fans in die Freiburg-Szenerie integriert. In der Simulation werden Ortsnamen, Entfernung usw. eingeblendet.

Geschicke des Schiffes – das alles gibt es so nicht mehr, aber viel von diesen Erfahrungen hat sich bis heute in uns allen erhalten.

Die Twin-Towers des World Trade Center wurden als Herrschaftssymbol verstanden[160], und das seit Oktober 2003 höchste Haus der Welt, das Taipei 101 Financial Center (508m in Taipeh, Taiwan) erhebt diesen Anspruch heute. Das für Dubai geplante Hochhaus soll dieses Erbe mit 560 Metern Höhe noch einmal bestätigen und in globalem Maßstab behaupten.[161] Im Internet gibt es Rankinglisten der höchsten Hochhäuser der Welt, auch eine, die parallel ein Ranking der höchsten Berge bietet.[162]

Erst die Erfahrung des Horizonts, notierte Goethe, namentlich des Meeres und seiner „großen simplen Linie", gestattet uns einen Begriff von Welt und unseres Verhältnisses zu ihr.[163] „Der Blick aus der Vogelperspektive ermöglicht, das unten Ausgebreitete in seiner Struktur zu erkennen, bekannte Dinge innerhalb eines großen Raumes zu suchen, zu verknüpfen, zu trennen und zu ordnen."[164] Was den Blick von Aussichtstürmen kennzeichnet, wird später den panoramatischen Blick aus dem Abteilfenster der Eisenbahnwagons charakterisieren: eine Übersicht, die Struktur erkennen lässt. Dieser Point of View, nicht Natur, ist eigentliche Quelle genüsslichen Erlebens. Ein Aufruf aus dem Jahre 1907: Einen Turm wünscht man sich, der „festgefügt und dauerhaft … tausenden Wanderern jahraus, jahrein eine Quelle herrlichsten Naturgenusses verschaffen wird."[165] Wohlgemerkt, nicht Natur ist Quelle des Genusses: der Turm.

Genuss ergibt sich aus der Übersicht, dem für gewöhnlich nicht zu habenden Blick aufs Ganze. Deshalb machen getreulich aufgezeichnete Richtungs- und Entfernungsangaben auf allen Plattformen der Welt Landschaft zur übersichtlich geordneten Landkarte ihrer selbst. Mit dem Flugsimulator heutiger PCs lassen sich solche Angaben unmittelbar in der simulierten Landschaft selbst abrufen. Und in den Hochgeschwindigkeitszügen, mit denen wir heute reisen, zeigen Screens die Eigengeschwindigkeit

Der Swiss Re-Tower, London von Normann Foster, dem Gestalter der E 66 „Gondel" von Enercon, Bild Internet

an[166], mit der dieser Überblick erzeugt wird. An die Stelle der schon nur mehr messtechnisch verzeichneten Richtungs- und Entfernungsangaben an den Brüstungen der Aussichtstürme (die immerhin die Relationen des eigenen Standpunkts noch veranschaulichen) ist die kommastellengenaue Dynamik getreten, mit der im Blickfeld der Ausschauenden Details eliminiert werden.

Den Blick aufs große Ganze versprechen seit der ersten Weltausstellung 1851 in London nicht enden wollende Messeausstellungen. Angesichts der Flut der Dinge, die zu haben sind, tut Orientierung not. Kaufhauskataloge verzeichnen Hunderttausende von Artikeln für den Massenkonsum, um Konsumenten zu ermöglichen, den Markt zu sondieren. Diese Öffentlichkeitsformen haben sich seit dem Beginn der Industrialisierung (in Deutschland 1835–49) „mit dem spezialisierten Zweck konstituiert, einen Überblick über die Zunehmende Zahl neuer Produkte zu ermöglichen, die mit dem fortschreitenden Industrialisierungsprozeß auf den Markt gebracht wurden."[167] Wir haben oben schon auf den Zusammenhang des panoramatischen Blicks, den die Eisenbahn konstituiert, mit der beschleunigten Wahrenzirkulation hingewiesen.

Dennoch mussten die alltäglichen Dinge des Gebrauchs bis 1968 auf Jean Baudrillards „System der Dinge" warten. Es sollte unser Verhältnis zu den alltäglichen Gegenständen dem Verständnis näher bringen. Aber, meint Wolfgang Ruppert, die ungeheuere „Komplexität und Vielfalt des empirischen Materials entzieht sich ... letztlich dem Entwurf eines Systems der Dinge."[168] Nach wie vor ist es schwer, einen Überblick zu bekommen, gar ihn zu behalten.

Die Architektur des Bautyps Aussichtsturm, ehemals nur dem Vergnügen der Aussicht bestimmt (man sprach von Panoramaturm, Rundschauturm, Warte, Wartturm), gibt es erst seit dem ausgehenden 18. Jahrhundert.[169] Aber geradezu in einer „Aussichts-Manie" entstehen diese Bauten während des ganzen 19. Jahrhunderts dann plötzlich überall in Deutschland.

Richard Schindler, Web-Cam an der Bergstation Schauinsland-Bahn, Foto 2004

Wegen ihrer exponierten Lage werden sie früh schon als Signale verstanden: Sie wirken wie ein Winken, „komm hierher, wenn du etwas sehen willst!"[170] Was da den Sehenden geboten wird, ist das Erlebnis der Aussicht, des Sehen selbst. Nach Stephan Oettermann ist es *das* Schlüsselerlebnis für eine ganze Epoche: „die Erfahrung des Horizonts als ‚Augenende'."[171] Landschaft, die der Panoramaturm konstituiert, ist, so weit das Auge reicht – aber auch nur so weit.

Panorama übrigens ist ein Kunstwort, das für das Gemälde geprägt wurde, das Robert Barker in London erfunden hatte und eine vollständige Rundsicht zeigte. Bis heute gilt das Wort für jegliche Aussicht, auch wenn sie keinen vollständigen Rundblick bietet.

Aufnahme der Web-Cam, Bergstation Schauinsland-Bahn, 10.01.2004, www.regiowebcam.de

**Web-Cam.** Augen haben überall – nur nicht da, von wo man blickt. Die Kamera sieht sich selbst nicht. Die Web-Cam (auch an der Bergstation der Schwebebahn) dient nicht mehr, wie noch der Aussichtsturm, dem *Erlebnis* der Aussicht. Das meist statische Bild dient der Information (wie ist das Wetter?) und der Aktualisierung einer Erinnerung (wie sieht es aktuell aus, wo ich studierte, wo ich zu Hause bin?). Web-Cam, das ist der Blick als Ware: öffentlich käuflich (wie seit der Ansichtspostkarte üblich) und weltweit verfügbar. Beide, Aussichtsturm und Web-Cam, spielen eine Rolle im kollektiven Gedächtnis unterschiedlicher Sozietäten.

Der Aussichtsturm (der zugleich Denkmal ist[172]) funktioniert für das Gedächtnis einer lokalen, regionalen oder nationalen Gemeinschaft – die Web-Cam beliefert ein Bildarchiv im Internet zur Nutzung durch global verstreute User zu persönlichem

Gebrauch. Während das Panorama der Aussichtstürme von Besuchern auf deren Plattform aktualisiert wird, aktualisiert sich das Bild der Web-Cam unabhängig vom Interesse der Nutzer – ja unabhängig davon, ob es Nutzer überhaupt gibt (eine zeitlang wenigstens, bis – vielleicht – Zugriffstatistiken das offenbaren).

In der Kunst wurde das Panoramabild erfunden, in der Kunst ist der Panoramablick total geworden. In einer Ausstellung in Hannover zeigte der Japanische Künstler Hiroyuki Masuyama ein 17 Meter langes Bild, das durch Aneinanderfügen von unzähligen Fotos entstand, die bei einer Flugreise um die Welt aufgenommen wurden.[173] Landschaft ist, so weit das Flugzeug fliegt. Landschaft ist ein Produkt von Höchstgeschwindigkeit in der Touristenklasse.

Es gibt Windkraftanlagen mit Aussichtskanzel. Die Anlagen an der Holzschlägermatte haben eine solche, aus welchen Gründen auch immer, nicht. Der Lage nach hätte es sich angeboten. Der Ausschluss dieser nahe gelegenen Möglichkeit ist ein Verzicht und bedeutet: Nicht, um von dort zu sehen, ist diese Anlage da, sie ist exponiert, um gesehen zu werden. Sehen *und* gesehen werden bleibt dem Aussichtsturm am Schauinsland vorbehalten.

*Hiroyuki Masuyama, Weltreise 2003, Großdiapositiv / Leuchtkasten, 35 x 1725 x 13 cm (Ausschnitt) in: Stephan Berg, Martin Engler (Hrsg.), Die Sehnsucht des Kartografen. Kunstverein Hannover 2003*

# Analyse, die erste. Landschaftsbild Schwarzwald

Das vorangegangene Kapitel hat untersucht, was es überhaupt heißt, Landschaft als Bild wahrzunehmen. Bedingungen und Möglichkeiten dessen wurden bestimmt, was ein Landschaftsbild und dessen Wahrnehmung ausmacht.

Dieses Kapitel analysiert das Landschaftsbild des Schwarzwalds selbst, es rekonstruiert dessen Qualität oder Wert. Was ist das Besondere am Landschaftsbild des Schwarzwalds, das dieses wertvoll und damit schützenswert erscheinen lässt?

Gegenstand dieser Studie ist ja die Frage, ob die Errichtung von zwei Windrädern an der Holzschlägermatte eine Verunstaltung des Landschaftsbilds darstellt. Nur wenn eindeutig bestimmt wird, was dessen spezifische Qualität und was dessen Wert ausmacht: nämlich seine *Eigenart, Vielfalt und Schönheit*, lässt sich begründet sagen, ob das Landschaftsbild des Schwarzwalds durch diese Windräder verunstaltet, unberührt gelassen oder sogar positiv akzentuiert wird.

Die Analyse des Landschaftsbildes des Schwarzwaldes in diesem Kapitel geht in folgenden Schritten vor: Zuerst werden einige Rahmenbedingungen analysiert, die den Schwarzwald als Kulturlandschaft bestimmen. Diese Gegebenheiten leiten als objektive Rahmenbedingungen auch die fotografischen Abbildungen und die imaginären Bilder vom Schwarzwald. Danach werden diese objektiven Rahmenbedingungen noch einmal im aktuellen Reflexbild von Tourismusinformationen im Internet skizziert. In einem weiteren Schritt analysieren wir fotografische und künstlerische Bilder vom Schwarzwald: Ansichtskarten (insbesondere der Gegend um den Schauinsland) und einige aktuelle Schwarzwald-Bildbände. Dieses Bildmaterial ist deshalb interessant und aussagekräftig, weil es genau das entwirft, was ihm eine falsch verstandene Ideologiekritik immer vorhält: nämlich die sprichwörtliche Postkartenkartenidylle und jenes Hochglanzideal, das bekanntermaßen so wenig mit der Realität zu tun hat. Gerade um diese Konstruktion aber geht es in der vorliegenden Studie. Die Analyse wird nicht versuchen, dem imaginären Ideal die Realität entgegenzuhalten, „wie sie wirklich ist", sondern den genau umgekehrten Nachweis antreten: wie dieses imaginäre Ideal der wahrgenommenen Realität konstitutiv zugrunde liegt.

Im anschließenden Kapitel (Analyse, die zweite – Landschaftsbild Plus) werden zuerst allgemeine Erscheinungsmerkmale der Windkrafträder an der Holzschlägermatte analysiert. Das sind besonders augenfällige Aspekte wie der Umstand, dass an der Holzschlägermatte zwei Anlagen installiert sind, und die grundlegende Sinnstruktur von Bewegung und Stillstand der Rotoren.

Im darauf folgenden Kapitel (Die Sichten.) wird schließlich das Landschaftsbild analysiert, das mit den beiden Windrädern am Schauinsland entstanden ist. Dieses neue Bild kann dann in Bezug gesetzt werden zu der hier vorgelegten Rekonstruktion des

Landschaftsbildes des Schwarzwalds. Wie dieses Verhältnis des neu entstandenen Bildes zum etablierten, typischen Landschaftsbild des Schwarzwalds, wie die eingetretene Veränderung zu *bewerten* ist, dafür werden die Grundlagen im Verlauf der Untersuchung herausgearbeitet.

Eine Analyse kann das Landschaftsbild des Schwarzwaldes an drei Orten aufsuchen:

a) In der Landschaft selbst. Die visuellen Elemente, die objektiv in der Landschaft vorhanden sind, scheinen die verlässlichste Grundlage für eine Analyse zu bieten. Aber im Schwarzwald kommen auch Dinge vor wie z.B. Discount-Supermärkte, die Parkplätze davor, Neubau- und Gewerbegebiete, Satellitenschüsseln usw. Möglicherweise sind diese *quantitativ* im Landschaftsbild sogar vorherrschend, aber sie sind nicht geeignet, den besonderen *qualitativen* Wert gerade dieser Landschaft zu definieren, nicht weil sie wertlos wären, sondern weil sie unspezifisch sind. Gesucht ist also, was in der Vielzahl der im Gebiet des Schwarzwaldes anzutreffenden visuellen Erscheinungen das Besondere gerade dieser Landschaft ausmacht. Dass es dieses Besondere überhaupt gibt, ist unstrittig, solange sich Bewohner damit identifizieren oder Besucher dafür anreisen.

b) In bildlichen Darstellungen. Bei vorliegenden Abbildungen, insbesondere Amateurfotografien oder professionellen Fotos in Bildbänden, Postkarten usw., Filmen, sowie Werken der bildenden Kunst kann man von vornherein unterstellen, dass sie in irgendeiner Weise darauf gerichtet sind, etwas Wesentliches der Schwarzwaldlandschaft zu erfassen. Sie registrieren nicht einfach das jeweils Sichtbare, sondern das, was sie für abbildenswert halten. Damit geht die Sichtweise der Autoren genauso ins Bild ein wie das gesehene Objekt. Offenkundig ist das bei künstlerischen Darstellungen. Aber auch bei Fotografien wird die Wahl des Motivs, des Ausschnitts subjektiv getroffen. Deshalb können solche Abbildungen nicht umstandslos als Zeugen herangezogen werden. Beweiskräftig sind die bildlichen Darstellungen erst, wenn die Analyse geklärt hat, worin in der jeweiligen Sicht etwas Repräsentatives liegt, m.a.W. inwiefern die vorliegende Abbildung eine gültige Darstellung der Eigenart, Vielfalt und Schönheit der Landschaft enthält (im Unterschied zu Kitsch, Ideologie usw.)[174]

c) In der Vorstellungswelt der Subjekte. Die Attraktivität einer Landschaft besteht auch in den individuellen oder kollektiven Projektionen, die sich an die Landschaft heften. Sofern die Bilder in den Köpfen beliebigen Idiosynkrasien oder subjektiven Geschmacksvorlieben entspringen, entziehen sie sich natürlich einer Untersuchung, wie sie hier angelegt ist. Sehr wohl zugänglich ist aber jenes Urteil, mit dem Subjekte etwa jede einzelne Abbildung (wie in b.) begründet verwerfen könnten: Diese sei nicht typisch, nicht repräsentativ, kein gültiger oder gelungener Ausdruck der spezifisch Schwarzwälder Landschaft.[175] Auch in den subjektiven Projektionen oder Wunschbildern reproduzieren sich gewisse objektive Deutungsmuster; und die Landschaft muss objektive Merkmale aufweisen, die sie als Projektionsfläche geeignet machen. In Blick auf die Windräder am Schauinsland könnte es sehr wohl zutreffen, dass diese visuell weder mit den dortigen topographischen Gegebenheiten (Geländeform mit Nutzung, Bauten usw.) kollidieren noch dass sie Abbildungen stören (tatsächlich sind sie beliebtes Fotomotiv für die Besucher der Bergstation), dass sie aber das imaginäre Bild stören, das jemand vom Schwarzwald hat, dass sie also vor Ort verhindern, dass jemand seine Vorstellungen an diese Landschaft knüpft. Das ist letztlich gemeint, wenn es heißt: „Die Windräder passen einfach nicht hierher."

**Kulturgeschichtliche Rahmenbedingungen.** Von Peter Oberndorfer

**Markenartikel.** Zum Landschaftsbild des Schwarzwalds können sich sehr viele verschiedene Assoziationen einstellen. Einige davon sind so fest etabliert, dass sie auch eine subjektive Assoziation kaum ignorieren kann. Nicht wenige sind einfach deshalb zwingend, weil sie den Schwarzwald schon im Namen tragen (teilweise sogar als geschützte Bezeichnung). Insofern müssen sie zu den objektiven Rahmenbedingungen gezählt werden. Dennoch erhebt diese exemplarische Auswahl von „Markenartikeln" natürlich keineswegs den Anspruch, die Kulturgeschichte des Schwarzwalds erschöpfend darzustellen; dies kann und soll im Rahmen dieser Untersuchung nicht geleistet werden. Aber es soll an einigen exemplarischen Beispielen deutlich gemacht werden, wie sich das Bild des Schwarzwaldes zusammensetzt, insbesondere wie es als Bild *gemacht,* also (voraussetzungsreich) *konstruiert* ist.

Nicht wenige sehen gerade in den im Folgenden vorgeschlagenen bildlichen Assoziationen Klischees, Bilder einer Idylle, die es längst nicht mehr gibt. Sie distanzieren sich von Bollenhut, Kirschtorte und Kuckucksuhr, die nur noch für den Tourismus gepflegt werden. Ja, der Tourismus habe längst eigene Realitäten geschaffen, die den wahren Reiz des Schwarzwaldes, der die Touristen ursprünglich angelockt haben mag, überdecken oder zerstören.

Diese Kritik richtet sich gegen das, was am Bild des Schwarzwaldes „bloß gemacht" ist. Als Kulturkritik am Tourismus mag sie berechtigt sein, aber sie kennzeichnet eine charakteristische Ambivalenz. Denn es zeigt sich schnell, dass *alle* Bilder, die aufgeboten werden können, prinzipiell konstruiert sind. Nicht wenige der Bildbände, die besonders ambitioniert sind, den wahren Schwarzwald gegen die üblichen Klischees neu oder wieder zu entdecken, kommen nicht umhin, schließlich doch all die Bilder vorzuführen, gegen deren Klischeehaftigkeit sie vorher in Vorwort oder Haupttext auf Distanz gegangen waren.

Ambivalent ist auch die Rolle des Fremden (des Touristen). Seine Wertschätzung ist einerseits unverzichtbar als der objektive (weil neutrale) Beweis für den Wert des Eigenen. Andererseits verachtet man ihn: Er fällt allzu leicht auf ein bloß vorgemachtes Bild herein. In dieser Ambivalenz drückt sich die Krise der eigenen Identität aus. Es könnte ja sein, dass jedes Bild bloß vorgemacht ist.

Am Beispiel der Kuckucksuhr zeigt sich diese Ambivalenz in den folgenden Zitaten aus vier verschiedenen Schwarzwald-Bildbänden:

„Und natürlich das Synonym für den Schwarzwald, ja für Deutschland im Ausland überhaupt: die Kuckucksuhr. Vor allem in Amerika fand und findet sie begeisterte Anhänger."[176]

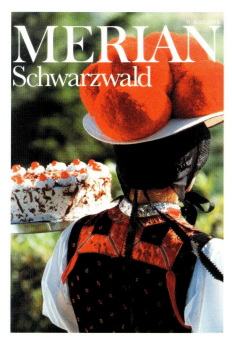

*Cover Merianheft Schwarzwald 1989*

„Natürlich hat auch der Schwarzwald Anschluß an die industrielle Entwicklung gefunden. Wo früher die Tüftler das Wunderwerk der Kuckucksuhren an langen Winterabenden gebastelt und dann sommers in alle Welt getragen haben, werden die ‚glocks' [sic!] heute fabrikmäßig hergestellt und mit vorgefertigten Schnitzereien versehen."[177]

„Es gibt viele typische Arten der Schwarzwalduhr, nicht nur die immer noch beliebte Kuckucksuhr, die – urteilt man nach der touristischen Kaufbegeisterung – auch zuhauf in amerikanischen und japanischen Haushalten hängen dürfte."[178]

„Neben dem Bollenhut und dem Kirschwasser gehört die 'cuckoo-clock' zu den beliebtesten Souvenirs, und so werden – vor allem für die Wohnzimmer in Nordamerika, Japan und Australien – noch heute über 350.000 Stück pro Jahr im Hochschwarzwald hergestellt."[179]

Hier geht es nicht um Kritik oder Zustimmung zu den folgenden Bildassoziationen (z.B. der Kuckucksuhr), sondern darum, wie darin das Bild des Schwarzwalds konstruiert ist.

**Schwarzwälder Schinken, Schwarzwälder Kirschwasser**

Diese regionalen Spezialitäten mit geschützten Herkunftsbezeichnungen stehen für das Genießen. Zwar hält auch bei deren Herstellung die Massenproduktion Einzug, aber nach wie vor sind es Erzeugnisse traditioneller bäuerlichen Kleinbrennereien, der Hausschlachtung auf Schwarzwaldhöfen oder kleiner Metzgereibetriebe.

Diese Spezialitäten stehen – im Unterschied zum Rehrücken Baden-Baden, der ebenfalls mit dem Schwarzwald assoziiert wird, allerdings auf der Ebene gehobener Gastronomie – für das einfache und gute Leben. Dennoch sind Schinken und Kirschwasser keineswegs bäuerliche Grundnahrungsmittel. Sie beweisen, dass das gute Leben im Schwarzwald – verkörpert in der Einheit des Schwarzwälder Bauernhofs – ganz selbstverständlich besondere Genüsse hervorbringt.

**Schwarzwälder Kirschtorte**

Schon ein Blick auf das Rezept zeigt: Dieses Konditoreierzeugnis entstammt nicht der überlieferten bäuerlichen Küche. Soweit bekannt ist, wurde sie noch nicht einmal im Schwarzwald erfunden. Dennoch ist im Schwarzwald kein Café denkbar, das sie nicht als regionale Spezialität anböte.

In folgendem Sinn ist die Schwarzwälder Kirschtorte durchaus repräsentativ für die regional ausgeprägte Kultur: In der Tradition des Tourismus und der damit verbundenen Gastronomie im Schwarzwald ist es gelungen, sich diese *Neuschöpfung als regionales Markenzeichen* anzueignen und zu etablieren.[180]

**Schwarzwaldhaus**

Wenn es so etwas wie ein landschaftliches Alleinstellungsmerkmal des Schwarzwalds gibt, dann ist es das Schwarzwälder Bauernhaus.

Das kann man leicht mit folgendem Gedankenexperiment prüfen: Angenommen, eine Abbildung mit einer Landschaft (Postkarte, Gemälde o.a. Darstellung) lässt sich nicht auf Grund genauer Orts-Vorkenntnis oder durch den externen Kontext (Beschriftung u.dgl.) sofort dem Schwarzwald zuordnen. An welchen Merkmalen könnte sie dennoch eindeutig als Schwarzwaldlandschaft identifiziert werden? Im Wesentlichen kommen drei in Frage: Eine besonders charakteristische Geländeformation, insbesondere ein markanter Berggipfel[181] würde auch einem durchschnittlichen Betrachter eine nachträgliche Identifikation ermöglichen; ein Bauwerk mit einer historischen Einmaligkeit wie eine Kirche oder ein Kloster ließe sich ohne allzu große Recherchen oder Spezialwissen lokalisieren; eindeutig um eine Schwarzwaldlandschaft handelt es sich, wenn ein Schwarzwälder Bauernhaus abgebildet ist.[182]

Die Verbindung der folgenden Merkmale gibt dem Schwarzwaldhaus seine unverkennbare (und damit landschaftsbezogene) Form:
- Die imposante Größe des Gebäudes[183] belegt, dass die bäuerliche Kultur des Schwarzwalds historisch mit gewissen Privilegien ausgestattet war.[184] Die planmäßige Besiedlung der Höhenlagen durch die Klöster legte die Geländeaufteilung nach rationalen Gesichtspunkten fest; früh wurde auch das Anerbenrecht, also das Verbot der Realteilung bei Hofübergabe festgeschrieben. All dies lässt die Landwirtschaft des Schwarzwaldes historisch eher als *Modernisierungsträger* denn in der üblichen Weise als Gegenpol zur Modernisierung erscheinen.

- Das Eindachhaus beherbergt Menschen, Vieh und Futtervorräte.
- Das tief herabgezogene Walmdach bietet Wetterschutz in den Berglagen (bes. Schnee, Wind).
- Der enorme Dachraum bietet viel Stauraum, insbesondere für die in der traditionellen Berglandwirtschaft erforderlichen großen Heuvorräte.
- Kenner unterscheiden innerhalb des generischen Baumusters verschiedene regionale Ausformungen, die einzelnen Gegenden zugeordnet werden können (Schauinslandhaus, Kinzigtäler Haus usw.).
- Die Geländeform, nämlich die Hanglage ist funktional in die Architektur integriert: die Einfahrt zur Heubühne erfolgt bergseitig auf einem höheren Niveau als das darunter untergebrachte Vieh.[185]

Insbesondere der letzte Aspekt, nämlich der Bezug des Gebäudes zur Geländeformation ist unmittelbar übertragbar auf die Frage der Integration der Windräder in die Schwarzwaldlandschaft.

„Die historischen Holzbauten, die bis heute die Vorstellung vom Schwarzwald in aller Welt prägen, dürfen als Vorbilder für Funktionalität, für eine sinnvolle Berücksichtigung der Standortbedingungen und den gekonnten Einsatz von Holz gelten. Ihre Architektur überzeugt durch Integration aller Anforderungen. Ihr Erscheinungsbild ist Ausdruck dieser Stimmigkeit. Wie bei anderen historischen Architekturen existiert äußere Gestalt nirgends um ihrer selbst willen – allenfalls in kleinen Details leistet man sich zierende Bearbeitung. Wollte man auf dieser Tradition aufbauen, so verbietet es sich, mit Versatzstücken wie Krüppelwalmen zu arbeiten. Täuschungsarchitektur verleumdet die Botschaft der alten ländlichen Bauten."[186]

Heute ist der Bestand dieser Architektur in akuter Gefahr. Zwar sind die Schwarzwaldhöfe in ihrer Jahrhunderte langen Geschichte immer wieder wandelnden Erfordernissen angepasst worden, der beschleunigte und tief greifende Strukturwandel der Landwirtschaft in neuester Zeit hat jedoch zu solchen Veränderungen geführt, dass die überlieferte Architektur den Betriebsbedingungen nicht mehr entspricht. Für das Landschaftsbild heißt das, dass ein wichtiges Element seiner Eigenart, Vielfalt und Schönheit verloren geht.

**Die Mühle im Schwarzwald**

Die vielen Mühlen der Schwarzwaldhöfe konnten als Kennzeichen und Kulturgut des Schwarzwaldes gelten. Gegen Ende des 19. Jahrhunderts sollen 1400 Bauernmühlen mit ihren Wasserrädern in Betrieb gewesen sein. Davon gibt es heute noch etwa 200, allerdings nicht in betriebsfähigem Zustand, sondern mehr oder weniger dem Verfall preisgegeben. Grund für das Verschwinden der Mühlen ist ein tief greifender Strukturwandel der Landwirtschaft, der ihren weitern Betrieb ökonomisch sinnlos macht. Nur wenige wurden zu musealen Zwecken restauriert, um Besuchern ihre Funktion vorzuführen. Als kulturhistorische Denkmäler sind sie heute beliebter Bestandteil des Freizeit- und Ferienangebots (Mühlentag, Mühlenwanderweg), oft verbunden mit regional typischen Genüssen (Holzofenbrot, Schwarzwälder Schinken, Kirschwasser).

Das technische Funktionsprinzip der Hofmühlen ist nicht spezifisch für den Schwarzwald. Nur bedingt lehnt sich die Gebäudeausführung an die Bauweise der Bauernhäuser an, bestimmend sind technische Funktionserfordernisse, so dass sich nicht wie bei den Höfen lokaltypische Baustile zuordnen lassen, sondern eine Vielzahl von Formen existiert. Regional typisch ist jedoch die Einbindung der Mühle in das Ensemble des Schwarzwaldhofs mit seinen An- und Nebenbauten: vom Milchhäusle über das Backhaus, den Speicher, das Libding, evtl. die Hofkapelle usw.[187]

Als technische Nebengebäude sind die Mühlen deutlich kleiner als die imposanten Schwarzwaldhöfe, aber sie waren keineswegs unauffällig. Auch wenn sie sich kaum in exponierter Lage befanden, sondern sich immer an der Talsohle orientierten, waren sie ein Blickfang.

Die mechanische Bewegung des Wasserrads hebt die Mühle aus der bäuerlichen Umgebung heraus, in die sie wirtschaftlich und lebenspraktisch eingebunden ist. Während in der traditionellen Landwirtschaft ansonsten nur physiologische Energiequellen (tierische und menschliche Kraftanstrengung) zur Verfügung stehen, unterscheidet sich die Mühle durch die rein mechanische Nutzung der Wasserkraft. Diese einzigartige Stellung der Mühle macht sie zu jenem vielbesungenen Objekt des Volkslieds: Sie klappert am rauschenden Bach.

*Rötenbach Mühle, Foto Werner Richner, Harenberg Sehnsuchtskalender 1996*

Das Rauschen des Baches entsteht hauptsächlich beim Betrieb des Mühlrads. Die Mühle taucht in den seltensten Fällen einfach in den natürlichen Bachlauf ein, sondern sie verändert diesen mehr oder weniger, um optimale Betriebsbedingungen zu schaffen, vor allem den richtigen und konstanten Wasserdruck. Dazu dienen verschiedene wasserbautechnische Anlagen je nach oberschlächtiger, unter- oder mittelschlächtiger Wasserführung, wie Obergraben, Freifluter, Wehre mit Stellschützen oder Spannteiche zum Aufstauen, jeweils mit vom Mühlenhaus aus zu bedienender Wasserregulierung, Kähner usw., die allesamt den Bach erst zu einem Mühlbach machen. Diese baulichen Eingriffe werden nicht als Störung im natürlichen Landschaftsbild empfunden, sondern als *eine Bereicherung, die die Topographie akzentuiert und das menschliche Wirtschaften bildlich in die Landschaft einfügt.*

Warum „klappert" die Mühle? Das Klappern rührt keineswegs von einer mangelhaften Mechanik, die übrigens zur Selbstzerstörung der Mühle geführt hätte; selbst kleinere Hofmühlen weisen im Prinzip denselben ausgefeilten Stand der Technik auf wie die großen Kundenmühlen derselben Zeit. Was klappert, sind die verschiedenen Rüttelwerke, die einmal für das Nachrieseln des Mahlguts sorgen, sodann (im sog. Sichter) die Kleie vom Mehl sieben.

Oft wurden an die Drehbewegung des Wellbaums noch weitere Antriebe angeschlossen: z. B. eine Stampfe (die dann allerdings nicht mehr klapperte, sondern ziemlich laut zu Werke ging), eine kleine Sägemühle (größere Sägemühlen wurden mit einem eigenen Wasserradantrieb ausgelegt), Transmissionsriemen oder Seiltriebe für Futterschneider u.ä. Eine besonders originelle Anwendung für seine Wassermühle dachte sich der Gastwirt Winterhalter in Schollach aus: Er baute 1905 für seine Gäste den ersten Skilift der Welt, ein Beispiel für eine Innovation, die etwas völlig Neues in die Landschaft einführt, und dabei an deren Eigenart anknüpft: Fremdenverkehrsangebot (Gasthaus), Wintersport (selbst eine Innovation im schneereichen Mittelgebirge, populär seit 1891[188]) und schließlich den Mühlenantrieb per Wasserrad.

Die Bauernmühlen des Schwarzwalds vervollständigen das Bild einer autarken, selbstversorgenden Wirtschaftsweise auf dem Schwarzwaldhof. Der Hof *gilt* als Modell einer *vollständigen, selbstgenügsamen* Lebenswelt, und eignet sich daher als Wunschbild für die Menschen einer Industriegesellschaft, deren Lebenspraxis eine Einheit der ausdifferenzierten Systeme in Technik, Markt, Politik usw. nicht mehr sicherstellen kann. Deren Zusammenwirken entzieht sich der individuellen, lebenspraktischen Gestaltung.

Dass auch die Wirtschaftsweise der Hofmühlen voraussetzungsreich in politische und rechtliche Systeme eingebettet ist (insbesondere Wasserrecht, Mühlrecht, aber

*Hexenloch Mühle, Foto Werner Richner, Harenberg Sehnsuchtskalender 1996*

auch die anderen Rahmenbedingungen, die die Existenzmöglichkeiten des Hofs insgesamt definieren), wird leicht übersehen.

Es bleibt die Wirksamkeit *des Bildes* einer Technik, *die sich zum einen in die topographischen Gegebenheiten einfügt und sich diese zunutze macht und die zum anderen im Gestaltungsbereich einer lebenspraktischen Gemeinschaft verbleibt*. Diese beiden Elemente sind die Bedingungen dafür, dass die Technik der bäuerlichen Wassermühlen als regional typisch empfunden werden kann. Wenn man akzeptiert, dass die Schwarzwaldmühlen zum Landschaftsbild des Schwarzwaldes passen, ja dieses zu einem gewissen Teil prägen, dann müssten diese beiden Bedingungen auch beim Einsatz der neuen Technologie der Elektrizitätserzeugung aus Windkraft befolgt werden. Die grundlegende Neuerung dieser Technologie im Unterschied zu der traditionellen der Wassermühlen (abgesehen von der Höhe der Bauwerke): der Wechsel der Energieträger wäre dann in strukturell homologer Weise ins Landschaftsbild eingebunden.

**Schwarzwälder Kuckucksuhren**

Was haben Schwarzwälder Kuckucksuhren mit der Frage der ästhetischen Verträglichkeit von Windrädern im Landschaftsbild zu tun? Als Wanduhren haben sie ihren angemessenen Raum in (privaten) Wohnräumen und nicht in der Landschaft – im Unterschied etwa zu Kirchturmuhren und anderen Uhren im öffentlichen Raum. Gleichwohl prägen die Schwarzwalduhren als regional typische *Produkte* das Landschaftsbild des Schwarzwalds mit.

Ein Missverständnis des Bezugs zum Landschaftsbild führt leicht zu einer kategorialen Verwechslung der Bildräume wie beim (vom Guinness-Buch der Rekorde honorierten) Bau der größten Kuckucksuhr der Welt, der deshalb peinlich ist, weil er implizit den Schwarzwald in ein Wohnzimmer verwandelt.

Die Schwarzwalduhren sind heute eher nostalgisches Relikt, im Fall der Kuckucksuhren sogar ein oft belächeltes, aber sie spielen weiterhin im Bild des Schwarzwaldes (in der Werbung für den Schwarzwald oder in den Bildbänden) eine große Rolle, und sei es, dass sie einer *dem* Schwarzwälder unterstellten Mentalität, seinem vielbeschworenen Tüftlergeist zugeschrieben werden. Deshalb ist die Frage interessant, was sich aus ihnen zuverlässig über die Eigenart des Schwarzwaldes schließen lässt.

„Wer über das frühe Uhrengewerbe des Schwarzwaldes schreibt, kämpft mit Legenden, die mögliche Einzelfälle zum Normalfall überhöhen oder auch jeglichen Realitätsgehalt vermissen lassen wie bei der Behauptung, die hölzerne Uhr sei im Schwarzwald erfunden worden. Weit verbreitet ist die Auffassung, Schwärzwälder Uhrmacher hätten ihre im Winter selbst gefertigten Uhren im Sommer als ambulante Händler im Umland selbst verhökert. ... Verwandt damit ist die These vom 'Bauernuhrmacher', der die landwirtschaftlich unergiebigen Wintermonate mit Uhrenmachen ausgefüllt hat".[189]

*Größte Kuckucksuhr, in Nikolaus Reiter (Hrsg.) „Uriger Schwarzwald" 1987*

Tatsächlich sind die Schwarzwalduhren als technische Produkte Teil der speziellen Industriegeschichte der Region im Übergang von der handwerklichen Fertigung in Hausgewerbe und Heimindustrie zur Fabrikproduktion. Gerade die Kuckucksuhr als Kernstück des romantischen Schwarzwaldbildes verdankt sich zu einem großen Teil technologischem Fortschritt, gezielten Maßnahmen der Wirtschaftsförderung und industriellem Design, also dem, was heute Innovationsfähigkeit eines Standorts heißt.

Der Kenner versteht unter der Schwarzwalduhr die Schilduhr und unterscheidet verschiedene Typen. Die populäre Assoziation ist aber die Schwarzwälder Kuckucksuhr in einer ganz bestimmten Form. Diese bildet nicht, wie manchmal gesagt wird, ein Schwarzwaldhaus en miniature nach, sondern man bezeichnet sie als Bahnhäusle-Modell. Dabei handelt es sich nicht um eine zufällige Ähnlichkeit, sondern um eine Verwandtschaft in der Sache. 1850 wurde in Reaktion auf eine Absatzkrise der Schwarzwälder Uhrenindustrie zu einem Design-Wettbewerb aufgerufen. Nachhaltigen Erfolg bis heute hatte der Entwurf des Architekturprofessors Jakob Friedrich Eisenlohr, der das Erscheinungsbild der damals neu errichteten Bahnwärterhäuschen an der Rheintalstrecke auch für die Uhrengehäuse aufgriff. Als Zuständiger für das Hochbauwesen der badischen Eisenbahn hatte derselbe Eisenlohr genau diese Bahnwärterhäuschen selbst entworfen (übrigens auch andere Eisenbahnbauten wie Bahnhöfe, Brücken usw.). Das Design Eisenlohrs erlebte dann noch einige Veränderungen: An die Stelle des Emailschilds traten Holzschnitzereien, Gewichte bekamen die Form von Tannenzapfen, und der Verkaufsschlager war geschaffen. Die intrinsische Beziehung zwischen Uhrenindustrie und Eisenbahn birgt im Schwarzwald noch eine weitere Pointe: Der erste Direktor der Großherzoglich Badischen Uhrmacherschule, gegründet 1850 ebenfalls zum Zweck der Wirtschaftsförderung, war der Ingenieur Robert Gerwig, der spätere Konstrukteur der Schwarzwaldbahn und der Höllentalbahn.[190]

Die Schwarzwälder Kuckucksuhr ist ein *Beispiel für die bewusste Planung eines landschaftlichen Bezugs im Erscheinungsbild eines technischen Produkts*. Dabei sind zwei Dinge bemerkenswert:

a) Die identifikationsfördernden Elemente des Schwarzwälder Landschaftsbilds, die damals in das Design Eingang fanden, waren selbst vermittelt über die Innovation der Eisenbahn, enthielten also – bei aller Nostalgie in Eisenlohrs Entwürfen – eine durch eine technologische Entwicklung ausgelöste Neugestaltung.

b) Während die Kuckucksuhr selbst inzwischen nostalgisches Relikt geworden ist, war die Schwarzwälder Uhrenindustrie Vorläufer und Grundlage für die Entwicklung von High-Tech in Feinmechanik und Apparatebau. Diese werden heute gern als Spezialitäten des Schwarzwalds herausgestellt. Aber bei allem Stolz auf die regionale Herkunft dieser Technologieprodukte scheint sich eine Identifikation mit ihnen nicht länger an Besonderheiten eines regionalen Designs knüpfen zu lassen.

**Schwarzwälder Tracht**

Was üblicherweise unter *der Schwarzwaldtracht* verstanden wird, ist genau genommen die Tracht der Talgemeinden Gutach, Kirnbach und Reichenbach. Unter der Vielfalt anderer Trachten des Schwarzwaldes hat sich die sogenannte Bollenhuttracht als bildprägend durchgesetzt. Versuche der Gemeinde Gutach, das Nutzungsrecht an diesem Icon rechtlich schützen zu lassen, waren nicht erfolgreich.

„Zunächst gilt es festzuhalten, daß das Alter der Trachten im allgemeinen und das der Bollenhuttracht im besonderen in der Regel viel zu hoch eingeschätzt wird".[191] Ihre endgültige und seither fixierte Form, so wie sie als Markenzeichen des Schwarzwalds bekannt und seither überall abgebildet ist, hat sich in einer etwa hundertjährigen Entwicklung erst gegen Ende des 19. Jahrhunderts ausgebildet.

Bereits diese Blütezeit war begleitet von aktiven Kampagnen gegen den Niedergang und für den Erhalt der Trachten. Wichtiger Wortführer war der Pfarrer und Schwarzwaldschriftsteller Heinrich Hansjakob. Unterstützung fand er in Professor Wilhelm Hasemann, als Maler Mitglied der Gutacher Künstlerkolonie, dessen populäre Genredarstellungen zur Verbreitung des Trachtenbildes, insbesondere der Gutacher Tracht maßgeblich beigetragen haben. Trachtentreffen wurden organisiert, Vereine gegründet.

*Bahnwärterhaus, Entwurf Eisenlohr.*
*In: Setzler, Wilfried (1998) Von Menschen*
*und Maschinen. Industriekultur in Baden-*
*Württemberg. S. 59*

Das Bild des Schwarzwalds als Trachtenlandschaft, das auf diese Weise aktiv gestaltet wurde, ist von vornherein das Bild eines Verlustes. Damit ist die grundsätzliche Frage der kulturellen Identität berührt. Es geht hier nicht um eine Frage der Nostalgie; auch nicht um die oft bemühte, aber völlig unergiebige Unterscheidung zwischen „aufgesetzter Folklore" und „gelebtem Brauchtum". Trachten werden wie einige andere Symbole des Schwarzwaldes deshalb als so wertvoll empfunden, weil sie als Platzhalter für ein vormals Gewesenes fungieren. Ob dieses Verlorene tatsächlich existiert hat, ist dabei nicht entscheidend. Denkbar ist es auch, dieses Versprechen nicht rückwärts gewandt, sondern im Sinne Blochs als erst noch einzulösenden Vorgriff auf die Zukunft zu interpretieren.

Trachten sind nicht nur implizite Symbole, sondern bewusste Demonstrationen von Identität und Zugehörigkeit. Sie entwickeln sich nicht in entlegener ländlicher Abgeschiedenheit, sondern einmal im Wettbewerb mit Nachbargemeinden, von denen man sich unterscheiden möchte, und zum anderen vor einem Publikum, vor dem dieser symbolische Wettbewerb ausgetragen wird: In den Trachten führt sich die bäuerliche Kultur – voller Stolz – der städtischen Kultur vor. Ausgeprägte Trachtenformen wie im Schwarzwald gibt es in solchen ländlichen Gebieten, die in einem regen Austausch mit dem urbanen und modernen Leben stehen, jedoch nicht umstandslos einverleibt werden.

*Kuckucksuhr, Entwurf Eisenlohr.*
*In: Setzler, Wilfried (1998) Von Menschen*
*und Maschinen. Industriekultur in Baden-*
*Württemberg. S. 59*

Noch ein technisches Detail am Rande: Wo die Schwarzwälder Trachten Strohhüte als Kopfbedeckung vorsehen, setzen sie die Strohflechterei voraus, die im Schwarzwald als heimindustrielle Erwerbsmöglichkeit zur Bekämpfung der ländlichen Armut eingeführt wurde. Insbesondere in den Hochlagen spielte sie eine Rolle, und entsprechend erhielt etwa die Furtwanger Tracht einen mächtigen Zylinderstrohhut, der heute etwas bizarr wirkt. Aber auch unter den roten Bollen der Gutacher Tracht verbirgt sich ein (gegipster) Strohhut.

**Schwarzwälder Rinder- und Pferderassen**

Es gibt drei für den Schwarzwald spezifische Nutztierrassen: Das Vorderwälder Rind, das Hinterwälder Rind und den Schwarzwälder Fuchs, ein Kaltblutpferd.[192] Zurückverfolgen lässt sich deren teils recht wechselhafte Geschichte knapp 200 Jahre. Kaum hatte sie sich vorläufig stabilisiert, geriet ihr Bestand wieder unter Druck. Pflegerische

*Produktion von Tachos. In: Loni Skulima, Schönes Badnerland, 1957, S. 112*

*Schwarzwälder Schilderuhren. In: Loni Skulima, Schönes Badnerland, 1957, S.113*

Maßnahmen schützen sie heute vor dem Verschwinden.

Die relative Abgeschiedenheit der Schwarzwälder Berglandwirtschaft unter besonderen topographischen Bedingungen war die Voraussetzung dafür, dass diese Rassen als eigene entstanden sind. Das darf aber nicht so verstanden werden, als hätten sie sich in aller Unberührtheit selbst herausgebildet. Viehzucht enthält immer den Versuch einer planmäßigen Optimierung in Blick auf vorgegebene Zuchtziele. Schon früh spielen dabei gesetzliche Regelungen eine Rolle. Der Diskurs um die richtige Zuchtlinie schwankt dabei zwischen den Polen: Ausbildung einer rein bodenständigen Rasse oder Einkreuzen anderer Rassen. Dabei sind beide Wege keineswegs konträr: Die Bodenständigkeit wird ja nicht als Wert an sich verfolgt, sondern weil man ihr unterstellt, dass sie letztlich das Prinzip der Leistungsverbesserung umfassender enthalte – und auch diese Bodenständigkeit wird züchterisch erst hergestellt. Beide Wege stehen unter der Anforderung, die regionale Viehhaltung überhaupt leistungsfähig zu erhalten, bei Drohung des Untergangs im wirtschaftlichen Wettbewerb. Dabei bezieht sich Leistungsverbesserung auf mehrere, nicht ohne weiteres kompatible Dimensionen: Milchleistung, Fleischleistung, Futterverwertung, Geländeschonung, Zugkraft.

Festzuhalten ist, dass auch bei den Nutztierrassen des Schwarzwaldes die traditionellen Formen *Produkte* sind, und keine Überbleibsel eines vorgefundenen Ursprünglichen.

Unter Eisenbahnfreunden gilt die Schwarzwaldbahn, insbesondere die Strecke von Hausach bis Villingen, als die spektakulärste Gebirgsbahn in Deutschland. Fertig gestellt 1873 nach den Plänen des Ingenieurs Robert Gerwig, weist sie vor allem mit ihren Kehrtunneln technische Besonderheiten auf, die sie zu einer Meisterleistung der Ingenieurskunst machen.

**Schwarzwaldbahn**

Im Kontext der vorliegenden Studie ist daran Folgendes von besonderem Interesse: Der Bau der Schwarzwaldbahn wie auch anderer Bahnlinien im Schwarzwald stellt einen enormen technischen Eingriff in die Landschaft dar.

Die Eisenbahn mit ihren Schienensträngen, Lokomotiven, Brücken und Tunneln wurde jedoch nicht als störender Fremdkörper empfunden, sondern galt ganz im

*"Ravennabrücke, Ingenieurbau kann Kunstwerk sein und Zierde der Landschaft."* In: Bruno Ruff, Die Höllentalbahn, 1979, S. 115

Bruno Ruff, Die Höllentalbahn, Cover

Gegenteil als technische Einrichtung, die die Landschaft ganz neu zum Blühen brachte. Ganz ausdrücklich dachte man dabei nicht nur an den direkten wirtschaftlichen Gewinn, den das völlig neuartige Verkehrsmittel durch günstigere Transportmöglichkeiten bringt. Im Gegenteil wurde der direkte wirtschaftliche Nutzen im Verhältnis zum Aufwand oft sogar kritisch beurteilt: Die explodierenden Baukosten der Schwarzwaldbahn bedeuteten für den badischen Staat eine ungeheure finanzielle Belastung; der Vorteil der Höllentalbahn für die Industrie in Neustadt fiel wegen Grenzen der Nutzbarkeit (Zahnradstrecke zwischen Hirschsprung und Hinterzarten) geringer aus als erhofft.

Die Bereicherung besteht in den allgemeinen Entwicklungsmöglichkeiten für vormals abgelegene Gegenden. Diese sind jetzt an den Fortschritt angeschlossen, und damit wird die Voraussetzung für einen allgemeinen Aufschwung geschaffen. Das machte die Eisenbahn zu einem besonderen Prestigeobjekt des badischen Staats[193], der sich in diesem Bereich im Wettbewerb mit anderen Regionen einen Vorsprung erarbeitete.

Kurze Chronologie einiger Bahnen im Gebiet des Schwarzwalds[194]:

1845 Rheintalbahn Mannheim – Freiburg (Heidelberg 1840, Karlsruhe 1843, Offenburg 1844)

1855 Rheintalbahn Freiburg – Basel (Schliengen 1847, Efringen 1848, Haltingen 1851)

1873 Schwarzwaldbahn Offenburg – Villingen – Konstanz (Hausach 1866, Villingen 1873; Konstanz – Singen 1863, Donaueschingen 1868, Villingen 1869)

1886 Kinzigtalbahn Hausach – Freudenstadt

1887 Höllentalbahn Freiburg – Neustadt

1901 Elektrische Straßenbahn in Freiburg

1926 Dreiseenbahn Titisee – Seebrugg

1928 Murgtalbahn Rastatt – Freudenstadt (Gernsbach 1869, Forbach – Raumünzach 1915, Freudenstadt – Klosterreichenbach 1901)

1930 Schauinslandbahn (Seilbahn)

Ein entscheidender Aspekt des Aufschwungs, den die Eisenbahn in den Schwarzwald brachte, ist die Förderung des Fremdenverkehrs. Nicht nur kommen die Reisenden leichter an ihre Zielorte, sondern die Eisenbahnfahrt als solche wird zu einem Element des Landschaftserlebens (Mehr dazu siehe unten im Abschnitt über Ferienlandschaft).

Die Eisenbahn mit ihren Bauwerken wurde wie andere Elemente der Verkehrsinfrastruktur auch zu einem Bestandteil des Landschaftsbildes, und als solcher spielt sie bis heute in Landschaftsabbildungen (auf Postkarten usw.) eine große Rolle. Und sie wurde selbst *als Bild* inszeniert.

Das machen besonders die Entwürfe von Professor Eisenlohr deutlich, der den Hochbauten der badischen Eisenbahn ein ihrer kulturellen Bedeutung entsprechendes repräsentatives Aussehen verlieh und aus einem technischen Transportsystem ein Gesamtkunstwerk schuf. Von ihm stammte der (im 2. Weltkrieg zerstörte) Freiburger Hauptbahnhof genauso wie die berühmten Bahnwärterhäuschen und Verzierungen an diversen technischen Bahneinrichtungen (z.B. gusseiserne Verzierungen an den Wasserkränen für die Dampflokomotiven). Auf seine Gestaltung der Kuckucksuhr haben wir schon hingewiesen.

Das Bewusstsein vom Bildwert der (Eisenbahn-)Technik drückte sich zu Eisenlohrs Zeit noch in dem Bemühen aus, durch deren künstlerische Verzierung ihre ästhe-

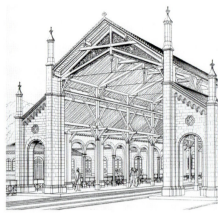

*Bahnhof Freiburg, Entwurf Eisenlohr. In: Wilfried Setzler, Von Menschen und Maschinen. Industriekultur in Baden-Württemberg. (1998) S. 111*

*Giebelverzierung Bahnhof Baden Oos, Entwurf Eisenlohr. In: Wilfried Setzler, Von Menschen und Maschinen. Industriekultur in Baden-Württemberg. (1998) S. 112*

tische Qualität hervorzuheben. Design technischer Anlagen gibt es auch heute noch. Aber inzwischen haben funktionale Entwicklung und die Bedingungen des ökonomischen Wettbewerbs auch an der „nackten" Technik sichtbar werden lassen, dass sie selbst ein Bild ist.

Einen regional ausgeprägten Landschaftsbezug weist an der Schwarzwaldbahn nicht die Eisenbahntechnik als solche auf (die hier eingesetzten Lokomotiven usw. entsprechen durchaus gängigen Baureihen), sondern ihre Einbindung in die Landschaft.

An der Schwarzwaldhochstraße zwischen Baden-Baden und Freudenstadt, gebaut in den 30er Jahren, reihen sich wie Perlen an der Schnur die einst berühmten Höhenhotels und Kurhäuser Bühlerhöhe, Plättig, Sand, Hundseck, Unterstmatt, Ruhestein, Schliffkopf, Zuflucht. Ihre Aussichten und landschaftlichen Sehenswürdigkeiten (Mummelsee, Allerheiligen) machten sie zur beliebtesten Ferienstraße Deutschlands. Die Besonderheit dieser Straße liegt darin, dass sie *als Panoramastraße* eigens dem Landschaftsbild gewidmet war.

**Schwarzwaldhochstraße**

Der Fortschritt der Mobilität in unserer Kultur hat allerdings den Erlebniswert einer Autofahrt auf der Schwarzwaldhochstraße überholt.

Diese Film- und Fernsehproduktionen, die ohne Zweifel das populäre Schwarzwaldbild in neuerer Zeit nachhaltig beeinflusst haben, sollen hier bewusst ausgeklammert bleiben, weil sie selbst bereits sekundäre Interpretationen bieten, die einen Analyseaufwand erfordern würden, der über den Rahmen dieses Gutachtens hinaus geht.

„Schwarzwaldmädel",
„Die Schwarzwaldklinik",
„Die Fallers", „Familie Boro"
„Schwarzwaldhaus 1902"

**Kulturlandschaft.** Der Schwarzwald ist eine Kulturlandschaft. Die Überlegungen dieses Gutachtens zum Passungsverhältnis von Landschaft und Windkraftanlage, gehen davon aus, dass uns die Landschaft, so wie wir sie vorfinden, als Kulturlandschaft begegnet. Windkrafträder sind nicht in einer von Menschenhand unberührten Natur platziert.[195] Was uns dort als Natur begegnet, ist ein Landschaftsbild (und deshalb *Landschafts*bild), in dem Siedlungs- und Wirtschaftsbauten integral als Elemente vorkommen. Dieses Erscheinungsbild der Landschaft: die Wälder, Wiesen und Felder und die nicht durch dichte Bebauung unkenntlich gemachte Topografie, ist das Erscheinungsbild einer *gestalteten* Landschaft: einer Kulturlandschaft. Wir finden die Landschaft vor als bearbeitete, geformte und gestaltete – und nicht als sich selbst überlassene – Natur.

Der „Tatbestand" einer *Verunstaltung der Landschaft* ist nur vordergründig als Dissonanz von Natur und Kultur zu verstehen. Die Verunstaltung ist eine Dissonanz eines Eingriffs zu einer vormals gegebenen *Kultur*gestalt.

„Freilich, eine zeitlose Idylle ist der Schwarzwald nie gewesen".[196] „Vergessen wir aber nicht: auch der Schwarzwald ist eine von Menschen gemachte Landschaft, keine Urnatur, die aus dem Altertum der Erde in unsere Zeit hineinragt".[197] Diese Feststellung wird in dieser oder ähnlicher Weise praktisch überall getroffen.

Die weitreichenden inhaltlichen und methodischen Konsequenzen aus der objektiven Tatsache, dass es sich beim Schwarzwald um eine *Kulturlandschaft*, und keine Naturlandschaft handelt, werden jedoch selten gezogen, auch nicht in vielen Gutachten zum Landschaftsschutz im Zusammenhang mit Windkraftanlagen.

Denn allein aus dieser Feststellung ist bereits zwingend Folgendes abzuleiten:

**Vorbelastung. Empfindlichkeit**

Der Schwarzwald ist keine Naturlandschaft, sondern ist bis in die Höhenlagen besiedelt, von Verkehrswegen erschlossen; Gebäude wurden errichtet, Brücken, Straßen und Eisenbahnen gebaut; Bachläufe wurden umgeleitet, Flüsse begradigt, Staudämme gezogen, der Wasserstand von Seen künstlich gehoben und gesenkt; selbst der Wald, für viele Inbegriff der Natur, ist in seinem Erscheinungsbild Produkt von Forstwirtschaft und Forstästhetik. Die Aufzählung, die sich beliebig verlängern ließe, soll nun aber gerade *nicht* belegen, wie vorbelastet der Schwarzwald bereits sei, so dass es auf einige Windräder nicht mehr ankomme und dass auf keine Empfindlichkeit mehr Rücksicht zu nehmen sei.

Die Konzepte der „Vorbelastung" und selbst das abgeschwächte Kriterium der „Empfindlichkeit", die in den Richtlinien zur Bewertung von Windkraftstandorten eine Rolle spielen, sind kategorial *falsch*, *wenn* sie als Maßstab der Abweichung von einem unberührten Urzustand aufgefasst werden. Das würde der Bewertung einer Kulturlandschaft nicht gerecht, in der Bauwerke nicht per se eine Belastung darstellen (auch nicht Windkraftanlagen). Das wurde an den Beispielen der Schwarzwaldhäuser, der Mühlen, der Eisenbahn und der Schwarzwaldhochstraße gezeigt. Sie sind eine Bereicherung, die dem Landschaftsbild seinen besonderen Charakter geben. Und: *jede* Landschaft ist empfindlich. Das vorliegende Gutachten geht deshalb den Weg, die *Art* der Empfindlichkeit herauszuarbeiten, und an der *Art* der Landschaftsbildveränderung nachzuweisen, ob diese eine Belastung darstellt.[198]

**Splitter und Balken**

Das Argument gewisser Befürworter der Windkraft lautet etwa: Bevor ihr euch über Windräder (Splitter) aufregt, solltet ihr die bereits vorhandene Verunstaltung (den Balken im eigenen Auge) zur Kenntnis nehmen. Ihr tut so, als sei eine unberührte, unvorbelastete Landschaft zu schützen, die es in Wirklichkeit gar nicht (mehr) gibt. Wer nicht gegen Straßen, Siedlungen usw. vorgeht, hat auch kein Recht, sich wegen Windrädern zu empören.

Auch in diesem Argument wird der Zustand der Naturlandschaft als Ideal vorausgesetzt, wenn auch mit der den Landschaftsschützern entgegen gesetzten Stoßrichtung, die eine Belastung gegen die andere ausspielt. Als wäre jeder Eingriff, durch Zufügung, Entfernen oder Verändern, ein Sündenfall, der den Verlust des Paradieses zur Folge hat. Die Beurteilung der Veränderung des Landschaftsbildes wird bemessen nach dem Grad der Entfernung von einem Urzustand. Diesen Weg, der auf einem Kategorienfehler beruht, nimmt das vorliegende Gutachten gerade nicht. Das „Paradies"[199], also die schützenswerte Qualität der Landschaft besteht nicht in einem unberührten Ur- oder Naturzustand, sondern ist selbst durch menschlichen, kulturellen Eingriff in die Landschaft entstanden.

Das Landschaftsbild einer Kulturlandschaft unterliegt einem ständigen historischen Wandel. Natürlich ist auch eine Naturlandschaft nicht einfach statisch, wie man am Beispiel des Schwarzwaldes bezüglich seiner erdgeschichtlichen Vergangenheit lernen kann. Insbesondere die natürliche Vergangenheit der Eiszeit hat bedeutende Veränderungen bewirkt.

Im Unterschied zu solchem naturgeschichtlichen Wandel ist die geschichtliche Entwicklung von Menschen gemacht, wenn auch nicht unbedingt planmäßig. Man kann sie jedenfalls in ihrer Sinnstruktur „verstehen".

Gerade der Wald, der den Schwarzwald schon im Namen charakterisiert, ist als historisches Dokument zu verstehen. Das betrifft Ausmaß und Art der Bewaldung. Der Schwarzwald habe „ursprünglich" ganz anders ausgesehen, wird in der Literatur einhellig betont. Der jetzt vorherrschende, aber allgemein als typisch empfundene und scheinbar dem Namen des Schwarzwalds entsprechende Fichten- und Tannenwald ist erst ein spätes Produkt planmäßiger und großflächiger forstwirtschaftlicher Eingriffe. Waren zu Zeiten intensivster Holzausbeutung (für Glashütten, Köhlerei, Bergwerksbau, Eisenverhüttung usw.) große Waldflächen kahl geschlagen oder hatte die landwirtschaftlich Flächennutzung den Wald zugunsten von Acker- und Weideland zurückgedrängt, so beobachtet man in jüngster Zeit das entgegen gesetzte Phänomen der immer weiter um sich greifenden Aufforstung. Diese wurde begrüßt, als im Zusammenhang der Diskussion ums Waldsterben der ganze Waldbestand und damit das Aussehen des Schwarzwaldes bedroht schien. Heute wird in der zunehmenden „Verwaldung" ein großes Problem gesehen. Wiederum gilt die Sorge dem kulturellen Erscheinungsbild der Landschaft, wie es für den Schwarzwald als typisch empfunden wird.

Hier ist festzuhalten, dass es dafür, wie die Kulturlandschaft des Schwarzwalds am besten auszusehen habe, keine aus der Natur fest abzuleitenden Normen gibt. Auch ist es angesichts des hsitorischen Wandels weder möglich noch begründbar, dass ein bestimmtes historisches Erscheinungsbild sozusagen eingefroren und zur Norm erhoben wird.

Konsequenz: Der Schutz des Landschaftsbildes kann nicht Bewahren im Sinne der Fixierung eines bestimmten historischen Zustands zum Ziel haben (Sinnvoll ist das nur in Ausnahmefällen, wenn in einer bestimmten Agglomeration einzelne Elemente – „Ensembleschutz – museal erhalten werden sollen.). Vielmehr ist der historische Wandel ernst zu nehmen (Dem entspricht etwa das Konzept des Naturparks Südschwarzwald.).

**Mittelgebirgslandschaft.** Der Schwarzwald ist die größte Mittelgebirgslandschaft Deutschlands, und unter den Mittelgebirgen eines der höchsten. Einige die Qualität des Landschaftsbilds bestimmende Merkmale teilt der Schwarzwald mit anderen Mittelgebirgen, in einigen unterscheidet er sich.

Die Gebirgssituation bedeutet eine gewisse erschwerte Zugänglichkeit oder relative Abgeschiedenheit.[200] Im Schwarzwald ist das Gebirgsinnere aber keine menschenleere Einöde oder Wildnis, in die allenfalls Waldarbeiter oder Einsamkeit suchende Wanderer vordringen, sondern der Schwarzwald ist seit dem Mittelalter in vielfältiger Weise und bis in die Hochlagen besiedelt. Was hier also aus der Alltagswelt topographisch buchstäblich herausgehoben wird, ist nicht deren konträres Gegenstück, son-

**Wandel**

**Topografie einer Ferienlandschaft**

dern eine eigene *Lebenswelt*. Dies macht den Schwarzwald als Ferienlandschaft so reizvoll. Andere Ferienlandschaften (z.B. der Westen Irlands, der Norden Norwegens oder die Gipfel der Alpen) sind eher deshalb attraktiv, weil sie sichtbar nicht mehr dem angestammten Bereich des Menschen zugehören. Dort kann man nicht dauerhaft wohnen, dort ist der Mensch nur temporär geduldet und kann gerade deshalb im Urlaub Außeralltägliches in völliger Kulturferne genießen.[201] Der Schwarzwald dagegen bietet Heimatgefühle.

Auch bedeutet die Herausgehobenheit im Falle des Schwarzwalds keineswegs, wie inzwischen deutlich geworden sein sollte, dass hier rückständige Hinterwäldler in Abgeschiedenheit ein „provinzielles" Dasein fristeten. Nicht nur steht der Schwarzwald durch geographische Nähe und Verkehrserschließung in einem regen Austausch zu prosperierenden, urbanisierten und modernisierten Regionen, sondern er präsentiert sich selbst als dynamische Lebenswelt. Auch wenn er keine großen Städte aufzuweisen hat, ist er keineswegs nur land- und forstwirtschaftlich geprägt. „Der Schwarzwald hat besonders lange Traditionen aus der vorindustriellen Zeit bewahrt und bis heute Züge seiner ursprünglich bäuerlichen Grundstruktur erhalten. Zugleich ist er durch besondere Phasen und Formen der Industrialisierung geprägt, die sich von denen industrieller Ballungsgebiete deutlich unterscheiden".[202]

Damit ist der Schwarzwald als Mittelgebirgs-Ferienlandschaft nicht das Andere zur (urbanen, industriellen) Lebenswelt, sondern deren Modell. Möglich wird diese Wahrnehmung durch die Beschaffenheit der Bergformation, deren Höhe eine Übersicht über die Welt darbietet, die sich rundherum ausbreitet. Der Schwarzwald ist kein Kammgebirge, sondern seine Kuppen und Talsenkungen stehen zu sanft gewellten Hochflächen in Wechselbeziehung. Der Betrachter ist über die Welt emporgehoben, und bleibt ihr doch als seiner Welt verbunden.

„Eines der verführendsten Merkmale des Schwarzwaldes bleibt seine Überschaubarkeit".[203] „Nichts von Monotonie – doch auch nichts von Unendlichkeit. Alles ist überschaubar …".[204] Die Lebenswelt führt der Schwarzwald als überschaubares Modell bildlich vor.

Die Übersicht, die der Schwarzwald als Mittelgebirge bietet, bezieht sich nicht nur geographisch auf die Ausbreitung, sondern auch zeitlich auf den Jahreslauf. Die höhenbedingten Temperaturunterschiede bewirken jahreszeitliche Differenzen der Vegetation zwischen Tal und Hochland. Von vielen Aussichtspunkten ist es möglich, Winter und Frühling gleichzeitig in einem Bild zu sehen oder sie bei einer Fahrt in den Schwarzwald hintereinander zu erleben.

Der Blick auf die Welt als Modell enthält die eigene Identität des Betrachters als verlorene. Man genießt – romantisch – nicht so sehr das, was aktuell da ist, sondern das, was einmal da gewesen sein muss, dessen Vergangenheit noch spürbar ist. Der Schwarzwald vermittelt in besonderer Weise ein Gewesenes: Seen, die früher einmal einsam dagelegen sein müssen, historische Städtchen, Bauernhöfe, das einfache, aber gute Leben, letztlich gar: die Natur selbst.[205] Und auf die Landschaft bezogen: Das richtige Wirtschaften in, mit und von der Landschaft.

Allerdings wird der Schwarzwald auch für Ferien- oder Freizeitbeschäftigungen genutzt, die pietätlos ohne die Projektionen des Vergangenen auskommen, sich aber gleichwohl auf die Landschaft beziehen, z.B. durch die Mountainbiker, Drachenflieger oder Motorradfahrer. Gerade die stießen oft auf Ablehnung und Reglementierung. Inzwischen hat man sich arrangiert.

*Modellanlage Schwarzwaldbahn, Gutachtal vor Triberg. Triberger Museum.*
*In: Klaus Scherff: Die Schwarzwaldbahn, 2001, S. 119, Foto Carle*

*Bahnhof Triberg 1888. In: Klaus Scherff: Die Schwarzwaldbahn, 2001, S.119, Foto Carle*

Hier ist anzufügen, dass die vielfältigen Möglichkeiten für Sport und andere Freizeitaktivitäten inklusive der reichhaltigen Gastronomie, wie sie in aktuellen Schwarzwalddarstellungen verstärkt herausgestellt werden, zwar attraktive Ferienangebote darstellen mögen, aber als *Schwarzwaldbilder* zur Identifikation mit dieser Landschaft *nicht* taugen. Denn sie beziehen sich *nicht* auf ihre *Individuiertheit als Kulturlandschaft*, sondern auf ein Spektrum von Erlebnismöglichkeiten, die unsere Freizeitgesellschaft überall bereithält.

Die Berge des Schwarzwalds sind nicht grandios und majestätisch. Das unterscheidet sie von den Alpen.

Der Schwarzwald „... besitzt nichts an gigantenhaftem, himmelstürmendem Gezack, an bläulich funkelnden, wie aus Silber gehauenen Firnen und blendenden Scheeweiten, keine Hörner und Piks, die wie Türme und Nadeln aufschießen, keine übergewaltigen Felskämme und Grate, senkrecht in grausige Tiefschluchten oder zu großen smaragdgrünen Seen abstürzend. Von seinen in der Nordhälfte niedrigeren, im Süden höheren Hochrücken heben sich mäßige, sanft abgerundete Kuppen, oft in schön geschwungenen Linien, doch nirgendwo einen majestätischen Eindruck erregend. Eine mächtige Wirkung durch ragende Höhe und Massenhaftigkeit üben nur wenige Berge, der *Kandel* vom Rhein-, Elz- und Wildgutachthal, der *Belchen* vom Münsterthal aus, etwa noch die *Hornisgrinde* und der *Schauinsland* (von der Freiburger Seite), der *Feldberg* fast nirgends, da man ihn eigentlich nur gewahrt, wenn man sich selbst gegen 1000 m hoch befindet ...".[206]

Den Unterschied des Blicks beschreibt derselbe Autor so: „Denn während man in den Alpen stets höhere Gipfel über sich ragen hat und zu ihnen emporsieht, genießt man dort das Gefühl eines über der Welt Stehens, oft fast Schwebens, und der Blick geht nur in eine mannigfaltige, unendliche Weite und unter sich hinab".[207]

Das bedeutet: Wer einen Alpengipfel erklommen hat, hat sich als Bergsteiger in eine Sphäre der Erhabenheit hinauf gewagt, die ihm *eigentlich nicht* zusteht. Deshalb

**Schwarzwald und Alpen**

*Gipfelkreuz und „wundersam verschneite Rottannen auf dem Belchen." In: Nikolaus Reiter, Schwarzwald Stimmungen, 1992, S. 66*

werden auf den Alpengipfeln Gipfelkreuze errichtet, die im Schwarzwald praktisch nicht anzutreffen sind. Der einzige Schwarzwaldberg, der dem Betrachter eine fast alpine Erhabenheit vermittelt, ist der Belchen.

„Mehr als auf dem Feldberg fühlt man sich auf seiner kahlen Höhe über der Welt, denn nach jeder Richtung liegt alles tief unter die Füße des Umschauenden abgesunken. Ein Abend auf dem Belchen, an dem die Sonne hinter den Vogesen untergeht, glühende Rubinlichter aus dem Rhein drunten aufziehend und mit rotem Glanz die endlose Alpenkette im Süden noch aus beginnendem Zwitterlicht heraufhebend, oder ein Sonnenaufgang hier oben, bei dessen ersten Strahlen der lange, violette Bergschatten des Belchen die in weiße Morgennebel gehüllte Tiefe überdeckt, während weit draußen am dämmernden Horizont die Alpen stehen, wie ein langedehnter Streifen starr gewordener Wolken, deren weiße Zacken und Spitzen hier und da im Lichte des erwachenden Tages aufblitzen, zählen zum unverlierbar Schönen und Erhabenen des Lebens".[208] Und Jensen vergisst nicht, auf den dreistöckigen Neubau des Belchengasthauses etwas unter der Gipfelhöhe hinzuweisen, gastlich für Ermüdete, Hungernde und Durstende nach dem Aufstieg oder für längere Unterkunft, auf jeden Fall zu empfehlen angesichts des sich fast ausnahmslos bei Sonnenuntergang erhebenden ziemlich starken Windes. Auf dem Belchen steht ein Gipfelkreuz. Für andere Höhen im Schwarzwald sind Aussichtstürme angemessener.

Eine Besonderheit des Schwarzwaldes ist es, dass der Bezug zu den Alpen stets präsent ist. Zu den berühmtesten Aussichten von den südlichen Schwarzwaldbergen gehört der Blick auf die Alpenkette.

„Es liegt in der Sache, daß die höchsten Erhebungen der Südhälfte den Vorzug der unbehinderten Alpenaussicht bieten. Dahin sind zu rechnen der Kandel und der Feldberg mit seinen Nachbarn, vor allem aber der Belchen und Blauen, die den ersteren einen Teil des Rundblicks nach Süden rauben, sowie die Höhe von Höchenschwand über St. Blasien. Vor den drei letztgenannten liegt bei klarer Luft am frühen Morgen oder gegen Abend die Alpenkette halbbogenartig in einer Länge von über fünfzig Meilen (eine deutsche Meile entspricht 7500 m, Anm. d. Verf.) ausgebreitet, im Osten mit der bayrischen Zugspitze, im Südwesten mit dem Montblanc schließend. Tausendfältig schießen dann über den dunklen Rückenwellen des Jura und den Vorbergen der Nordschweiz die schimmernden weißen und bläulichen Zacken aneinandergereiht in den Himmel, oft so hoch, daß man sie für nachahmende Wolkengebilde hält und staunend erst am Deutlichwerden bekannter Formen sich von ihrer Wirklichkeit überzeugen muß".[209]

**Parklandschaft.** Immer wieder geht es beim Landschaftsbild des Schwarzwalds um Sichten. Die Schwarzwaldlandschaft *kann* man nicht nur *als* ein Bild sehen, als Ferienlandschaft bietet der Schwarzwald dieses Bild explizit an und führt es vor. Die Vielfalt der Perspektiven fügt sich zusammen wie in einer Parklandschaft. Dass sich dabei Fotografen „in der Kunst des Weglassens und des Zoomens üben"[210] kommt nicht erst daher, dass wertvolle und landschaftstypische Bilder immer rarer würden. Die Schönheit der Parklandschaft besteht immer schon im Entdecken der reizvollen Perspektiven.

**Aussichten**

Das Besondere der Parklandschaft Schwarzwald besteht darin, dass Perspektiven und Aussichten *auf eine Vielzahl von Objekten geboten werden, die zusammen das Bild einer vollständigen Lebenswelt ergeben, ein Modell ihrer gelungenen Gestaltung*. Naturphänomene und Kulturschätze fügen sich zusammen. Die historische Distanz der im Folgenden zur Illustration herangezogenen Zitate soll es erleichtern, die vielen anderen landschaftlichen Glanzlichter, für die heute jeder seine eigenen persönlichen Vorlieben empfinden mag, in ihrer Bedeutung als Elemente einer Parklandschaft zu sehen. Es gibt Aussichten auf Naturphänomene wie Seen, Schluchten, Wasserfälle, Berge und Wälder. Die Natur erscheint hier nicht als *nature brute*, sondern sie ist gemildert, aufgehoben im kulturlandschaftlichen Zusammenhang.

Während man begreifen könne wie der Mummelsee, als er einst von Urwaldtannen umgeben nur von Jägern, Harzklaubern und Schatzgräbern aufgesucht wurde, zur Sagenbildung Anlass gegeben habe, sei doch „unbestreitbar, daß die heutigen wohlgebauten Fahr- und Fußwege zu ihm, mit zahlreichen Wegweisern versehen, der laute Steinbruchbetrieb, der Hotelbau am Ufer, die Mietgondeln auf dem See ihn in ein möglichst nüchternes Licht rücken und nach Kräften alles Wundersamen entkleiden".[211] Deshalb sei „der Mummelsee jetzt an Wirkung nicht mit dem Feldsee vergleichbar". Auch der Wildsee, ähnlich groß wie der Mummelsee, der „unter dem Standpunkt des Beschauers liegen bleibt", sei großartiger, „besonders am Abend, wenn er wie ein dunkles, fast schwarzes Auge aus seinen dichten Tannenbrauen aufblickt".[212]

**Seen**

Wolfsschlucht bei Kandern: „Es ist fast unbegreiflich, daß sich – zum Glück – noch kein ‚Hotel zur Wolfsschlucht' vorfindet, sondern die mit Schutzhütte, gutem Pfad und Bänken versehene Schlucht fast immer sich einsamer Verlassenheit erfreut".[213] Bekannte Felstäler bieten etwa das obere Murgtal (bei Raumünzach), das Höllental (bei Hirschsprung), die Wasserfälle bei Allerheiligen, Wehra-, Albtal und weitere, und

**Schluchten**

vor allem *die* Schlucht des Schwarzwaldes schlechthin: die Wutachschlucht. Sie alle vermitteln mit ihren Klüften einen Eindruck von wilder Natur. Aber sie sind hervorragend erschlossen durch eine Vielzahl von Verkehrswegen, so dass der Besucher sich in keiner Weise einer Bedrohung ausgesetzt sieht, wie sie das Bild einer Schlucht evozieren mag. Damit soll das Naturerleben im Schwarzwald in keiner Weise geschmäht werden. Der moderne Tourist weiß, dass er wirklich schroffe Natur in ganz anderen Gegenden der Welt in viel größeren Dimensionen erleben kann. Damit würde aber der besondere Reiz des Schwarzwaldes verkannt. Was in seiner Parklandschaft erlebbar wird, ist die wilde Natur *als aufgehobene*, Natur und Lebenswelt in schwarzwälder Harmonie.

**Wasserfälle** Allerheiligen: „Dies gilt, und mit Recht, als eine Glanzstelle des Schwarzwaldes, ist es jedenfalls so lange, als nicht Sommerpensionäre, trupphafter Touristenbesuch, gelangweilte Kindsmägde und umherlärmende Kinder die Ruine und den engen Kesselrund anfüllen und die Waldeinsamkeit, in welche dieser eingebettet liegt, in ihr vollstes Gegenteil verwandeln".[214] Deshalb empfiehlt er, den Schwarzwald im Mai oder Juni zu besuchen, um von den schönsten und anmutigsten Plätzen desselben ein unverfälschtes Bild zu empfangen. In der „hohen Saison", im Hochsommer könne man immerhin als Frühaufsteher die Zeit nutzen, bevor der Schwarm erwacht sei. „Vortreffliche, sichere, mit Geländern versehene Treppenwege führen vom obersten Rand der wild und großartig zerrissenen Felsenschlucht bis zum Fuß derselben an den fast hundert Meter Gesamthöhe besitzenden, rauschenden, schäumenden und brodelnden Wasserstürzen entlang, auf Brücken über sie, mannigfach zwischen ihnen hindurch".[215]

„The gorge under our feet – called Allerheiligen, – afforded room in the grassy level at its head for a cosy and delightful human nest, shut away from the world and its botherations, and consequently the monks of the old times had not failed to spy it out; and here were the brown and comely ruins of their church and convent to prove that priests had as fine an instinct seven hundred years ago in ferreting out the choicest nooks and corners in a land as priests have today".[216]

Triberg: „Die Waldscenerie umher ist außerordentlich schön; unter hohen luftigen Baumkronen führt der vortreffliche, dichtüberschattete, mit zahlreichen Ruhebänken versehene Weg durch die etwa 80 m hoch ansteigende Wasserfallschlucht aufwärts; überall quillt und rieselt es hervor, zerteilt und vereinigt sich wieder mit dem in der Mitte weißschäumenden Hauptstrom. Wer zu einer Jahreszeit, in der noch nicht alle Pfade, Brücken und Ansichtspunkte von modernsten Toiletten übersäet sind, frühmorgens oder am Abend an den Fällen emporsteigt, wird sich eine unvergeßliche Erinnerung bewahren".[217]

**Berge** Der Schauinsland: Er „… ist kein eigentlicher Gipfel, sondern ein hoch und lang aufgewölbter, gegliederter, nur gegen Norden und auf einer kleinen höchsten Kuppe waldfreier Rücken, zu dessen 1889 erbautem ‚Rasthaus' (mit Nachtunterkunft) man auf vielfältigen Wegen von Freiburg in etwa vier Stunden verhältnismäßig mühlos hinangelangt. Die Hochlage bringt selbstverständlich eine weitumfassende und mannigfache Aussicht mit sich, doch steht sie an Großartigkeit und Schönheit derjenigen vom Feldberg, Kandel, Belchen und Blauen nach".[218]

**Wälder** Blick von der Hornisgrinde: „Die Welt drunten ist unwirtlich-menschenleer, todeseinsam; nirgendwo sonst zeigt der Schwarzwald so ununterbrochen-unermeßliche, ortschaftslose Waldungen, in denen man zwei, selbst drei Stunden lang keinem einzigen

Hause begegnet. Es ist keinem Wanderer zu raten, sich dort von einbrechender Nacht überfallen zu lassen, die finstern, lautlosen Tiefen würden ihn leicht mit unliebsamer Wirklichkeit an Märchenschrecknisse, die einst seine Kinderphantasie entzückt haben, erinnern".[219]

Die Wälder des Schwarzwaldes vermitteln eine *Ahnung* von Unendlichkeit und Einsamkeit, aber diese Endlosigkeit bleibt durchaus überschaubar. Der Schauer kann in der sicheren Geborgenheit einer Ferienlandschaft genossen werden. Der Wanderer ist der Natur nicht ausgesetzt, sondern weiß sich aufgehoben in einer Parklandschaft, in der auch die „ursprüngliche" Natur aufgehoben ist. Auch Naturschutzgebiete und Bannwälder erscheinen hier als *Modelle* unberührter Natur, die sich der kulturellen Pflege verdanken.

So stellt sich beim Wandern durch den Schwarzwald ein Gefühl ein, das Mark Twain (1880) so beschreibt: „A feature of the feeling, however, is a deep sense of contentment; another feature of it is a buoyant, boyish gladness; and a third and very conspicuous feature of it is one's sense of the remoteness of the work-day world and his entire emancipation from it and its affairs".[220]

**Städte**

Baden-Baden: „Wir treten hinauf, und drunten liegt Baden-Baden in seinem ganzen Umfang, rings von Bergen eingerahmt zu unseren Füßen. Ja, es ist eine Perle, nicht des Schwarzwalds, nicht Deutschlands allein, sondern der Erde. Diese bietet Gewaltigeres an Schönheit durch Vereinigung von Gebirge und Meer, durch leuchtendere Farbenpracht, aber unbedingt zählt das *Stadtbild*, das sich hier von der Höhe des Battert darstellt, zu denen ersten Ranges. Was des Schwarzwald betrifft, so ist der Blick von den Anhöhen um Freiburg unvergleichlich umfassender, von einer einfacheren Großartigkeit, die nichts Ähnliches in unmittelbarer Nähe einer deutschen Stadt wiederfindet, doch die Niederschau auf Baden bewältigt durch die weiche Anmut, die Mannigfaltigkeit des ausgebreiteten Gemäldes".[221]

Freiburg: „Der Freiburger Münsterturm ist schon an sich von mächtiger und zugleich zarter Schönheit, und doch wird erst durch das um ihn her von der Natur geschaffene Werk … jener Eindruck hervorgerufen, der jedem, dem es vergönnt war, das Gesamtbild zu schauen, unvergeßlich bleiben wird. Zweifellos kann sich mit der Lage Freiburgs – richtiger mit der Aussicht, die es gewährt – keine andere Stadt Deutschlands messen. Der Umblick von der nächsten Höhe ist ebenso anmutig und reizvoll, wie der bei Baden-Baden und Heidelberg, aber unvergleichlich weiter umfassend und großartiger".[222] Gelobt wird das Panorama vom Schlossberg (mit der Rheinebene und ihren Mooswäldern, dem Kaiserstuhl, der ganzen Vogesenkette, dem Schönberg, dem Blauen, dem Schauinsland, dem Dreisamtal bis St. Peter und St. Märgen. „So vereinigt schon die Rundsicht vom unteren Schloßberg die unendliche Weite des Oberrheintales mit den nahen Hochgebirge; steigt man den Berg etwas weiter … hinan, so blickt von Südosten her auch der Feldberg, an seinem einem dunklen Pfahl gleichenden Turm kenntlich, über seine Vorberge mit kleiner, flach-rundlicher Kuppe herüber".[223] „Vielleicht von noch höherem und feinerem Zauber ist die Aussicht von der ebenso nah an der Stadt im Süden belegenen 'Lorettokapelle'; der daneben erbaute *Hildaturm* bietet noch weitere Ausblicke".[224]

*Ansichtskarte St. Blasien Schwarzwald, Krüger*

**Kirchen und Klöster**

St. Blasien: „Von Höchenschwand führt ein reizvoller Fußpfad ins Albtal hinunter; er wie auch die Straße ziehen durch den Wald, und auf beiden ist es ein überraschender Augenblick, wenn man plötzlich aus der Tiefe die Kuppel der Kirche von St. Blasien aufschweben sieht. Man könnte denken, die klassizistische Rundung passe nicht in ein Waldtal, der Waldstil sei vielmehr die Gotik, die wie die Tannen im Spitzbogenstil baue und das Geranke von Ästen und Blättern in mannigfachen Verzierungen nachahme. Aber das Albtal ist schlicht in der Form, von beiden Seiten senken sich dunkle Waldhänge ins Tal hinab, dazu paßt die Kuppel mit ihren einfachen Linien. Gleich einem Himmelskörper steigt sie aus der Tiefe empor. Am schönsten wirkt sie im Winter, wenn die ersten Sonnenstrahlen ihr schneebedecktes Dach rosig färben und durch die seitliche Beleuchtung und den dunklen Hintergrund die Kugelgestalt körperlich heraustritt".[225]

„Das Albthal verengt sich nach kurzer Strecke wieder, doch manche Anzeichen, darunter eine ‚Pension Waldeck', deuten auf Herannahendes hin, und plötzlich blitzt für den Unwissenden hochüberraschend zwischen den Tannenbergen des Schwarzwaldes nah die große Goldkugel über der gewaltigen Pantheonskuppel der Kirche von St. Blasien (772 m) auf, des in Deutschland bekanntesten und besuchtesten Ortes im ganzen Hochlande".[226]

In ähnlicher Weise zeichnen sich als in die Landschaft eingebettete Highlights aus: St. Trudpert im Münstertal, die Klosterruine Allerheiligen, St. Peter und viele weitere.

**Denkmäler**

Hirschsprung: „Als Erinnerung an das ungebändigte Tierleben der Schlucht von einst schaut ein Hirsch hoch vom Felsen auf die Wand gegenüber. Aber der Geweihte ist ein künstliches Gebilde. Immerhin erweckt er jedesmal im vorüberfahrenden Zuge eine kleine Aufregung, und aus jedem Fenster streckt sich nach dem zweiten Tunnel ein Kopf heraus, um nach oben und hinten schauend den Hirsch zu erspähen, ehe ihn einen Augenblick darauf der nächste Tunnel verschluckt. Und es ist hübsch, daß auf diese Weise dem Wanderer gegenständlich vorgeführt wird, warum der Felsen und die folgende Station Hirschsprung heißen".[227]

Ein ganz anderes Urteil fällt Jensen: „Geschmackloserweise ist 1874, in Anlaß einer Versammlung deutscher Forstmänner, an der mächtigst wirkenden Stelle der ‚Klamm' eine Spielerei in Gestalt eines großen, auf dem überhängenden Felsblock stehenden Hirsches angebracht, der dort eine überall bei derartigen Schroffen wiederkehrende ‚Sprung'-Sage versinnbildlichen soll, und der Platz wird danach 'Hirschsprung' benannt".[228]

Dass Denkmäler und andere Bauwerke als Markierungen landschaftliche Gegebenheiten hervorheben, gehört zum parklandschaftlichen Genuss. Strittig ist die Art der Ausführung oder die Platzierung. So würde Jensens Urteil über ein anderes Denkmal in einem heutigen ästhetischen Diskurs vielleicht anders ausfallen:

„Hier oben, südlich am Wege, trägt ein aus aufeinander geschichteten Granitblöcken errichtetes Mal ein Bronzerelief mit dem Bismarckkopf. Dieses Bild ist hier, wo die Pracht der Aussicht ringsum die Brust erfüllt, jedem Deutschen ein beredtes und sinniges Gedenken".[229]

**Energieanlagen**

Beim Schluchsee: „Rauschendes Schilf umgab die Ausmündung (des Schluchsees in die Schwarza, Anm. d. Verf.), Weidenbüsche neigten sich über das Wasser, Tannen spiegelten sich in der Flut. Heute schließt ein gewaltiger Staudamm den See ab, und im weiteren Verlauf des Schwarzatales trifft man auf mächtige Steinbauten oder gar auf zwei ungeheure Röhren, die den Hang hinunterlaufen. Dann schaut man in der Tiefe ein großes Wasserbecken, in dem sich helle Gebäude spiegeln. Das ganze Schluchseewerk, das sich an der Schwarza aufbaut, ist eindrucksvoll als ein Bild vom Menschen gebändigter Kraft und wert, daß man auch um seinetwillen den Weg auf der Straße Schluchsee-Häusern nimmt. Und die Herren vom Werk haben sich alle

*Ansichtskarte Modell Staumauer Linachtal. Die Linachtalsperre wurde zwischen 1922 und 1925 erbaut und ist eine der wenigen erhaltenen freitragenden Talsperren Europas. In: Bernward Janzing, Baden unter Strom, 2002, S. 209*

Mühe gegeben, die Natur zu schonen und unerfreuliche Gegensätze auszugleichen, vor allem Schutthaufen und Abraumstellen in Sicht der Wege zu vermeiden. Als Sachverständiger für Naturschutz des Landesvereins „Badische Heimat" habe ich von Anfang an den Ausbau des Werkes verfolgt, auf vermeidbare Schäden aufmerksam gemacht und Abhilfemaßregeln ausgearbeitet. Wie sich aber der See selbst auf den größten Eingriff in sein Wesen, die stete Veränderung seiner Uferlinie, einstellen wird, ob es Pflanzen und Tiere gibt, die sich damit abzufinden wissen, das werden erst jahrelange Beobachtungen lehren".[230]

In der Parklandschaft wird eine Infrastruktur in Anspruch genommen, die es den Betrachtern allererst ermöglicht, diese Sichtweisen einzunehmen. Diese Infrastruktur ist nicht nur Hilfsmittel, sondern Medium des Landschaftserlebens. Sie unterstützt nicht nur den Transport zu bestimmten Aussichtspunkten, sie liefert nicht nur eine gewisse Versorgung, auf die man bei Reisen angewiesen ist, sondern sie macht selbst einen großen Teil des Genießens aus, sie gehört selbst zum Landschaftsbild dazu.

Deshalb thematisiert die Schwarzwaldliteratur genauso wie viele Abbildungen diese technische und institutionelle Infrastruktur. Diese Hinweise enthalten stets mehr als praktische Tipps und nützliche Hinweise. Der Komfort, den Gasthäuser, Verkehrsmittel usw. gewähren, ist ein Element dessen, was das Erleben der Landschaft und damit das Landschaftsbild des Schwarzwalds ausmacht. Es sind *Landschaftsbildmedien*.

Nun sind Gasthäuser, Eisenbahn, Straßen, Aussichtstürme, Wanderwege und Ruhebänke für sich keine Besonderheit des Schwarzwalds. Aber im Schwarzwald sind sie durch die frühe Entwicklung als Tourismusregion in einer Weise und in einem Umfang in die Landschaft integriert, dass sie seine Eigenart mitbestimmen.

Das Landschaftserleben durch die Schwarzwaldbahn: „Wir müssen einen kurzen Vorblick auf die Art, in der sie ihre Gipfelhöhe bei *Sommerau* (834 m) erklimmt, vorauswerfen. Vom Hornberger Bahnhof (386 m) windet sie sich, bald in engen Einschnitten, bald an Felsstürzen empor, im 'Niederwasser-Kehrtunnel" (558 m Länge), nachdem sie bereits mehrere kleine Tunnel durchmessen, völlig nach Norden zurückbiegend, so daß man bei der Ausfahrt überrascht wieder in das vorher verlassene, tief unten liegende Gutachthal – doch von der anderen Seite – niederblickt. Die Scenerie um den unablässig durch Tunnel rollenden Zug wechselt rastlos in vollständig verwirrender Weise; man gewahrt die Bahn über sich und unter sich, begreift nicht, wie man von druntenher gekommen, noch wie man dort nach oben hinaufgelangen soll".[231]

**Infrastruktur**

**Eisenbahn**

Die Schwarzwaldbahn ermöglicht nicht nur den mit ihr Reisenden ein Bild, diese Mobilitätsinfrastruktur bietet sich auch selbst als ein Bild in der Landschaft an:

„Reich an Felsgebilden und Schluchten, mit freundlichen Bildern wechselnd, bietet die Gegend ein einsames Gepräge, doch seltsam phantastisch durch das Keuchen der oben und unten sich hinschlängelnden Züge belebt. Wenn man weiß, daß die Bahn zum größten Teil nur eingleisig ist, kann man von plötzlichem Schreck befallen werden in der Meinung, zwei sich scheinbar nah entgegenkommende Züge müßten zusammentreffen. Doch rasch verschwinden beide hierhin und dorthin in langen, lichtlosen Felsstollen, in Wirklichkeit waren sie noch durch weite Schienenstrecken voneinander getrennt, der eine befand sich unterhalb, der andere oberhalb von Triberg, und auf dem Bahnhof desselben rollen sie friedfertig nebeneinander auf verschiedene Geleise".[232]

Beim Durchwandern des Höllentals kann sich Jensen der Attraktion der Eisenbahn nicht entziehen. Bemängelt er bei der Fahrt mit der Höllentalbahn, dass „… an den bedeutendsten Stellen desselben Tunnel die Aussicht rauben",[233] so beeindruckt ihn das gewaltige Viadukt der Eisenbahn bei der Ravennaschlucht beim Gasthof ‚zum Stern'. Den schönsten Aussichtspunkt gewähre sie, wo sie „auf mächtigem Brückenbau in schwindelnder Höhe" das Ravennatal überschreite. Er bewundert „… hie und da die gewaltigen Felsstützmauern des Bahnkörpers. Einsam-still liegt die Straße zwischen ihren schweigsamen Waldlehnen. Nur hin und wieder schrillt ein hohler Pfiff auf, und schnaubend keucht droben ein schwarzqualmender Zug empor".[234]

Eine Karte verzeichnet die schönsten Aussichtspunkte für Fotografen der Höllentalbahn.

Die Eisenbahnfahrt durch das Höllental unterstützt das Naturerlebnis:

„Bietet sich ein weiterer Ausblick nach den Bergen oder schauen wir gar vom hohen Viadukt in die feierlich-grüne Ravennaschlucht hinunter, so gibt sich Gelegenheit, unsere beiden Tannenarten von weitem unterscheiden zu lernen".[235]

*Karte mit Aussichtspunkten auf die Höllentalbahn. In: Kamerradschaftswerk Lokpersonal beim Betriebswerk Freiburg (Hg.) 1985, S. 71*

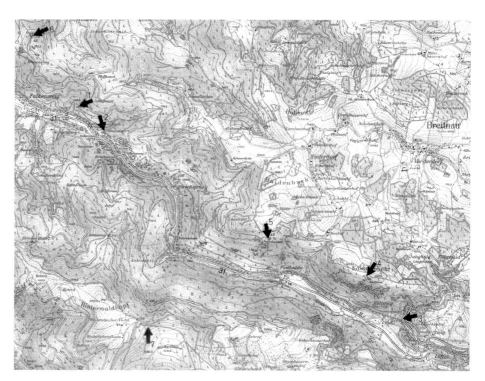

„Auch von der Bahn aus sieht man manchmal den Apollo, wenn man auf der linken Seite sitzt. Hat man rechts den Blick auf den Felsenaufbau und dann das Tal mit seinen grünen Wiesen, so entschädigen uns links Schmetterlinge und Blumen".[236]

Nicht nur bei unseren Gewährsleuten Mark Twain, Jerome K. Jerome, Wilhelm Jensen und Konrad Guenther besteht Einstimmigkeit darüber, dass sich die Landschaft am besten durch Wandern erschließe. Aber das Erleben beim Wandern steht in enger Wechselbeziehung zur technischen Mobilität durch Eisenbahn und Auto. Die technischen Verkehrsmittel ermöglichen nicht nur die Anfahrt zu den Ausgangspunkten einer Wanderung, sie geben ihr einen spezifischen Sinn.

**Seilbahn**

Der Abstieg (vom Schauinsland, Anm. d. Verf.) durch den Wald und den Diesendobel – der kürzeste Weg –, oder über die Holzschlägermatten – aussichtsreicher –, oder die Abfahrt mit der Schwebebahn bietet eine geologische Lehrstunde. Die in den Wald gehauene Schneise, über die die Leitung gezogen ist, bringt zwar in die abwechslungsreiche Bergformung eine unnatürliche schnurgerade Linie, aber die baumfreie Fläche ist auch zum beliebten Äsungsplatz für Rehe geworden, die man morgens und abends vom Wagen sehen kann. Der Blick ist herrlich! Unten wallen die Täler, immer höher steigt der Schönberg als langer, in Absätzen geteilter Rücken auf, der deutlich sich als abgesunkene Scholle erweist, auf der der steile Waldhang den braunen Jura kennzeichnet und die darüberliegende Kuppe die Meeresablagerungen der geologischen Neuzeit, des Tertiärs, die sich weiter über den Berg der Schneeburg hinabzieht. Kleine Juraschollen steigen auch aus der Ebene auf, brauner Jura tritt auf der einen Seite des vorgreifenden Tuniberges zutage, der Kaiserstuhl zeugt davon, daß einst auch die vulkanischen Kräfte der Erde den Boden spalteten und in glühender Lava hervordrängten, und daneben durchteilt der Dreisamkanal als schnurgerade Linie die Ebene, gerade auf die Hohkönigsburg in den Vogesen hinzielend".[237]

**Aussichtstürme**

Z. B. auf der Hornisgrinde: „Wo der Grat sich nach Süden zum Thal der Acher zu senken beginnt, steht ein 8 1/2 m hoher Signal- und Aussichtsturm (Station der europäischen Gradmessung), recht verdienstlich für die freie Rundschau, der Zugang führt von außen über die Stufen einer steilen Treppe hinauf."[238] Zum Genuss gehört auch ein gewisser Komfort: „Nordwärts ist dem Turm eine kleine Schutzhütte angebaut, um den vom Unwetter Überfallenen Zuflucht zu bieten. Leider findet sich auch dies Verdienst ein wenig durch die kalten Steinbänke beeinträchtigt, und so dankenswert die Anlage einer Feuerstelle in der Hütte ist, dürfte sie dem philanthropischen Beruf zur Erwärmung durchnäßter Wanderer nur selten nachkommen, da sich weder in dem kleinen Schutzbau, noch weit umher Holz zur Erzeugung mildthätiger Flammen vorfindet".[239]

„Bei der Karthause führt in drei Viertelstunden ein Weg durch herrliche Hochtannenwelt aufwärts unter den *Roßkopf*, der jetzt einen hohen Aussichtsturm trägt und eine der schönsten Aussichten des Schwarzwaldes gewährt …".[240]

So willkommen Aussichtstürme sind, um das Landschaftbild zu genießen, so werden Ausführung und Platzierung doch unter ästhetischen Gesichtspunkten kritisch beurteilt:

Der Turm auf dem Lorettoberg: „… etwas höher darüber (über der Lorettokapelle, Anm. d. Verf.) blickt ein in neuer Zeit kostspielig und geschmacklos in Gestalt eines alten Bergfried erbauter Turm herab".[241]

„Es ist ein Vorzug des Schwarzwaldes, daß er viele Höhen aufzuweisen hat, die noch so dastehen, wie sie geschaffen wurden, und weder ein Gasthaus noch einen

*Seebuck mit Fernsehturm. In: Nikolaus Reiter, Schwarzwald Stimmungen, 1992, S. 37*

Aussichtsturm tragen. Hat doch der Turm nur dann Sinn, wenn er Fernblicke erschließt, die vom Boden aus durch Häuser, Felsen oder Bäume verdeckt werden. Das Übersteigen eines geschlossenen Waldes auf durchsichtigem, eisernem Turm, wie auf dem Roßkopf bei Freiburg oder auf dem Hochblauen bei Badenweiler, ist ein eindrucksvolles Erlebnis. Aus dem Dunkel des Waldes führen die Stufen empor, zuerst von den Stämmen der umstehenden Tannen begleitet, dann umrauscht von grünem Gezweige und schließlich die Spitzen unter sich lassend, wobei der Turm leise schwankt wie die Bäume des Waldes. Der Emporsteigende erlebt also gewissermaßen das Aufwachsen der Tannen, zu der (sic) diese hundert Jahre brauchen, in wenigen Minuten. Und oben schwingt sich der Blick in alle Weiten, in den Himmel über sich, und darunter das grüne Meer der Gipfel. Auf beiden Aussichtspunkten treten menschliche Siedlungen in den Hintergrund, vom Blauen überschaut man zudem die erdgewaltige Formung von vier Gebirgen, dem Schwarzwald, dem Wasgenwald, dem Schweizer Jura, und den Alpen, die vom Mont-Blanc bis zum Glärnisch den großartigen Schluß am Horizont bilden. Auf mattengrüner Höhe aber ist ein Aussichtsturm nicht am Platze, da wirkt er aus der Ferne als Zahnstocher, der die schöpfungsgegebene Linie der Bergformung häßlich unterbricht. Die Kuppen, die sich über die Waldberge erheben, umwebt der Zauber der Menschenferne, sie malen sich mit ihren lichten Farben in den Himmel, herrlich wie am ersten Tag, und jedes Werk von Menschenhand wirkt hier störend".[242]

Dieses Verdikt relativiert sich am Feldberg. Der Aussichtsturm Turm hat eben nicht nur den Sinn, Fernblicke zu erschließen, die vom Boden aus durch Häuser, Felsen oder Bäume verdeckt sind. In der Parklandschaft geht der Blick nicht nur vom Aussichtsturm in die Runde, sondern auch in umgekehrter Richtung. Der Aussichtsturm ist nicht nur Hilfsmittel, sondern als Markierung der Landschaft selbst konstitutiver Teil des Landschaftsbilds.

Beispiel Feldberg: „Die Aussicht vom Feldberg ist keine einheitliche, sondern zerteilt sich in zwei oder drei von verschiedenen Standpunkten aus zu genießende. Am weitesten umfassend ist diejenige vom ‚Luisenturm' am äußersten Westrande, eine Stunde vom Feldbergerhof entfernt; *nebenbei bemerkt, erkennt man stets überallher aus allen Richtungen des Schwarzwaldes an dem Turm und Haus, obwohl der erstere nur zwölf Meter Höhe besitzt, den Feldberg*. Der Blick beherrscht von ihm aus ein unermeßliches Gebiet, die volle Alpenkette von der ‚Zugspitze' im Osten bis zum 'Montblanc' im Südwesten … Rundumher liegt der Schwarzwald bis zur Hornisgrinde ausgebreitet; unmittelbar unter dem Turm nach Nordwesten senken sich das Wilhelms- und Zastlerthal in die Tiefe, am Horizont zieht der ganze Lauf der Vogesen entlang, vor ihnen hebt sich das Straßburger Münster aus der Ebene".[243]

**Gasthäuser**

Jerome K. Jerome (1900) über das Gasthaus in der Schwarzwaldlandschaft: „A thing that vexes much the high-class Anglo-Saxon soul is the earthly instinct prompting the German to fix a restaurant at the goal of every excursion. On mountain summit, in fairy glen, on lonely pass, by waterfall or winding stream, stands ever the busy Wirtschaft".[244]

„Unmittelbar jenseits der badischen Grenze liegt das *'Gasthaus zum Ruhstein'*, eines der einsamsten des ganzen Schwarzwaldes, denn seine Entfernung von jeder Ortschaft beträgt acht Kilometer (sic!)".[245]

Uneingeschränktes Lob findet Jensen für die Gastlichkeit des Felbergerhofs und das vom Wirt Gebotene. Die nur im Sommer bewirtschafteten Hütten (Viehhütten) um den Feldberg führen Brot, Butter, Käse, Landwein und Kirschwasser für einkehrende Wanderer, die Todtnauer Hütte sogar Übernachtungsmöglichkeit, reichhaltigere Kost, Flaschenbier und Kaffee.[246]

Genauso werden die Gasthäuser und Hotels in allen Gegenden des Schwarzwaldes (grundsätzlich lobend) besprochen. Gelegentlich wird allerdings angedeutet, dass der mit diesen Angeboten einhergehende Fremdenverkehr das Erleben des Schwarzwaldes nachteilig verändere. So empfindet Jensen die Häuser, an denen entlang erst viel später die Schwarzwaldhochstraße gebaut werden sollte, schon zu modern.

Historische Ansichtskarte Cafe-Restaurant Schwarzwaldhaus im Neandertal

Und schließlich am Titisee: „An seinem Nordende, dicht am Ufer und neben der Eisenbahnstation 'Titisee' ragen große Hotels auf. Alle oft überfüllt, zum Teil von zahllosen, rudernden oder Lawn tennis spielenden Engländern, welche den Aufenthalt für nicht 'anglisierte' Deutsche dann und wann manchmal recht ungemütlich machen".[247]

Wie die Gasthäuser als Infrastruktur auch der Naturkunde zugute kommen, zeigen die Exkursionen Konrad Guenthers: „So haben denn auch meine Studenten, Studentinnen oder die andern Teilnehmer meiner Lehrausflüge immer mit staunender Begeisterung diese Wesen betrachtet, und auch den Gästen oder Angestellten des Hotels entfuhr ein Ah, wenn ich sie durch das Mikroskop, das auf einem der Tische der Veranda stand, hindurchschauen ließ. Seit meiner Assistentenzeit habe ich jedes Jahr meine Schüler an den Titisee geführt. Wir nahmen uns aus dem Anrichteraum des Hotels fünf Sektkübel, mieteten je nach unserer Zahl ein paar Boote …".[248] und los gings zum Fischen von Kleinlebewesen auf den See.

**Tourismusinformationen. Schwarzwald im Internet.** *Der „Schwarzwald" ist offenbar selbst eine großartige Aussichtsplattform – wie alle technischen Einrichtungen (Turm, Schwebebahn, Straße und Wege), dazu geeignet, um von dort aus zu sehen. Was wir im vorigen Kapitel als Muster in historischen Quellen rekonstruiert haben, reflektiert sich in aktuellen Texten im Internet, die um Touristen werben.*

„So kann man den Schwarzwald heute, nach den vielen Wandlungen, als eine einzige große, musterhafte Ansammlung prächtiger, ineinander übergehender Landschaften betrachten. Aber handlicher wird er, wenn man ihn in Portionen zerlegt. So pflegt man meist vom Nord- und vom Südschwarzwald zu sprechen. Aber man kann ihn auch in drei Teilen sehen: in einem nördlichen, einem mittleren und einem südlichen Teil."[249]

**Der Schwarzwald**

„Der südliche Schwarzwald ist es, den viele Leute meinen, wenn sie vom „Schwarzwald" sprechen. „Hochschwarzwald" nennt man ihn auch – denn dort geht es immerhin bis auf fast 1500 Meter hinauf. Das sind allerdings keine steilen Gipfel, sondern eher abgeflachte Kuppen. Der Feldberg ist der größte, ein mehrere Kilometer langes bewaldetes Massiv und insofern beachtlich, als er die höchste Erhebung aller westdeutscher Mittelgebirge darstellt.

Der zweite Gipfel wäre der Belchen (1414 m); er ist einer der schönsten Aussichtsberge im Schwarzwald. Sie sehen da die Vogesen und die Alpen, bei gutem Wetter sogar Säntis und Montblanc.

Freiburg, das sich gern „Hauptstadt des Schwarzwalds" nennt, ist die Ausnahme. Da gibt es freilich prächtige alte Bauten und, vor allem, das Münster. Aber eigentlich ist diese Hauptstadt des Südschwarzwalds selbst gar nicht so schwarzwälderisch. Es schaut eher in die Rheinebene hinüber."[250]

„Auch eine Straße, elf Kilometer lang, führt hinauf bis zur Bergstation der Bahn (am Schauinsland). Sie ist berühmt, denn sie wurde 1924 für den „Internationalen ADAC-Bergpreis" ausgebaut und hat in den Jahren danach viele Rennen erlebt. Mit ihren 170

**Die Straßen, die Wege**

*Webseite www.schwarzwald.de*

Kurven gilt sie als eine der schönsten und schwierigsten europäischen Bergrenn-Strecken. Im übrigen aber ist sie eine ganz normale Landstraße, die jedem offen steht, der Spaß an so viel Lenkrad-Kurbelei hat."[251]

„Weltweit für Mountainbiker. – Die ausgewiesenen Strecken für Mountainbikes umfassen im Schwarzwald jetzt rund 2000 km, davon 1400 km allein im Naturpark Südlicher Schwarzwald. Ein Ausbau vor allem im Südlichen Schwarzwald ist geplant. Die Gesamtstrecke wird dann Ende 2004 voraussichtlich 3500 km umfassen. Eine einheitliche Beschilderung mit Schwierigkeitsgraden wird nach und nach überall angebracht. Der Schwarzwald hat damit das weltweit längste zusammenhängende und ausgeschildete Wegenetz für Mountainbikes (www.schwarzwald-tourist-info.de)."[252]

„Die liebste Beschäftigung der Leute, die im Schwarzwald Ferien machen, ist nach wie vor das Wandern. Es gibt zahllose Möglichkeiten, Spazier- und Wanderwege zu beliebig langen Touren zu kombinieren. Damit sich niemand verirrt, betreut der rührige Schwarzwaldverein, der nun schon seit mehr als hundert Jahren besteht, über 20 000 Kilometer Wanderpfade (das ist der halbe Erdumfang) und sorgt für die richtigen Wegweiser."[253]

„1884 war Baubeginn. Von Freiburg schob sich die Bahntrasse zunächst durch die sanftere Hügellandschaft des Dreisamtals, vorbei an Kirchzarten, auf den Schwarzwald zu. Beim Ort Himmelreich beginnt die eigentliche Höllentalbahn, deren Steigung anfänglich mit Hilfe eines Zahnradgetriebes überwunden wurde. Mehrere Tunnels waren nötig. Kurz vor dem Ende des Tales überquert die Bahnlinie auf einem Viadukt mit sechs schlanken Bogen die Ravennaschlucht, durch die ein Wasserfall ins Höllental donnert. Eine letzte kurven- und tunnelreiche Strecke führt schließlich auf die Passhöhe hinauf, die bei Hinterzarten in 893 Metern Höhe erreicht wird. Am 23. Mai 1887 weihte der badische Großherzog Friedrich I. den 36 km langen Abschnitt von Freiburg nach Neustadt ein (40 weitere Kilometer bis Donaueschingen kamen später hinzu). "[254]

**Die Schwarzwald-Hochstaße**

„Sie ist die älteste und berühmteste und vielleicht auch die schönste Touristenstraße im Schwarzwald. Schon 1930 wurde sie eröffnet, als 65 Autokilometer noch eine gewaltige Strecke waren. Nicht das Herstellen einer schnellen Verkehrsverbindung war der Grund für ihren Bau, sondern als Aussichtsstraße für den damals beginnenden Autotourismus gedacht.

Die Schwarzwald-Hochstraße beginnt in Baden-Baden und steigt zunächst steil zum Hauptkamm des Nordschwarzwalds hinauf, den sie bei der Bühlerhöhe erreicht. Hier liegt auch das weltberühmte Luxushotel „Bühlerhöhe". Sie finden dort auch auf einem Felsen eine kleine Marienkirche mit sehenswerten Glasfenstern. Bei klarem Wetter haben Sie von dort einen großartigen Blick über die Rheinebene bis zu den Vogesen.

Ab der Bühlerhöhe verläuft die Hochstraße – 800 bis über 1000 Meter über dem Meeresspiegel – an einigen schönen Höhenhotels vorbei. Unterhalb des höchsten Berges im Nordschwarzwald, der 1166 Meter hohen Hornisgrinde, erreicht die Straße den fast kreisrunden Mummelsee. Hier sollen nachts im Mondlicht Nixen und Mümmlein auftauchen. Tagsüber jedoch ist der See zu einem belebten Ausflugsziel geworden.

Über die Höhenzüge des Schliffkopfs und des Kniebis führt die gut ausgebaute Straße schließlich nach Freudenstadt, ihrer Endstation."[255]

**Der Schauinsland**

„Der Schauinsland ist mit 1284 m.ü.M Freiburgs „Höhepunkt", dank der Seilbahn das beliebteste Ausflugsziel für Bürger und Gäste der Schwarzwaldhauptstadt. Der Blick aus der Gondel der Schauinslandbahn streift über die Rheinebene, die Rebhänge von

Tuniberg und Kaiserstuhl bis in die Vogesen. Vom Gipfel geht die Sicht auf den Feldberg, den traumhaften Hochschwarzwald und bis weit hinaus auf die Alpenkette.

„Die Fahrt auf den Schauinsland ist zu jeder Jahreszeit ein besonderes Vergnügen. Markierte Wanderwege, Spielplatz und Aussichtsturm, verschiedene Gasthäuser und Restaurants, im Winter auch Ski- und Rodelmöglichkeiten bieten jedem Besucher sein persönliches Gipfelerlebnis. Einsamen oder zweisamen Naturfreunden ebenso wie der ganzen Familie oder auch einer geschäftlichen Runde. Die Schauinslandbahn macht immer wieder ein neues, ganz eigenes Erlebnis daraus."[256]

„Der Berg, 1284 Meter hoch, ist noch ein Ausläufer des Feldbergmassivs. Was er bietet, sagt schon sein Name: Von dort sehen Sie weit ins Land – zum Feldberg hinüber, zu den Vogesen jenseits der Rheinebene und weit in die Schweiz. Früher hieß er anders: „Erzkasten". Denn schon im 13. Jahrhundert wurde hier Silber gewonnen; es machte Freiburg im 14. und 15. Jahrhundert zur reichen Stadt. Im 17. und 18. Jahrhundert grub man nach Blei und Zink, aber 1954 wurde der Bergbau eingestellt. Er lohnte sich nicht mehr. Übrig blieb ein erstaunlicher Bewuchs auf seiner Hochfläche: Wiesen, so weit das Auge blickt. Denn hier wurde alles kahlgeschlagen, weil man für den Bergbau so viel Holz brauchte. Ein paar sonderbar verkrüppelte Weißbuchen stehen noch."[257]

„Rund 500 Meter östlich vom Gipfel liegt das Observatorium des Fraunhofer-Instituts zur Sonnenforschung, Und noch etwas weiter steht ein Institut, in dem man die Luftverschmutzung untersucht."[258]

**Die Schwebebahn (Seilbahn)**

„Die Schauinslandbahn wurde am 17.7.1930 als erste Großkabinen – Umlaufbahn der Welt in Betrieb genommen. 1987/88 erfolgte der Umbau zu einem schaffnerlosen System mit mehr als 4 Personen je Kabine. 37 Kabinen mit sieben gepolsterten Sitzplätzen sind auf der 3600m langen Strecke im Einsatz. Stündlich können somit mehr als 500 Fahrgäste transportiert werden, d.h. etwa alle 57 Sekunden steht Ihnen eine Kabine zur Verfügung. Während der 15 minütigen Fahrt, die Sie von 473m auf 1219m befördert, haben Sie einen herrlichen Panoramablick auf die Umgebung."[259]

„Die Schwebebahn wurde 1930 gebaut. Sie überwindet auf einer Länge von 3600 Metern 746 Meter Höhenunterschied; die größte Steigung beträgt 52 Prozent. Schon während der Fahrt bieten sich wunderschöne Ausblicke. Von der Bergstation führt Sie ein Wanderweg in 15 Minuten zum Gipfel. Dort haben Sie den prächtigen Rundblick, von dem schon die Rede war. Und auch noch einen Aussichtsturm."[260]

Es ist offensichtlich, alle Texte stellen immer wieder die Bedeutung des Sehens heraus: vor allem den Umstand, dass dies hier überhaupt möglich ist. Das gilt für den Belchen, „einer der schönsten Aussichtsberge im Schwarzwald", aber auch für die Schwarzwald-Hochstraße: „Nicht das Herstellen einer schnellen Verkehrsverbindung war der Grund für ihren Bau, sondern als Aussichtsstraße für den damals beginnenden Autotourismus gedacht". Und vom „weltberühmten Luxushotel ‚Bühlerhöhe'" hat man „bei klarem Wetter … einen großartigen Blick über die Rheinebene bis zu den Vogesen". Und der „Blick aus der Gondel der Schauinslandbahn streift über die Rheinebene, die Rebhänge von Tuniberg und Kaiserstuhl bis in die Vogesen. Vom Gipfel geht die Sicht auf den Feldberg, den traumhaften Hochschwarzwald und bis weit hinaus auf die Alpenkette." Während der Gondelfahrt „haben Sie einen herrlichen Panoramablick auf die Umgebung". Vom Schauinsland „sehen Sie weit ins Land – zum Feldberg hinüber, zu den Vogesen jenseits der Rheinebene und weit in die Schweiz." „Schon während der Fahrt bieten sich wunderschöne Ausblicke." Vom Schauinsland-

Schauinslandbahn, Werbeplakat 2005, Ausschnitt

*Richard Schindler, Atelierfenster,
Kleinbild-Dias, schwarze Acrylfarbe, Fenster,
37 x 30 cm, 1998 (2004)*

gipfel „haben Sie den prächtigen Rundblick, von dem schon die Rede war. Und auch noch einen Aussichtsturm."

Dies alles aber ist möglich durch einen immensen technischen Aufwand, der der Bewegung und der Sicherheit dient: Wanderwege, Bahnen und Straßen („eine der schönsten und schwierigsten europäischen Bergrenn-Strecken") bilden ein großes „ausgeschildete Wegenetz" mit „richtigen Wegweisern".

Straße, Bahn und Aussichtsturm, alles ist dazu da, um „sichtbar zu machen". In diesem Sinne sind auch die Berge instrumentalisiert und den technischen Einrichtungen gleichgesetzt. Sie sind *Aussichts*berge, wie der Turm *Aussichts*turm ist. Der Wert des Vorhandenen, nicht nur des von Menschen Gemachten, wird darin gesehen, Sehen zu ermöglichen. Und eben dies wird mit den Werbetexten selbst herausgehoben und vorgezeigt.

„Sehen können" ist das herausragende Merkmal, dessentwegen der Schwarzwald primär angepriesen wird. Was sonst noch alles unternommen wurde – außer Bahn, Straße, Turm – um die gepriesenen Sichten überhaupt zu ermöglichen, lässt sich ahnen, wenn uns gesagt wird: „Wiesen, so weit das Auge blickt. Denn hier wurde alles kahlgeschlagen ... Ein paar sonderbar verkrüppelte Weißbuchen stehen noch." Natürlich geschah *dieser* Kahlschlag nicht, um uns das Sehen zu ermöglichen (sondern „weil man für den Bergbau so viel Holz brauchte"), aber es ist *der* Effekt, auf den die Tourismusbrache heute setzt.

**Bilder vom Schwarzwald.** Aufsehen erregend waren die Ereignisse am 11. September in New York auch deshalb, weil sie die Realisierung des in Hollywoodfilmen produzierten Bildes zu sein schienen. Es sah aus wie im Film. Es schien, als wäre das Ereignis die Ankunft des imaginierten Filmbildes im Realen. Dem gegenüber lässt sich (aufschlussreicher und daher mit größerem Recht) aber auch sagen, die Terroristen und ihre Opfer sind in die Welt der Bilder geraten. Buchstäblich: Was sich in New York ereignete, war weltweit im Fernsehen zu sehen. Dadurch erhielt unsere alltägliche Wahrehmungspraxis (Wahrnehmen von Wirklichkeit *wie* ein Bild) eine beunruhigende Bestätigung. Beunruhigend deshalb, weil, wenn wir sagen, „das ist *wie* im Film", wir zugleich immer auch (noch zu) wissen (glauben), dass es sich eben *nicht* um einen Film handelt, sondern uns nur so scheint, wir aber den irrealen, übernatürlichen, außeralltäglichen Charakter des Gesehenen nicht besser zu beschreiben und zu kennzeichnen wissen, als eben mit dem Vergleich des uns ebenso vertrauten Filmbildes. Dieses implizite Wissen um das „als ob" ist mit den Videoaufnahmen der einstürzenden Hochhäuser weggebrochen. Es war nicht *wie* im Film, es *war* im Film.

Die Möglichkeit der Wahrnehmung von Wirklichkeit „als" Bild ist durch die massenmediale Präsenz der Bilder erheblich verbreitet und gesteigert worden. Nicht zuletzt deshalb, weil heute nahezu alles und jedes schon einmal abgebildet worden ist und diese Abbildungen auch bekannt sind.

Sofern bildhafte Repräsentation immer auch eine Reduktion bzw. Abstraktion von Wirklichkeit ist, sind Bilder auch *prägnanter* im Hinblick auf den in ihnen zur Anschauung gebrachten Bildgegenstand. Sie veranschaulichen Formzusammenhänge der Erfahrungswelt,[261] und soweit sie Ausschnitte sind, verweisen sie ahnungsvoll auf ein Ganzes.

Die im Bild schon einmal genauer und klar gesehene/wahrgenommene Struktur des Bildgegenstandes ist daher als Bilderfahrung auch bei der Wahrnehmung von nicht-bildhafter Wirklichkeit am Werk und wirkt wie ein Wahrnehmungsfilter. Es strukturiert Wahrnehmung. Wirklichkeit wird vor dem Hintergrund erfahrener Bildwirklichkeit wahrgenommen. Bilder können Wahrnehmungsweisen konstituieren, verstärkend bestätigen oder in Frage stellen. Künstlerische Bilder werden nicht zuletzt deshalb geschätzt, weil wir mit Hilfe von Kunstwerken Seh- oder Wahrnehmungserfahrungen machen, die unsere gewohnten Seh- und Wahrnehmungsweisen erweitern oder sprengen.

Wenn sich Wahrnehmung von Wirklichkeit (auch) nach den erfahrenen / gelernten Strukturmustern von Bildern richtet, ist es unabdingbar, diese „Vorbilder" und ihre Aufbaustruktur zu analysieren, um zu verstehen, wie Wirklichkeit wahrgenommen wird. Auch die Wahrnehmung von Landschaft ist durch bereits vorhandene Bilder von Landschaft geprägt.

Das Landschaftsbild „Schwarzwald", das wir meinen, wenn wir davon sprechen, ist ein an anderen, tatsächlichen Bildern (Fotos, Malerei) orientiertes Konstrukt unserer Wahrnehmung. Das Landschaftsbild, „das wir meinen", gibt, sprachlich verfasst, nicht eine Tatsache (den Schwarzwald, so wie er nun mal ist) wieder, sondern das, was wir mit Hilfe von Bildern zu sehen gelernt haben.

Die Wahrnehmung leitenden Bilder sind diejenigen aus Printmedien, Film, Fernsehen, Kunst. Dabei können die Bilder der Kunst als die innovativsten gelten – Werbefotografen, kommerzielle Filmemacher und Fernsehproduzenten adaptieren und verwerten in ihren Bildproduktionen Bilder der Kunst. Heute ist es nicht mehr unüblich, dass Werbefilme (z.B. bei BMW) von künstlerisch arbeitenden Filmregisseuren verantwortet werden. Künstler sind heute auch an der Produktgestaltung beteiligt (Omega). Obwohl in diesem Sinne noch von einem Vorrang der Kunstbilder gesprochen werden kann, sind die traditionellen Grenzen zwischen Kunst und Nicht-Kunst und ihren Bilderzeugnissen aus Gründen, die hier nicht besprochen werden können, fließend geworden. Als Wahrnehmung prägend im großen Stil können die in den Massenmedien verbreiteten Bilder gelten. Sie sind, um ihrer Funktionalität im Reich der

Medien willen, vereinfachende Adaptionen künstlerischer Bilder – diese auf leicht kommunizierbare, bestätigungsfähige Formen und Inhalte reduzierend.

Amateurfotografie vor allem, aber auch weniger qualifizierte professionelle Fotografie, orientiert sich (nachweislich) an gelungenen (oder an gelungen scheinenden) Vorbildern aus der Fotografiegeschichte und Kunstgeschichte. Sie reproduzieren deren Bildsprache. Deshalb kann gesagt werden, dass das allgemein verbreitete „Schwarzwaldbild" tendenziell ein vergangenes, von unserer Zeit abständiges Bild ist. Es entspricht nicht unserer soziokulturellen Gegenwart. Zwangsläufig haftet ihm ein Nostalgisches an. Es darf vermutet werden, dass es ein romantisches Bild ist.

Ansichtskarten, Kalenderbilder, Abbildungen in Bildbänden und Schulbücher sind Objektivationen des öffentlichen Blicks. Ein Ort, eine Landschaft ist da abgebildet, eben so wie Einheimische und Fremde sie sehen. Wie man sich Mallorca vorzustellen hat, zeigen Ansichtskarten – nicht private Urlaubsbilder und vermutlich auch nicht Kunstwerke. Ansichtskarten, Kalenderbilder oder Abbildungen in Büchern sind nicht weniger subjektiv als private Urlaubfotos, aber sie sind als Karte gedruckt, als Kalender oder Buch zu kaufen. Das macht den Unterschied ums Ganze.

*Caroline Inhoffen, Freiburg i.Br. (FI 11)*

Die gedruckte Publikation ist eine kostspielige Veröffentlichung, die sich öffentlicher Kritik stellt und auf dem Markt bestehen muss. Hohe Kosten, öffentliche Kritik und Bewährung auf dem Markt markieren den bedeutungsvollen Unterschied zwischen dem bloß privaten Bild und dem öffentlichen.[262]

Ein zunächst privates Foto z.B. hat seine erste Feuerprobe bestanden, wenn ein Geldgeber sich findet, ein Verlag bereit ist das Risiko der Produktion zu tragen. Andere als der Urheber selbst haben damit ihre Wertschätzung des Fotos zum Ausdruck gebracht (darum ist eine Publikation im Selbstverlag nur halb so viel wert). Und da wir begehren, was andere begehren, ist so eine erste Voraussetzung erfüllt, damit das Bild eine Chance hat, öffentlich wahrgenommen zu werden. Hat es danach auch Bestand am Markt, ist das Spiel um Aufmerksamkeit gewonnen – und, in eins damit, um die Anerkennung als das, was es ist: eine geltende Bilddefinition von dem, was immer es zeigt (und wie es das tut). Ansichtskarten, Kalenderbilder und Abbildungen in Bildbänden sind Dokumente geltender Objektivationen des öffentlichen Blicks.

*Ansichtskarte Ingeborg Inhoffen, Freiburg i.Br. (FI 03)*

Mit Ansichtskarten, Kalenderbildern und Abbildungen in Büchern vom Schwarzwald haben wir daher die Möglichkeit, die Sinnstruktur objektiver Schwarzwaldbilder zu rekonstruieren, und können so bestimmen, welches Bild vom Schwarzwald durch die Windkraftanlagen verunstaltet bzw. nicht verunstaltet ist. Das ist insofern von unschätzbarem Wert, weil wir nicht nur auf unsere eigene Landschaftsbildbetrachtung angewiesen sind, sondern eine zweite parallele Untersuchung zur Kontrolle und als Prüfstein dienen kann. Die Kollegengespräche und Textanalysen sind zwei weitere Paralleluntersuchungen.

**Ansichtskarten.** Ansichtskarten kommen aus der Fremde, manchmal gehen sie dort hin. Sie kommen vom Urlaubsort nach Hause, zur Familie, den Kollegen am Arbeitsplatz. Seltener werden sie von Daheim an jemanden geschickt – den man vielleicht im Urlaub kennen lernte, damit er sieht, wie gut wir es haben. Denn Ansichtskarten sind Botschaften aus dem Paradies. Man tut sich schwer, sie (gleich) wegzuwerfen – Arbeitskollegen heften sie im Aufenthaltsraum an die Wand, manche im Büro an die Tür, in vielen Garderoben (typischerweise, denn da geht's ein und aus) hängen sie am Spiegel oder Schrank. Utopia ist da, wo es Ansichtskarten zu kaufen gibt. Ein Ort, der

Touristenort werden will, tut gut daran, welche drucken zu lassen. Aber eine Ansichtskarte macht aus einem Un-Ort noch keinen Touri-Magneten.

Das Schwarzwaldbild konstituiert sich (auch) als Ansichtskarte vom Schwarzwald. Weil und sofern es sich als Ansichtskarte bildet, ist das Schwarzwaldbild eine idealtypische Konstruktion, unter Umständen ein utopischer Entwurf. Eben weil Ansichtskarten Paradiesbilder sind.[263] Ansichtkarten zeigen die schöne Seite des Lebens – und jeder weiß. Jeder weiß, dass hinter dem Wald, den wir auf der Ansichtskarte sehen, hinter dem traumhaften Hotel am Stand ein weitaus weniger attraktiver Parkplatz liegt oder gar, nur etwas weiter entfernt, sich eine Müllhalde findet.

Ansichtskarte Ingeborg Inhoffen, Freiburg i. Br. (FI 02)

Der immer idealtypische Charakter ergibt sich formal aus dem Ausschnitt, den jedes Foto einer Landschaft zwangsweise nur darstellen kann. Der Ausschnitt steht als solcher für ein Ganzes, Anderes. Das bedeutet: In diesem Ausschnitt ist das gemeinte Ganze auf besonders anschauliche und gültige Weise repräsentiert gedacht: eben idealtypisch.

Dazu scheint nicht jeder Ausschnitt einer Landschaft gleich gut geeignet. Eben deshalb glaubt man bestimmte Landschaftsgebiete als besonders schützenswert ausweisen zu können (bzw. zu müssen). Aber was sollte einen bestimmten Teil einer Landschaft besonders geeignet machen, für das Ganze einstehen zu können? Denn tatsächlich ist jeder Ausschnitt so gut wie ein anderer. Jeder ist geeignet das Ganze zu repräsentieren – eben weil er Teil des Ganzen *ist*.

Ansichtskarte Ingeborg Inhoffen, Freiburg i. Br. (FI 09)

Das vermeintliche Problem der Repräsentanz des Ganzen durch einen Teil löst sich dann, wenn wir davon ausgehen, dass der Ausschnitt das Ganze in dem Sinne repräsentiert, als *er definiert*, was das Ganze ist. Genauer, der Ausschnitt lässt uns ahnen, was das Ganze sein könnte. Also nicht, wir haben ein Ganzes und wählen einen geeigneten Ausschnitt als dessen Repräsentanz, sondern wir haben einen Teil und suchen ahnungsvoll anderswo das passende Ganze.[264]

Die Analyse der Ansichtskarten wird demnach damit rechen müssen, dass sich in der Bildsprache der Ansichtskarten das gehaltvoll Andere gleichsam nur in Spurenelementen wird nachweisen lassen.

Die vorliegenden Ansichtskarten sind ausnahmslos während des Bearbeitungszeitraums der Untersuchung in Freiburg oder der näheren Umgebung erstanden worden. Alle sind fotografische Darstellungen von Landschaft im Schwarzwald. Eines der auffälligsten (weil wiederkehrenden) Merkmale ist ein bildnerisches Gestaltungsmittel, das die Kunstwissenschaft Repoussoir nennt. Damit sind Gegenstände im Bildvordergrund gemeint, die die Tiefenwirkung im Bild steigern.

Viele Karten nutzen dieses bildkompositorische Prinzip mit fotografischen Mitteln. Meist sind es Zweige, die das Bild innerbildlich rahmen und im Bild selbst den Ausschnitt, den ein dokumentarisches Foto immer ist, besonders hervorheben. In FI 6, 9 und SB 16 wird dabei eine Betrachterposition konstruiert, die uns geradezu als heimliche Beobachter konstituiert.

Das innerbildliche Rahmenelement, die Zweige, die von links in das „eigentliche" Bild ragen (FI 09), nehmen die Hälfte des ganzen Bildformats ein. Dadurch entsteht, was man eine Schlüssellochperspektive nennen könnte: Wir werden zu heimlichen Beobachtern, die (scheinbar) ohne die beobachtete Szene zu stören (also ohne von dort wahrnehmbar zu sein), dennoch sehen. SB 16 erzielt denselben Effekt durch unsere Betrachterpositionierung (die die der Kamera ist) im Wald, explizit abseits der im Bild sichtbaren Straße. So vom (rechten) Weg abgekommen, werden wir ebenfalls

Ansichtskarte Bildverlag J.Gass March-Neuershausen (SB 16)

*Ansichtskarte Aufnahme und Verlag Hans Dreisigacker, Lörrach (SG 01)*

*Ansichtskarte Bildverlag J. Gass March-Neuershausen (SB 05)*

*Ansichtskarte Verkehrsverein Horben (HB 01)*

zu heimlichen Beobachtern, die im Schatten (einem verdunkelten Zuschauerraum) das Geschehen im Licht (auf der Bühne) beobachten können.

So können wir uns in einem Spielfilm die Beobachterposition eines Agenten oder Detektivs vorstellen – oder, in einem älteren Heimatfilm, den heimlichen Blick eines Wilddiebes vielleicht oder auch den des ihn verfolgenden Försters. Durch die „versteckte" Kamera des Beobachters – an deren Stelle wir als Betrachter des Fotos rücken – erhält das Foto den Status eines Beweises: Eben weil es scheinbar ohne Beteiligung, von jenseits der Ereignisse aufgenommen wurde, zeigt es, was es zeigt objektiv, so wie es „wirklich" ist, wie es „tatsächlich" war. Der Ausschluss des beobachtenden Subjekts macht das Beobachtete scheinbar zu einem objektiv dokumentierten Objekt. Es beinhaltet die Behauptung, so und nicht anders ist es, nichts wurde manipuliert, es wurde nicht eingegriffen.

Zahlreiche andere Karten erzeugen das nämliche Bild-Betrachter-Verhältnis nicht durch fotografische, sondern durch grafische Mittel. Sie zeigen eine Mehrzahl von kleineren Bildern in einem Bild (SG 01). Die einzelnen Bildchen werden dadurch und durch die weiße Kleinbildrahmung zu Fensterblicken und betonen auf diese grafisch erzeugte Art noch einmal und ausdrücklich die Ausschnitthaftigkeit aller dargestellten Blickperspektiven. Und, in eins damit, das Verhältnis von Betrachter (Fenstergucker) und Landschaft als eines, das nicht nur durch den „Bühnengraben" von uns getrennt ist, sondern durch die Glasscheibe eines Fensters.

Dieser Fensterblick, der das Diesseitige und das Jenseitige allererst entstehen lässt, ist auf HB 01 dadurch sinnfällig gesteigert, dass der das Foto rahmende Farbbalken seinerseits durch den Schriftzug „Horben" überlagert und dadurch in eine deutlichere räumliche Distanz zum Betrachter gerückt wird.

Eine dritte Variante dieser Konstruktion von Betrachter und Bild sind SB 5 und 12. In diesen Fotos wird die Rahmung durch die mit der Landschaft gleichgewichtigen (= optische Aufmerksamkeit plus Flächenanteil am Bildformat) Eisenkonstruktion der Seilbahn erzeugt. Zugleich aber, und damit greifen diese beiden Fotos über das bisher rekonstruierte Betrachter-Bild-Verhältnis hinaus, konstruieren sie den Standort des Betrachters im Bild selbst. Wir befinden uns vor oder außerhalb des Bildes (wie bei Fensterblick und Bühnenblick) und zugleich *im* Bild. Was im Bild, dort, und getrennt von uns erscheint, ist nur eine Verlängerung dessen, von wo aus wir blicken (vgl. auch SB 2). Der diegetische Raum des Bildes und der reale Raum unserer Betrachterposition gehen ineinander über.

Nicht tatsächlich, denn dann müsste der Blick auf die Seilbahnkonstruktion noch ein etwas anderer sein, aber doch so, dass er als denkbarer Standort erscheint. Mit anderen Worten, diese Fotos zeigen die (noch) nicht eingenomme aber mögliche Position eines Betrachters, der Subjekt und Objekt zugleich ist: hinter und vor der Kamera, diesseits und jenseits der Bühne – also die *vorgestellte* Überwindung der Trennung von Subjekt und Objekt, von Zuschauerraum und Bühne. So scheint denn auch die auf beiden Abbildungen sichtbare Gondel der Schwebebahn entweder aus dem Bildraum heraus, zu uns her zu schweben, oder von uns weg in den Bildraum hinein.

Während die Konstruktion des Bildes als *Bühnenraum* Landschaft als unberührbare, jenseitige erzeugt (zunächst mit allen damit verbundenen Chancen und Risiken: nämlich der Vision einer utopischen Landschaft – wie schön wäre es, wenn ... – und dem Idyll, das uns über unsere wahren Verhältnisse betrügt), schafft die Bildkonstruktion eines *Kontinuums* von Zuschauerraum und Bühnenraum auch die Möglichkeit des „Wanderns" zwischen den Räumen und ist insofern auch diejenige Konstruktion, die größere Bewegungsfreiheit auch dem Geist einräumt.

Alle Ansichtskarten repräsentieren, qua Ausschnitt, ein Ganzes und lassen uns ahnen, wie dieses Ganze beschaffen ist oder sein könnte. Unberührbar jenseitig oder aber diesseitig und mit uns durch eben jene Technik verbunden, die im Bild sichtbar ist (Seilbahn, Skilift) und als Foto auf die Apparatetechnik verweist, die das Foto, das wir betrachten, überhaupt erst möglich macht.

Ansichtskarte Bildverlag J. Gass
March-Neuershausen (SB 12)

Der rekonstruierte heimliche Blick der Schlüssellochperspektive erzeugt ein Peep-Show-Verhältnis zur Welt im Allgemeinen und der Schwarzwaldlandschaft im Besonderen. Schamhaft und schamlos zugleich wird der eigene Standort verdunkelt, unter einer Tarnkappe zum Verschwinden gebracht: indem obendrein die Landschaft selbst (als Zweig am Bildrand) zu diesem Zweck instrumentalisiert wird (als Bestandteil eines „Bühnenvorhangs"). Das ist eine Konstruktion von Betrachter, Welt und Landschaft, die sich über die eigene Position systematisch betrügt, indem sie sie ebenso systematisch im Bild selbst in Szene setzt.

Demgegenüber wird in den Ansichtskarten SB 5 und 12 die eigene Position als konstitutiv sowohl für das Foto, wie für die Landschaft sichtbar – ohne die Schwebebahn wäre Landschaft so, wie sie auf dem Foto sichtbar wird, nicht möglich. Voraussetzung und Folge sind mit dem Bild in Eins gesetzt. Das „Weglassen" z. B. der Seilbahn und ihrer Eisenkonstruktion würde uns darüber im Unklaren lassen, von wo aus Landschaft so erscheint, wie wir sie auf der Ansichtskarte sehen. Es würde ein „Geheimnis" einführen, das tatsächlich keines ist – es wäre nur Rätsel, das sich lösen lässt: wo der Fotograf hingelangt ist, um das Foto zu machen, können prinzipiell auch wir hingelangen.

Ansichtskarte Bildverlag J. Gass
March-Neuershausen (SB 2)

Die Spekulation über den nicht gezeigten Standort aber wäre zumindest eine Anregung, genau darüber zu reflektieren – während die „Bühnenbilder" und „Fensterblicke" eben dies als nicht weiter fragwürdig ausklammern und unterschlagen.

Würden wir, durch Film und Fernsehen, durch Kunst (vgl. Dali) nicht auch außergewöhnlichste Betrachterperspektiven kennen, müssten wir über der Abbildung von SG 5 spekulieren – so aber wissen wir, dass dieses Foto aus einem Luftfahrzeug heraus aufgenommen worden sein muss. Während die Vogelperspektive an sich als ein Versuch gewertet werden kann, sich Übersicht zu schaffen, ist der hier sichtbare extrem enge Ausschnitt, ebenso wie der der bereits analysierten Fallbeispiele, ein Mittel, um einen Vorstellungsraum zu öffnen, der anhand des Sichtbaren „weitergesponnen" werden kann.

Ansichtskarte Verlag Flugbild Bonn (SG 05)

Was wir sehen, ist eine menschliche Insel inmitten von Grün, von gemähten Wiesen und einem Parkplatz, Straßen und Auto, die das Eiland an ein Verkehrssystem anbinden. Obwohl also alles ausgeblendet ist, ist in diesem Nukleus doch eine Welt sichtbar: die des neuzeitliche Verkehrs – und die einer traditionell religiösen Sphäre, die auf diesem Foto durch eine Kapelle repräsentiert ist. Woher oder wohin die „Hauptstraße" führt, wohin oder woher die anderen Wege dieser Gabelung führen, ist nicht zu sehen. Was wir sehen, ist die „komplette" Menschenwelt – wobei die Kapelle die Stelle markiert, an der sie Verbindung hält zum wohlwollenden Auge „droben".

Kirchen sind auch auf den Ansichtskarten SG 1, Fl 6, 2, 13 und 15 zu sehen. In allen Fällen erlauben sie eine exakte Lokalisierung der abgebildeten Örtlichkeit – ein Umstand, der sie deutlich von den bisher analysierten Ansichtskarten unterscheidet. Während bei jenen die Unbestimmbarkeit des Ortes konstitutiver Bestandteil der jen-

Ansichtskarte Ingeborg Inhoffen
Freiburg i.Br. (Fl 15)

*Ansichtskarte Caroline Inhoffen Freiburg i. Br. (FI 13)*

*Ansichtskarte Ingeborg Inhoffen Freiburg i. Br. (FI 16)*

*Ansichtskarte Ingeborg Inhoffen Freiburg i. Br. (FI 12)*

*„Romantischer Schwarzwald", Foto Reinholdt Mayer, Ulm Donau,*

seitigen utopischen Landschaftskonstruktion ist, könnte bei diesen Abbildungen (die ihren objektivierenden Dokumentcharakter aus der Bestimmbarkeit des abgebildeten Ortes beziehen) die Lokalisierbarkeit eine Betrachter-Bild-Konstruktion verhindern, die Landschaft zu einem Ereignis auf einer nicht betretbaren Bühne macht.

Aber zwei der Ansichtskarten (Fl 2 und 6) rücken die Landschaft gleichwohl in den distanzierenden Bühnenraum. Die anderen beiden zeigen die Kirchen als Lichtblicke unter düsteren, Nebel verhangenem Himmel. Wir wollen dem vorerst nicht mehr entnehmen, als dass beide Fotos eine spezifischen Stimmung bemühen, die das Land tendenziell in eine andere Sphäre entrückt – nur auf Fl 15 führt ein Weg ins Bild, den wir mit den Augen gehen können. Aber anders als die technischen Wege der Seilbahn oder der Straße (SG 5, Fl 11) handelt es sich hier um einen Feld- und Wiesenweg. Etwas ausgebauter und befestigter der Weg auf Fl 3, aber in vergleichbare Stimmung führend. Ganz befestigt, geteert dann die Straße auf Fl 11 – und hier beginnt sich denn auch die Stimmung zu lichten – erste Sonnenstrahlen fallen ins Land, in das Laub des Baumes und auf die noch regennasse Straße.

Zwei weitere Postkarten sollen erwähnt werden, die gleichfalls Straßen, Nebel bzw. wolkenverhangene Landschaft zeigen: Fl 12 und Fl 16. Während das Foto von etwas abseits der Straße (aber nicht wie SB 16 gleichsam aus dem Hinterhalt) aufgenommen ist und zwei zunächst nicht sehr auffällige Spaziergänger (ein älteres Paar) zeigt, die eben den Schattenbereich, von dem her wir (mit dem Fotografen) blicken, verlassen – ist das andere Foto (Fl 16) unmittelbar vom Straßenrand aufgenommen.

Mit dem tief liegenden Horizont (von den holländischen Malern entwickelt, von Caspar David Friedrich übernommen und weiter ausgebaut, um schließlich von Gerhard Richter aufgegriffen zu werden[265]) zeigt es einen stimmungsvollen dunklen Wolkenhimmel und auffällig viele Verkehrszeichen, die wir gegen den hellen Horizont als dunkle, schattenrissähnliche Silhouette erkennen. Der Blick des Betrachters (Fotografen) geht nach oben – und höher geht es hier nicht: er steht an einer Passhöhe und nur aus dieser Blickposition erscheinen die Verkehrszeichen so, wie sie es tun. Was in den Himmel ragt, ist der Mensch (Betrachter) und seine Zeichen. Optisch auf eine bloße Fläche reduziert, wechseln sie sich rhythmisch mit ebenfalls schwarz erscheinenden Pfählen und kleinen Bäumen ab. Rein formal ist so eine Vermittlung zwischen den prägnanten menschlichen Zeichen auf der Erde und den „natürlichen" amorphen Wolkenformationen am Himmel geschaffen. Trotz der großen Kontraste sind sie sinnfällig aufeinander bezogen und in einer Bildeinheit miteinander verwoben. Diese Vermittlung ist kein Effekt bloßer fotografischer Dokumentation, sondern ausdrücklich hergestellt durch entsprechende Belichtung (bei der Aufnahme oder im Labor).

In den analysierten Ansichtskarten sind zwei sich wechselseitig ausschließende Konstruktionsprinzipien von Landschaft rekonstruiert worden: zum einen Landschaft als utopische, jenseitige und von Menschen unberührte Natur und zum anderen Landschaft als erweiterter menschlicher Lebensraum, in dem die eigene Rolle als solche erkannt, akzeptiert und verantwortet ist.

Ein extremes Beispiel der erstgenannten Landschaftsbildkonstruktion ist die Ansichtskarte „Romantischer Schwarzwald". Die Bildkarte ist nicht nur Ausdruck einer Verkennung der romantischen Idee.[266] Sie zeigt auch die Wahrheit des zur Ideologie verfremdeten romantischen Gedankens: Geborgenheit und Schutz vor feindseliger Natur (die jedes Haus bietet), ist in diesem Bild sichtbar umgeschlagen in beklemmend enge Gemütlichkeit. Der Gartenzaun ist eine Grenze – natürlich, wie in der

Stadt, zwischen privatem und öffentlichem Raum (nicht zwischen dem Menschlichen und einer ungebändigten Natur). Aber der ist, der Bildlogik entsprechend, ausgeblendet. Was durch den Zaun im Zaum gehalten wird, ist Öffentlichkeit. Und Natur erscheint nur mehr als „Schneedecke", als Sahnehäubchen auf den Latten des Zauns, als blaue Kontrastfarbe, die erleuchtete Fenster umso wärmer und heimeliger erscheinen lassen. Menschliches Bemühen verklärt zu Kitsch.

In Bezug auf die Windkrafträder an der Holzschlägermatte soll an dieser Stelle hingewiesen werden auf die Ansichtskarte des so genannten „Höhengasthauses Buckhof". Deutlich ist, dass das Gewann Holzschlag, auf dem Hügel neben der Holzschlägermatte, kein Gegenstand fotografischer Aufnahme war. Offensichtlich ist diese Gegend als nicht von Bedeutung für das Landschaftsbild angesehen worden. Es gibt, nach gründlicher Recherche, keine Ansichtskarten, keine Fotos in Bildbänden, die diesen Gewann-Hügel abbilden würden. Er war bisher kein Thema.

*Gasthaus Buckhof, Alpenbild über der Türe*

**Bildbände, Kalenderbilder, Web-Cam.** *„Schwarzwald" meint eine Lebenswelt, die durch eine besondere Art des Wohnens gekennzeichnet ist. Nach dem Selbstzeugnis der Bilder ist Schwarzwald: Wohnen im Paradies. Und Wissen, dass man paradiesisch wohnt. Paradiesisch meint: gepflegte Ordnung, gelebte Form. Paradiesisch bedeutet: leise, übersichtlich – menschlich. Im idealen, geschützten Garten (eben im Paradies) wohnen heißt: verbunden sein mit der Tradition, ohne abgeschnitten zu sein von der Welt. Es bedeutet sehen, wo man steht. Dies wird bildnerisch demonstriert durch die Konstruktion von Modelllandschaften.*

Wir haben das Landschaftsbild Schwarzwald (das verunstaltet oder beeinträchtigt sein könnte) und seine Konstruktion so weit rekonstruiert, dass die Sinnstruktur deutlich ist. Deshalb können wir begründet auf weitere Analysen verzichten (Kalenderbilder, Schulbücher). Sie würden im Hinblick auf das Erreichte keine neuen Erkenntnisse bringen. Nach der Analyse der kulturlandschaftlichen Rahmendaten und Ansichtskarten soll die Analyse der Bildbände sich darauf konzentrieren, die rekonstruierte Strukturgesetzlichkeit auf Inkompatibilitäten bzw. Transformationen hin zu befragen.

*Gasthaus Buckhof, Alpenbild über der Türe*

Nur *eine spezifische* Verwendung von Kalenderbildern soll Erwähnung finden. Nämlich die als gerahmte Bilder an der Wand. Solche Bilder finden sich zum Beispiel in der Gaststätte Buckhof: und zwar im Gastraum über der Ausgangstür, an den Wänden und im Treppenhaus zur Toilette. Interessanterweise sind diese Bilder mit dem Austreten (nicht dem Eintreten) verbunden und sie zeigen keine Ansichten vom Schwarzwald, sondern von den Alpen. Darauf ist am Ende dieses Kapitels noch einmal zurückzukommen.

Das Spektrum der in den Bildbänden wiedergegebenen Bildgegenstände ist naturgemäß sehr groß – aber nicht beliebig. Es finden sich keine Indianer, keine Bohrtürme oder exotische Fische. Aber: Gasthausschilder und Traktoren, Kapellen, blühende Bäume, Musikanten und Kirchen, einzelne Bäume, Skilifte, Brücken und Straßen, Wanderer und Heimarbeiter, Pferde und Kühe, Autos, Eis und Schnee, Bäche und Seen, Radfahrer, Blumen und Regenbögen, Trachten und Fastnachtmasken, alte Frauen und junge, alte Männer, Sägewerke und Wasserfälle, Gartenzwerge, Züge, Glasbläser, Schnitzereien, Äcker, Springbrunnen, Aussichtstürme, Stauseen, Wege, Kreuze und Baumstämme, und immer und immer wieder: Wiesen, Berge und Hügel. Und vor alle dem: Häuser. Häuser, alte, inmitten von Wiesen, an Berghängen, im Tal. Man zeigt, wie man wohnt. Oder, wie es auf der Plattform des Schlossbergturms zu lesen steht: Man sieht und zeigt *Lebensart*. Der Schwarzwald, wie ihn die Bildbände herzei-

Ansichtskarte „Höhengasthaus Buckhof"
Schwarz-Verlag Kenzingen (HB 05)

Richard Schindler,
Höhengasthaus
Buckhof heute
aufgenommen

gen, ist eine Lebenswelt. Und also mehr als wir uns gemeinhin unter „Landschaft" vorstellen. Aber was ist das Besondere *dieser* Landschaft, *dieser* Lebenswelt? Glasbläser, Gasthausschilder und Gartenzwerge, alte Haudegen, Heimarbeiter und Häuser gibt es auch anderswo. Gibt es hier dennoch etwas, was es sonst nirgends gibt?

Sicher gehen wir recht in der Annahme, dass Autoren und Herausgeber der Bildbände attraktive und charakteristische Abbildungen für das Cover ihrer Bücher gewählt haben. Deshalb wollen wir uns, von Außen nach innen fortschreitend, zunächst diesen Coverabbildungen zuwenden. Ausstattung und Gestaltung der Umschläge selbst bleiben für diese Analyse unberücksichtigt.

**Stürtz: Die Schönsten**

Konzentrieren wir uns unmittelbar auf die beiden auffälligsten Merkmale des Bildes: die Blickperspektive und den Ausschnitt. Der Ausschnitt fokussiert auf keinen besonderen Bildgegenstand. Haus, Straße, Stromleitung sind an den unteren, der Wald ist an den oberen Bildrand gerückt. Weder Haus noch Wald sind im Bildzentrum. Aber auch die Wiese, mit Obstbäumen und Weg, die rein formal die Bildmitte einnimmt, wird man nicht als primären Bildgegenstand ansprechen wollen. – Das Haus in der leicht ansteigenden „Talsohle" und das stetig steiler werdende Gelände dahinter bilden eine Kontinuität, die den formalen innerbildlichen Gegensatz von Unten und Oben vermittelnd aufhebt. Wege führen nach oben, und der dichte Baumbestand lockert sich nach unten hin immer weiter auf. Oben und Unten sind nicht kontrastierend gegen einander gesetzt, sondern über Farbe und Formen ineinander verschränkt. Und in beiden Richtungen, sowohl zum oberen wie zum unteren Bildrand, verdeutlichen bildnerisch formale und inhaltliche Mittel Verlängerungen über die Bildkanten hinaus. Straße und Stromleitung unten, Bäume und Wege, die darin verschwinden, oben. Das Haus mit Stromanschluss, Parkplatz und Zufahrtsstraße erscheint als der vorletzte Posten (Wege und Stromleitungen führen weiter) einer technisch-industriellen Welt, die an dieser Stelle allmählich in gepflegtes Bergland übergeht.

Das zweite auffällige Merkmal dieses Bildes: Auf dem Foto ist kein Horizont zu sehen. Was wir vor uns haben, ist eine Draufsicht (keine Ansicht oder Weitsicht). Dennoch können wir begründete Annahmen darüber äußern, wie sich das Gelände rund um das Haus fortsetzt. Das „aufgeräumte", „saubere" Land verspricht nichts aufregend anderes und der Berg kann so hoch nicht sein, wenn von rechts eine tief stehende Sonne in die Szene leuchten kann (zumindest dort befindet sich kein Bergmassiv, auch der Weg führt dorthin weiter).

*Coverabbildung (Detail). Raach, Karl-Heinz (Bilder), & Joachim Sterz (Texte) (1995) Schwarzwald. Die schönsten Landschaften in Deutschland. Würzburg: Stürtz*

Die Draufsicht ist eine Sicht, die uns gleichsam in eine Sache hineinschauen lässt. Sie gibt Einblick, lässt „tief" blicken. Im Unterschied zu einer Sicht von unten, die das Gezeigte groß oder gar übermächtig erscheinen lässt, verkleinert (formal technisch: verkürzt) die Draufsicht das Gesehene. Es ist die Perspektive des Erwachsenen auf spielende Kinder, Pflanzen oder kleine Tiere am Boden. Die Draufsicht erhebt den Betrachter über das Betrachtete, das durch die Verkleinerung zugleich niedlich, ungefährlich, harmlos erscheint. Im Falle einer Landschaft, oder eines Landschaftsausschnittes wie hier, entsteht der Eindruck eines Modells. Etwas Unwirkliches haftet ihm an, das in der Verkleinerung (wie in einer Puppenstube) alles liebenswert erscheinen lässt.

Diese Draufsicht ergibt sich deutlich nicht von selbst. Die Sicht ist erzeugt durch einen Teleblick, der den Ausschnitt wie unter einer Lupe nahe rückt und dabei den Horizont vermeidet. Fassen wir diese Feststellungen zusammenfassen und beantworten die Frage nach dem eigentlichen Gegenstand des Bildes: Bildgegenstand ist der Ort von Haus und Umgebung. Dieser Ort ist sinnstrukturell dadurch gekennzeichnet, dass er am Rande einer technischen Welt lokalisiert ist, die in die sichtbare des Fotos nur hineinreicht, ohne sie wesentlich zu bestimmen oder gar zu dominieren. Dieser Analysebefund wird dadurch unterstrichen, dass nicht feststellbar ist, wo genau sich dieses Haus, die Wiesen und Bäume befinden. Denn darauf kommt es sichtlich nicht an. Was zählt, ist der Ort an sich und sein modellhafter Charakter.

Das Modellhafte verweist, wie tatsächlich Modelle, auf zwei bedeutsame Struk-

*Seite 47. Raach, Karl-Heinz (Bilder), & Joachim Sterz (Texte) (1995) Schwarzwald. Würzburg: Stürtz*

*Seite 73. Raach, Karl-Heinz (Bilder), & Joachim Sterz (Texte) (1995) Schwarzwald. Würzburg: Stürtz*

turmomente auch dieses Bildes: zum einen auf die Abstraktion. Modelle sind Abstraktionen, insofern sie nicht in allen Teilen der „Wirklichkeit" entsprechen. Zum Beispiel ist das Modell einer Brücke wirklichkeitstreu in Bezug auf die Struktur der Brückenkonstruktion, nicht aber in Bezug auf die tatsächlichen Proportionen oder das Material, aus dem die Brücke besteht. Zugleich veranschaulicht ein Modell abstrakte Zusammenhänge, die sonst unanschaulich blieben (ein Atommodell zum Beispiel). Das zweite Moment ist das des Vorbildes. Im Bereich der Technik sind technische Modelle Muster, nach denen etwas gebaut werden kann. Diese Bedeutung des Modellbegriffs klingt noch im Begriff des Modells in der Modebrache (dem modebewusste Menschen nacheifern) oder des Modells des Bildhauers, der seine Skulptur nach diesem fertigt. Das Modell stellt Zusammenhänge idealtypisch oder idealisierend dar, eben als Vorbild.

Diese Momente beschreiben die Sinnstruktur dieses Fotos. Indem es durch Draufsicht und horizontlosen Ausschnitt eine modellhafte Szene menschlichen Wohnens schafft, erzeugt das Foto ein abstraktes Landschaftsbild, das gleichwohl Idealtypisches oder Idealisierendes im Wohnen der Menschen anschaulich macht: Als Außenposten am Rand einer technischen Welt ist die Welt dieses Fotos die Utopie der technischen Welt selbst. Ganz für sich und doch nicht losgelöst – Teil eines Ganzen.

Wenden wir uns nun dem Inneren des Bildbandes zu und konzentrieren uns auf die Abbildungen als solche, lassen Texte, Bildunterschriften und Seitenlayout außen vor. Um das Ergebnis der nun anstehenden Untersuchung möglichst kontrastreich mit dem der bisherigen Analyse zu konfrontieren, greifen wir solche Abbildungen heraus, die dem Ersteindruck nach dem bisherigen Ergebnis widersprechen. Dazu bieten sich die Abbildungen von Seite 73 und 47 an: Sie haben einen klar erkennbaren Bildgegenstand, zeigen keine häusliche Bebauung und wirken insofern nicht paradiesisch, als sie einerseits viele Menschen, Technik und wenig Natur zeigen und andererseits überhaupt nichts Menschliches.

Die Abbildung von Seite 47 zeigt einen Skilift mit zahlreichen Menschen, die Abbildung von Seite 73 einen Blick über hügelige Wiesen und bewaldete Senken auf fernere Berge. Ins Auge fallend ist die Anonymität der Aufnahmen: der Skilift könnte wohl in jedem Skigebiet sein, jedenfalls weist nichts auf eine spezifische Lokalität im Schwarzwald hin. Das gleiche gilt für die Aufnahme von Seite 73. Aber wie auf dem Coverfoto ist der Betrachterstandpunkt durch augenfällige Wahl eines hoch gelegenen Kamerastandortes definiert. Die Horizontlinie erscheint auf beiden Fotos knapp unterhalb des oberen Bildrandes und erzeugt die bereits analysierte Draufsicht.

Darüber hinaus sind beide Fotos durch ein fotografisches Interesse an bildnerischen Strukturen gekennzeichnet (im Unterschied etwa zu einem dokumentarischen Interesse). Im einen Fall ist es die Reihung der zu Bildpunkten geronnenen, bunt gekleideten Menschen, die als grafisches Muster das Bild nach Prinzipien von Häufung und Streuung bestimmen. Im anderen ist es der rhythmische Wechsel von Hell und Dunkel der schräg über das Bild verlaufenden Streifen. Auf dem Foto mit dem Skilift sind die menschlichen Figuren nicht nur formal (als bunte Punkte neben den dunklen Elementen der technischen Anlage), sondern tatsächlich in die technische Struktur des Lifts eingebunden. Die Menschen sind sichtlich integraler Bestandteil einer Fördermaschine, die ohne sie keinen Sinn machte.

Auf dem anderen Foto dagegen sind überhaupt keine Menschen zu sehen – nicht unmittelbar jedenfalls. Aber vermittelt durch die gemähten Wiesen (wir sehen keinen undurchdringlichen Dschungel) sind sie dennoch anwesend. Nicht körperlich, aber als ordnende Hand: gärtnerisch gepflegtes Land, ordentlich, wie gekämmtes Haar. Wie die grafische Komposition des Bildes Ausdruck ist für den ordnenden Geist des Fotografen, so ist das geordnete Land auf den Fotos konstruiert als idealtypischer menschlicher Ausdruck gestalterischen Handelns an der Natur.

Kein formaler, kein inhaltlicher Widerspruch trübt die Erscheinung dieser Fotos – in den bildnerisch ausgeglichenen Kompositionen erscheinen Technik und Mensch einerseits, Land und Mensch andererseits paradiesisch versöhnt. Solange man diese Verhältnisse als problematisch denken mag. Zu sehen ist davon nichts. Mitunter wirken die Bilder, in ihrer geduldigen Anstrengung zur Komposition, in ihrem Bemühen wegzusehen, schmerzhaft blind.

Lassen wir die Umschlaggestaltung als solche außer Acht und konzentrieren uns auf das Landschaftsbild. Wir vernachlässigen auch das kleine Foto mit der Trachtengruppe am linken Bildrand und weisen nur darauf hin, dass es in Verbindung mit dem großen Bild, wie unter einer Lupe, Menschen zeigt, die wir wie selbstverständlich mit dem abgebildeten Haus in Verbindung bringen.

Erkennbar ist das Foto von nahezu gleichem Standort aufgenommen wie das weiter oben analysierte. Es zeigt dasselbe Haus mit Wiese, Bäumen und angrenzendem Wald (und ist ebenfalls von Karl-Heinz Raach aufgenommen). Der Blickwinkel ist nicht ganz identisch, Jahres- und Tageszeit sind andere und der sichtbare Bildausschnitt ist größer. Auffällige Differenzen gegenüber dem ersten besprochenen Coverbild sind demnach: ein zweites Haus auf der rechten Bildseite, ein schmaler Himmelstreifen und die Farben von Hausdach und Feld.

Die deutlich tiefer stehende Sonne mag die intensivere Farbe des Hausdaches erklären – aber für die zu rekonstruierende Sinnstruktur einer Erscheinung sind nicht vermeintliche oder tatsächliche Gründe von Belang, sondern deren Effekte im Hinblick auf die Bedeutung des Bildes. Gleichgültig daher, ob das intensive Rot durch die untergehende Sonne oder durch einen Farbfehler beim Druck des Schutzumschlags verursacht ist, für unsere Analyse ist entscheidend, dass kein Hausdach so aussieht. In die-

*Coverabbildung (Detail). Raach, Karl-Heinz, & Hans W. Karger (Fotos), Hans-Albert Stechl (Text) (2003) Schwarzwald. München: C.J. Bucher (Ullstein Heyne List)*

**Bucher: Reisen**

*Seite 64. Vom Schauinsland. Der hochgelegte Horizont zwingt den Blick nach unten. Raach, Karl-Heinz, & Hans W. Karger (Fotos), Hans-Albert Stechl (Text) (2003) Schwarzwald. München: C.J. Bucher (Ullstein Heyne List), Foto: Raach*

*Zweribachfall. seehafer-fotografie.de (links)*

*Zweribachfall. Raach, Karl-Heinz, & Hans W. Karger (Fotos), Hans-Albert Stechl (Text) (2003) Schwarzwald. München: C.J. Bucher (Ullstein Heyne List), S. 94 (rechts), Foto: Raach*

*Jean-François Millet, Angelus (1814–75)*

sem starken Rot wirkt es geradezu künstlich und verstärkt dadurch den oben herausgearbeiteten modellhaften Charakter des Landschaftsbildes. In stärkstem Farbkontrast zum Grün der Wiesen und des Waldes gleicht es einem Häuschen aus einem Katalog von Faller (Modelleisenbahn-Zubehör), abgesehen von der unmittelbar ins Auge fallenden Farbkorrespondenz zwischen dem *Dach* des Hauses und den *Hüten* der Trachten auf dem kleinen Foto. Der Modellcharakter des Hauses wird formal durch Stromleitung und Weg an das benachbarte Haus weiter gegeben. Die beiden Häuser sind miteinander und mit einem großen verkehrstechnischen und energietechnischen Netz verbunden.

Während die erste analysierte Coverabbildung auf das Paradiesische an sich abhebt, indem es *einen* Wohnort als *den* Ort des Wohnens zeigt, erscheint das Paradiesische hier als Austauschverhältnis der Häuser (und Menschen); als Miteinander in

gemeinsamem Eingebundensein in übergeordnete technische und damit gesellschaftliche Zusammenhänge. Wieder gilt: für sich, aber nicht allein.

Bei dem nachfolgenden Bild mit hoch gelegtem Horizont wird der Blick geradezu nach unten genötigt. Es ist, als würde man mit der Nase darauf gestoßen; als würde man über einen Schaukasten (oder eine Landschaft einer Modelleisenbahn) gebeugt werden; als müsse man den Kopf neigen, wie im Gebet. Es sind Andachtsbilder.

Wie zwingend die Kopfneigung des Betrachters erfahrbar ist, zeigt ein Vergleich eines Fotos aus diesem Bildband mit einem beliebigen Bild des gleichen Motivs aus dem Internet. Beide Abbildungen zeigen den Zweribachfall bei Simonswald. Während das Internet-Bild den Blick nach oben, zum Himmel lenkt, den Wasserfall groß und hoch, uns selbst klein erscheinen lässt, dringt das Bucher-Bild geradezu in die Tiefe. Was größer ist als wir, wird auf „Du und Du", in gleiche Höhe gebracht.

Das Cover-Foto von Werner Richner reproduziert eine Bildstruktur, der wir schon bei den Ansichtskarten begegnet sind. Die dunkle, nahezu schwarze Silhouette der Nadelbäume (im Gegenlicht einer tief stehenden Sonne) bildet eine schier unüberwindliche Barriere im Vordergrund. Sie erzeugt jenen Bühnenraum, von dem schon die Rede war.

Im klassischen Theater wird der Spielraum der Bühne durch Vorhang und Orchestergraben erzeugt – aber es gibt andere Techniken, wie die der Verdunklung des Zuschauerraumes im Kino oder die der Absperrung bei Sportveranstaltungen wie Boxkämpfen oder Motorradrennen. Das Spiel, damit es überhaupt stattfinden kann, erfordert eine räumliche und/oder zeitliche Markierung, einen Hiatus zwischen dem aktuellen Wirklichkeitsraum (in dem die Zuschauer sich befinden) und dem ebenso aktuellen, aber fiktiven Raum des Spiels[267] in dem per definitionem andere Regeln gelten: die Spielregeln eben.

Wenn wir (umgekehrt) eine räumliche Markierung vor uns haben, müssen wir annehmen, dass jenseits dieser Grenze andere Regeln gelten. Jeder Weidenzaun macht dies, manchmal unmissverständlich mit Stromstößen, deutlich – für Tier *und* Mensch. Der Umstand, dass wir mit dem Blick auf dieses Foto in einen Bühnen-Spielraum sehen, wird gesteigert durch den weißen Schutzumschlag des Buches: wie ausgestanzt bildet er Öffnung und Rahmen für den Bildraum des Fotos.

Geschützt und abgetrennt zugleich blicken wir, wie durch ein Fenster in eine andere Welt. Ob dort Abschied oder Begrüßung ist, ob die Sonne auf oder unter geht, ist

*Coverabbildung (Detail). Richner, Werner (Fotos), & Hermann Ebeling (Texte) (1991) Schwarzwald. Lebendige Landschaft in Licht und Dunkel. Karlsruhe: G. Braun*

*Coverabbildung (Detail) Rückseite. Richner, Werner (Fotos), & Hermann Ebeling (Texte) (1991) Schwarzwald. Lebendige Landschaft in Licht und Dunkel. Karlsruhe: G. Brau*

**Braun: Licht und Dunkel.**

*Seite 65. Spaude, Edelgard (Texte), & Hans W. Karger (Bilder) (1969) Impressionen Schwarzwald. Freiburg: Rombach*

*Seite 56. Spaude, Edelgard (Texte), & Hans W. Karger (Bilder) (1969) Impressionen Schwarzwald. Freiburg: Rombach*

nicht auszumachen. Nur dass der Raum, den Farben und Formen auf einer Fläche erzeugen, dass die Welt wofür er steht, illusionistisch bleibt, ist klar: Wir können das Bild nicht, nicht diese Bühne betreten. Könnten wir die dunkle Silhouette überwinden und tatsächlich dort gehen, wo der Nebel sanfte Übergänge schafft und die Wetterlage Wind verspricht, die Welt die wir sehen, wäre nicht mehr. Es gibt sie nur um den Preis, von ihr getrennt zu sein.

Diese Landschaft, dieses Landschaftsbild, ist unerreichbar. Auch für den Fotografen gab es nur den *Blick* in diese Welt, nicht sie selbst. Als wäre die Rückseite des Bildbandes ein bestätigender Kommentar, zeigt er tatsächlich den Blick aus einem Fenster: Wir sehen einen alten Mann – sehen. Er schaut nicht in die Ferne, er blickt uns an, schaut in die Kamera. Der Fotograf mit seinem Apparat (an dessen Stelle wir uns als Betrachter befinden) mag nicht weniger unwirklich und phantastisch angemutet haben, als dieser Mann mit seinen unwirklichen Vögeln und dem kleinen Vogelkäfig. In gebückter Haltung befindet er sich in einem Gehäuse, von dem wir nicht wissen, ob es nur schützt, oder schon gefangen hält.

Mit den Cover-Fotos dieses Bandes wird ein Landschaftsbild geschaffen, das sich als unwirklich und unerreichbar bestimmt. Ein Un-Ort (Utopie), der nur geträumt besteht. Das Schwarzwaldbild dieser Konstruktion kann als enge Zelle gefürchtet, als weiträumiger Raum der Phantasie erwünscht sein. Es ist, wie jeder Theaterraum, das Bild einer Projektionsfläche idealisch heimlicher Gefühle.

Die auffällige Zusammenstellung dieser beiden Fotos auf Vorder- und Rückseite des Buches mag die Deutung nahe legen: Der Ausblick auf der Rückseite sieht die Landschaft auf der Vorderseite (oder zukünftige, andere), aber tatsächlich bietet die Rückseite nicht Ausblick in eine Landschaft (von der im Band die Rede ist), sondern den Blick in einen Fotoapparat. Ist aber, was wir sehen, wenn wir aus dem Fenster sehen, Landschaft, dann ist *diese* Landschaft der *Apparat*. Und zwar genau *der* Apparat, der Landschaft (von der im Band die Rede ist) konstituiert.

**Rombach I: Impressionen**

Der Band des Rombach-Verlags überrascht mit der Konsequenz, mit der das bereits beschriebene Prinzip des hochgelegten Horizonts, der Draufsicht Anwendung findet. Zwei Bildbeispiele sollen genügen: Im einen Fall (Seite 65) wird unbekümmert in Kauf genommen, dass die linke obere Bildecke wie abgeschnitten wirkt; im andern Fall

(Seite 56) schneidet die Bildkante wie ein Rasiermesser durch eine Baumkrone und erzeugt an der entstehenden Kante eine senkrechte Zweiteilung des ganzen Bildes.

Im Hinblick auf die Erzeugung des Landschaftsbildes bedeutet das zweierlei: zum einen, dass die gegebenen innerbildlichen Sachverhalte keinerlei Einspruchsrecht gegenüber dem Prinzip der Draufsicht haben. Unbekümmert um die Folgen für den Gesamteindruck wird der Blick in die vorgefasste Perspektive gezwungen. Zum anderen wird gerade dadurch (und im Gegenzug zu diesem erstgenannten Bedeutungsaspekt) ein wesentliches dokumentarisches Moment deutlich: Die Fotos machen gegenüber allen bisher betrachteten Bildern unzweifelhaft *sichtbar*, dass das Gezeigte nur ein (schmerzhaft erkaufter) Aus-schnitt *ist*. Keines der beiden Fotos ist bildkompositorisch so gerundet, dass es als eine für sich stehende, abgeschlossene Einheit gelten kann.

*Ein Modell von „Faller"? Seite 81. In: Spaude, Edelgard (Texte), & Hans W. Karger (Bilder) (1969) Impressionen Schwarzwald. Freiburg: Rombach*

*Eine Modelleisenbahn-Landschaft? Seite 22. In: Spaude, Edelgard (Texte), & Hans W. Karger (Bilder) (1969) Impressionen Schwarzwald. Freiburg: Rombach*

Damit wird zugleich deutlich, dass die in zahlreichen anderen Bildern feststellbare Draufsicht nur ein *angewandter* Blick von oben ist; eine bildnerisch gewollte Steigerungsform der im Schwarzwald *tatsächlich* häufig möglichen und notwendigen Draufsicht. Demgegenüber erscheint in diesen beiden Fotos die Draufsicht „ganz natürlich".

Darüber hinaus macht das Foto von Seite 56 kenntlich, dass der hochgelegte Horizont allein nicht hinreicht, um das beschriebene „Andachtsbild" zu erzeugen. Obwohl kaum etwas vom Horizont zu sehen ist, befinden sich Haus, Wiesen, Bäume und Straße auf gleicher Höhe wie das Kameraauge, das jetzt unseres ist. Wir stehen weder (überheblich) oberhalb und blicken auf die Szene herab, noch neigen wir das Haupt in stiller Einkehr in eine vorgeblich berührungslose jenseitige Schönheit eines Paradiesgärtleins. Diesen Bildern nimmt man ab, dass „es" so ist, wie sie „es" zeigen. Das sieht nun gleich wieder ganz anders aus, wenn wir die Fotos von Seite 81 und Seite 22 betrachten.

Beide Fotos demonstrieren noch einmal die Draufsicht ohne Horizont und machen unmittelbar einsichtig, dass in dieser Perspektive kaum mehr zu entscheiden ist, ob wir in eine „tatsächliche" Landschaft, oder in ein Landschaftsmodell (eines Eisenbahn-Fans) blicken. Das wird besonders augenfällig, wenn wir vergleichsweise ein solches Modelleisenbahnfoto daneben halten:

*Modellfoto aus dem Internetangebot für Eisenbahnmodellbauer*

Zwei weitere Vergleichsabbildungen sollen stellvertretend demonstrieren, dass Fotografen von Modelllandschaften besonders *eine* fotografische Möglichkeit nutzen,

*Modellfoto aus dem Internetangebot für Eisenbahnmodellbauer*

*Modellfoto aus dem Internetangebot, Bahnhofsmodell*

um ihren Modellen ein wirklichkeitsgetreues Aussehen zu geben: Sie tragen dafür Sorge, dass über ihren Modellen ein Stück Himmel zu sehen ist: *der* Garant für „Echtheit", der, wie gezeigt, in vielen Schwarzwald-Fotos ausgeblendet wird; mit dem beschrieben Effekt, eine „traumhaft schöne", vorbildliche (modellhaft paradiesische) Landschaft zu erzeugen.

Bei der Analyse der Bilder dieses Bildbandes wird *ein* Problem der Landschaftsfotografie besonders auffällig: Zum einen sind die Fotos, qua Ausschnitt und Betrachterperspektive, immer auch Bild*konstrukte*; zum anderen sind sie, weil sie nun einmal von „tatsächlich" vorhandenen Lichtverhältnissen belichtet werden, Bild*dokumente*.

Fotos sind die Vermittlung beider Momente. Sie können aber mit den vielfältigsten Mitteln sowohl in Richtung des einen wie in Richtung des anderen Moments entwickelt und genutzt werden. Im Hinblick auf das Landschaftsbild „Schwarzwald" werden, je nach Interesse und Fähigkeiten der Fotografen und Herausgeber, beide Mög-

*Alpenblick. Spaude, Edelgard (Texte), & Hans W. Karger (Bilder) (1969) Impressionen Schwarzwald. Freiburg: Rombach*

lichkeiten genutzt. Dennoch steht bei den von uns gesichteten Schwarzwaldbildern das Bildkonstrukt „Schwarzwald" im Vordergrund. Das Schwarzwaldbild wird mit fotografisch-bildnerischen Mitteln konstruiert.

Wenn der bevorzugte Blick *nicht* ins Tal, *nicht* ins horizontlose Detail gerichtet ist, ist er in die Ferne gerichtet. Die liegt in einem anderen Land. Vom Schwarzwald aus geht der fotografische Blick nach Frankreich oder in die Schweiz, er richtet sich auf die Vogesen oder die Alpen aus. Beide Gebirge sind *das Andere* des Schwarzwalds: die Vogesen das geschwisterliche Andere, das nach den Rekonstruktionen der Geologen tatsächlich einmal mit dem späteren Schwarzwald verbunden war; die Alpen aber dürfen als das utopische Andere des Schwarzwaldes gelten.

Für den Blick vom Schwarzwald bilden beide Gebirge (gute Sicht vorausgesetzt) den Horizont – bildhaft gesprochen ist das immer auch die Zukunft, im besten Fall die gute Zukunft, eine Utopie. Vermutlich gibt es keinen Bildband vom Schwarzwald, der nicht wenigstens einen einzigen Blick in das andere (gelobte) Land zeigte. Als das „gelobte" Land können die Alpen in unserem Zusammenhang angesehen werden, weil sie, wie eingangs dieses Kapitels gesagt und gezeigt, in Gastraum und Treppenhaus des „Höhengasthauses Buckhof" aufgehängt sind.

Nur in ganz besonderen Fällen hängt sich jemand Bilder an die Wand, sichtbar für Gäste oder Besucher, die man *nicht* mag.[268] Was an den Wänden für jedermann ausgestellt ist, ist als Empfehlung zu verstehen: Schau dir das an – ist das nicht schön, gut, interessant, aufregend? Implizit erwartet der Aussteller nicht nur Aufmerksamkeit für das, was er zeigt, sondern auch Zustimmung – nicht unbedingt ausdrücklich aber wortlos.

Der Blick zu den Alpen ist im vorliegenden Bildband (was wir schon kennen) als Blick in einen Bühnenraum konstruiert: am unteren Bildrand die dunkle Barriere der „Bühnenkante", darüber die schemenhafte Erscheinung der Alpen, im Licht der unendlichen Weite eines zarten Himmels. „Schöneres" kann es kaum geben – wenn wir nicht wüssten, dass dort keineswegs alles „so schön" ist, wie es aus der fernsten Ferne scheint. Das kaum wahrnehmbare Verschweigen dieser Wahrheit bringt solche Bilder an den Rand (oder über diesen hinaus) zum Kitsch. Was einzig die Bühnenkante überragt, ist ein Kirchturm. Selbstverständlich ist dieses Bauwerk, wie immer, so auch hier in diesem Bild, Metapher für ein geistig Göttliches. Das sollte für unsere Zwecke hinreichen, um die Feststellung zu begründen, dass die Alpen zum Schwarzwald gehören: als dessen utopisch Anderes. Es wird nicht nötig sein, ausführlich darauf einzugehen, dass zumindest die Windkraftanlagen an der Holzschlägermatte, diese zum Schwarzwald gehörende, jenseitige Welt nicht stören *können*.

An dieser Stelle wollen wir das Cover-Foto des im Vorausgegangen besprochenen Bildbandes nachtragen. Der Bildgegenstand kontrastiert zu zahlreichen Abbildungen des Mühlenmotivs in anderen Bildbänden, auch in diesem zweiten desselben Verlags.

Alle drei Bilder (es gibt in den meisten Bildbänden mehrere Abbildungen von Mühlen) zeigen Rad und Wasser. Aber diese Cover-Abbildung lenkt die Aufmerksamkeit durch gezielte Unschärfe ausdrücklich auf die Bewegung von Wasser und Rad; auf den Kontrast von Statik und Dynamik: auf Haus, Mauer und Steine einerseits, Wasser und Rad andererseits.

Das Foto beschränkt sich auf die Wiedergabe der nächsten unmittelbaren Umgebung und fokussiert den Blick auf die Zusammengehörigkeit des Bewegten. Zahlreiche Abbildungen (vgl. die beiden folgenden) erläutern die Art und Weise dieser

*Coverabbildung (Detail). Spaude, Edelgard (Texte), & Hans W. Karger (Bilder) (1969) Impressionen Schwarzwald. Freiburg: Rombach*

**Rombach II: Stimmungen**

*Seite 89 oben. Eine von drei Perspektiven. In: Reiter, Nikolaus (Hg.) Schwarzwald Stimmungen. Bilder vom mittleren und südlichen Schwarzwald. (1992³) Freiburg: Rombach*

*Seite 89 unten. Eine von drei Perspektiven. In: Reiter, Nikolaus (Hg.) Schwarzwald Stimmungen. Bilder vom mittleren und südlichen Schwarzwald. (1992³) Freiburg: Rombach*

Zusammengehörigkeit: nämlich als Bewegtes und Bewegendes. Sie zeigen die Mechanik ihres Zusammenwirkens als einfach zu durchschauende Technik.

Es gibt einige historische Mühlen und manche sind sehr bekannt. Dennoch sind sie keine wiedererkennbaren Einrichtungen, wie zum Beispiel das Freiburger Münster. Zudem beschränken sich die Fotos auf die Wiedergabe der unmittelbarsten Umgebung, so dass im Einzelnen nicht festzustellen ist, wo sich die jeweilige Mühle befindet bzw. welche Mühle wir jeweils sehen (im Bildband finden sich keine Angaben über den Bildgegenstand des Cover-Fotos). Dies und die Konzentration der Darstellung auf die benannte Zusammengehörigkeit rückt das funktionale, das technische Getriebe in den Mittelpunkt der Aufmerksamkeit. Man erkennt unterschlächtige bzw. oberschlächtige Räder, die Art und Weise, wie das Wasser herangeführt und abgeleitet wird usw. Der Blick auf die Technik wird unter Umständen dadurch noch hervorgehoben, dass mehrere Abbildungen derselben Anlage aus verschiedenen Perspektiven gezeigt werden. So auch im vorliegenden Rombach II Band.

Die Mühle ist der einzige Bildgegenstand, der in Bildbänden zum Schwarzwald *wegen* seiner Technik abgebildet wird.[269] Brücken, Stauwehre, Eisenbahnanlagen und Straßen werden nicht um ihrer Technik willen, sondern wegen ihres Passungsverhält-

nisses mit der Landschaft gezeigt. Denn deren Technik ist nun völlig transparent: Nichts bewegt sich, es sind keine Maschinen oder Apparate.[270] Vor allem Brücken und Stauwehre sind technische Einrichtungen, deren Grundprinzip unmittelbar verständlich ist. Die Brücke verbindet eine Talseite mit der anderen, überbrückt ein Wasser, und das

Seite 118. In: Reiter, Nikolaus (Hg.) Schwarzwald Stimmungen. Bilder vom mittleren und südlichen Schwarzwald. (1992³) Freiburg: Rombach

Seite 75. In: Reiter, Nikolaus (Hg.) Schwarzwald Stimmungen. Bilder vom mittleren und südlichen Schwarzwald. (1992³) Freiburg: Rombach

*Seite 86. Aussichtsturm auf dem Brend. In: Reiter, Nikolaus (Hg.) Schwarzwald Stimmungen. Bilder vom mittleren und südlichen Schwarzwald. (1992³) Freiburg: Rombach*

*Max Burgmeier, Frühlingslandschaft, (Scheibenschachen), Öl auf Karton, 36 x 46 cm, 1934, in: Hans Hofstetter, Paradies in Bildern. Freiburg 2001*

Wehr staut es zurück. Das sind Techniken, die Kinder beim Spielen mit einfachsten Mitteln proben.

Was an Mühlen interessant ist, ist demgegenüber ihre gesteigerte Komplexität, die in ihrer dennoch nachvollziehbaren technischen Schlichtheit sich selbst vorführt. Die unmittelbar einsichtige Verschränkung der Einrichtung mit der Wasserkraft demonstriert bei aller Einfachheit eine Könnerschaft: das Geschick, mit der die Kraft des Wassers für menschliche Zwecke genutzt wird.²⁷¹

Ein nur scheinbar weniger direktes und weniger spezifisches Verhältnis von Mensch und Natur in Form von Technik zeigen die Fotos von Pferden, Kühen, Äckern, Wiesen und Wäldern. Dennoch ist unmittelbar einsichtig, dass diese Bildgegenstände selbstverständlich ausnahmslos für Kulturtechniken stehen (wie das berühmte Schwarzwaldhaus), die *wiederum* sehr einfach nachvollziehbare Zusammenhänge veranschaulichen, von denen wir aber wissen, dass sie tatsächlich sehr komplex sind und von hoch ausgebildeten Fachkräften betreut und betrieben werden. Auch Haustiere im Schwarzwald sind Teil einer modernen Milch- oder Fleischwirtschaft und Gegenstand nicht nur lokaler Anstrengungen, sondern mitunter Zankapfel weltwirtschaftlicher und politischer Auseinandersetzungen.

Mit diesen Bildern sehen wir die vielleicht kleinsten Elemente großer gesellschaftlicher Bemühungen um Leben und Überleben. Die Fotos behaupten, dass es gelingen kann. Die Bilder sind, wie das Land, das wir von Aussichtstürmen, aus der Ferne des Rheintals sehen können, lautlos und ohne Gezänk.

Dass die Menschen hier um diese Zusammenhänge wissen, dass sie diese Sachverhalte sich selbst und anderen immer wieder vor Augen führen, und dass nicht zuletzt genau *dies* den Schwarzwald kennzeichnet, demonstrieren die Aussichtstürme, von denen auch in diesem Band eine Abbildung nicht fehlen darf.

Es ist kein Zufall, dass sich bei der Beschreibung und Analyse der Bilder große Worte einstellen. Nach der rekonstruierten Sinnstruktur dieser Abbildungen geht es tatsächlich um Großes – und es zeigt sich am Kleinen, das wahrzunehmen die Fotografen Kopf und Kamera neigen; es zeigt sich dem Blick hinunter ins Tal, in dem alles zueinander rückt und die große Geste sichtbar wird, mit der das Land gestaltet ist; es zeigt sich im Blick in ein anderes Land, im Dunst der Licht- und Farbperspektiven, die nur ahnen lassen.

**Künstlerische Schwarzwaldbilder.** Künstlerische Landschaftsbilder sind keine Dokumente im Sinne einer Feststellung dessen, was buchstäblich zu sehen ist. Der künstlerische Blick ist immer der eines Künstlers. Das bedeutet nicht, dass sich in den künstlerischen Bildern nichts Objektives artikuliert. Im Gegenteil: Subjektivste Seherfahrung erweist sich durch künstlerische Artikulation als allgemeingültig – Kunstwerke sind von allgemeinem Interesse, nicht weil man Gefallen fände an persönlichen Vorlieben oder Abneigungen (dass Goethe ein besonderes Gefallen gefunden haben soll am Geruch faulender Äpfel, ist nicht, was ihn zum wertgeschätzten Dichter gemacht hat), sondern weil sich in den Werken eine allgemeinmenschliche Erfahrung gespeichert findet (zum Abholen bereit, wie Waffen deponiert in einem offenen Versteck; frei nach Lacan).

„Die Betrachtung der Bilder (vom Schwarzwald in Kunstwerken, Anm. d. Verf.) macht vieles als Besonderheit oder als spezifisches Charakteristikum bewusst. Allerdings haben die Maler, nach der Sichtung aller verfügbaren Werke, offenbar überhaupt

Hans Thoma, Rhein bei Säckingen,
Öl auf Leinwand, 63,5 x 112,5 cm, 1873,
in: Hans Hofstetter, Paradies in Bildern.
Freiburg 2001

erst dann den Zustand des Schwarzwaldes in Bildern festgehalten, als eine „breitere Erschließung des Berglandes" begann. Ein Zeitraum, konstatiert Hans Hofstätter, „in welchem die Landschaft relativ wenigen einschneidenden Veränderungen unterlag … in der Arbeits- und Sozialstruktur sich aber erhebliche Umschichtungen vollzogen."[272]

Bei der Betrachtung der Bildwerke wurde schon zu diesem frühen Zeitpunkt (zu dem die Ausstellung von Hofstätter zusammengestellt wurde) deutlich, dass und „wie Wirklichkeit und Darstellung oftmals divergieren, vieles niemals in Gemälden, aber häufig in Druckgraphiken oder Illustrationen gezeigt wird, oftmals die schwerwiegendsten Probleme und Nöte bildhaft überhaupt nicht angetroffen werden. Aber wenn man um das Unausgesprochene weiß, erscheint das, was die Bilder zeigen, oftmals in anderem Licht. Darin liegt keine Flucht aus der Wirklichkeit in den Illusionismus des schönen Scheins einer heilen Welt, sondern vielmehr die Überzeugung, von der Geringfügigkeit der vergänglichen Existenz gegenüber dem, was bleibt und sich durch Generationen weiter bildet." Auch diese idealtypisch anmutenden Bilder dürfen, so Hofstätter weiter, nicht vergessen lassen, „dass auch jenes Erscheinungsbild, welches die Gemälde wieder geben, den Schwarzwald nicht so zeigt, wie er von jeher war, sondern einen vorübergehenden Zustand im Laufe einer langen Entwicklung und ständigen Veränderung."[273]

Schon gegen Ende des vorletzten Jahrhunderts „betrachteten die Schwarzwaldmaler nur noch die Tradition als Motivquelle. Es scheint häufig so, als wolle er im letzten Moment noch auf etwas aufmerksam machen, was bald in Vergessenheit geraten sollte".[274]

„Der Fortschritt, der Mitte des 19. Jhd. z.B. von Johann Baptist Kirner noch ironisch dargestellt wurde, war am Ende des Jahrhunderts für die Schwarzwaldmaler kein Thema mehr."[275] Die bäuerlichen Motive weichen dem Landschaftsbild. Dabei

Bernd Völkle, Schnee von Gestern,
(Tauwetter im Schwarzwald),
Öl auf Leinwand, 180 x 135 cm, 1985,
in: Hans Hofstetter, Paradies in Bildern.
Freiburg 2001

werden zunehmend literarische Vorgaben (besonders J.P. Hebel, aber auch Sagen und Dichtungen) zur inspirierenden Quelle. Aus der Romantik überlebt eine „harmonische Naturschwärmerei".[276] „Die Schwarzwälder Kunst bewahrte sich dieses (romantische) Erbe sehr lange ... Ihr subjektives Engagement muss es wohl gewesen sein, das Schwarzwälder Künstler wie Schriftsteller bewog, an der einmal gefundenen Sehweise ihres Landes beständig festzuhalten, um so letztlich eine fast mythische Verklärung des Schwarzwaldes zu bewirken." [277]

Das hat sich offenbar rasch geändert. Betrachtet man die Abbildungen der Kunstwerke in dem von Hans H. Hofstätter auf Anregung der Stadt Freiburg verfassten Band „Paradies in Bildern. Länder am Oberrhein und Hochrhein" aus dem Jahr 2001, ein Bildband, der Werke aus den Jahren 1850 bis zur Jahrtausendwende versammelt, wird sofort deutlich, dass sich der Blick auf die Landschaft längst einem ganz anderen als verklärenden Interesse verdankt. In astronomischem Abstand zu den Ansichtskarten etwa, die diese Charakterisierung mit wenigen Ausnahmen tatsächlich rechtfertigen, sind die Bilder dieser „Heimatmaler" nüchterne Befragungen gesehener Strukturen und der eigenen malerischen Mittel. Die Entwicklung der Kunstgeschichte ist an den Malern an Oberrhein und Hochrhein nicht vorbeigegangen. Umso auffälliger die Divergenz zwischen diesen Bildern einerseits und der in Text und Buchtitel zelebrierten Nostalgie.

Der damalige Oberbürgermeister beginnt sein Vorwort (in Zeiten des Wirtschaftsverbandes „RegioTriRhena") mit den Sätzen: „Die Landschaft zwischen Schwarzwald und Vogesen, zwischen Straßburg, Freiburg und Basel gilt bis heute als ‚Paradiesgärtlein'. Selbst in Zeiten der Not und der Zerstörung ... bewahrte sich das Land zwischen Ober- und Hochrhein den Zauber seiner Schönheit ...".[278] Dies sei der Grund, dass sich zu allen Zeiten Künstlerinnen und Künstler durch diesen „Landstrich" haben zur Auseinandersetzung inspirieren lassen.

Der Autor Hans H. Hofstätter schließlich nutzt die Bilder seinerseits, um einen Kampf gegen den „internationalen Kunstbetrieb" zu kämpfen, der zur „Abwertung" der vorzustellenden Werke das Etikett „Heimatkunst" bereithalte. Gemeint sei damit „die Kunst, die den Lebensraum der Menschen künstlerisch hinterfragt und durchdringt, ihn wiedererkennbar gestaltet und dabei eine Malkultur entfalten kann, die hohen Maßstäben entspricht." Er wolle „keine Kunstausübung gegen die andere ausspielen, sondern die hier dargestellte in ihrer Andersartigkeit und in ihrem Eigenwert in Erinnerung ... rufen und das, was die großen Museen in ihren Depots verbergen, als die Kunst einer anderen Verständnisebene ins Bewusstsein ... bringen."[279]

Die Bilder selbst sind, bezogen auf „Landschaft", von großer Offenheit und Direktheit. In keinem der Werke finden sich Stilmittel, die, wie das traditionelle Repoussoir, Landschaft als Bühnenraum und Betrachter als Zuschauer konstituieren. (Im Unterschied zu den analysierten Ansichtskarten vom Schwarzwald). Unmittelbar mit der Malerei (und der Landschaft) konfrontiert, gibt es kein Versteck, hinter dem sich der heimliche Blick eines Zuschauers verbergen könnte; nirgends eine auf Stimmung setzende Verklärung.

Was sich aber in allen Bildern ausspricht und zeigt, ist eine ungebrochene Liebe zur Malerei. Wenn man darin etwas über Landschaft erfahren kann, dann dies, dass sie immer willkommener Anlass war, Bildräume zu erfinden und malend zu gestalten. Offenbar ist Landschaft besonders geeignet, Künstlern Anhaltspunkte dafür zu geben, im bloß Sichtbaren ahnend mehr als das zu sehen. Und wenn ihnen die Bilder gelin-

Peter Dreher, St. Märgen bei Nacht,
Aquarell, 156 x 300 cm, 2003

gen, sind sie uns Erfahrungsgrund und Anleitung, das Transzendierende von Landschaft selbst zu erleben. Darin sind diese Bilder – wie alle Kunstwerke – grenzüberschreitend.

Erklärte Absicht des Autors, wie der Stadt als Impulsgeberin zu dieser Publikation, ist, eine „grenzüberschreitende Zusammenschau der Landschaft im Dreiländereck aus Sicht der Künstler vom 19. und 20. Jahrhundert" zu geben. „Damit soll die Zusammengehörigkeit eines Landschaftsraumes ins Bewusstsein zurückgeholt werden, der lange vor unserer Zeit von einer gemeinsamen Geschichte und noch bis heute durch sprachliche Verwandtschaft geprägt ist."[280] Wie ernst es dem Buch mit der Grenzüberschreitung und der Sicht der Künstler wirklich ist, zeigt die sture Einteilung der Künstler in solche aus Südbaden, der Nordschweiz und aus dem Oberelsass.

Über solche Kategorien hat sich (zwei Jahre nach der Ausstellung „Das Schwarzwaldbild" von Hofstätter) eine andere mit dem Titel „Schwarzwaldbild" fraglos hinweggesetzt. Von dem Freiburger Maler Klaus Merkel kuratiert, versammelte die Ausstellung Werke von Künstlern aus Düsseldorf, New York und Berlin geradeso wie aus Norsingen bei Freiburg.[281] Nicht die lokalräumliche Herkunft der Maler, vielleicht die geistige versammelte sie in dieser Ausstellung. Wenn die Ausstellung eines Malers unter dem Titel „Schwarzwaldbild" dieserart Verschiedenes versammelt, behauptet sie ausdrücklich eine Perspektivenvielfalt für das Landschaftsbild Schwarzwald. Entsprechend bestimmt der begleitende Katalogtext „Heimat" als eine identifizierbare Landschaft, die „ein übersichtliches Äquivalent zur inneren Topographie des Geistes und der eigenen Psyche aufbaut".[282] Eine übersichtliche Entsprechung zur geistigen Topographie und der eigenen Psyche kann die Schwarzwaldlandschaft nach unseren bisherigen Analysen aufbauen, weil sie selbst, wie eine Ausstellung, eine besonders anschauliche Versammlung verschiedenster Perspektiven ist. Die Ausstellung

„Schwarzwaldbild" demonstriert modellhaft, mit bildnerischen Mitteln, das Modell Schwarzwald.

Das Bild „St. Märgen bei Nacht", ein Aquarell von 156 x 300 cm auf Papier aus dem Jahre 2003 von Peter Dreher, ist nicht nur wegen seiner (für ein Aquarell) extremen Größe auffällig. Auffällig ist das Bild, weil es Dorf und Schwarzwaldlandschaft zeigt, indem es genau die Lichter notiert, die etwann des Nachts dort zu sehen sind. Ohne hinweisenden Bildtitel ist kenntlich, dass es sich um beleuchtete Fenster handelt – und, dass diese Fenster nicht zu Häusern einer Stadt gehören. Die Art und Weise, wie sie im Bild verstreut sind, wie sich ein unsichtbarer Horizont dennoch bemerkbar macht, lässt vermuten, dass wir (als Betrachter) uns auf einem Hügel befinden, dem gegenüber ein anderer liegt. Ein stimmungsvolles, liebliches Bild, in dem die Lichter der Ortschaft mit denen am nächtlichen Himmel kommunizieren. Aber wir ahnen, wenn das Licht aufgeht über der Szene, könnte sich womöglich ein nur wenig Attraktives zeigen.

# Analyse, Die zweite. Landschaftsbild Plus

*Die legendäre Hütter W17, Quelle: Internet*

**Windkraftanlage.** *Auch Windkraftanlagen sind keine rein technischen Anlagen. Sie sind hochkomplexe sozio-technische Systeme mit eigenem Bildwert: erkennbar an den ambivalenten Namensgebungen (als Interpretationsversuchen) und dem, was an ihrer Erscheinung aus technisch-funktionalen Gründen nicht notwendig ist. Daher ist nicht ausgemacht, ob womöglich das Bild, das technische Artefakte immer auch sind, der eigentliche Grund ihrer Produktion und Verwendung ist. Die aktuellen Debatten um die ästhetische Erscheinung der Windkraftanlagen sind ein Hinweis auf die Inanspruchnahme technischer Einrichtungen als Bilder.*

*Was den Anlagen bildnerische Kraft gibt, sind verschiedene Momente ihrer konkreten Gestalt. Dazu gehört auch, wie die kinetischen Kunstobjekte lehren, der dynamische Raum zwischen den sich bewegenden Rotoren der beiden Anlagen. Vermutlich sind funktionale Gebrauchsgegenstände immer auch Objekte mit bildhafter kultureller Bedeutung. Historische Windmühlen sind heute nur noch Bilder ihrer einstigen Funktion und können deshalb andere bildnerische Funktionen übernehmen. Windkraftrad und Wasserkraftwerk können als die historischen Nachfolger von Wind- und Wassermühle betrachtet werden. Allerdings ist hier von entscheidender Bedeutung, dass die Energieerzeugung der Mühlen unmittelbar in konkrete Arbeit umgesetzt wurde, während die Nachfolger dazu dienen, elektrische Energie zu erzeugen, um diese in ein Netz einzuspeisen. Wegen ihrer technisch bedingten baulichen Erscheinung können Windkraftanlagen topographische Markierungs- und Perspektivierungsfunktion übernehmen. Solche Funktionen hatten auch die großtechnischen Anlagen der optischen Telegrafie. Sie waren akzeptierte und bewunderte Zeichen technischen Forschritts und wurden problemlos auch auf Sakralbauten (wie etwa dem Straßburger Münster), installiert – ohne geringsten Anstoß zu erregen.*

Windkrafträder gibt es nicht schon immer. Und sie sehen heute anders aus als früher.[283] Was sich geändert hat daran, wurde von Menschen geändert – meist, weil die Dinge nicht so liefen, wie man dachte, dass sie laufen sollten. Windräder heute sind Ergebnis großer Anstrengung. „Die Technologie und die mit ihr einhergehenden Schöpfungen sind Begleiterscheinungen der menschlichen Existenz, und es geziemt sich für uns, sowohl ihre Natur als auch unsere eigene zu verstehen, so fehlerhaft und unvollkommen sie notgedrungen auch sein mögen."[284]

Anders als andere technische Dinge des Alltags – Fahrrad, Waschmaschine, Fernseher – eröffnen Windkraftanlagen keine spezifischen Handlungsfelder. Wenn sie nicht als Windanzeiger genutzt werden, sind sie nur zum Anschauen gut. Allenfalls einen Sonntagsausflug können sie initiieren. Viele sind neugierig geworden.

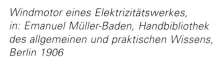

*Windmotor eines Elektrizitätswerkes, in: Emanuel Müller-Baden, Handbibliothek des allgemeinen und praktischen Wissens, Berlin 1906*

Abb. 80 u. 81. **Windmotor eines Elektrizitätswerkes**
  im Betrieb              ausgeschaltet

Anfangs hießen „Windkraftmaschinen" auch „Windmotoren".[285] In der geänderten Benennung drückt sich ein Verständniswandel aus. Ein Motor ist etwas anderes als ein Windrad oder eine Windkraftanlage. Dass dies keineswegs gleichgültig ist, hat sich bereits bei der Analyse der Standortbezeichnung gezeigt. Die Regiowind Verwaltungs GmbH nennt die von ihr betriebenen Anlagen: „Freiburger Windmühlen".[286] Heute sind auch Ausdrücke wie Windkraftkonverter, Windindustrieanlage oder Windturbinen gebräuchlich. Dass die Bezeichnung nicht einheitlich ist, muss als Hinweis auf ein interpretatorisches Problem verstanden werden: Es ist nicht eindeutig, was wir vor uns haben, und deshalb ist auch die Benennung schwankend.

Henry Petroski hat an zahlreichen Beispielen deutlich gemacht[287], dass die Hersteller von Maschinen, Geräten und Apparaten zum Zeitpunkt ihrer Erfindung und frühen Entwicklung sich ganz auf die technische Problemlösung konzentrierten. Das ist an der Erscheinung der Dampfmaschine ebenso nachvollziehbar wie an der des Autos. Erst wenn die technischen Probleme im Prinzip gelöst waren, konnten sich Ingenieure und Industriedesigner um das Outfit ihrer Produkte kümmern. Wenn die technischen Spielräume der gesicherten Funktion bekannt sind, kann auch das Aussehen eigens gestaltet werden.

Das ändert sich erst dann, wenn Produkte um ihrer Erscheinung willen, ihres Prestigewertes wegen produziert werden, und nicht mehr (nur) um ihrer technischen Funktion willen. Heutige Industrieprodukte sind offenbar eine Symbiose verschiedenster Momente: Funktion *und* bedeutungstragende Bildgestalt sind in einem Produkt verschmolzen.

*Richard Schindler, Kool Killer Systems, Aluminium, Kunststoff, 1988*

Die Windkraftanlagen an der Holzschlägermatte sind Ausstellungsobjekte der Herstellerfirma und bekennendes Statement der Betreiber zu diesem spezifischen Produkt. Type und Marke sind aus weiterer Entfernung noch zu erkennen – an der charakteristischen firmentypischen Form des Generatorgehäuses („Gondel").

Das bedeutet, dass Windkrafträder, wie alle technischen Einrichtungen, sich nicht auf die reine Apparate-, Geräte- oder Maschinentechnik reduzieren lassen: Vielmehr handelt es sich auch bei Windkrafträdern um *komplexe soziotechnische Systeme.*[236]

Die Feststellung, dass der Hersteller der Windkrafträder anhand ihrer Erscheinung zu erschließen ist, trifft eine heute übliche Wahrnehmungsweise: industriell gefertigte Massenprodukte in unvorstellbaren Mengen haben in einigen Teilen der Welt dazu geführt, dass nicht mehr der *Besitz* eines Produkts als gesellschaftlich relevanter kommunikativer Akt verstanden wird, sondern dessen *Type, Marke, Qualität* (Nike muss es sein oder Swatch etc.). Begehrt ist das *Bild*, das der Gegenstand zu erzeugen in der Lage scheint.

Ob Windkrafträder ikonographischem Wert erlangen können oder bereits erlangt haben, wird sich zeigen müssen. Dass ihr Betrieb ein sichtliches Bekenntnis zu einer ganz bestimmten Technik und einem damit konvergierenden Gesellschaftsverständnis (oder umgekehrt) ist, und als solches auch verstanden wird, belegt nicht nur die heftige, öffentlich geführte lokale Debatte in Feiburg.

Wegen ihrer enormen Bedeutung für die Dynamik des Industrialisierungsprozesses in der Mitte des 19. Jahrhunderts ist es nur zu verständlich, „dass das technisch-konstruktive Erscheinungsbild der Dampfmaschine – insbesondere sofern es ästhetisch gestaltet war"[237] eben jenen ikonographischen Wert erlangte, von dem Windradhersteller wohl nur träumen können. Wenn sie Glück haben, ergeht es dieser Technik anders als der optischen Telegrafie, die trotz ihres grandiosen Erfolgs schon nach kurzer Zeit durch andere Techniken abgelöst wurde.[238] Nachfolger der Dampfmaschine, als ikonographisches Bild ihrer Zeit, waren die elektrisch betriebene Leuchte, Flugzeug und Auto, heute vielleicht der Computer. Aber wie sieht ein Computer aus? Jedenfalls liefert er bisher kein griffiges, fassliches Bild. Eine graue Kiste macht nicht viel her. Langsam beginnen die Designer, deren Aussehen zu ändern. Wie ein Windrad aussieht, weiß dagegen nicht erst heute jedes Kind – dass zeitgemäße Windkrafträder hochkomplexe technologische Spitzenprodukte sind, ist weniger bekannt, aber natürlich zu erwarten: Heute ist kein Alltagsgegen-stand ohne Hightech denkbar. Auch einfache Dinge sind nicht so einfach, wie sie scheinen.

Auch wenn nichts zu sehen ist von Strom, Generator und elektrischen Leitungen, ist doch erkennbar, dass wir mit diesen Objekten hochmoderne Anlagen vor uns haben: Baumaterial, Größe, Standort, Befeuerung, Sichtschutzbemalung, Antenne oder Messgerät, die Form der Rotorblätter, dies alles macht sichtbar, dass es sich um eine zeitgenössische Einrichtung handelt. Da wir Windräder, in welcher Form und Größe auch immer, kennen, glauben wir zu verstehen, was da vor sich geht: Warum sie sich drehen, was da passiert – und irgendwie wird aus der Drehbewegung, wie beim Fahrraddynamo, auch Strom. Die Windkrafträder haben trotz ihres hochkomplexen technischen Aufbaus kein Geheimnis, wir stehen vor keiner Mystifizierung durch Undurchschaubarkeit. Wenn etwas unklar ist, dann ist es ein Rätsel, das gelöst werden *kann*.

Was den Anlagen dennoch *bildnerische* Kraft gibt, was ihre Erscheinung interessant und beeindruckend macht, sind verschiedene Momente ihrer konkreten Gestalt. Dazu gehören am Schauinsland der *Ort* ihrer Erscheinung, die *Größe*, die *Bewegung*, die *Form*, die *Zweiheit* – eben das, was die weitere Analyse benennen und in seiner Bedeutung explizieren wird.

Windräder werden als skulpturale (Raum gliedernde und Bedeutung tragende) Objekte wahrgenommen. Sie sind exponiert, ausgesetzt, ausgestellt. Da sie nicht zu *über*sehen sind, ist anzunehmen, dass sie gesehen werden *sollen*. Sie *sind* (auch) zum Sehen gemacht: deshalb die Eiform des Generatorengehäuses, die Turmbemalung, die Bemalung der Rotorblätter. Diese Farb- und Formgestalten sind erkennbar unterschiedlich motiviert. Die Rotorblätter in Bezug auf die Flugsicherheit, die Turmbemalung als Angleichung an die umgebende Farbtemperatur, während die Eiform eine Angleichung an eine Naturform ist, die allerdings in dieser Größe und an dieser herausgehobenen Stelle in der Natur nicht vorkommt. Sie ist eine Abstraktion einer Naturform, die jeder kennt (Ei). Die Farbgebung des Turms ist nicht nur eine Angleichung an die Umgebungsfarbe, sondern auch eine perspektivierende Farbgebung: der Farbverlauf, die Farbabstufung wiederholt Verlauf/Abstufung in der Verjüngung des Turmquerschnitts nach oben. Unterstützt also die skulpurale Formgestalt des Turms. Die verdankt sich primär der Funktion (Statik etc.), und dennoch gibt es Windkrafträder und Türme von gleicher Höhe und Funktion, die ganz anders aussehen. Auch hier wurde etwas gemacht, was zur Erreichung der funktionalen Absicht *nicht gemacht hätte werden müssen*. Solche funktional *nicht* notwendigen Sachverhalte sind ganz allgemein immer auch wichtige Hinweise auf andere, bildhafte Funktionen. Sie repräsentieren ein Gestaltungsmoment, das sich prinzipieller Gestaltungsfreiheit verdankt (auch wenn sie tatsächlich vielfältig beschränkt ist, durch Finanzen etwa, zeitlichen Aufwand etc.).

Die ersten „Windzeiger" (Anemoskop) gab es wohl 50 v. Chr. auf dem „Turm der Winde in Athen" von Andronikos aus Kyrrhos. Selbst „Windfahnen" waren im 12. Jahrhundert noch Privileg des Adels, aber 1735 wurde der Garnisonskirche in Potsdam

**Historische Windmühle**

Retzer Windmühle / Österreich (Schrattenthal), www.windmuehle.at

Ansichtskarte Potsdam Park Sanssouci Neue Kammern mit historischer Mühle, Stiftung Preußische Schlösser und Gärten Berlin-Brandenburg, Foto Ulf Böttcher

Straßenschild in Berlin, Foto Andreas Wernet

eine große Windfahne mit einer Breite von 5,8 m aufgesetzt.[291] Vermutlich nicht erst seit dieser Zeit sind funktionale Gebrauchsgegenstände zugleich Objekte mit kultureller Bedeutung, verbunden mit konnotierten Bildern und symbolischer Bedeutung.[292] Heute, so scheint es, werden zahlreiche Gegenstände (Lifestyleprodukte) überhaupt nur insoweit konsumiert, als sie diese bildhafte Bedeutung haben.[293]

**Rad der Geschichte.** Die historischen Windmühlen sollen zunächst Erwähnung finden, weil sie unmittelbare technische Vorläufer heutiger Windkraftanlagen sind – auch wenn sie sich in der Art ihrer Nutzung und der Technik fundamental unterscheiden. „Die mittelalterliche Windmühle stellte im vorindustriellen Europa, neben den Wassermühlen, die wichtigste Antriebsmaschine dar. Sie diente vor allem der Müllerei, dem Sägewerk und dem Transport des Wassers. Bis Mitte des letzten Jahrhunderts wuchs die Bedeutung der Windmühle als wirtschaftliche Einrichtung. Zu diesem Zeitpunkt drehten sich ungefähr 200.000 Windmühlen. Mit der Erfindung und dem Einsatz der Dampfmaschine begann das ‚Absterben' der Windmühlen."[294] Um 1900 gab es in Nordwestdeutschland immerhin noch 30.000 historische Windmühlen.[295]

Zahlreiche Abbildungen von Windmühlen (im Internet etwa) sind denen der Ansichtskarten vom Schwarzwald insofern nicht unähnlich, als sie einen bestimmten, romantisierenden Blick inszenieren.

Historische Windmühlen haben durch den Verlust ihrer technischen Funktion zu ihrem Bildwert gefunden. Ob der nun neu ist oder schon immer bestand, aber hinter der allzu offensichtlichen Funktion der Mühle zurück treten musste, soll dahingestellt bleiben. Jedenfalls sind Windmühlen dieser Art heute (nur noch) Bilder ihrer einstigen gesellschaftlichen und technischen Funktion und können in neuen funktionalen bildnerischen Zusammenhängen genutzt werden (zum Beispiel als Ausdruck einer Überzeugung, als Bekenntnis zu einer besseren vergangenen Lebenswelt etc.).

Auffällig scheint demgegenüber die Ansichtskarte von Sanssouci in Potsdam: das Neben- und Hintereinander von Repräsentationsarchitektur und technischer Anlage scheint geradezu *die* kontrastreiche Attraktion zu sein, deretwegen die Aufnahme überhaupt gemacht wurde. Das Bild dient offensichtlich nicht als Demonstration einer ästhetischen Gestaltverschandelung (was mit dem Hinweis auf die zerstörte optische Symmetrie der Architektur durchaus nachvollziehbar wäre), sondern als eine mit Stolz herzeigbare Besonderheit. Das kann ästhetisch funktionieren, weil (durch Funktionsverlust des technischen Bauwerks) jetzt *beide* repräsentieren, *beide* nur noch Bild sind.

Wind und Wasser sind die beiden bedeutsamen Energieträger der vorindustriellen Zeit. Beide Energiequellen knüpfen an ein agrarisches Problem an (Herstellung von Mehl) und sind – anders als die Dampfmaschine und die ihr folgenden Energiegewinnungen durch Verbrennung – durch eine stationäre Nutzung gekennzeichnet. Wind- und Wassermühle stellen sowohl Energie- als auch Sozialzentren dar. Das Korn zum Mahlen oder das Holz zum Sägen muss dorthin gebracht werden (anders der Mähdrescher oder die Motorsäge).

Durch die Form der Energiegewinnung bedingt, spielt die Windmühle eine andere Rolle als die Wassermühle. Letztere ist ein eher unscheinbares Bauwerk und ist eher in versteckter Lage (am Bach- und Flusslauf) als in exponierter Lage zu finden. Der geringere technische Aufwand ermöglicht es sogar den einzelnen Bauern, eigene, entsprechend kleine Wassermühlen zu betreiben. Die Windmühle dagegen ist ein exponiertes, weithin sichtbares und stattliches Bauwerk. Bedingt durch den erheblichen technischen und finanziellen Aufwand eignen sich Windmühlen nicht zur ausschließlichen Eigennutzung, sondern sind zur gemeinschaftlichen, „genossenschaftlichen" Nutzung einer Vielzahl von Bauern prädestiniert.

Die Windmühle ist durch ihre Erscheinung und durch ihre sozio-ökonomische Stellung gekennzeichnet. Weithin sichtbar symbolisiert sie eine positionierte, tätige Lebenspraxis, der elementare Bedeutung zukommt. Sie sorgt fürs „tägliche Brot" und markiert einen ausgesprochen harmonisch anmutenden Prozess der Naturaneignung; als würden ihre Segel der Natur, durch diese selbst angetrieben, dankbar zuwinken.

Die Wassermühle dagegen „klappert am rauschenden Bach". Auch sie sorgt fürs Brot („und haben wir dieses, so hats keine Not"); symbolisch allerdings etwas beschwerlicher und nicht so luftig-verspielt wie die Windmühle (Stichwort: Windspiel). Der Unterschied liegt am Medium: die Windmühlen strecken ihre Flügel einfach in die Luft, während Wassermühlen nicht in gleicher Weise in das feuchte Element eintauchen. Bis auf wenige Sonderfälle[296] muss das Wasser zunächst in irgendeiner Weise kanalisiert werden, um nutzbar zu sein.

Die Romantisierung der Mühle – vor allem der Windmühle – hängt mit diesen zwei Aspekten zusammen: der Funktion eines sozialen Mittelpunkts („des Müllers Töchterlein") und der technischen Einbindung der Elemente Wasser oder Wind.

Windkraftrad und Wasserkraftwerk können als die historischen Nachfolger von Wind- und Wassermühle betrachtet werden. Allerdings ist hier von entscheidender Bedeutung, dass die Energieerzeugung der Mühlen unmittelbar in konkrete Arbeit umgesetzt wurde, während die Nachfolger dazu dienen, elektrische Energie zu erzeugen um diese in ein Netz einzuspeisen.[297]

Mit dieser Umstellung ist also ein Übergang von einer *ortsgebundenen* Versorgung in eine relativ *ortsunabhängige* Energiegewinnung verbunden. Dies scheint uns deshalb erwähnenswert, weil im Unterschied zu historischen Mühlen die modernen Energieerzeugungsbauten nicht mehr als Ausdruck einer unmittelbaren, „vor Ort" anzutreffenden Lebenspraxis angesehen werden können, die entsprechenden Bauwerke als solche schon die in dieser Hinsicht entfremdete Lebenspraxis in der Industriegesellschaft protokollieren.

Instruktiv erscheint uns hier ein kurzer Blick auf den alpinen Stausee[298]. Dabei handelt es sich um einen massiven Eingriff in die kulturräumlichen Gegebenheiten. Besonders dramatisch ist dieser Eingriff dort, wo besiedelte Talgründe betroffen sind. Dort werden die Höfe und Siedlungen geflutet. Damit ändert sich nicht nur das Landschaftsbild; die hergebrachte Kulturlandschaft versinkt buchstäblich. Die Staumauern stellen einen erheblichen ästhetischen Eingriff dar. Und der Bau der durch die Berge ins Hauptal (zum Kraftwerk) geführten Druckleitungen zerstört mitunter Bergquellen, die der Versorgung der einzelnen Höfe gedient haben. Dem Auge bleibt der Anblick einer großen Seewasserfläche mit Staumauer und unwirtlicher Uferböschung.[299] Aber schon die Wasserfläche für sich genommen stellt einen Fremdkörper in einem hochalpinen Seitental dar (gegenüber den vor- und randalpinen Seen).

**Exkurs zum alpinen Stausee**

Wir haben es also mit einem potentiellen „worstcase"-Szenario einer *Verunstaltung der Landschaft* zu tun. Gleichwohl vollziehen sich im Rahmen einer solchen Landschaft-s*umgestaltung* interessante Prozesse, die den Aspekt der *Verunstaltung* relativieren:
- Die Umformung, die vonstatten geht, bietet die Chance der Bildung eines kollektiven Gedächtnisses. Vor Ort sind beispielsweise die Namen der betroffenen Höfe bzw. Familien bekannt (und meist auch dokumentiert).

- Das betrifft auch den ganzen Vorgang selbst: Der Stausee gibt sich ja schon als künstlich angelegtes Gebilde zu erkennen. Er sagt von sich selbst: Ich war einmal nicht hier. Besucher können von den Talbewohnern detaillierte Berichte über den Bau in Empfang nehmen. Der See wird der Talgeschichte assimiliert.
- Diese Assimilation kann offensichtlich deshalb gelingen, weil in dem Stausee und seinem Bau die kulturräumliche Existenz nicht einfach mit einem ihr fremden Sachverhalt konfrontiert wird, sondern weil die immanenten Probleme dieser Existenz im See sich spiegeln: Die Bergbauernwirtschaft ist vom Untergang bedroht; sie ist ohne Subventionierung nicht konkurrenzfähig; es bedarf der Kooperation mit dem „Tal" (Geld und Arbeit), um die Existenz aufrecht zu erhalten. Etwas drastisch formuliert: Der Stausee ist so fremd wie jeder Tourist, der ihn bestaunt.
- Schließlich kommt hinzu, dass es sich bei dieser Landschaftsumgestaltung um einen echten Austausch handelt (natürlich nur, wo dies wirklich eingelöst wird). Den Kommunen fließen Gelder zu; es werden Straßen gebaut, die den Bergbauern zugute kommen, usw. Vor allem aber erscheint die alpine Kulturlandschaft als Geber (im Sinne von Lévi-Strauss): Sie hat etwas zu bieten. Sie empfängt nicht nur die Almosen einer wohlhabenden, unterhaltswilligen Welt, sondern versorgt diese Welt im Gegenzug mit den ihr eigenen Ressourcen.

Genau in diesem Sinne erscheint die *Verunstaltung*, die wir auf den ersten Blick diagnostizieren können, als ihr genaues Gegenteil: Der alpine Stausee fügt sich in das alt hergebrachte tradierte Muster eines Austauschs. Gerade weil er die traditionalen Lebensformen davor bewahrt, zu bloßen „Heimatmuseen" einer Welt degradiert zu werden, die diese sich leisten kann oder will.

**Windräder im Mittelgebirge/Schwarzwald.**

Ähnlich dem Stausee im alpinen Seitental kann das Windrad im Schwarzwald nahtlos auf keine Tradition zurückblicken. Insbesondere der naheliegende kulturlandschaftliche Verweisungszusammenhang zur Windmühle fehlt hier völlig. Gerade im Gegenteil verweist der Schwarzwald traditional nicht auf die Windmühle, sondern auf das Wasserrad (und in historischer Folge auf Formen der Wasserenergiegewinnung: Stauseen im Schwarzwald). Rein äußerlich betrachtet pflanzt sich das Windrad also nicht nur als bisher Unbekanntes dort ein, sondern steht in einer zu traditionalen Formen konkurrierenden Assoziationslinie. Es repräsentiert nicht nur ein Gebilde außerhalb des traditionalen Reservoirs (was es vorher nicht gegeben hat); es repräsentiert ein Gebilde, das in assoziativer Konkurrenz steht zu traditionalen Beständen und Anknüpfungen. Vergleichbar mit dem alpinen Stausee wäre das Windrad im Schwarzwald damit zum klaren Kandidaten einer kulturlandschaftlichen Dissonanz erhoben.[300]

**Zwischen Windmühle und Gipfelkreuz. Markierungsfunktion – Windradfeld.**

Im Unterschied zur Windmühle gibt die Erscheinung des Windrads zu erkennen, dass es nach Höhe strebt. Seine Gestalt erinnert am ehesten an Funk- und Fernsehtürme oder Leuchttürme. Wie bei jenen handelt es sich bei dem Windrad nicht um einen umbauten Raum, sondern um die bauliche (zweckdienliche) Erreichung von Höhe[301]. Es sind „Gebäude"[302], die kein Innenleben haben[303]. Sie wollen nur „erhaben" sein und zeigen elegant in den Himmel. Sie stellen weithin sichtbare Markierungen dar, und wenn sie – anders als der Leuchtturm – keiner expliziten Markierungsintention folgen, kommt diese ihnen ungewollt zu.[304] Funk- und Fernsehtürme, Hochhäuser und vergleichbare Erhebungen (Eifelturm, markante Kirchtürme usw.) verleihen unseren planen und unübersichtlichen Großstädten eine spezifische Topographie.

Im Bergland unterstützen solche baulichen Markierungen die topographische Artikulation. So stellt das Gipfelkreuz gleichsam eine Verlängerung des Himmelszeigs des

Gipfels dar. Von weithin ist es sichtbar. Der Gipfel wird aus allen Perspektiven heraus identifizierbar. Und schließlich symbolisiert es den Gipfel als erreicht und erreichbar – als Teil eines stattgehabten und potentiellen Handlungsvollzugs.

Diese topographisch-perspektivische Qualität tritt umso mehr in Geltung, je weniger die Gebirgslandschaft aus sich heraus ihre topographische Struktur akzentuiert. Das gilt in besonderem Maße für die bewaldeten Erhebungen unserer Mittelgebirge. Die Bewaldung nivelliert die topographischen Kontraste, und die Eigenformen der Erhebungen sind nahezu in Gleichförmigkeit getaucht. Umso mehr fixiert das Auge bauliche Orientierungspunkte. Von weitem sind der Feldberg im Taunus, der Brocken im Harz, im Schwarzwald: der Feldberg, der Brandenkopf, der Blauen, der Schauinsland und viele andere durch die an höchster Stelle errichteten Turmbauten zu identifizieren.

Diese topographische Markierungs- und Perspektivierungsfunktion kann die Windkraftanlage übernehmen. Unabhängig von ihrer tatsächlichen Funktion – darin völlig analog zum Aussichtsturm, zur Funkstation usw. – kann sie, an geeigneter Stelle platziert, zu einem perspektivischen Blickfang werden; weniger hinsichtlich ihrer Eigengestalt, sondern hinsichtlich ihrer spezifisch topologischen Positionierung. Die Standortfrage wird also genau in dieser Hinsicht zum entscheidenden, nicht technischen, sondern kulturlandschaftlichen Kriterium. Die Fremdheit der Windkraftanlage in dieser Landschaft ist nur dann eine „Ungestalt", wenn die hier angedeutete topographisch-perspektivische Markierungsfunktion unterlaufen wird. Ist dies nicht der Fall, so steht das dem ersten Blick auffällig fremde Bauwerk gerade in seiner Auffälligkeit in einem landschaftslogisch anschmiegenden Gestaltungszusammenhang.

Grundsätzlich setzt die von uns geführte Argumentation einer Markierungs- und Perspektivierungsfunktion voraus, dass die durch eine Windkraftanlage markierte Erhebung nicht mit einer Vielzahl solcher Anlagen bestückt ist. Die Funktion wird ideal durch ein Einzelexemplar wahrgenommen.[305]

*Exkurs zur „Verspargelung":* In aller Regel wird die Ansammlung vieler Windräder auf einem umgrenzten Territorium als solche – unabhängig von der Gestalt des einzelnen Windrads – als unschön und störend empfunden. Dafür ist mittlerweile der Begriff der „Verspargelung" gebräuchlich geworden. Wir nehmen an, dass sich in diesem Begriff die Form des Spargels (in assoziativer Nähe zum Windrad[306]) kurzschließt mit der Wucherung der Grünpflanze nach der Spargelernte. Denn auf dem Spargelfeld (des in Deutschland angebauten weißen Spargels) sind ja keine Spargelstangen sichtbar. Sichtbar wird eben nur die unkontrollierte Grünwucherung.

Dieser Negativwahrnehmung korrespondiert ein Gestaltproblem. Das Windradfeld als solches repräsentiert *keine Gestalt*. Es repräsentiert ausschließlich das massenhafte oder gehäufte Vorhandensein von Windrädern. Vergleichbar ist es elektrischen Umschaltstationen, wo wir auf eine Häufung von Strommasten treffen. Diese fehlende Gestaltförmigkeit kann auch kaum ein kulturlandschaftliches Passungsverhältnis eingehen, außerhalb des banalen Passungsverhältnisses, das durch das Vorhandensein eines siedlungsfreien Raumes gegeben ist.

Ein Desiderat unseres ästhetisch-kulturlandschaftlichen Ansatzes ist es, die Frage der Gestalthaftigkeit so genannter Windparks genauer zu untersuchen.

Wie dem auch sei: Die Anhäufung vieler Windkraftanlagen an einem Ort würde die typisch mittelgebirgliche Markierungsfunktion unterlaufen.

Ganz anders verhält es sich mit der Frage, ob die Platzierung eines Windrads die Ausnahme bleiben sollte. Hierzu ist soviel zu sagen:

- Grundsätzlich spricht entlang unserer Argumentation nichts dagegen, mehrere Windräder in einer optisch zusammenhängenden Region zu installieren. Hier stellt sich das Problem der Kenntlichkeit und Unterscheidbarkeit. Denn die Markierungsfunktion ist nur dann gewährleistet, wenn die Gesamtgestalt Erhebung/Windrad als „Individuum" kenntlich ist.
- Der Vielzahl von Windrädern ist aber genau dort eine Grenze gesetzt, wo sie nicht mehr der Markierungsleistung verpflichtet erscheint. Wenn das Auge des Betrachters nicht mehr eine Gebirgslandschaft mit windradmarkierten Erhebungen sieht, sondern mit der Beliebigkeit einer Vielzahl von Windrädern konfrontiert ist und deshalb eine unterworfene, eben „verspargelte" Landschaft sieht, ist die Grenze der Markierungsfunktion überschritten.

**Optische Telegrafie.** Mit den historischen Windmühlen teilt die Technik der optischen Telegrafie[307] ein gemeinsames Schicksal: Beide mussten trotz ihres überwältigenden Erfolgs letztlich einer neuen, fortschrittlicheren Technik weichen. Mit den Windkraftanlagen aber hat die optische Telegrafie zwei Dinge gemeinsam: zum einen war sie selbst eine neue Technologie, die sich erst nach über hundertjähriger Anstrengung durchsetzten konnte; zum anderen machte sie weithin sichtbare Anlagen notwendig, die zum Teil den heutigen Windkraftanlagen nicht ganz unähnlich sind.

Allerdings wurden diese Anlagen (und das unterscheidet die Technik wie ihre Akzeptanz und Nutzung von derjenigen der Windkraftanlagen heute), ohne auch nur mit der Wimper zu zucken, nicht nur auf allen möglichen Bergen, sondern auch auf allen zur Verfügung stehenden Gebäuden errichtet (jedenfalls ist uns nichts anderes bekannt). Am schwersten nachvollziehbar dürfte für uns ihre Installation auf Kirchen oder, wie die Abbildung nur beispielhaft zeigt, auf dem Straßburger Münster sein.

Vermutlich war in der Mitte des 5. Jahrhunderts v.Ch. die Übermittlung von Nachrichten mit Hilfe von Feuerketten bereits gut erprobt und bekannt.[308] Andere, effektivere Versuche optischer Nachrichtenübermittlung wurden, wie die Telegrafenlinie, die von Guillaume Amonton 1695 in Frankreich errichtet wurde, mehr „als ‚eine Kuriosität [denn] als ein brauchbares Verkehrsmittel' beurteilt. Trotz der Hartnäckigkeit des Erfinders wurde sie nicht ernsthaft in Betrieb genommen. Die in den folgenden 100 Jahren immer wieder vor allem in Frankreich, aber auch in England, Deutschland und Schweden in Vorschlag gebrachten Telegrafenprojekte fanden ebenfalls keine Befürworter. Um so überraschender erscheint daher der große Erfolg des von Claude Chappe 1792 angeregten Telegrafen, der 1794 mit 22 Stationen von Paris nach Lille eingerichtet wurde. Die Zustimmung war allgemein, der Nutzen eines solchen Fernkommunikationsmittels lag jetzt für jedermann auf der Hand. Die Französische Revolution hatte ‚am Rad der Geschichte' gedreht."[309]

Gleichzeitig wurde in verschiedenen Ländern an der Optimierung des Systems gearbeitet. In England entwickelte Admiral Sir Home Riggs Pophan (1762–1820) eine Telegrafenbauweise mit kreisenden Armen, die auch Frankreich erreichte. Trotz der Erfolge mit Chappes Telegraf wurde „1801 mit der Errichtung eines Küstensignalsystems begonnen …, das Masten mit drei Zeigerarmen verwendete."[310] Bis 1860 war eine Küstenlinie mit 11 Stationen zwischen Liverpool und Holyhead in Gebrauch, die das Modell Watsons nutzte. Es bestand aus einem einzigen Stützpfeiler, an dessen Spitze *drei* Indikatorarme montiert waren.

Mitte des 19. Jahrhunderts, „als die elektrische Telegrafie in Frankreich aufkommt, hat das Netz optischer Telegrafen eine Gesamtlänge von 5.000 Kilometern und

*„Auf der Suche nach höher gelegenen Standorten bedienten die Telegrafeninspektoren sich in den Städten gewöhnlich den Kirchen. Telegraf auf dem Strassburger Münster, Radierung 1818", in: Beyer und Mathis (Hrsg.) Soweit das Auge reicht, Karlsruhe 1995, S. 31*

umfasst 554 Stationen, die 29 Städte direkt mit Paris verbinden".[311] Wie diese Einrichtungen von Zeitgenossen aufgenommen wurden, illustrieren folgende Quellentexte.

*Quellentext*: Johann Georg Heinzmann (1798): „So stund ich am Fuß vom Straßburger Münster; worauf ein schöner Telegraph gebaut ist. Keine Erfindung macht dem menschlichen Geiste grössere Ehre. Mit Erfurcht und feyerlich betrachtend bewunderte ich, als eben der Telegraph im Gang war; und Nachricht von Paris nach Rastadt brachte. Ich erstaunte über die Franken, in allen ihren grossen Thaten. – Von Paris nach Straßburg sind es 110 Stunden, und in 30 Minuten weiß man durch den Telegraphen, was man da zu wissen wünscht. In Paris stehet nur ein kleiner Telegraph auf dem Louvre; der Haupt-Telegraph ist zu Montmartre, anderthalb Stunden von Paris.

Dieser stehet freyer und erhabener, als er in dem grossen Paris, unter den vielen hohen Thürmen, nicht so gut nach allen Richtungen Zeichen geben könnte."[312]

*Quellentext*: Johann Friedrich Droysen (1801): „Auf einer dieser Promenaden lockte mich das schöne Wetter und der fleißige Telegraph auf die Höhe des Louvre, um neben dem Genuß der reitzenden Aussicht, die Einrichtung dieser Erfindung der Revolution näher kennen zu lernen. ... Der Telegraph besteht aus den drey beweglichen Theilen ..."[313]

*Quellentext*: Christoph Meiners (1801): „Am letzten Tage unseres Aufenthalts in Strasburg heiterte sich gegen 12 Uhr der Himmel auf eine kurze Zeit so sehr auf, dass wir uns plötzlich entschlossen, den so genannten kleinen Münster-Thurm zu besteigen, um den dort ausgerichteten Telegraphen in der Nähe zu betrachten. Diese merkwürdige Maschine war eben in der Arbeit, als wir hinauf kamen. Wir entdeckten durch das Teleskop, das zum Telegraphen gehört, zwey andere Telegraphen, wovon der eine zwey, der andere fünf Stunden entfernt ist. Beyde Telegraphen meldeten, dass sie nichts neues zu berichten hätten."[314]

Der letzte Satz dieses Berichts enthält einen besonders interessanten Hinweis: Die Telegrafen meldeten, dass sie nichts zu melden hätten. Das ist vor dem Hintergrund zeitgenössischer Medientheorie nicht überraschend. „The medium is the message", hatte McLuhan erkenntnisreich formuliert. Auch, oder gerade wenn sie *nichts* zu melden hatten, meldeten sie doch, dass sie da waren und etwas melden könnten, wenn etwas zu melden wäre. Auch Windkrafträder, die sich gerade nicht drehen, haben etwas zu melden. Und gerade dann, wenn sie außer Funktion sind, werden sie als *die* Bilder auffällig, die sie sind. Auf diesen Aspekt der stillstehenden Windräder müssen wir gesondert zurückkommen.

Der technikgeschichtliche Rückblick liefert einen weiteren aufschlussreichen Hinweis: nämlich die Frage, was es wohl möglich gemacht hatte, dass umstandslos, und für uns nicht mehr nachvollziehbar, sakrale Bauten für telekommunikative Zwecke in Dienst genommen werden konnten. Eine Spekulation könnte dahin gehen, dass diese Sakralbauten einerseits ihre gesellschaftlich relevante Funktion bereits eingebüsst hatten, aber andererseits noch nicht als schützenswertes historisches Gut oder als nostalgischer Rest einer vergangenen Zeit entdeckt waren. Sie waren einfach da, warum sollten sie nicht genutzt werden? Offenbar hat sich das Problem nicht gestellt. Denkbar wäre aber auch der umgekehrte Fall: dass diese Architektur noch ganz selbstverständlich eine gesellschaftlich relevante kulturelle Rolle spielte und es sozusagen überhaupt nicht auffiel, dass sie für andere kulturelle Verwendungsweisen genutzt wurde. Und schließlich wäre darüber zu spekulieren, ob, was ohnehin mit höheren Mächten in Sende- und Empfangskontakt steht, nicht von sich aus prädestiniert war, Sockel und Sendemast zu sein auch für profane Telekommunikation.

Optische Telekommunikationssysteme sind, zumal sie in mehrerlei Hinsicht mit den Windkraftanlagen vergleichbar sind (dazu gehört, neben den genannten Aspekten, auch die netzartige Form ihrer Einbindung in komplexe technische und bedeutungstragende Großanlagen), ein historischer Fall, der unsere Aufmerksamkeit auf die Frage lenkt, was die Einbindung einer technischen Anlage möglich macht und dabei zugleich Hinweise auf mögliche Antworten gibt. Diesem Musterfall folgend könnte die erfolgreiche Einbindung der Windkraftanlagen davon abhängen, ob die Landschaft, in die sie sich fügen sollen, ihre (wie auch immer geartete) gesellschaftlich relevante Funktion erfüllt, ob die Landschaft intakt ist oder nicht.

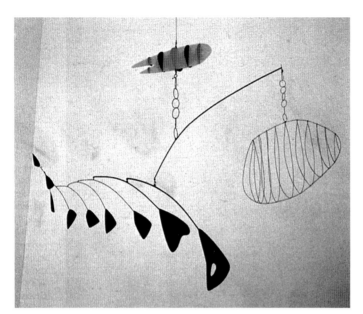

*Alexander Calder, Mobile, www.pinerichland.org*

*George Rickey, Four lines oblique cyratory square, variation IV, 1979, Freiburg Günterstalstraße, Michael Klant, Skulptur in Freiburg 1998, S. 130 Foto Oliver Dieskau*

**Kinetische Kunstobjekte**

Kinetische Kunstobjekte sind, wie alle Kunstwerke, in unserem Zusammenhang deshalb von Bedeutung, weil sie Wahrnehmungskriterien bereitstellen und implizit auf Sachverhalte aufmerksam machen, die anderenfalls übersehen werden könnten. In unserem besonderen Fall sind sie ein Hinweis auf Raumqualitäten, die in den Zwischenräumen bewegter Elemente entstehen.[315]

George Rickey: „Wenn die Blätter der Bäume sich bewegen, bewegen sich auch meine Plastiken"[316] Die Skulptur vor dem Max-Planck-Institut in der Günterstalstraße in Freiburg bewegt sich tatsächlich beim leisesten Lufthauch. Zwei symmetrische Hauptarme halten jeweils 2 Nadeln oder Zeiger, die sich auf definierten Bahnen bewegen ohne sich je zu berühren. Sie schneiden „imaginäre Flächen oder Körper aus dem Raum", der dadurch als Ereignis definiert wird.

Raum *geschieht*, indem er sich bildet, verändert, auflöst. Dabei setzt George Rickey allein auf die Bewegung, deren Ordnung er sichtbar macht. „Rickeys Affinität zum Wind ist eine subtile Sichtbarmachung der Kräfte der Luft, damit aber viel mehr: eine Bewusstmachung des Dahinfließens der Zeit."[317]

So grundsätzlich auf den Ereignis-Raum aufmerksam gemacht, können wir ihn auch bei den Windkrafträdern entdecken. Wir können den statischen Raum (zwischen den drei Rotorblättern eines Rotors) einerseits und den dynamischen, veränderlichen Raum (zwischen den bewegten Rotoren beider Anlagen) wahrnehmen und unterscheiden. Diese Raumqualität, die durch die Anlagen geschaffen wird, teilt sich der Anschauung unmittelbar (wenn auch unbewusst) mit und ist ein wesentlicher Aspekt des bildnerischen Potentials der Doppelanlage. Sie verhindert, dass die Drehbewegung eines einzigen (in sich ja starren Rotors) zu einer monotonen, langweilig einschläfernden Bewegung wird. Im Wechselspiel der Drehbewegung beider Rotoren haben wir eine Raumqualität vor uns, die durch Ruhe *und* durch lebendige Bewegtheit charakterisiert ist.

**Symmetrie. Zweiheit.** *Unabhängig vom Betrachterstandpunkt sind, mit vernachlässigbaren Ausnahmen, stets beide Anlagen an der Holzschlägermatte zu sehen. Dies qualifiziert sie als zusammengehörig. Deshalb ist zuerst Art und Charakter dieses allgemeinen Merkmals „Zusammengehörigkeit" näher zu bestimmen. Stichworte die-*

*Caspar David Friedrich, Zwei Männer am Meer bei Mondaufgang, 51 x 66 cm, um 1817, Durch Symmetrie an den Ort gebannt, wie versteinert. Der rechte Mann stützt sich auf einen Stock.*

*Jasper Johns, Balantine Ale, bemalte Bronze, 1960, www.artchive.de*

*Stephan Balkenhol, Kleines Paar, Holz bemalt, 165 x 25 x 25 cm, Quelle Internet*

ses Abschnittes sind: das Paar, die Symmetrie – das ausgeschlossene Dritte; die zufällige synchrone bzw. asynchrone Bewegung, die zeitlich verzögerte Drehung in den Wind.

Nach der Beschreibung Baudrillards von 1982 ist die berühmte Skyline von New York ein architektonisches Panorama, das sich nach dem Vorbild des kapitalistischen Systems gestaltet hat: „ein Dschungel von Pyramiden, in dem alle Gebäude einander zu übertreffen suchen."[318] Nur das World Trade Center hat zwei Türme: „zwei vollkommene, parallele, einander flankierende Säulen von 400 Meter Höhe auf quadratischer Basis, vollkommen ausgewogene und blinde kommunizierende Röhren." Während alle anderen Gebäude sich gegenseitig zu überbieten suchen, stehen diese beiden jenseits aller Konkurrenz. Unvergleichbar bespiegeln sie nur sich, ignorieren alles und fordern nichts und niemanden mehr heraus. Unberührbar und selbstgenügsam ruhen sie in sich. Denn identische Verdoppelung ist mehr als bloße Unduldsamkeit gegenüber einem Dritten. Symmetrie ist bedingungsloser Ausschluss, blanke Ignoranz.[319]

„Was sie wechselseitig spiegeln ist die Idee des Modells, das sie füreinander sind, und ihre gleiche Höhe wird nicht mehr als ein Übertreffen gewertet – sie bedeutet nur noch, dass von nun an die Strategie der Modelle und der Austauschbarkeit ... historisch die Vorherrschaft über die traditionelle Strategie der Konkurrenz gewonnen hat. ... Alles, was sich auf die Umgebung beziehen könnte, auf die Fassade als Bild des Inneren und des Äußeren, ist ausgelöscht."[320]

„Sie waren das in zwei Türme gespaltene Bild des Monopols der Macht. So ausschließlich sich selbst, brachten sie ihr Anderes nur als Ausgeschlossenes zur Erscheinung. Ein Bi-Pol, der mit der Sichtbarkeit der Macht, und scheinbar nur für diejenigen, die am Big Business nicht teilhatten, die Unsichtbarkeit ihrer Ohnmacht erfahren ließ. Dagegen richtete sich der Anschlag."[321]

Das Paar in der Landschaft gestattet nicht die eigene Positionierung, macht sie aber doch bewusst. Man fragt sich, wenn überhaupt, wo bin ich, wenn sie mir so erscheinen? Denn dass *sie* sich nicht gedreht haben, scheint gewiss. Und doch haben sie sich gedreht. Nicht umeinander, natürlich nicht, aber doch gemeinsam zum Wind und scheinbar je nach Veränderung des Betrachterstandpunks.

So, in sich geschlossen, symbiotisch aufeinander Bezogene, ist das Paar gemeinsam (und dennoch jede Anlage für sich) ausgerichtet auf ein Anderes: den Wind. Ein *Heer* von Sonnenblumen, das sich zur *einen* Sonne *hin* (wie zu einem Führer) wendet, ist etwas ganz anderes als Zwei mit sich vereinte, die sich *gemeinsam* dem Gegenwärtigen *zu*-wenden. Wohl nicht von ungefähr klingt das nach Romantik: Zwei Segel erhellend / Die tiefblaue Bucht! / Zwei Segel sich schwellend / zu ruhiger Flucht! // Wie eins in den Winden / Sich wölbt und bewegt, / Wird auch das Empfinden / Des andern erregt. // Begehrt eins zu hasten, / Das andre geht schnell, / Verlangt eins zu rasten, / Ruht auch sein Gesell." So dichtete Conrad Ferdinand Meyer.

*Gerhard Richter, Zwei Kerzen, Öl auf Leinwand, (566/1) 1983*

Wären es menschliche Figuren in einem Bild[322], könnten wir sehen, wie sie beide blicken (und dabei unseren Blick ignorieren). Insofern sind sie vollkommene Objekte für unseren Blick: Sie erwidern ihn nicht. Sie sehen allein nach dem Wind. So sind nur Stars, die allenfalls nach anderen Stars sehen, nicht aber nach uns. Sie sind also keine Subjekte für uns, die wir von ihnen ignoriert werden, weil sie sich unseren Blicken aussetzen, ausschließlich Angesehene sind. Sie richten sich nach anderem aus, auf etwas hin, zu etwas hin. Sind sie Spielball? Objekt des Windes: Fähnchen im Wind? Charakterlos, mal so mal so, ewig zu Diensten?

Stars stehen hoch und unser Schicksal geht sie nichts an (so erhaben sind sie) und doch sind sie wie wir, dem Schicksal ergeben, nur Sklaven dem Wind. Sichtlich ohne sich irgend miteinander darüber zu verständigen. Weshalb sie manchmal in unterschiedliche Richtung „blicken".

*Richard Schindler, KKS (Kool Killer Systems), je 5 x 3 x 2 cm, 1986*

In ihren Reaktionen richten sie sich gemeinsam aus, wie Vögel oder Fische im Schwarm und doch ganz anders, weil es nur zwei sind, die sich wie viele bewegen, aber keine viele sind. Nur deshalb „begegnen" sie sich hin und wieder, weil sie keine vollkommenen Parallelen sind. Steht man richtig zu ihnen, greifen ihre Flügel ineinander, verheddern sich, weil sie keine Zahnräder sind. Und die Mechanik, die sie zur Gleichsinnigkeit verdammt, schweißt sie nicht zusammen. Ein Reißverschluss ist es nicht.

Die Symmetrie der Windkraftanlagen an der Holzschlägermatte ist daher auch nicht, wie die emblematische Ordnung in Caspar David Friedrichs Bildern, der Zufallsordnung der Natur entgegengestellt. Sie bringt vielmehr die Ordnung der Kulturlandschaft verdichtet zur Anschauung.

Was die beiden Differenten gleichwohl zusammenhält, ist ihre Ähnlichkeit. Welches Windrad ist vorne? Welches hinten? War nicht eben der linke Turm der Größere? Jetzt der rechte? Hat hier wer die Rollen vertauscht, die Stühle gerückt? Es ist erstaunlich, dass (was man nicht sehen kann) ein Höhenunterschied von nur 10 Meter so dramatische Wirkung zeitigen kann (egal fast, wo man steht und schaut).

*Klosterkirche St. Märgen*

Und doch richten sie sich, wenn nicht aneinander, so doch miteinander in der Landschaft aus. *Drei* skulpturale Gebilde auf einem Berg evozieren das Bild von Golgatha. *Eines* erscheint wie ein Gipfelkreuz oder (seit dem 18. Jahrhundert) wie ein Aussichtsturm und (seit dem 20. Jahrhundert) wie ein Sendemast. Eine *Gruppe* erscheint (wie am Rosskopf) wie ein Haufen.[323] *Zwei* solche Gebilde treten zwingend zum Paar oder Doppel zusammen und bilden, von bestimmten Punkten (die auf einer Linie liegen) aus gesehen eine Reihe. Diese Reihe gibt der Gesamtanlage eine Rich-

*Synchronspringen Frauen (www.idova.de)*

tung im Raum – die Linie, die sie als Sichtachse verbindet, lässt sich vom Betrachter aus über die beiden Objekte hinaus verlängert vorstellen: Wo trifft die Linie auf, was schließt sie ein? Was lässt sie links oder rechts liegen? (Vgl. Kapitel Vorschläge und Weiterungen, in dem dieser Sachverhalt durch einen unserer Weiterungsvorschläge aufgegriffen und thematisiert wird. Und noch ein Hinweis, dem wir hier nicht weiter folgen wollen: Seezeichen an Land (Leuchttürme, Landmarken) eines Küstengebiets sind absichtlich unterschiedlich in Material, Form und Farbe.[324])

**Asymmetrie. Triskel.** Während die Zweiheit der Skulptur sie von Golgatha und dem religiösen Kontext trennt, nähert die intrinsische Dreigliederung sie wieder daran an. Die „Dreifaltigkeit" der Windräder dient heute schon dazu, bestimmte Sachverhalte zu beschreiben: „Drei große Bildflächen, angeordnet wie ein Windrad …" schreibt Waltraud Murauer in der tremonia nova, dem magazin für dortmunder kultur & wirtschaft.[325]

Man braucht nicht auf Symbolik und Zahlenmystik zurückzugreifen, um unmittelbar zu verstehen, was wir mit der Dreiteilung im Raum und in einer Fläche verbinden. Dreibeinige Hocker sind stabiler als vierbeinige – Stative sind dreibeinig.

Das Dreieck auf der Spitze (wie das Verkehrsschild auf dem Bild) ist ein labiler Zustand und unmittelbar einsichtig geeignet, ein „Achtungszeichen" zu bilden. Das auf der Basislinie stehende Dreieck dagegen ist sehr stabil und wie selbstverständlich geeignet, ein Haus oder Zelt zu bilden. Das sich drehende Dreieck der dreiblättrigen Rotoren wechselt die Zustände permanent – ein fließender Übergang von stabil zu

*An der Holzschlägermatte*

labil, kein plötzliches Umkippen wie normalerweise der Übergang vom labilen zum stabilen Gleichgewicht empfunden wird; auch kein kraftaufwendiges Umstoßen eines stabilen Zustandes.

Die geometrische Form, die einen Kreis in drei gleichwinklige Sektoren teilt, ist aus der Heraldik bekannt als Triskel oder als Trefoil. Beim Triskel (Triskelion, griechisch „drei Schenkel") sind drei angewinkelte menschliche Beine (gelegentlich auch drei Arme) wie Radspeichen um einen Nabenmittelpunkt angeordnet. Bekanntes Beispiel ist das Wappen der Isle of Man. Verwandt ist damit das Trefoil (Trifolium, lat. „Dreiblatt"), das drei Blätter in der gleichen Anordnung zeigt, vorzugsweise ein Kleeblatt wie das irische Shamrock. Weiter abstrahiert findet sich in der Heraldik dasselbe Motiv in den drei Kugeln, wie sie im englischen Raum als Schild der Pfandleiher zu finden sind, oder, um ein Beispiel aus dem Schwarzwald zu nehmen, in den „Drei Schneeballen" im Wirtshausschild des durch Heinrich Hansjakob bekannt gewordenen Gasthauses in Hofstetten bei Haslach – als sein Lieblingsaufenthaltsort von ihm übrigens auch als „sein Paradies" bezeichnet.

*Wappen Isle of Man*

Sigmund Freud[326] bringt das Triskel mit dem männlichen Genital in Verbindung. Wie anderen Genital- und Sexualsymbolen wird ihm eine starke apotropäische Kraft zugeschrieben, die seine Verwendung in Wappen, Emblemen und Glücksamuletten nahe legen. Das vierblättrige Glückskleeblatt ist an die Stelle des eigentlich zum Symbol geeigneteren dreiblättrigen getreten.

Triskel und Trefoil in Wappenschildern werden als Erkennungszeichen emporgestreckt oder als Fahne hoch gehisst. Auch der Mercedesstern wird in der gleichen Weise vorn auf der Kühlerhaube geführt. Gerade beim Triskel kommt zu dieser Aufwärts- oder Vorwärtsbewegung, die allen Wappensymbolen inhärent ist, noch das Moment der Drehbewegung hinzu. Diese wird visuell angedeutet durch die Winkelstellung der drei Beine, die dem überlieferten Triskel (im Unterschied zum statischen, in sich ruhenden Mercedesstern) die Dynamik und Wendigkeit der Kreisbewegung verleiht.

*Isle of Man, 10 New Pence*

**Bewegung. Stillstand.** Genau genommen ist die technische Bezeichnung „Rotor" die exaktere Bezeichnung als Windrad. Denn der Rotor ist streng genommen kein Rad oder doch eher ein nur verstümmeltes – ein auf drei Speichen reduziertes Rad. Was fehlt, ist der eigentliche Reif. Der entsteht im Fall des Rotors (wie bei einem Propeller oder Ventilator) gleichsam rein optisch in unserem Auge durch die Drehbewegung. Auge und Hirn können die Spitzen der Rotorblätter zu einer Kreislinie verbinden. Und das Rad ist perfekt. Allein aus diesem Grund muss der Rotor als optisch anregendes Objekt gekennzeichnet werden: Er aktiviert Wahrnehmungsmechanismen und Vorstellungskraft.

Aber außer der unvollständigen Form des Rades ist das Windrad durch eine andere Auffälligkeit charakterisiert. Das Windrad ist, im Gegensatz zu den Rädern, die wir für gewöhnlich sehen, nicht am Boden, sondern in der Luft. Ein Rad in der Luft, das für gewöhnlich am Boden ist, hat 1913 Marcel Duchamp konstruiert. Das „Fahrrad-Rad" auf einem Schemel montiert, war das erste seiner berühmt gewordenen Ready-Mades. Deutlicher als bei einem gewöhnlichen Rad ist durch die Versetzung von unten nach oben zu sehen, dass ein Rad sich eben immer nur um sich selbst dreht. Das schließt es, mehr noch als ein Kreis, in sich ab (es stimmt so gesehen sehr gut mit dem zur Symmetrie Gesagten zusammen). In ein drehendes Rad soll man nicht greifen.

*Marcel Duchamps, Fahrrad Rad, 1951 (dritte Version, nach dem Verlust des Originals von 1913), Assemblage: Metallrad auf einem Hocker aus Holz montiert.*

„Der Schemel ist einer von beliebig vielen. Dagegen ist das ‚weibliche' (f. la roue, w), oben befindliche Rad isoliert, allein, weil es nicht in seinem vollständigen Zustand erscheint. Es bedarf dieses Unterbaus, um sich drehen zu können, ohne sich fortbewegen zu müssen. Jedes Rad bewegt sich am Boden zugleich selbst und fort. Das Kreisen am Ort lässt das Rad als zweidimensionale Scheibe erscheinen, die sich bei einer Verzögerung in die eindimensionalen Speichen verwandelt."[327] Windräder drehen sich nicht so schnell, als dass sie wie eine Scheibe erscheinen könnten. Dennoch ist das Bild des geschlossenen Reifs unschwer aus drei Rotorblättern vorstellbar.

„Für Musil war der Kreis als Sinnbild des makellos Geschlossenen das Symbol des nicht erreichbaren, *anderen Zustandes*, den der Mathematiker Ulrich vergeblich sucht: *den eigentlichen Geist des Geistes, das fehlende, vielleicht nur kleine Stück, das den zerbrochenen Kreis schließt.*"[328]

Das Windrad dreht sich, wie das Fahrrad-Rad Marcel Duchamps, in der Luft, ohne von der Stelle zu kommen. Es dreht sich, wie jedes Rad um sich selbst. Joseph Beuys hat in seiner Kritik an Marcel Duchamp[329] schon von diesem Drehen des Rades um sich selbst auf die gesamte Kunst Duchamps geschlossen: Es „dreht sich um sich selbst. Das ist ein gutes Bild für das Werk Duchamps, eines Menschen, der sich stets am selben Ort begegnet, im selben Stil, mit demselben Verhalten. (…) wenn man pädagogische, ökonomische Probleme oder solche der Demokratie angehen will, ist sie (diese Kunst) nutzlos. … Man muss ihn (Marcel Duchamp) nehmen wie er ist, als Kunstobjekt, das im Museum seinen Platz hat. Meine Werke dagegen sind Materialien für Diskussionen und Partizipation."[330]

Mit dem Windrad hat sich, will man diese metaphorische Transformation durch Joseph Beuys mitmachen, eine in sich selbst drehende, den Boden unter den Füßen verlorene Technik ein Bild geschaffen. Solange das Bild des Rades (Windrad) die visuelle oder begriffliche Metapher der Kennzeichnung einer komplexen technischen Anlage ist.

Stillstehende Räder befinden sich physikalisch gesehen im Gleichgewichtszustand. Nur Energiezufuhr kann veranlassen, dass Systeme in Gleichgewicht ihren Zustand ändern. Das tun die „Räder", wenn der Wind weht. Dabei vollzieht sich ihre kinetische Bewegung im schwerelosen Volumen des Luftraums „als dynamische Positionsveränderung von einer Zuständlichkeit in eine andere."[331] Was die Bewegung der Windräder, in strenger Abhängigkeit von klimatischen Verhältnissen (dem Wind), anschaulich macht, ist die Zeit. So haben Antoine Pevsner und Naum Gabo in ihrem ‚Realistischen Manifest' von 1920 formuliert: „Die Zeit ist die Idealsubstanz unserer Konstruktionen, das Bewegungsfeld von aufeinander folgenden Figuren … , wir nehmen sie als vierte Dimension."[332] Diese Zusammenhänge haben Alexander Calder direkt zur Erfindung der *Mobiles* geführt, „die das Phänomen der gemessenen Zeit durch die Wiederholung einer funktionalen Bewegungsübersetzung von Gegenstand zu Gegenstand im ästhetischen Modell exemplifizieren."[333]

Eine Transformation der mechanischen Bewegung in einen symbolischen Bezugsrahmen haben 1964 Nam June Paik mit seinem „Roboter" und Günter Weseler mit seinen „*Atemobjekten*" vollzogen. Damit haben sie auf spezifische Situationen des Menschlichen verwiesen und die Kinetik als kunststilistisches Mittel dienstbar gemacht.[334] Nun werden die wenigsten Betrachter der Windkraftanlagen darum wissen, aber diese und weitere Ergebnisse künstlerischer Forschung und Entwicklung sind, vermittelt über Film, Fernsehen, Design etc. in unser aller Erfahrungsschatz eingegangen. Sie prägen – bewusst oder unbewusst – unsere Wahrnehmung mit. Schaut man überhaupt hin, kann man nicht umhin, zum Beispiel die Harmonien oder Dissonanzen in der Bewegung der beiden – an sich unabhängigen – ‚Räder' zu sehen. Auf die entstehenden Ereignis-Räume haben wir oben schon hingewiesen.

Tatsächlich lässt sich ein nicht-technischer Gebrauch der Windkraftanlagen kaum vermeiden: sind sie auch Indikatoren für Wind, zeigen sie doch, anders als Wetterfahnen, nicht nur ob und aus welcher Richtung er weht. Ihre stillstehenden Räder vermitteln, selbst an hektischen Tagen, sonntäglichen Müßiggang. Buchstäblich (weil ein Bild!) zeigen sie jenes „über allen Gipfeln / ist Ruh".[335]

Wer dies als Gedanken nur denkt, und nicht auch sieht, mag das Bild stehender Räder für ein pornografisch überzogenes halten – all zu direkt und platt scheint die „Ruh" ins Bild gesetzt und das „In allen Wipfeln/ Spürest du" gleichsam übersprungen. Dennoch wird der Betrachter dieser Inszenierung gerade dadurch auf ein Spüren hingewiesen. Jeder kann sehen, dass sich nichts regt – und fragt sich doch: Geht hier kein Wind? Oder: Es windet stark – aber die Räder stehen still! Abgeschaltet? Defekt? Oder weht dort, anders als hier, kein Wind?[336]

Die Ablehnung der stillstehenden Räder aber scheint ein Reflex auf das implizite: „warte nur balde / ruhest du auch". Denn Mensch und Rad gehören zusammen. Es gibt keine Räder in der Natur. Dabei dürfte unmittelbar einsichtig sein, dass kein Rad sich endlos dreht – mit oder ohne Wind, in jeder Bewegung erkennen wir die mögliche Störung, den drohenden Stillstand, den Fall, der nicht eintreten soll, den Unfall. Kaputt.

Theodor Wiesengrund Adorno konstatierte: „Natur zu fühlen, ihre Stille zumal, wurde zum seltenen Privileg".[337] Der Stillstand der Räder verhilft dieser Stille zum Laut – während „das Wort ‚wie schön' in einer Landschaft deren stumme Sprache verletzt und ihre Schönheit mindert; erscheinende Natur will schweigen".[338]

Daher ist die Geste der Windräder keine des Kraftaufwands, sondern des Spiels – mit dem Wind.

Im Stillstand der Räder trifft sich das Symbol der Dynamik mit dem Zeichen der Statik: nichts unbeweglicher als ein Turm. Statik bedeutet: Gleichgewicht der Kräfte. Deshalb ist der Turm Herausforderung für Kinder. – Und Ingenieure. – Und, seit der Zerstörung von Babel bis zu der in New York, Provokation, ausgewogene Balance zu stören: durch einen sagenhaft göttlichen Zerstörer (wie im Altertum) oder einen ebenso sagenhaft teuflischen (wie am 11. September). Nichts ist empfindlicher als ein labiles Gleichgewicht. Keiner, der es nicht selbst aufgebaut hat, wird es stören, solange es nicht wie ein Fels in der Brandung sich gibt: dauerhaft, selbstsicher, unverwundbar.

Windkrafträder sind bildhafte Ausdrucksgestalten der Moderne – sie vereinen Statik und Dynamik, deren Lehre es in der Antike nicht gab.[339] Weil sie an ein vernetztes System angeschlossen sind, selbst eines bilden, können sie *überall* stehen. Aber weil sie auf Wind und also auf geeignetes Gelände angewiesen sind, können sie *nicht* überall (sinnvoll) stehen. Sie haben ein Fundament, Bodenhaftung. Das macht sie zu *alternativen* Energieanlagen und trennt sie von den Maschinen der industriellen Revolution: Sie sind nicht mobil. Räder auf einem Schemel.

**Die Sichten.** *Einer ästhetischen Landschaftsbildbewertung sind die tatsächlich relevanten Betrachterpositionen des Alltags zugrunde zu legen. Nicht abstrakte „optische Wirkzonen", sondern Brücken, Häuser, Straßen, Züge, Wander- und Spazierwege, Bänke, Aussichtstürme. Landschaft und Landschaftsbild „Schwarzwald" zeichnen*

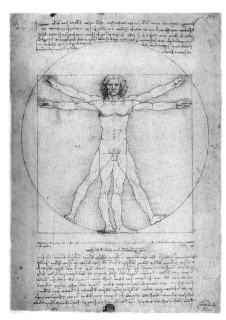

*Proportionsstudie nach Vitruv (ca. 1492) von Leonardo da Vinci. Die Proportionsstudie nach Vitruv zeigt einen als Doppelfigur dargestellten Mann.*

*sich sinnstrukturell dadurch aus, dass* Sehen als *die* Möglichkeit menschlichen Seins *(bleiben und wohnen) demonstriert wird. Bänke, Aussichtstürme, Schwebebahn, Straßen und Eisenbahn, Wanderwege und Spazierwege stehen dafür ein. Worauf man stolz ist, ist das Bild, das zu sehen man allererst möglich gemacht hat, indem man es geschaffen hat. Der Eiffelturm, der Fern-seh-turm in Berlin oder Stuttgart – alle Hochhäuser der Welt demonstrieren: Der Blick selber zählt, nicht was er wahrnimmt. Mit diesem Anschluss an die Metropolen der Welt erweist sich der Schwarzwald als ebenbürtig – jedenfalls ist er in diesem Sinn nicht „provinziell".*

Die Formulierung „plus" in der Kapitelüberschrift charakterisiert die Ursache der Veränderung: eine Veränderung durch eine Hinzufügung. Was sich geändert hat, ist primär nicht durch Abtragung entstanden (wie bei einem Steinbruch etwa). Etwas ist hinzugekommen. Zwei Windkraftanlagen und eine Freifläche, die durch Holzeinschlag für die Zuwegung entstanden ist. Sie ist, der Bewaldung wegen, von höher gelegenen Standorten einzusehen (von der Bergstation etwa oder dem Aussichtsturm auf dem Schauinsland).

Der Ort, an dem der Landschaft etwas hinzugefügt wurde, hat keinen eigenen Namen. Es ist nicht der Schauinsland und nicht die Holzschlägermatte. Es ist eine Berghöhe, auf die kein Schild für Wanderer hinweist und die nur in Messtischblättern die Gewannbezeichnung „Holzschlag" trägt – sonst ist allenfalls die Höhe eingetragen: 950 m in der einen Karte, in der anderen 602 m.

Obwohl also das Gewann eine Bezeichnung hat und damit der Standort der Anlagen exakt angegeben werden könnte, wird davon kein Gebrauch gemacht. Der Ort hat gleichsam keinen Namen. In Zeitungsbeiträgen oder Leserbriefen ist die Rede von den Windrädern „am Schauinsland" oder „auf der Holzschlägermatte" oder „an der Holzschlägermatte". Dieser letzten Benennung des Standortes haben wir uns angeschlossen, weil es die korrekteste Bezeichnung ist, weil sie als die am ehesten verständliche gelten kann und weil sie die „offizielle" Benennung geworden scheint.[340] Die Holzschlägermatte ist vielen bekannt, wegen ihrer wintersportlichen Eignung als Rodelhang.

Mit der üblichen Benennung des Standortes wurde auf die traditionelle Gewannbezeichnung zugunsten einer zu erwartenden besseren Verständigung verzichtet. Das bedeutet, Tradition wird im Hinblick auf gelingende Kommunikation ignoriert. Dem haben sich offenbar Befürworter wie Gegner angeschlossen. Die Gründe für solchen Sprachgebrauch mögen nahe liegend und verständlich sein, sie bedeuten aber, dass man sich einer Definitionsmacht gebeugt hat, die nicht die Tradition ist.

Die Errichtung dieser Anlagen auf einem Berg in dieser Höhe ist sichtlich Ergebnis von immensem personalem, finanziellem und technischem Aufwand. Im Kunstkontext vielleicht vergleichbar den Land-Art-Interventionen.[341] Solche Eingriffe (Operationen) setzen ein hohes Maß an Know-how voraus und sind darüber hinaus überhaupt nur möglich, wenn sie mit Herrschaft verbunden sind: Gegen die Herrschenden (Machthaber oder Gesetz) ist so etwas nicht zu machen. So etwas ist nicht zu machen heimlich, still und leise. Die Bauwerke sind Ausdruck eines erfolgreichen Durchsetzungsvermögens.[342]

Wir wissen um die von Unternehmern immer wieder beklagten Umstände, die Geschäftsvorhaben in Europa und besonders in Deutschland „behindern". Technische Sicherheitsvorschriften, Naturschutzvorschriften usw. erschweren oder verunmöglichen nach dem Selbstzeugnis der Macher unternehmerisches Handeln. Gleichsam

„gegen all diese Behinderungen" wurde doch etwas realisiert. Die Anlagen sind, für jedermann sichtbar, Zeichen des Erfolgs auch in dieser Hinsicht.

Einen Turm zu bauen, und von solcher Größe zumal, war immer Ausdruck eines Privilegs, das nur mächtigen Leuten zukam. Wie viel mehr gleich zwei Türme?

Die Bauwerke dokumentieren Durchsetzungsvermögen und Erfolg – ob das nun von den Erbauern beabsichtigt war oder nicht. Vor dem Hintergrund dessen, was wir alle über das Machbare und Nichtmachbare in unserer Zeit und in dieser Gesellschaft wissen, sind die Anlagen nicht anders zu verstehen. Niemand könnte behaupten, die Errichtung dieser Bauwerke sei eine Niederlage der Bauherren. Die Anlagen stehen. Und sie scheinen zu funktionieren, wie sie sollen. Etwas bewegt sich.

Würden wir uns damit begnügen, würden wir die Anlagen nur als Indikatoren unternehmerischen Handelns verstehen, hätten wir einen gesicherten Befund der gesellschaftlichen Situation, aber noch keine Rekonstruktion der Sinn- oder Bedeutungsstruktur der Anlagen bzw. der Landschaft als Bild.

Etwas wird getrieben. Es gibt nicht nur Erbauer, es gibt auch Betreiber. Wo sich etwas bewegt, an Maschinen, sind Vorkehrungen notwendig, die diese Funktion aufrechterhalten. Ein Motor bleibt stehen, wenn der Tank nicht nachgefüllt wird, ein Akku entlädt sich und muss wieder aufgeladen werden. Selbst so intelligente Maschinen und Geräte wie Roboter etwa und Raumsonden benötigen Steuerung, Kontrolle und pflegliche Betreuung. Maschinen müssen gewartet werden. Jemand muss die Anlagen betreiben, sonst bewegt sich nichts – auf Dauer.

Wer die Betreiber sind, ist nicht zu sehen.[343] Aber was die Bewegung verursacht, ist zu erkennen.[344] Auch wenn wir nicht wüssten, dass es sich um Windräder handelt, könnten wir feststellen, dass die Bewegung vom Wind her rührt. Weht kein Wind, bewegt sich nichts. Sagen wir so: Die Gebilde scheinen auf Wind zu reagieren – agieren, von sich selbst aus, sich *aktiv* bewegen tun sie nicht. Es sind keine Propeller, keine Ventilatoren. Auch an der Form der Rotorblätter ist das zu erkennen.

Wenn wir uns über entsprechende Technologien kundig machten, könnten wir sehen, das sie nicht angetrieben werden, weil der Wind sich in oder an den Blättern verfängt (wie in Segeln – das war bei Windmühlen so), nicht weil der Wind an den Blättern Widerstand findet, drehen sich diese Rotoren, sondern weil der Wind auf der Rückseite der Rotorblätter einen Unterdruck entstehen lässt. Die Blätter werden, wie Tragflächen eines Flugzeugs, gleichsam angesaugt. Deshalb können sie so überraschend schmal sein.

Die schmalen Rotorblätter zeigen, das Verhältnis von Wind und Windrad ist keines der Gegnerschaft. Nicht in dem Sinne jedenfalls, dass sich einer gegen den anderen stemmt und der Stärkere schließlich gewinnt. Es ist vielmehr wie bei den berühmten asiatischen Kampfsportarten: Die anstürmende Kraft wird auf intelligente Weise, das heißt auf Kraft sparende Weise, nur umgelenkt und so genutzt. Nichts wird ihr entgegen gesetzt – Geschick wird ins Spiel gebracht und menschlicher Geist. Das ist an der Konstruktion, der Form der Anlage zu sehen.

Zu dieser *feinen* Art der Verhältnishaftigkeit der Kräfte gehört, dass die Rotorblätter sichtlich nicht wie Messer durch die Luft fahren. Nicht mit der scharfen, mit der *stumpfen* Kante bewegen sie sich voran. Das ist leicht zu sehen, weil die Bewegung selbst ruhig ist und sehr gelassen anmutet. Sie hat nichts Hektisches, nervös Fahriges.

Die Bewegung ist, auch bei unterschiedlichsten Windgeschwindigkeiten, stets beschaulich und gleichmäßig. Es gibt keine ruckartigen Beschleunigungen, keinen plötzlichen Stopp, keinen dramatischen Umschlag von Bewegtheit in Bewegungslosigkeit oder umgekehrt. Kaum merklich beginnt der Rotor zu drehen und sanft schwingt die Bewegung aus. Da sie im Kreis führt, ist sie fließend und prinzipiell ohne Ende – wie ein Kreisel sich eigentlich immer weiter drehen müsste.

Für ein Rad, die Drehbewegung im Kreis gibt es keinen Anfang, kein Ziel, kein Ende. Keinen des Weges und keinen des erfüllten Zwecks. Es könnte immer so weiter gehen. Wohl deshalb wirken stehende Räder still. Solange nicht sichtbar ist, was sie hält, bleibt Hoffnung, dass sie sich wieder drehen. Windrädern ist anzusehen, dass sie gemacht sind, sich zu drehen.[345] Wie man Kerzen ansieht, dass sie gemacht sind, sich zu verzehren. Man wünscht, dass Räder sich drehen.

Dass es die Nabe ist, die von Speichen umgeben ist, steht im Tao te king.[346] Auch, dass im Nichts der Nabe das Werk des ganzen Wagens besteht. Die Nabe der Windkraftanlagen ist 98 Meter über dem Boden, der Durchmesser des Rotors beträgt 70 Meter, wodurch eine Gesamthöhe von 133 Metern erreicht werden *kann*. Periodisch wiederkehrend steht immer nur *ein* Rotorblatt für kurze Zeit senkrecht über dem Turm. Die Höhe variiert – es ist ein auf und ab.

*Illustration Windrichtung, Vorderseite*

Das Generatorengehäuse, die „Gondel", sieht aus wie ein Ei, wie ein gewaltiges Samenkorn. Das ist sichtlich eigens gestaltet – nicht nur nach Kosten–Nutzen-Kalkül und konstruktionslogischen, ökonomischen Vorgaben als Aufgabe bloß gelöst. Es gibt andere, weniger schöne Generatorengehäuse als dieses der Enercon E66/18.70.[347]

Am schmalen Teil ist das Logo der Herstellerfirma zu sehen. Sonst gibt es keine Signatur. Wer sich überhaupt dafür interessiert, wird es auch ohne dies wissen. Die Firma ist führend auf dem Gebiet und man kann sehen warum. Die „Gondel" ist von Sir Norman Foster gestaltet.

Dass die Rotorblätter eine Vorder- und eine Rückseite haben, ergibt sich aus der Richtung, in die der Rotor von unsichtbarem Mechanismus gedreht wird. Haben auch die Bauwerke eine Vorder- und eine Rückseite? Steht man dicht davor, sind Türen sichtbar, deretwegen man diese Türseite als ihre Vorderseite bezeichnen könnte. Andererseits haben runde Türme wie diese kein Vorn oder Hinten. Vorn und Hinten gibt es bei diesen Bauwerken in Bezug zum Rotor, der nur von einer Seite, nämlich von vorne, ganz zu sehen ist. Vorn ist da, wohin der Rotor zeigt. Nur, dass diese Vorderseite in immer andere Richtung zeigen kann. Aber sie liegt stets im Wind – Luv oder Lee? – Luv![348] Mit anderen Worten: die Anlagen haben eine statische und eine dynamische Vorderseite.

Windräder sind Windblütler – wie Pflanzen, Gräser z.B., die durch Wind bestäubt werden – und wenn etwas zu hören ist, von diesen modernen Großanlagen, dann weil der Wind sich mit ihnen zu schaffen macht. Wenn es windig ist und Nebel die Ohren schärft, die Augen verschließt, dann hört man ein kraftvoll rhythmisches Rauschen.[349]

Die beiden Anlagen sind erkennbar vom selben Typ. Als prinzipiell identische verweisen sie auf eine industriell gefertigte Serie. Das betrifft auch den Anstrich, der offenbar einheitlich für alle Türme gleich ist und also, wie die industrielle Serie überhaupt, keine Rücksicht mehr nimmt auf die je anderen farblichen Gegebenheiten der jeweiligen Standorte.

Wie im Kapitel Näherung, die zweite, ausgeführt, sind Betrachterstandpunkte für die Wahrnehmung von Landschaft von besonderer Bedeutung. Dem wird, wie erwähnt, in gängigen Analyseverfahren die leicht nachvollziehbare Unterscheidung von meist drei Sichtzonen (Nahzone, Mittelzone und Fernzone)[350] gerecht. (Meist in

Meter und Kilometerangaben z. B. 150 m bis 30 Kilometer). Auf diese Weise werden vorgefertigte Kategorien an die Sache nur herangetragen. Soll dennoch nicht auf „Sichtzonen" verzichtet werden ist von der Sache und von der Differenziertheit der Wahrnehmung aus zu gehen:

1. Die *Fernzone* kann als der Bereich verstanden werden, in dem einerseits das Objekt gerade noch auszumachen ist, sich aber noch keine eindeutigen Details wahrnehmen lassen.
2. *Die mittlere Zone* ist dem Ausdruck nach die Zone in der Mitte zwischen Fern- und Nahzone: eine Zone, zwischen dem Bereich, in dem sich erste Details wahrnehmen lassen, und dem, in dem das Objekt selbst die Wahrnehmung des Umfeldes zu verdrängen beginnt.
3. Die *Nahzone* wäre dann der Bereich zwischen der Entfernung, bei der das Umfeld gegenüber dem Objekt zurückgedrängt erscheint, und der, bei der das Objekt nicht mehr als Ganzes wahrgenommen werden kann.

Auf diese Art und Weise sind die unterscheidbaren Zonen in Abhängigkeit von den Wahrnehmungsbedingungen der fraglichen Sache formuliert und nicht aufgrund von Erfahrungswerten, die an einen neuen Fall nur herangetragen werden in der Hoffnung, dass sich die Erfahrung bewährt hat und wieder bewähren wird.

In unserem Fall bestimmen wir die zu analysierenden Sichten *nicht* nach Sichtzonen, sondern nach alltagspraktischen naturwüchsigen Betrachter*positionen*: Das sind im Besonderen Brücken und höher gelegene Bauten, Häuser mit mehreren Stockwerken (das sind in der Regel Sichten aus der Stadt), Straßen und Züge (das sind die üblichen Fernsichten) und schließlich Wander- und Spazierwege, Bänke, Aussichtstürme und die Gondeln der Seilbahn (das sind Betrachterstandorte der mittleren Fernsicht). Diese Sichten sind zugleich Programm für unsere Analyse. Deshalb werden wir uns daran anschließend auch der Nahsicht der Windkraftanlagen zuwenden, obwohl sie keine eigentliche Wahrnehmung der Landschaft mehr erlaubt.[351]

*Sicht von der Bahnhofsbrücke, noch exponiert erhöht, aber mit schon dominanten Vordergrunddetails*

Für alle zu analysierenden Sichten soll an dieser Stelle festgehalten werden, dass Windkraftanlagen als Serienprodukte der Industrie zunächst keine spezifische Aura (die sie als einzelne, besondere auszeichnete) haben. Im Alltag genutzte übliche Serienprodukte erhalten eine gewisse Individualität durch Gebrauchsspuren: Man erkennt sein Fahrrad, auch wenn es dasselbe ist wie das des Nachbarn. Windkraftanlagen dagegen erlangen Individuiertheit nicht durch Gebrauch, sondern durch ihre Situierung in der Landschaft, durch räumliche und zeitliche Einmaligkeit, durch optische Verbindungen zu anderen Anlagen und der Landschaft, in der sie aufgestellt sind. In der Fernsicht, wenn wir die Windräder von der Seite sehen, weil sie sich in den Wind gedreht haben, und die Rotoren kaum mehr zu erkennen sind, sieht man doch deutlich die Generatorkapsel am oberen Ende der senkrechten, sich verjüngenden Linie, die der Turm von weitem bildet. Beide zusammen erscheinen dann als organische Gebilde, die sich wie die Fühler einer Schnecke aus dem Berg erheben. Das ist hier so – und vermutlich nur hier.

**Brücke & oberes Stockwerk. (Stadtsicht).** *Aus der Stadtsicht erscheint die Landschaft mit Windkraftanlagen an der Holzschlägermatte als absichtsvolle und geglückte „Bühneninszenierung".*

Der *typische* Blick aus der Stadt Freiburg auf Landschaft und Windkraftanlagen ist ein meist verstellter Blick. Zudem drängt sich in der Regel ein dominantes optisches Nahfeld auf, das dem ohnehin in geschäftigem Besorgen gefangenen Auge kaum gestattet, aus der Stadt „aufs Land" zu schweifen. Ein Foto von der Bahnhofsbrücke in Richtung Schauinsland macht dies deutlich.

Die bunten Fahnen vor dem Dorint Hotel, meist auch großer Verkehr mit ebenso bunten Autos und eine unruhige Geräuschkulisse, drängen die (aus dieser Sicht) subtile Installation aus dem Horizont der Aufmerksamkeit. Im Hinblick auf die Windkraftanlagen an der Holzschlägermatte hat die Sicht aus der Stadt aber insofern keine große Bedeutung, als es überhaupt nur einen sehr schmalen Sichtkeil gibt, von dem

*Blick aus dem Restaurant Kagan, (im Bahnhofsturm)*

aus die Anlagen wahrzunehmen sind. Auch auf diesem Foto ist zu erkennen, dass die weitere Landschaft in dieser Richtung nur über die Senke des Günterstals zu sehen ist. Von weiter links oder rechts ist der Schauinsland und das Gewann Holzschlag schon nicht mehr zu sehen.

*Blick aus dem Restaurant Kagan (im Bahnhofsturm)*

*Ist* die Landschaft aber in dieser relevanten Richtung überhaupt wahrzunehmen, *dann* erscheinen die Anlagen in geradezu anmutiger Weise eingebettet in die Formen und Volumen der Vorberge. Ein Foto mit dem Blick aus dem Restaurant Kagan (im Bahnhofsturm) kann dies beispielhaft veranschaulichen. Man erkennt die Windkraftanlagen links und rechts von Bergen gerahmt. Tatsächlich wirkt die Anlage aus der Perspektive der Stadt wie eine absichtsvolle und geglückte Bühneninszenierung.

Vermutlich wird auch die Behauptung auf allgemeine Zustimmung stoßen, dass der „Holzschlag"-Hügel überhaupt erst jetzt, mit Doppelanlage, in das Blickfeld gerückt ist. Insbesondere bei oft nicht ganz so klaren Sichtverhältnissen ist dieser Hügel kaum von dem dahinter liegenden Schauinsland zu unterscheiden – währen da nicht die Windkraftanlagen. Vielleicht ist es auch keine unzulässige Unterstellung, wenn wir sagen, dass viele Freiburger wohl nicht wussten, dass, was aus dieser Perspektive zu sehen ist, der „Freiburger Hausberg" ist.

**Straßen & Züge. (Fernsicht).** *Dem Reisenden auf der Autobahn oder in der Eisenbahn ist der Schwarzwald und sein Vorland paradiesisch. Soweit diese Schwarzwaldlandschaft eine menschliche ist, scheinen Windkraftanlagen viel eher „hierher zu pas-*

*sen" als ins Hochgebirge oder auf das Meer. Die Doppelanlage an der Holzschlägermatte hat eine räumliche Ausrichtung mit einer Mittelachse (an der sich die einzelnen Anlagen spiegeln) und einer virtuellen Sichtachse. Bezogen auf diese tauschen die Anlagen ihre Plätze: je nach dem, ob man von Süden oder Norden schaut. Obwohl die Anlagen identische Industrieprodukte sind, erscheinen sie daher in Verbindung mit der Landschaft (und wie diese) als individuiert. Die Anlagen sind wie ein „Schauspieler" auf der Bühne – als die die Landschaft sich zeigt. Die Windkraftanlagen selbst sind dem Schauinsland untergeordnet und doch vor seiner Kulisse gerahmt und hervorgehoben. Der Zustand dieses ganzen optischen Zusammenhangs aber ist flüssig, nicht starr. Er variiert und fordert unserer Bereitschaft, die Situation mehr als (passiver) Zuschauer oder eher als (aktiver) Betrachter zu erleben. Das „Setting" der gegebenen Situation von Landschaft, Anlagen und Betrachterstandpunkt bietet und erlaubt grundsätzlich beides. Die Landschaft mit den Windkraftanlagen impliziert (als öffentlich gestalteter Raum, zu dem sie durch die Doppelanlage geworden ist) die Empfehlung, den Blick (im Rahmen der vorgesehenen Möglichkeiten) zu wechseln. Die Ambivalenz von Bühnenraum und Ausstellungsraum, Zuschauer und Betrachter ist de facto eine installierte Empfehlung, die Positionen zu tauschen.*

Aus der Ferne erscheinen Hügel und Berge (geeignetes Wetter vorausgesetzt) gestaffelt. Die entferntesten scheinen sich dabei in Licht und Dunst aufzulösen. Konzentriert sich das Auge auf die Helligkeitsunterschiede, scheint der Vordergrund dunkel und präzise, der Hintergrund hell und ungenau – Kontrastumfang und Intensität der Farben nehmen ab. Das kennzeichnet die so genannte Luft- und Farbperspektive. Wegen der mit der Entfernung dichter werdenden Luftmassen gehen optische Informationen aus der Ferne verloren. Farbperspektive verweist auf den Umstand, dass die Farben im Vordergrund intensiv, dunkel und eher warm scheinen, während sie in der Ferne ausgewaschen, hell, trüb und eher kalt anmuten. Durch abnehmende Genauigkeit der wahrnehmbaren Strukturen und Details, durch Verblauung, Trübung und Aufhellung lässt sich auf Bildern der Effekt von Tiefenräumlichkeit erzeugen (Konrad Witz um 1400 und später Leonardo da Vinci).[352]

Soweit die Schwarzwaldlandschaft geradeso durch Täler wie durch Berge geprägt ist, erscheinen die Differenzen von Näherem und Fernerem nicht kontinuierlich, sondern in diskreten Schritten zu wachsen. Das ruft den Einruck der Staffelung hervor. Das daraus resultierende Landschaftsbild ist dieser diskreten Schritte wegen eher digital als analog zu nennen. Das ist ein vielleicht überraschendes Ergebnis, aber der Ausdruck „digitale Landschaft" beschreibt eine sichtbare Tatsache und macht uns darauf aufmerksam, dass u.U. auch anderes noch mit diesem Befund übereinstimmen könnte. Im Vorgriff auf weitere Analyseergebnisse (Aussichtsturm und Bergstation) hat dieser hier erstmals auftauchende Befund dadurch eine Ergänzung gefunden[353], als die kulturlandschaftlich bedingten Erscheinungen, wie die Parzellierung der Wiesen und Äcker, ebenfalls eine Landschaft bilden, die sich aus diskreten Elementen, wie ein patchwork, zusammensetzt.

Den Schwarzwald aus dem fahrenden Auto, dem Zug zu sehen bedeutet, dass die Landschaft aus der Bewegung heraus wahrgenommen wird. Wegen der relativ großen Entfernung zu den Bergen ändert sich dabei deren Ansicht, trotz hoher Eigengeschwindigkeit (im Zug oder auf der Autobahn beispielsweise) nur langsam. Gleichwohl ist, eben wegen der hohen eigenen Geschwindigkeit und dem damit grundsätzlich verbundenen Risiko, keine rechte Ruhe, um Landschaft zu betrachten (wie von einem

Aussichtsturm). Paradoxerweise *verhindert* das Setting der maschinellen Bewegtheit jeden Betrachterstandpunkt, obgleich man (im Zug) *steht* oder (im Auto) *sitzt*. Genauer: Man hat keinen *eigenen* Standpunkt. Nur den, den das Maschinenensemble Zug (Schiene, Wagon, Bahnhof) oder Auto (Straße, Fahrzeug, Garage) bietet bzw. zulässt.

Was kurze flüchtige Blicke wahrnehmen, ist die morphologische Struktur der Gegend. Gelegenheit zur Betrachtung bietet allenfalls ein Halt auf einem der Parkplätze. Aber wenn man sich dort überhaupt aufhält, was man in der Regel nicht (gerne) tut, sind Sitzplätze und Tische erkennbar *nicht* dazu gedacht, etwas anderes als Straßenkarten zu studieren. Haltebuchten sind kein Hafen, in dem länger zu bleiben verlockend wäre. Ein Boxenhalt, um nach dem Rechten zu sehen, sich die Beine zu vertreten. Weiter.

Aus dieser Situation heraus sind die „United Towers of Freiburg" kaum wahrnehmbar. Dieser Sicht, vom Rheintal her, ist das Landschaftsbild geprägt von der Kette der Berge, ihrem hügeligen Vorland und der Fläche, die sich zwischen dem eigenen Unort (die Gerade der Bahn, auf der man sich bewegt, ist kein Ort) und dem Schwarzwald spannt.

Sofern der „Ort", *an* dem (*auf* dem, *in* dem) man sich auf der Autobahn oder in der Eisenbahn bewegt, aber gerade *kein* Ort ist, erscheint das gegenüber gelegene Andere (in unserem Fall der Schwarzwald) als der „eigentliche" Ort. *Dort* wäre Bleibe, nicht hier, wo wir unterwegs sind. Der Schwarzwald als „eigentlicher Ort" ist aber eine nur etwas andere Beschreibung für das, was traditioneller Weise „Paradies" heißt. Aus der Sicht des Fahrenden und Reisenden sind der Schwarzwald und sein Vorland paradiesisch. Das meint hier: das Versprechen einer möglichen Bleibe. Denn der Bewegung des Reisenden ist Ruhe gleich Bleibe. Eine Bleibe, wie der Ort *von* dem man (vielleicht) kommt, Bleibe war oder wie der (Urlaubs-)Ort, *zu dem* man (vielleicht) unterwegs ist, Bleibe sein wird.

Aus der Fernsicht der Rheinebene ist der Schwarzwald ex negativo kein Hochgebirge. Sichtbar ist ein solches auch „dahinter" nicht zu erwarten. Das bedeutet: Wer dorthin geht (oder fährt) wird nicht erwarten, dem „Erhabenen", dem „Sublimen" zu begegnen.

Während im Hochgebirge oder im Blick auf offenes Meer nichts Menschliches wirklich begegnet – vielleicht, dass ein Leuchtturm Hoffnung und Kunde gibt von menschlichem Sein, vielleicht, dass ein Gipfelkreuz in beschwichtigender Geste dem Übermenschlichen huldigt –, sind hier Weinberge, Dörfer, einzelne Häuser, Aussichtstürme, Sendemasten zu sehen. Vieles, wenn nicht alles, ist von Menschen gemacht oder gestaltet.

Diesem scheinbar unspektakulären Befund ist eine bedeutende Konsequenz für die Diskussion um die geeigneten Landstriche, in denen Windkraftanlagen gebaut werden sollen (Stichwort: hier gehört so was nicht hin), zu entnehmen. Es ist evident: Vor dem Hintergrund erhabener Größe (wie sie im Hochgebirge oder am Meer (!) erfahren wird) sind Windräder viel weniger vorstellbar, als hier im Schwarzwald, wo *alles* Zeugnis gibt von menschlichem Handeln.

Nähert man sich Freiburg über den Zubringer „Mitte" hat man im Winter, wenn die Bäume laubfrei sind, eine gute Sicht auf den Schwarzwald und die Windkraftanlagen an der Holzschlägermatte. Hier befindet man sich auf der nördlichen Seite einer virtuellen Linie, die die beiden Anlagen miteinander verbindet (vgl. dieses Kapitel weiter unten). Deshalb erscheint die talwärts errichtete Anlage rechter Hand, die andere,

*Sicht von Staufen*

bergseitige Anlage, linker Hand. In Fahrtrichtung „Freiburg Stadt" löst sich der panoramatische Blick, den man auf der Autobahn (oder in der Eisenbahn) noch hatte, allmählich auf. Die großen zusammenhängenden Linien des Gebirgszuges werden mehr und mehr durch Architekturen unterbrochen, bis man schließlich in der Stadt nur noch fragmentierte Landschaft wahrnehmen kann. Das bis dahin im Autofenster gerahmte Panorama ist den Detailsichten gewichen.

Aus dieser Entfernung sind von den Windkraftanlagen nur zwei kleine, dünne weiße Linien zu erkennen. Dennoch gehört diese Sicht zu den interessantesten Ansichten des Schwarzwaldes und der Windkraftanlagen: eben weil die Annäherung an diese Landschaft mit ihrer dramatischen bildhaften Auflösung verbunden ist. Die Windkraftanlagen selbst erscheinen dem Schauinsland untergeordnet und doch vor seiner Kulisse gerahmt und hervorgehoben. Eine Doppelskulptur wie auf einer großartigen Bühne. Dieses in Verbindung mit den Windkraftanlagen „bühnenhafte" der

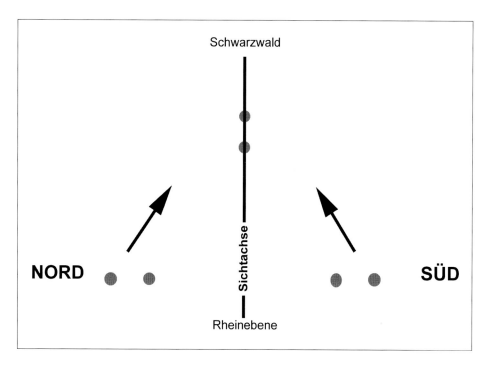

*Sichtschema: Je nach Betrachterstandort erscheinen die Anlagen links – rechts vertauscht*

Landschaft soll als wiederkehrendes Landschaftsbildstrukturmuster festgehalten werden. Es ist auch aus der südlichen Fernsicht (etwa von der Bundesstraße aus bei Staufen) wahrzunehmen.

Von Süden (Bad-Krozingen, Staufen) kommend, haben die Anlagen den größten möglichen *optischen* Abstand voneinander. Aus dieser südlichen Richtung auf das Doppel geblickt, erscheinen die Anlagen in anderer Anordnung: Bezogen auf den eigenen Standort haben sie, wegen der bereits genannte virtuellen Linie (die die Anlagen miteinander verbindet) die Seiten getauscht. Die vordem (aus Norden kommend) linke Anlage, erscheint nun rechts bzw. die rechte links. Bezogen auf diese Mittelachse, hat die Doppelanlage eine rechte und eine linke Seite. Mit anderen Worten, die Doppelanlage wandelt, mit der eigenen Betrachterposition in der Landschaft, und wie diese, ihr Gesicht. Eine Eigenschaft, die man von identischen Industrieprodukten nicht gerade erwartet.

Der größte sichtbare Abstand der beiden Anlagen voneinander verliert sich erst mit der Verlagerung des Betrachterstandpunkts nach Norden, etwa durch eine Auto- oder Zugfahrt. Je näher man nach Freiburg kommt, umso näher kommen sich auch die beiden Elemente. Bis man auf der Höhe von St. Georgen die genannte Sichtachse überschreitet, die die beiden so miteinander verbindet, dass sie, wie bei einer Zielgeraden von Kimme und Korn, in einer Flucht erscheinen.

Bei weiterer Bewegung quer zur Sichtachse treten die beiden Elemente wieder zunehmend auseinander, bis sie aus nördlicher Richtung gesehen, hinter Freiburg, wieder im maximalen Abstand von der Mittelachse zu sehen sind.

Bezogen auf die Sichtachse und von der Rheinebene her gesehen, ist die rechte Seite des Doppels dem Süden, die linke Seite dem Norden zugeordnet. In Folge der beschriebenen Bewegung des Betrachters (beispielhaft von Süd nach Nord) tauschen die Anlagen die Seiten und scheinen sich umeinander zu drehen. Dabei ergibt sich aus dem Schnittpunkt der beiden Sichtachsen ein virtueller Mittel- oder Drehpunkt der Gesamtanlage (vgl. Kapitel Vorschläge und Weiterungen, „Amboss").

Zusätzlich zu dieser Veränderung der Position ändert sich für den wahrnehmenden Blick, je nach aktueller Ausrichtung der Rotoren, auch ihre Drehrichtung. Grundsätzlich ist die Drehrichtung, bezogen auf die Windrichtung und aus dieser Richtung gesehen, rechtsdrehend, aus der Gegenrichtung gesehen linksdrehend.

Richard Schindler, Foto, 2003
*Die Stellung der Bank empfiehlt schon immer den Blick in die andere Richtung.*

Die Richtung, aus der der Wind weht, ist (aus der Ferne gesehen) die Vorderseite der einzelnen Anlage. Aus der Nähe betrachtet, ist vorne da, wo sich die Eingangstüre befindet. Hinzu kommt, dass die in sich gedoppelte Anlage zwar als eine einzige skulpturale Installation erscheint, aber trotzdem nicht wie ein einzelnes Objekt im Raum zu umrunden ist. Wer auf der Straße oder im Zug fährt, kann dies ohnehin nicht – es ist aber auch kaum vorstellbar, da sich, aus dieser Fernsicht gesehen, unmittelbar hinter der Anlage ein Berg erhebt. Ob sich dazwischen eine Straße befindet, die eine Rück-Sicht ermöglichen würde, ist nicht zu sehen.

Die Unmöglichkeit, das Doppel vollständig zu umrunden (oder nur mit erheblichem Aufwand) unterstreicht den Bühnencharakter der Landschaft als Hintergrund (hinter die Bühne kommt man nicht). Gleichzeitig aber macht die beschriebene Bewegung eines Beobachters klar, dass nicht die Anlagen auf der „Bühne", sondern der Beobachter im Raum sich bewegen muss, damit sich „dort" eine Änderung im Verhältnis der beiden Elemente zueinander zeigt. Diese beiden Bestimmungen scheinen sich zu widersprechen. Denn im einen Fall geht es um eine Bühne (die man nicht betreten kann), im anderen Fall um eine Ausstellung (in der man herumgehen muss, um die Sache von allen Seiten zu sehen). Haben wir es nun mit einer Bühnenaufführung zu tun oder mit einer Ausstellung in einem Ausstellungsraum?

In einem Ausstellungsraum kann (und soll) man ausgestellte Skulpturen (in der Regel wenigstens) von allen Seiten sehen und daher auch umschreiten können. Im

Zuschauerraum dagegen soll man (in der Regel) gerade nicht „hinter die Kulissen" sehen. Im Theater, Kino, bei einer Sportveranstaltung im Stadion oder in einer Sporthalle ist der Beobachter Zuschauer, der auf einen festen Sitz-Platz oder Steh-Platz fixiert ist und sich passiv ein Ereignis auf der Bühne oder im Ring ansehen soll – so, wie es für ihn inszeniert wird. Im Ausstellungsraum einer Galerie, eines Museums oder auf einer Messe, ist der Beobachter Betrachter: Er kann und soll unterschiedliche Perspektiven einnehmen, sich aktiv ein möglichst umfassendes „Bild" selbst verschaffen. Die Lenkung des Beobachterblicks konstituiert im einen Fall einen Zuschauer, im anderen einen Betrachter und macht den Raum entweder zu einem Zuschauer- oder einem Ausstellungsraum und das Sichtbare zu einer Aufführung oder zu einer Ausstellung.

Die möglichen Blicke eines Beobachters von Landschaft und Windkraftanlagen in unserem Fall konstituieren einerseits die Anlagen als inszeniertes *Ereignis*, die Landschaft als *Bühne* und den Beobachter als *Zuschauer* einer für ihn gedachten Aufführung, und *andererseits* erzeugen sie die Anlagen als *Skulpturen*, die Landschaft als *Ausstellungsraum* und den Beobachter als *Betrachter* einer für ihn ausgestellten Skulptur.

Beide Möglichkeiten sind aber immer zugleich gegeben, so dass eine spielerische Ambivalenz wie bei einem Kippbild entsteht: Zuschauer und Beobachter, Bühne und Ausstellungsraum, Ereignis und Skulptur gehen permanent ineinander über. Der Zustand des ganzen Zusammenhangs ist flüssig, nicht starr. Er variiert je nach Bereitschaft des Beobachters, den einen oder anderen Beobachterstandpunkt einzunehmen und sich mehr als (passiver) Zuschauer oder eher als (aktiver) Betrachter zu erleben. Das „Setting" der gegebenen Situation von Landschaft, Anlagen und Betrachterstandpunkt bietet und erlaubt grundsätzlich beides. Ob sich die beiden wie Gestirne umeinander drehen, hängt von uns ab.

Gleichwohl sind die möglichen Blicke nicht tatsächlich frei wählbar. Wie gezeigt, sind Straßen, Schienen und Bänke beispielsweise öffentliche Einrichtungen, die einen ebenso öffentlichen Blick konstituieren, den einzunehmen oder nicht einzunehmen wir keineswegs immer frei sind. Im Gegenteil: Um vorinstallierte Blicke nicht zu nutzen, müssen wir sie ausdrücklich vermeiden, umgehen – vom „rechten Weg" abgehen. Ausstellungen im Museum und Aufführungen im Theater sind gesellschaftlich institutionalisierte Möglichkeiten, von diesem Weg abzukommen – darin folgen sie den Kunstwerken. Die sind nicht nur, wie eine inzwischen verkommene Metapher populärer Kunstrezeption sagt, Spiegel, die der Welt vorgehalten werden. Kunstwerke sind (bis heute) Vorschläge, wie man Welt (anders) noch sehen kann. Es sind Aussichtstürme, Bänke, Züge und Autos – Empfehlungen und Möglichkeiten des Blicks. Aber anders als diese sind Kunstwerke für manch einen *unbequeme* Orte, von denen her zu sehen, von wo aus Welt wahrzunehmen, mit Augen zu bereisen ist. Die Landschaft *mit* den Windkraftanlagen impliziert (als öffentlich gestalteter Raum, zu dem sie durch die Doppelanlage geworden ist) die Empfehlung, den Blick (im Rahmen der vorgesehenen Möglichkeiten) zu wechseln. Die rekonstruierte flüssige Ambivalenz von Bühnenraum und Ausstellungsraum, Zuschauer und Betrachter ist de facto eine installierte Empfehlung, die Positionen zu tauschen. Zu dieser installierten Empfehlung der getauschten Blicke gehören Wanderwege und Spazierwege, Bänke, Türme und Gondeln.

Aus dem fahrenden Auto oder aus dem Zug sind oft mehr als nur eine Windkraftanlage zu sehen. Bei der Anfahrt auf Freiburg sind zeitweise die Anlagen am Rosskopf und die an der Holzschlägermatte zugleich sichtbar. Von bestimmten Blickpunkten aus sind u.U. auch mehr als diese zu sehen (Kaiserstuhl). Die Anlagen sind dann nicht nur unsichtbar qua Stromnetz, sondern auch optisch miteinander verknüpft, aufeinander bezogen. Da man sich dabei in der Regel näher bei der einen als bei der anderen Anlage befindet, erscheinen sie in unterschiedlicher Größe. Das rückt die Häufung der Anlagen in unserem Gesichtsfeld proportional zurecht. In einem Bildband wie z.B. dem von Hockenjos ist dies nicht der Fall. Die „natürliche" Relation der Anlagen zueinander fällt zugunsten einer im Buch konstruierten weg. Was im Buch als massive Häufung erscheint, zerstreut sich dem Blick auf die Sache selbst.

**Wanderwege & Spazierwege / Bänke, Türme, Gondeln. (Mittlere Sicht).** *Jede Bank am Weg ist eine auf Dauer gestellte Möglichkeit zu ruhen und zu sehen. Man gibt sich Mühe. Viele Bänke sind gestiftet. Nicht nur was es zu sehen gibt, ist hier von Bedeutung, sondern dass zu sehen möglich ist.*

Die öffentliche Bank (am Weg) bietet die Möglichkeit zu sitzen, zu ruhen, zu schauen. Ruhend schauen, schauend ruhen sind Bestimmungen des sich Versammelns, der Kontemplation. Bänke sind Blickempfehlungen.

Häufig finden sich an den Bänken Messingschilder auf denen steht, wer die Bank gestiftet, wer die Möglichkeit der Kontemplation allererst möglich gemacht hat. Mit dieser Nennung des Stifters an der Bank wird der Blick, die spezifische Sicht auf die Dinge, wie sie von hier aus zu haben ist, autorisiert und signiert.

**Bank**

Der Stifter ist Autor, Schöpfer eines Sach-Verhalts (wie sich Betrachter und Sichtbares zueinander verhalten). Durch die Signatur als bekennende Autorschaft wird zugleich die Verantwortung für diese Blickkonstruktion übernommen. Das Stifterschild an der Bank ist, wie eine Dokumentunterschrift, Siegel übernommener Verantwortung und, je nach Formulierung des Stiftungstextes, zugleich Anzeige eines Eigentumsverhältnisses: Es kann klar stellen, wem die Bank (und damit die Möglichkeit des Blicks etc.) gehört.

Zusammen genommen bedeutet das, die durch Beschriftung kenntlich gemachte Stiftung ist eine Reklamation der Autorschaft für einen komplexen Sachverhalt, der die ins Verhältnis-Gesetzten konstituiert: Bevor diese Bank hier stand, gab es den Betrachter nicht, nicht dieses Landschaftsbild.[354] Das Stifterschild befindet sich meist an der Lehne der Bank und ist daher für den sitzenden Betrachter nicht sichtbar – die Autorschaft verschwindet bei Gebrauch im Rücken der Nutzer. Das ist eine zurückhaltende Form des für den öffentlichen Gebrauch geschaffenen Sachverhalts.

Die weitaus größere Zahl von Bänken, die in Sichtweite zur Holzschlägermatte und den dortigen Windkraftanlagen aufgestellt sind, haben *keine* Stifterschilder. Und sie sind ganz selbstverständlich talwärts ausgerichtet. Sie sind *nicht* so aufgestellt, dass sie den Blick zum Berg (zur Holzschlägermatte und zum Gewann Holzschlag) empfehlen. Der gemeinte attraktivere Blick ist der Blick ins Tal und in die Weite.

Bänke, die dennoch anders stehen, sind im Hinblick auf ihren Standort dadurch gekennzeichnet, dass ihr „Gegenblick", das Sichtfeld in ihrem Rücken, *nicht* attraktiv ist. Vielleicht, weil sich dort nur Gestrüpp, eine Böschung oder dergleichen befindet. Diese Stellplätze empfehlen sich dennoch, weil sie eine geborgene, den Rücken deckende Situation nutzen. In solchen Fällen hat sichtlich die Gemütlichkeit des Eingebundenseins den Entschluss bewirkt, hier eine Bank aufzustellen. Dieser Aspekt fließt oft auch dann in den Prozess der Stellplatzfindung ein, wenn alternative Stellplätze denkbar sind. Immer wieder stellt man fest, der geborgen anmutende Stellplatz erhält den Vorzug gegenüber dem „besseren" Blick.[355]

*Aussichtsbank Freiburg-Merzhausen*

*Bank unterhalb Buckhof, Blick und Gegenblick*

Die zahlreichen Bänke, die sich überall im Schwarzwald finden, demonstrieren eine *Überzeugung*: Hier gibt es allen Grund zu ruhen und zu schauen, hier gibt es eine sehenswerte Landschaft. Auch eine Bank, die nie genutzt werden sollte, ist doch eine sichtliche Demonstration der damit *behaupteten* und *bewiesenen* Wertschätzung des von hier aus zu Sehenden. Das Fehlen von Stifterschildchen verweist auf eine allgemeine, kollektiv (kommunal) getragene Überzeugung – niemand besonderes macht sich das zu eigen. Soweit viele der Bänke auch an wenig attraktiven Aussichtsplätzen stehen, sind sie eine Demonstration des Möglichen: man *kann* hier ruhen (auch wenn niemand dies will), man *kann* hier sehen (auch wenn es nichts Spektakuläres zu sehen gibt). Ganz allgemein ist die Bank am Weg eine auf Dauer gestellte Möglichkeit. Man gibt sich Mühe, *Ruhen* und *Sehen* möglich zu machen. Das kennzeichnet Landschaft und Landschaftsbild „Schwarzwald." Nicht nur *was* es zu sehen gibt, ist hier von Bedeutung, sondern *dass* zu sehen möglich ist. Dies ist die rekonstruierbare Strukturgesetzlichkeit, die die Landschaft und das Landschaftsbild „Schwarzwald" bestimmen.

*Der Aussichtsturm am Schlossberg feiert* nicht die „Schönheit, Vielfalt und Eigenart" der Landschaft, sondern sich selbst. Es kommt nicht darauf an, was man sieht, sondern darauf, dass *man sieht (sehen kann)*.

An diesem Aussichtsturm ist jeder Treppenabsatz mit den Namen der Stifter (heute Sponsoren genannt) beschriftet. *Viele* haben dazu beigetragen, dass es diesen Turm (und in eins damit Betrachter und Landschaftsbild) gibt. Insofern ist der Turm den Windkraftanlagen vergleichbar: Diese wurden möglich durch zahlreiche finanzielle Bürgerbeteiligungen. Allerdings ist das bei diesen nicht sichtbar, auch nicht, *wer* diese Personen sind.

**Aussichtsturm Schlossberg**

Dass Namen an den Treppenabsätzen geschrieben stehen, rückt den Turm ein in die Tradition der Aussichtstürme als Denkmale. Stifter haben sich schon immer selbst in das Bild gebracht, das sie malen/bauen ließen. „Gestiftet zum ..." steht da oder: „Die am Turmbau Beteiligten der Firma ..." Die Inschriften sind nicht in Stein gemeißelt, aber in Edelstahl graviert. „Der Turm war schon immer mein Traum." Wohl bemerkt, der Turm, *nicht* die schöne Aussicht, *nicht* das Landschaftsbild Schwarzwald. Worauf Menschen stolz sind, ist die Institutionalisierung eines Blicks: der Turm, der das Bild, das zu sehen sie damit ermöglicht haben (ob als Kurator oder als Krea-

*(Teure) Hinweisschilder weisen nicht auf die Aussicht, sondern auf den Aussichtsturm hin.*

*„Der Turm war schon immer mein Traum"*
*Stiftertafeln, Schlossbergturm*

tor), erst schafft. Sie sind stolz auf das Land, das sie dem Auge erobert haben.[356] In genau dem doppelten Sinn: das Land, von wo aus das Auge sieht, und das Land, das es von eben dort sieht.

Mit dem Besteigen des Turms lässt der Nutzer (auch) die Stiftertafeln hinter sich. Die sind, erst einmal oben angelangt, unsichtbar. Stattdessen befindet sich oben die Inschrift: „Freiburger Lebensart" und „Ganterbrauerei, Freiburg". Der Schriftzug wiederholt sich viermal und zieht sich in Fußhöhe, außerhalb des betretbaren Bereichs, um die Plattform. Die Inschrift befindet sich an der Stelle, an der sonst (wie an unzähligen anderen Aussichtstürmen) Hinweistexte und Zeichnungen darüber informieren, was wir von hier aus sehen können. In diesem Fall also: Freiburger Lebensart. Die mag als Zusammenfassung aller an den Treppenabsätzen genannten Stifterpersonen und Stifterfirmen verstanden werden.

Damit ist ein weiteres Strukturmerkmal von Blick und Blickbeziehung konstituierenden Installationen deutlich geworden: Einrichtungen, wie beschriftete Bank und Turm halten mehr oder weniger deutlich fest, dass, *was* wir sehen *und* was wir (in diesem Moment) *sind* (Betrachter, die genau diesen bestimmten Blick realisieren), sich einer Autorschaft verdankt, die sich darüber nicht nur bewusst ist, sondern dies auch ausdrücklich demonstriert. Da wir beim Besteigen des Aussichtsturms nicht wissen können, was uns oben erwartet, haben wir dies durch unseren Aufstieg in Anspruch genommen, akzeptiert und bestätigt.

Wir haben aber zugleich auch diesen fremdbestimmten Blick zu dem unseren gemacht. Die Fremdbestimmung ist als unsere übernommen. Wir stören uns nicht daran, weil, *was wir sehen* und was wir in diesem Moment *sind*, das ist, was wir nicht im Einzelnen, aber doch der Sache nach wussten und wollten.

Die Inschrift „Freiburger Lebensart" ist zum einen, wie die an dieser Stelle üblichen Hinweise auf das Sichtbare, eine Beschriftung der Landschaft, des Landschaftsbildes selbst: Alles was wir von hier aus sehen, der ganze Umkreis, *das* ist Freiburger Lebensart. Zum anderen ist die Inschrift eine Beschriftung wie eine Signatur, die Urheberschaft und Eigentum reklamiert. „Freiburger Lebensart" bedeutet dann:

Nicht jenes, *was* zu sehen ist, sondern dies, dass wir hier stehen können und schauend „genießen", *das* ist Freiburger Lebensart.

Das unterscheidet die Stiftung des Aussichtsturmes von der Stiftung einer Bank auf signifikante Weise: Während diese (in Form des Schildchens an der Rückenlehne) *tatsächlich* hinter dem Rücken des Sitzenden und Schauenden verschwindet (weil er sich sitzend dagegen lehnt), wird hier am Aussichtsturm gerade der Umstand sichtbar gehalten, *dass* hier und *wer* hier zu sehen gibt. Mit anderen Worten und bezogen auf den Text „Freiburger Lebensart": Hervorgehoben und gepriesen wird der Umstand des (selbst) Gemachten. Schönheit, Eigenart und Vielfalt der Landschaft *hier* ergibt sich aus dem Umstand, gemacht *und* sichtbar gemacht zu sein.

Das ergibt sich aus der Titulierung des Sichtbaren mit „Freiburger Lebensart". Denn tatsächlich sind dazu die pragmatischen Erfüllungsbedingungen nicht kompatibel. Die Vogesen *sind* nicht gemacht: wohl aber der Blick (dort hin). Wenn wir also den Widerspruch zwischen der impliziten Behauptung (des Sichtbaren als Gemachten) und der Tatsache (dass nicht *alles* Sichtbare gemacht ist) *nicht* akzeptieren wollen (weil es offenbar Unsinn ist), sind wir auf die einzig mögliche Deutung zurück verwiesen: Es geht um die *Aussicht*, also *um die Konstruktion von Betrachter und Betrachtetem*. Und zwar in genau dieser abstrakten Form. Denn es kommt nicht darauf an, was wir sehen. Ob Paris, Stuttgart oder Berlin, der Eiffelturm, die Fernseh(!)- und Aussichtstürme, es ist allemal die abstrakte Form des Blicks, die gefeiert wird. Es kommt nicht darauf an, was man sieht, denn wo auch immer der Turm steht, werden Menschen das Angebot, das er darstellt, nutzen. Es ist nicht vorstellbar, dass irgendwo ein Aussichtsturm steht und die Menschen sagen: Nein, da gehen wir nicht schauen, was man von da aus sieht, ist weder schön noch interessant. Was man mithin genießt, ist der Umstand *sehen zu können*. Weil sie die Sonne liebe (die Sehen überhaupt ermöglicht), dichtete Ingeborg Bachmann, wird sie „Klage führen über den unabwendbaren Verlust (ihrer) Augen".

Man sollte die Absperrung, die beim Besteigen des Turms die Landschaft vergittert, nicht unberücksichtigt lassen. Sie ist Teil der Inszenierung unseres Blicks. Es gibt zahlreiche Beispiele früherer Turmbauten, die zeigen, dass man einmal großen Wert darauf legte (und ein Bewusstsein darum hatte), *wie* die Annäherung des Blicks an das Landschaftsbild inszeniert wird. Erst allmählich sollte der sich nähernde Blick auf das Panorama frei gegeben werden. Bis dahin aber gab es nur Appetitanreger und ihre Verheißung. Am Schlossbergturm aber bleibt der Blick eingesperrt wie ein gefährliches Tier. Realisiert man, dass dies natürlich zum eigenen Schutz geschieht, wird deutlich, dass nicht der Blick, sondern das dem Gitter Jenseitige (die Landschaft) die Gefahr ist, vor der man durch die Absperrung geschützt wird (man könnte in sie hineinfallen, man könnte unfreiwillig auf die Bühne geraten, von der man sich gerade entfernt hat). Erst ganz oben ist die Vergitterung dann auf Brusthöhe reduziert, das Landschaftsbild dem Blick, dem Betrachter freigegeben. An alleroberster Stelle kann man sich dann nur noch um seine eigene Achse drehen. An diesem Augenpunkt, auf den reduziert man sich erfährt, dreht man sich um sich selbst, ist nur noch Auge. Man sieht, ohne selbst gesehen zu werden. Für Beobachter von unten ist das sehende Auge oben gerade so ein kleiner Punkt, wie dem Auge oben die Menschen unten.

Alles was von hier zu sehen ist (und dazu gehören auch die Windkraftanlagen an der Holzschlägermatte und am Rosskopf), erscheint in einem einzigen großen Gesichtskreis – überschaubar, wie auf einer Radkarte.[357] Die spezifische Nachbar-

*Schlossbergturm*

*Vergitterte Landschaft, Schlossbergturm*

*Vom Schlossbergturm aus gesehen, ist das Doppel an der Holzschlägermatte in einer wie dafür geschaffenen Bergsenke zu sehen.*

schaft der Dinge kennzeichnen Ort und Landschaft. Zusammengehörigkeit ergibt sich weniger aus der Ähnlichkeit der Dinge, sondern aus ihrem Beieinander. Ähnlich (convenientes) – schreibt Michel Foucault in „Die Ordnung der Dinge" – „sind die Dinge, die sich nebeneinanderstellen, wenn sie einander nahe kommen."[358] „Die konkrete, stimmige Nachbarschaft der Dinge verwandelt den neutralen Raum in die Bestimmtheit eines Ortes."[359]

*Was wir sehen, ist ein anmutiger Garten. Und alles ist gut. Wir sind weit genug, Gezänk nicht zu hören, nah genug, menschliches Bemühen zu sehen. Alles ist an seinem Ort. Die Ortschaften, die Vogesen, auch der Kaiserstuhl ist an seinem Platz. Räder drehen im Wind. Und hinter uns kein Gipfelkreuz.*

### Bergstation der Seilbahn

Die Bergstation der Seilbahn bildet nicht nur das obere Ende der Seilbahn. Sie ist eine Aussichtsplattform par excellence. In 1220 Meter Höhe die dauerhafte Installation einer „schönen Aussicht": Gleich zwei Web-Cams bringen den Blick ins Tal und ins Netz.

Was so zur Welt gebracht wird, *ist* eine Welt. Es ist tatsächlich wie eine Geburt: Ohne die schöne Aussicht gäbe es sie nicht. Wer von hier blickt, blickt zu den Vogesen, ins Rheintal, auf Stadt und Dörfer, Fluss und See, Wald und mehr. Aber das ist nicht alles, was es gibt: Auch diese Welt ist nur als Ausschnitt zu haben. Die Details, die auszumachen sind, sind nicht detailgenau. Landschaft ist unscharf, immer nur mit und aus Distanz zu sehen. Landschaft wahrnehmen, heißt Abstand nehmen. Oder, anders gewendet: Räumliche Distanz schenkt auch inneren Abstand. Wer still wird hier oben, empfindet den Weltblick nicht als Gegenwert für das Ticket der Bahn. Der ist nur Überblick. Aber sein Geld wert.

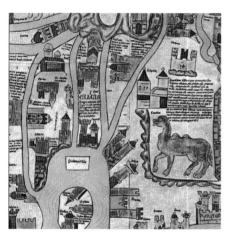

*Ebstorfer Weltkarte ca. 1260, Ausschnitt*

Der Abstand, mit dem wir *uns* herausnehmen, ist der nämliche, den wir uns schaffen, wenn wir in Urlaub fahren. Dennoch stehen wir, für kurze Zeit entwurzelt, „wie angewurzelt". Der Ausschnitt und die Unmöglichkeit, herum zu gehen um das was man sieht, charakterisiert das Wahrgenommene als Bild. Landschaft erscheint als Fläche, so tief sie scheinen mag.

Demgegenüber verweist eine Skulptur auf unsere Beweglichkeit, auf die Multiperspektivität, die wir einem Körper im Raum gegenüber einnehmen können, indem wir darum herum gehen. Landschaft oder Landschaftsbild aber sind angewiesen auf Distanz, auf übersichtliche Ausschnitthaftigkeit. Schweift der Blick in die Ferne, bleibt das Auge gebunden an den Pflock des Hier. Das macht ein Fernrohr klar – vom dem gleich zwei hier stehen.[360]

Das Fernrohr verengt unseren Gesichtskreis. Im Blick durchs Glas entsteht eine Kreisfläche. Und allem, was in diesem schwarz gerahmten Rundfenster erscheint, wird Raum entzogen. Alles rückt dichter aneinander, als müsste es sich dadurch wärmen, zum Schutz vor kalt sezierendem Blick. Was das Zoom näher bringt, ist in eine Bildfläche gedrückt, wie wir in den Stand eines nüchternen Bildbetrachters. Das öffentliche Fernrohr (wie der Aussichtsturm) fixiert unseren Standort. Wir haben nur diese Perspektive – beim Blick durchs Perspektiv.

Aber sie gestattet, die Welt, die wir verlassen haben, klarer und näher zu sehen. Mit dem Zoom holen wir heran, was wir durch die Fahrt herauf entfernt haben. Wenn die Dinge zum Greifen nah scheinen, lassen sie sich doch nicht berühren. Hände und Augen sind gefesselt, wie Odysseus am Mast. Das Paradox fasziniert, weil wir uns dem „Fort – Da" nicht entziehen können. In dem Maße, in dem uns die Sehhilfe näher bringt, was unter uns liegt, entfernt sie uns vom Landschaftsbild, indem sie ein anderes Bild erzeugt. Denn Landschaft im Detail: das ist ein Dorf mit einzelnen Häusern, ein Haus mit Garten, ein Garten mit Blumen, eine Blume mit Blüte, ein Blütenkelch mit einem Käfer – (wie weit reicht ein Fernglas?) – Landschaft im Detail: das ist ein Stillleben. Deshalb sind „schöne Aussicht" und Fernrohr kein Widerspruch, weil sie uns uns selber näher bringen. Nature morte ist die Begegnung mit der eigenen Vergänglichkeit – ob en Detail oder als großer Überblick. Während künstlerische Bilder Fenster zu einer *anderen* Welt sind (Ernst Bloch), ist die Bergstation ein Fester zu *unserer* Welt. Selbstbegegnung liegt darin; auch hier.

*Sicht von der Bergstation (Web-Cam), www.regiowebcam.de*

Richard Schindler, Foto
(Blick von der Bergstation), 2004

Das Fernrohr an der Bergstation ist eine Blickempfehlung, die anzunehmen uns kostet. Das Glas öffnet (uns) die Augen, wenn wir zahlen. Nur die Blickanleitung ist kostenfrei. Da steht, was man sieht: die Vogesen, den Belchen. Aber die Betriebsanleitung zum Sehen wird dem Instrument und uns nicht gerecht: die Vogesen, den Belchen, die sehen wir auch ohne das. Etwas ist faul an der Sache. Wir spüren und sehen die Nähe der Welt, die wir verlassen glaubten. Die technischen Vorkehrungen, die uns schweigend bedeuten, Landschaft sei wert betrachtet zu werden, sind plötzlich selber da. Das ganze Instrumentarium zur Herstellung des Landschaftsbildes ist da: Das Fernrohr mit seiner Sehanleitung ist da, das Restaurant, die Straße, die Seile der Schwebebahn. Künstliche Nabelschnüre klären darüber auf, wir schweben wie an einem *Fessel*ballon: über der Welt, aber nicht außer ihr. Wir sind keine Außenseiter. Die Operation der Entfernung ist nur halb geglückt: Wir sind nicht tatsächlich aus allem heraus (Unterbrochene Geburt? Geburt auf Raten?).

So weit dem Menschlichen enthoben, sind wir ihm nah: Kein Tier *betrachtet* die Welt. Wären wir ganz oben, wie Bergsteiger sind, dort, wo kein Weg, keine Schwebebahn hinführt, wäre Nichts (mehr) über uns. Nach dem Zeugnis der Bergsteiger wären wir dem Göttlichen näher und dem Menschlichen fremd. Da ist nicht Betrachtung, da ist Andacht. Hier aber beugen wir uns über unsere Welt, wie ein Modellbauer über die seine. Was wir sehen, von der Bergstation der Seilbahn oder vom Schauinslandturm, ist nicht erhaben göttliche Natur. Was wir sehen, ist ein anmutiger Garten. Und alles ist gut. Wir sind weit genug, Gezänk nicht zu hören, nah genug, menschliches Bemühen zu sehen. Alles ist an seinem Ort. Die Ortschaften, die Vogesen, auch der Kaiserstuhl ist an seinem Platz. Räder drehen im Wind. Und hinter uns kein Gipfelkreuz.

Wer sich umwendet, sieht die Bergstation der ersten Großkabinen-Umlaufbahn der Welt. Im Rücken der schönen Aussicht ist die Aussicht nicht gut. Es riecht nach altem Pommesfritesfett. In der Gondel der Seilbahn drängeln die Kinder nach vorn. Das ist da, wo der Blick nach unten geht; nicht da, wohin die Bahn uns bringt. Nur manchmal vergewissern sie sich, dass es noch nicht zu Ende ist und schauen in die andere Richtung, zum Berg.

Natürlich ist das Doppel der Windkraftanlage auch von hier zu sehen. Dabei ist besonders ihre optische Vermittlungsleistung auffällig. Die Anlage konstituiert eine sinnfällige Verbindung zu Bauwerken im Rheintal und in der Stadt Freiburg. Damit reproduzieren sie diejenige der Stadt. Hofstätter notierte zur Rolle Freiburgs: „*Gleichzeitig spielt Freiburg eine Mittlerrolle zwischen dem Bergland und den weiterführenden Verkehrswegen der Rheinebene und stellt somit einen idealen Zugang zum Schwarzwald dar.*"[361] Während die Seilbahn Stadt und Berg buchstäblich mechanisch und durch die weithin sichtbare Schneise im Wald vermittelt, leistet dies das Duo an der Holzschlägermatte (formal und inhaltlich) optisch. Diese optische Vermittlungsleistung im Regionalbereich verweist zugleich auf alle Anlagen – in Deutschland, am Meer, oder sonst wo auf der Welt. Wie eine Antenne halten sie Kontakt zu anderen und zeigen sich als Teil eines globalen Netzes. Sieht man von hier aus Seilbahn und Windkraftdoppel zugleich, wird der nostalgisch anmutende Charme der historisch gewordenen Schwebebahntechnik erfahrbar und die beeindruckende Einfachheit der Energiekonverter: zeitgemäße Hightech-Anlagen, die weitgehend so einfach zu verstehen sind, wie die Mechanik der Seilbahn.

*In einer Fichtenplantage sind Windkraftanlagen tatsächlich Fremdkörper: Sie stehen sichtlich für etwas anderes ein. In Einklang mit dem Bemühen der Waldbauern: Sie wissen, dass ihre Arbeit erst in zwei bis drei Generationen Früchte tragen wird.*

**Wanderwege & Spazierwege**

In mittlerer Sicht, wie sie sich von Wander- und Spazierwegen ergibt, sind die Rotoren der Anlagen deutlich zu erkennen. Dabei hebt sich die Symmetrie der Gesamtanlage zugunsten einer in sich unterschiedenen Einheit auf. Jetzt ist sichtbar, dass sich die Symmetrie nur auf die beiden Türme und die Konstruktion der Rotoren stützt. In Funktion dividieren sich die Anlagen auseinander: Jede erweist sich als eigenständig in ihrem Betrieb. Nur manchmal, und für kurze Zeit, sind Drehgeschwindigkeit und Frequenz der Rotoren gleich, so dass ihr Lauf synchronisiert erscheint.

Auf Wander- oder Spazierwegen ist die Doppelanlage nur sehr weiträumig zu umgehen. Das bedeutet, man müsste es sich schon ausdrücklich vornehmen und viel Zeit und einen weiten Weg in Kauf nehmen, wenn man dies wollte. Es ist nicht zu erwarten, dass dies jemand tut. Auch deshalb nicht, weil die einzelnen Anlagen in ihrer Gestalt transparent genug sind, um begründet annehmen zu können, dass sich von einer anderen Seite kein überraschender Anblick bieten wird. Dies, dass es überraschend sein könnte, gilt für die Doppelanlage als Ganze und nur in Konstellation mit der Landschaft. Da bieten sich tatsächlich und erwartbar unterschiedliche faszinierende Blicke (Vgl. Kapitel Straßen & Züge).

Auf Wander- oder Spazierwegen geht man mitunter durch den Wald. In der Regel handelt es sich um Nutzhölzer, die mit geradem Stamm und wenig Ästen, militärisch fast, in Reih und Glied stehen. Erblickt man sie frontal, von einem Hang gegenüber,

Richard Schindler, Schwarzwald (Blockformation), Foto, 2004

Terrakotta-Armee, Xi'an, China, 210–204 v.Chr., 1974 entdeckt, Quelle Internet

entsteht das Gefühl, einer Armee gegenüber zu stehen. Stephan Khodaverdi hat in diesem Zusammenhang an die chinesischen Terrakotta-Figuren erinnert.³⁶² Und an die Energie, der man sich ausgesetzt sieht.

Im Gleichstand dieser aufrechten Nutzpflanzen, in der Blockformation an den Hängen, realisiert sich die Kampfansage auf dem Holzmarkt – als visuelle Antizipation der Stapelware in den Baumärkten der Welt. Als wüssten sie, was ihnen blüht, haben sie aufgehört zu blühen. Das Waldsterben geht weiter.

Eine Beobachtung, die einem kleinen Bild von Max Beckmann aus dem Jahre 1936 zugrunde zu liegen scheint. „Waldwiese im Schwarzwald" ist ein Bild von dramatischer Stimmung. Die Waldwiese ist von Bäumen umstanden, die anmuten wie Figuren am Rande eines Spielbretts. Eine dunkle und eine weiße „Figur" liegen gefallen auf dem Feld – gegeneinander liegen sie und getrennt voneinander durch eine schräg durchs Bild gezogene Linie. Ein Kriegsschauplatz, wie ein Schachbrett einer ist. Wenn der große Wald heraufrückt gegen Dunsian, so verkünden die Hexen dem König von England, wird sein Ende kommen. „Das wird nie sein", frohlockt Macbeth. „Wer kann den Forst bewehren, Holz befrein vom Wurzelgrunde?" An die Weissagung der Hexen wird er sich nach dem Willen Shakespeares erst erinnern, wenn der Bote meldet, er habe den Wald kommen sehen. Aber wenn Macbeth die Soldaten erkennt, die zu ihrer Tarnung Bäume vor sich tragen, wird alles zu spät sein.³⁶³

Die Nadelbäume in der Nutzholz-Plantage Schwarzwald sind nicht das einzige Landschaftselement, das an Militärisches erinnert. Im Sinne der Disziplin und der Wehrhaftigkeit erscheint auch das Schwarzwaldhaus an den Boden geduckt wie unter einem Stahlhelm.³⁶⁴ Entsprechend lautet ein Bildkommentar im besprochenen Bildband „Schwarzwald" von Werner Richner und Hermann Ebeling (vgl. oben): „Fichten in sanftem Gegenlicht auf einem schmalen Kamm bei Steinwasen am Schauinsland: ausgedünnt, eine neben der anderen, wie Wachsoldaten."³⁶⁵

Max Beckmann, Waldwiese im Schwarzwald, 1936

In einer Fichtenplantage sind Windkraftanlagen Fremdkörper: Sie stehen sichtlich für etwas anderes ein. „Technik, die … Natur soll geschändet haben, wäre unter veränderten Produktionsverhältnissen ebenso fähig, ihr beizustehen und auf der armen Erde ihr zu dem zu helfen, wohin sie vielleicht möchte."[366] Malen sei auftauchen an einem anderen Ort, soll Franz Marc gesagt haben. Technik, wie die der Windkraftanlagen, auch.

Der Bi-Pol der Windkraftanlage an der Holzschlägermatte ist von jedem höher gelegenen Weg aus gesehen, der wie Bergstation oder Aussichtsturm einen freien Blick gewährt, bedeutender Teil des Vordergrundes – er konstituiert ihn und ist in diesem Sinn ein Element, das tendenziell dem panoramatischen Blick entgegensteht.[367]

Dass sich solcher Aussicht nicht nur der Blick, sondern auch das Gemüt weitet, ist eine Erfahrung, die spätestens seit Beginn des 18. Jahrhunderts jeder bestätigt, der überhaupt das Privileg solcher Übersicht hat. Was wir betrachtend begreifen ist das, was in gleichem Maße uns ergreift. Sofern wir es nicht als *Natur*, sondern als *Kultur* verstehen, bringt es nicht weniger zur Anschauung, wie nach der Überlieferung die Sphinx oder das delphische Orakel: die Aufforderung „erkenne dich selbst". Das unverstandene Andere sind wir selbst. Die verkehrstechnische Ikonographie der Sichtmarkierung (Bare) gesteht das ein: die Anlage warnt vor sich selbst. Ein Geständnis, das nicht alle Apparate, Einrichtungen und Systeme so einsichtig klar zum Ausdruck bringen. Eine Selbstbegegnung ist darin, die ihre Wunden zeigt. Und, in den Windrädern verdichtet, das sichtbare Bemühen, ab sofort es besser zu tun. In Einklang übrigens mit dem Bemühen der Waldbauern: Sie wissen, dass ihre Arbeit erst in zwei bis drei Generationen Früchte tragen wird. Die Dankbarkeit, mit der sie die ihrer Vorfahren entgegen nehmen, befähigt sie, trotz widriger Bedingungen, in zukunftsorientiertem Geist weiter zu arbeiten.[368]

**Nahsicht.** *Zwei als Türme bezeichnete, einzeln stehende identische Baukörper mit zeitweise bewegten Elementen an ihrem oberen Ende. Eine Freifläche.*

*Durch diverse Unterschiede wird die Uni-form ihrer Erscheinung individualisiert. Trotz ihrer Zugehörigkeit zu einer Industrieserie sind sie je Einzelne, Besondere. Ihre situativ bedingte Individuiertheit entzieht sie dem Gesetz der Serie und der Massenproduktion. Sie macht das bloße Beieinander zu einem beziehungsreichen Miteinander. Der Raum zwischen den beiden Türmen ist qualifizierter Beziehungsraum. Ein Turm allein erzeugt schon Raum – den Umraum, den es vordem nicht gab. Einer eröffnet dem Betrachter den Himmelsraum. Zwei stellen einen Zwischenraum her. Die Baukörper sind einander zugewandt. Wer dort geht, geht bald zwischen ihnen. Sie sind nicht zu umgehen. Die Mikroanalyse im Nahbereich verdeutlicht die unhintergehbare Verbindung der Anlagen zur Umgebung. Das in verbalen und nonverbalen Äußerungen oft implizite negative Urteil von Befürwortern und Gegnern über die ästhetische Erscheinung der Windkraftanlage als solche ist* nicht *angemessen.*

Aus der Nähe *ist* keine Landschaft. Und wegen des dichten Baumbestandes im Gewann „Holzschlag" ist von dort aus auch keine Landschaft zu sehen. Vom Weg, der zur Doppelanlage führt, ist allenfalls ein Teil des Schauinslands sichtbar; man erkennt den Aussichtsturm. Warum also, wenn es uns doch um eine *Landschaftsbild*analyse geht, wenden wir uns dennoch der Doppelanlage in der Nahsicht zu?

Bei den beiden Objekten lassen sich unschwer vier wesentliche, bildnerisch bedeutsame Aspekte benennen:

1. die symmetrische *Zweiheit* der Anlageninstallation,
2. die spezifische Gestalt der so genannten *„Gondel"*,
3. der *Rotor*,
4. die Bemalung, Tür und Fundament. Zum Zeitpunkt unserer Untersuchung ist darüber hinaus besonders augenfällig der unfertige Zustand der Gesamtanlage.

Die meisten dieser Aspekte sind auch aus weiterer Entfernung zu sehen[369]; und soweit dies der Fall ist, haben wir sie zum Teil bereits beschrieben und analysiert. Wir wenden uns diesen Aspekten noch einmal zu, um das Dargelegte zu präzisieren und weil dies viele interessierte Betrachter auch tun: Wer im Gewann war, um sich ein Bild zu machen von den Anlagen, nimmt auch ein Bild mit, wenn er wieder geht. Dieses ist nicht unbeteiligt an dem Bild, das wir uns aus der Distanz machen. Eine nähere Betrachtung der Anlagen vor Ort soll dazu dienen, ihre eigene visuell wahrnehmbare Gestalt in Charakter und Sinnstruktur zu erfassen. Das ist für die primäre Hypothesenprüfung dieses Gutachtens nicht notwendig, aber von Interesse und hilfreich. Insbesondere in Bezug auf die (untergeordnete) Frage nach der Angemessenheit ästhetischer Urteile durch Befürworter und Gegner über die Anlagen als solche. Eine Frage, die durch unsere Deutungsmusteranalyse nahe gelegt ist. Befürworter wie Gegner unterstellen in ihren Urteilen eine ästhetisch wenig überzeugende Gestalt der Windkraftanlagen.[370] Uns geht es dabei nicht darum zu klären, warum sie das tun (vermutlich hat es mit einer generell negativen Bewertung von Industrieanlagen zu tun), sondern um eine Prüfung der Sachhaltigkeit dieser Urteile.

**Das Unvollendete**

Obwohl vom selben Bautyp, gibt es bedeutsame Unterschiede zwischen den beiden Anlagen:

1. Durch die unterschiedliche Drehbewegung, die nur hin und wieder und sichtlich

*Unterschiedlicher Stand der Rotorblätter, synchron – asynchron*

rein zufällig synchron erscheint. Dann entsteht ein tänzerisch anmutender Gleichklang, der das Paar für kurze Zeit in ihrer Bewegung zusammenführt.

2. Durch den unterschiedlich ausgefallenen Anstrich der Türme. Während der eine Turm rundum und bis in eine Höhe von ca. 30 Metern in 5 Grünabstufungen, von der dunkleren Farbe unten bis zur helleren Farbe oben – gestrichen ist, ist der andere Turm in gleicher Farbe, aber nur in 2,5 Farbabstufungen gehalten. Die Farbringe beginnen bei diesem zweiten Turm in gleicher Höhe, werden auch absteigend und im gleichen Maße immer dunkler, erreichen aber nicht das Fundament. Zwischen dem unteren letzten Farbring und dem Fuß des Turms gibt es daher einen Ring in der grau gebliebenen Farbe des Betons. In diesem Teil sind großflächige dunkelgraue Flecken zu sehn, die sich je nach Lichteinfall mit dem Schatten umstehender Baume mischen. An einer Stelle in diesem unteren Graubereich befindet sich auch ein in sich differenzierter grüner Farbfleck.

3. Durch einen Stapel von Treppen-Fertigteilen, die ineinander geschachtelt wie eine „moderne Skulptur" anmuten und sich in unmittelbarer Nähe zu einem der beiden

*Unvollendeter Farbanstrich an einem der Türme*

*Treppenbauteile vor einem der beiden Türme, die wie „moderne Kunst" anmuten*

Türme befinden und diesen vom anderen unterscheidend markieren. Diese Teile erscheinen wie eine Skulptur, weil sie, so wie sie hier gestapelt sind, sichtlich nicht beschädigt sind, auch sonst in keinem erkennbaren schlechten Zustand sich befinden und also keinen einsichtigen Zweck erfüllen. Sie befinden sich im Wartezustand und harren ihrer bautechnischen Verwendung. Solange sind sie nur zum Anschauen gut.

Egal aus welchen Gründen sich die Anzahl der Objekte ergab, ob aus rechtlichen, ökologischen, ökonomischen oder anderen Gründen, von Bedeutung ist der tatsächliche Umstand ihrer (symmetrischen) Zweiheit.

**Die Zweiheit.**

Was der Fernsicht als Symmetrie erscheint, ist der Nahsicht eine in sich gedoppelte Einheit. Der unmittelbare Bezug der beiden Anlagen entsteht durch die sich zugewandten Türen und den begehbaren Raum zwischen den beiden Anlagen.

Die Wegeführung erzwingt keine Entscheidung, links oder rechts zu gehen, wie es wäre, wenn der Weg uns in die Mitte zwischen die beiden Türme führte. Oder, anders gesagt, wir haben keine Wahl. Dem Weg folgend passiert man einen der Türme und geht weiter zum nächsten. Aus der Nahsicht der unmittelbaren Begehung legt sich daher eine Nummerierung nahe: Es gibt einen ersten und einen zweiten Turm. Oder: einen vorderen und einen hinteren, einen näheren, einen ferneren.[371]

Die Wegeführung ist so, dass beide Anlagen nacheinander sichtbar werden. Aber nicht, weil die eine Anlage die andere verdecken würde. Zunächst verhindern die Bäume die Sicht auf die zweite, hintere Anlage. Dennoch ist sofort deutlich, dass sich hier nicht etwa noch eine weitere Anlage „versteckt". Die Situation ist transparent.

Bei einer wegfolgenden Begehung ist der Fußpunkt des hinteren, zweiten Anlagenturms nicht sofort zu sehen. Deshalb auch nicht dessen Tür. Die Türen beider Türme sind einander zugewandt – nicht exakt (wie es der Bauplan ausweist) aber doch hinreichend deutlich. Hat man einen der beiden Türme passiert, befindet man sich „dazwischen".

Nur an einem der beiden (dem ersten oder vorderen Turm) kann man *vorbei* gehen – zum anderen geht man *hin* und wieder davon *weg*. Das kennzeichnet eine Nährung – *man kommt nicht daran vorbei*. Wohl aber drum herum. Das Drumherumgehen ist bei der ersten Anlage, durch die relativ große Freifläche, leicht möglich. Nicht so bei der zweiten, hinteren Anlage. Deren Rückseite, bezogen auf den sich nähernden Betrachter, ist nur durch Verlassen des angelegten Weges zu sehen möglich. Man

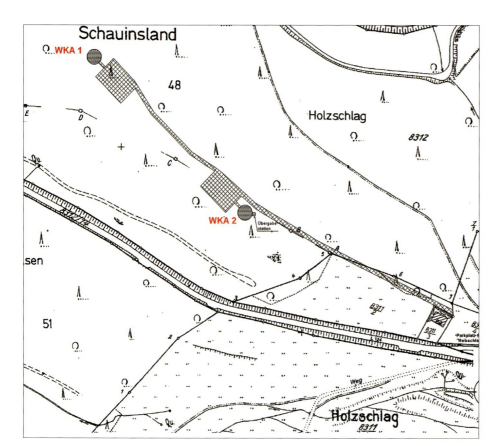

*Lageplan und Wegeführung (nach Bauantrag, Simonsen Lill Consult)*

wird auch keine Überraschung erwarten: Die Sache ist rund und offenbar wie die erste, die schon gesehen ist, gestaltet. Die Wegeführung, die hier endet, unterstellt und bestätigt diese Vermutung. Das bedeutet, dass die Anlage *als Doppel* in nächster Nähe *nicht* zu umrunden ist. Das ist ein Privileg, das nur aus der Fernsicht möglich scheint. *Man kommt nicht drumherum*.

Unterschied zur Fernsicht: in der Ferne ist man geneigt von linkem oder rechtem Turm zu sprechen – welche Anlage näher steht, ist nicht eindeutig zu bestimmen. Diese Schwierigkeit variiert je nach Betrachterstandpunkt.
Die Gestalt des Generatorengehäuses, das „Ei" (in der Werbesprache der Herstellerfirma „Gondel" genannt") darf insofern als bildnerisch bedeutsam bezeichnet werden, als sie erkennbar über die eigentlich notwendige technische Form hinaus geht und dem Objekt etwas hinzufügt, was im technisch funktionalen Sinn unnötig ist.372

**Das Ei**

Die Eiform ist, der Kugel gleich, eine in sich geschlossene Form, die sich gegenüber dem Umraum abkapselt. Aber anders als die Kugel hat sie eine Ausrichtung im Raum. Die Form wird als windschlüpfrig bezeichnet und ist zahlreichen technischen Konstruktionen zugrunde gelegt (Auto, Boot, Triebwerke etc. – je nach Verjüngung Tropfenform). Sie gilt spontan als organische Urform, als Keimzelle des Lebens. Werdendes Leben sprengt die Form von innen heraus, so dass die darin vermutete Kraft als Lebenskraft gekennzeichnet werden kann. Das gilt auch für das so genannte Kuckucksei: Seine potentielle Bedrohung für den Wirtsvogel und dessen Brut besteht in der unerkannten Deplatzierung. Es ist im Hinblick auf seine Umgebung im fremden Nest ein fremder Körper von gleicher Gestalt, aber anderem Inhalt. Der „Inhalt" der Eiform am Windrad ist durch alle anderen Teile der Konstruktion erkennbar. Um was für eine Art Kraft es sich dabei handelt, ist ablesbar: das durch Wind und Rad erzeug-

*Fassade Gasthaus Buckhof; vgl. die Fassaden zahlreicher Schwarzwaldhäuser*

te Drehmoment. Dem oberflächlichen Blick könnte sie als die den „Rotor" treibende Kraft erscheinen.

Ungewöhnlich ist, dass die „Eier" in der Höhe sind. Wenn sie nicht im Kühlschrank sind, gehören sie in ein Nest. Das kann auf der Erde, in der Erde sein, oder auf einem Baum. Deshalb sind Eier im Außenbereich für gewöhnlich nicht zu sehen. Nester großer Vögel sind manchmal sichtbar, aber nicht das Gelege. Ei und „Nest" gehören zusammen – wo das Ei ist, ist das Nest. Ei ohne Nest = herausgefallen, kaputt.

Es wurde schon gesagt, dass die Eiform „natürlich", „organisch" mit dem Turm verbunden ist. (Dazu und zur weiteren optisch-energetischen Funktion der „Eiform" siehe den Abschnitt über den Turm.)

„In den dreißiger Jahren wurde die Tränentropfenform, die seit der Jahrhundertwende als Form des geringsten Widerstandes bekannt war, bei den Flugzeugen der Marke Boeing und Douglas eingeführt, und da es sich um die zeitgenössische menschliche Schöpfung handelte, die die Zukunft am besten symbolisierte, bestimmte das Flugzeug das Design der Gegenstände allgemein."[373]

Obenauf sind technische Instrumente oder Geräte[374] und das Rotlicht zu sehen. Rotlicht signalisiert: Stopp, verboten oder heiß – Herdplatten leuchten so und Blut. Wer rot sieht, hält sich besser zurück. Das Milieu ist nicht jedem zuträglich. Rot bedeutet, wie an der Ampel: Halt, und zwar für den, der es sieht, (vgl. unsere Ausführung zur Farbgestaltung der Rotorblätter im folgenden Kapitel).

**Der Rotor**

Von der Seite ist beim Blick auf einen sich bewegenden Rotor eine sprachlich schwer zu beschreibende, spezifisch ondulierend-plastische Bewegung zu sehen. Auffällig sind dabei: das Gleichmaß der Bewegung und, je nach Windstärke, Windrichtung, Betrachterstandort, das dumpfe Geräusch.

Die organge-weiße Bemalung der Rotorblätter kennzeichnet die Anlage als luftverkehrstechnisches Hindernis (parallel zur behaupteten Verunstaltung des Landschaftsbildes!). Sie verknüpft die Anlage aber auch unmittelbar vor Ort mit dem Straßenverkehrssystem: dessen rot-weiße Leitschutzkennzeichnung hat, wie die Stopplichter

 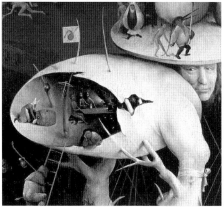

*Generatorengehäuse der Windkraftanlage mit Anemometer, Befeuerung, Logo*

*Hieronymus Bosch, Der Garten der Lüste, rechte Tafel Ausschnitt „Baummensch", 1480–90*

und Reflektoren der Fahrzeuge, dieselbe Funktion und dieselbe Farbgebung. Die Farbgebung der Rotorblätter (und das pulsierende Rotlicht) ist ein optischer Transmissionsriemen, der die Anlage sinnschlüssig mit den großen Verkehrssystemen (Luft, Wasser, Straße) verbindet. Die Farbgebung gehört zu einem zeichentechnischen System, das global verbreitet ist und international verstanden wird.

Wie ein mechanischer Webstuhl (und die Halle, in der er stand) schon im 19. Jahrhundert direkt von Vorarlberg nach England wies[375], weist die Sicherheitsbemalung auf ein ausgefuchstes System der Zeichen, untermalt den ohnehin vorhandenen Zusammenhang der Anlagen mit jenen an den Küsten der Welt.

Die Farbgebung des hinteren Turms ist sichtlich so, wie sie sein soll – während die des vorderen unfertig ist. Es handelt sich um eine einfache Fassadenbemalung mit grüner Farbe (vgl. Kapitel Das Unvollendete).

„Grün als eigenständiger Begriff zeigt die Perspektive der Zivilisation (nicht die der Natur R.S.). Nur Städter fahren ‚ins Grüne'. Nur in der Stadt gibt es ‚Grünanlagen' als ‚Begrünung', verwaltet vom ‚Grünflächenamt'. Das ‚Grün' beim Golfplatz ist ebenso eine künstliche Naturanlage. Die Partei ‚Die Grünen' entstand erst in einer hochindustrialisierten Zivilisation, als die Zerstörung der Natur zum Thema wurde."[376] Unter funktionalem Gesichtspunkt ist auf das ‚Ampelgrün', die ‚grüne Welle' und generell auf ‚grünes Licht' zu verweisen. Das sind Verwendungsweisen der Farbe, die freie Fahrt, freien Durchlass anzeigen. „Das ‚Standardgrün' ist ein dunkles Grün. Es gilt als angenehmste Farbe bei langer Betrachtung und ist deshalb die Standardfarbe von Wandtafeln. Die meisten Maschinen sind in Standardgrün lackiert."[377]

Dieser üblichen und unmittelbar verständlichen Verwendungsweise der Farbe Grün folgt die Farbgebung des Turms: Sie findet sich an einer technischen Installation, verweist auf den üblich gewordenen symbolischen Farbgebrauch für alternative Energien und ist eine perspektivierende, die plastische Form des Turmes unterstützende Farbgebung insofern, als Farbverlauf und -abstufung dem Formverlauf in der Verjüngung des Turmquerschnitts nach oben folgt. Auf Fotos aus dem Internet, die Anlagen diesen Typs an anderen Orten zeigen, ist zudem zu sehen (was wir aber aus methodologischen Gründen nicht zur Analyse des vorliegenden Falls verwenden dürfen), dass die Farbgestaltung zum Angebot der Herstellerfirma gehört – ungeachtet der tatsächlichen Umgebung sind die Turmfüße geradeso wie hier an der Holzschlägermatte auf die selbe Art gestrichen. Das bestätigt nur eine intendierte, hier auch erkennbare rein technisch-symbolische Verwendungsweise der Farbgestaltung.

**Fundament, Turm, Tür**

*Straßenkurve mit Warntafel, Markierungsstangen, Stopplicht, Windräder*

*Illustration Turmfuß mit Tür*

Ungeachtet dieser verständlichen Intention ist die Farbgebung im konkreten Fall an der Holzschlägermatte von anderer Sinnstruktur. Und zwar in Verbindung der Anlageninstallation mit der Umgebung. Durch die Einbringung der Anlagen in das Waldareal im Gewann wird in der Farbgestaltung ein (unbeabsichtigtes oder toleriertes oder gern akzeptiertes – wie auch immer geartetes) Bemühen sichtbar, die Türme der Umgebung an- und einzupassen. Das gestufte Grün, seine Anbringung bis genau zu dieser bestimmten Höhe und in genau diesem Farbspektrum, machen die Installation zu einem „Einbettungsversuch", zu einem Versuch, die Anlagen an die bewaldete Umgebung anzugleichen. Das ist deshalb als Versuch zu kennzeichnen, weil das Unterfangen nicht gelingt. Was wir vor uns haben, ist Mimesis von Natur, die der primären und intendierten Sinnstruktur der Farbverwendung entgegen steht und für sich genommen nur missglücken kann. Die visuell wahrnehmbare Gestalt erscheint als Anbiederung an „Natur", als läppischer Tarnversuch vor nicht zu täuschenden Augen. Es ist eine „vergebliche Anrufung der Natur" (Baudrillard) – nicht gemäß der Natur, sondern gemäß einer *bloß*en Idee von Natur, gemäß einer bloßen Idee von Wahrnehmung.[378]

Im Gegensatz zur „Gondel", die mehr ist als das, was technisch notwendig ist, ist das Fundament wohl eher an der Grenze dessen, was sicherheitstechnische Bestimmungen vorschreiben. Es hätte der Gestalt des Turmes (nicht der technischen Stabilität) gut angestanden, auch diesen Teil der Anlage als optische Standfläche gestaltgerecht plastisch zu formulieren. Im Verhältnis zu Turm und Rotor ist diese Fläche, aus der Nahsicht, in der wir uns hier befinden, optisch zu klein. Wir wollen hier abbrechen und weder die Gestalt der Tür noch ihre sichtlich unsinnige Überdachung weiter thematisieren. Sie ist ein schlechter Reflex auf eine als gestaltungsbedürftig erkannte Stelle der „Skulptur".

Bei der Analyse des Generatorengehäuses (des „Eis") wurde schon das „Organische", „Pflanzenhafte" expliziert. Vergleichbares zeigt sich, nicht nur am ebenfalls schon besprochenen Übergang von „Ei" und Turm, sondern auch am Turm selbst. Offenbar gibt es eine weitaus größere, oder auch nur interessantere (das heißt auffälligere) Übereinstimmung oder Zusammenstimmung zwischen den Türmen und den umstehenden Bäumen: Die Bäume, technische Produkte einer Zucht, sind Nutzholzpflanzen, deren Stämme nicht anders als gerade sein sollen („damit ich dich besser fressen kann" – unkompliziert zu sägen und ohne nennenswerten Abfall verwertbar) und sich, wie die Türme, nach oben verjüngen.

Diese Zusammenstimmung verwundert insofern nicht, als spätestens seit Ottos konstruktiven Versuchen für den Entwurf des Daches der olympischen Arena in München zahlreiche Architekten und Ingenieure (dem Vorbild Leonardos folgend) ausdrücklich bestrebt sind, in der Natur Lösungen für technische Probleme zu finden. Wie es ja überhaupt die These gibt (Arnold Gehlen), wonach technische Apparate ohnehin nicht anders zu verstehen seien, denn als Organersatz des Menschen. Also Erweiterungen im Sinne des Natürlichen als Technisches, Künstliches.

Ohne die „Gondel" lässt sich der konische Turm in der Vorstellung weiter verjüngt vorstellen. In berechenbarer Höhe würde die sich optisch beschleunigende Linienführung der plastischen Form in einem nur noch gedanklich zu fassenden Nullpunkt zusammenschließen. Wie eine große Nadel würde ihre Spitze in den leeren Raum stechen. Was für eine ungeheure Kraft diese Form des Turmes entwickelt, lässt sich daran ermessen, dass die Linien über diesen Punkt hinaus nur noch begrenzt vorstellbar sind. Im Nullpunkt kollabierend müssen sie sich jenseits dieses Point of no return in den unendlichen Raum weiten und dort verlieren, nach unendlicher Verdichtung explosionsartig auseinander streben.

Die Beschreibung der „ungebremsten" Dynamik der plastischen Kegelturmform macht deutlich, welche gewaltige, nach oben stetig wachsende Energie die „Gondel" aufnehmen muss und dank ihrer plastischen Formgestalt auch tatsächlich aufnehmen kann.

Dadurch kehren sich die statischen Kräfteverhältnisse optisch um: nicht der Turm stützt die schwere „Gondel" mit dem Rotorelement, sondern das abschließende Ei verhindert die unkontrollierbare Ausdehnung der Form.

Blickt man unmittelbar am Fuß des Turmes stehend an ihm entlang nach oben, scheint sich die Fläche über einen zu wölben – als würde das entferntest gelegene Ende überhängen. Dabei ist es, wie wir aus Abstand sehen können, tatsächlich umgekehrt. Da sich der Turm nach oben verjüngt, entfernt sich sein oberes Ende von uns. Bei diesem Blick in den Himmel, am Turm entlang, der sich über einen selbst zu wölben scheint, kann einem schwindelig werden. Das ist insofern eine interessante optische Erfahrung, weil sie sich unmittelbar auch körperlich vermittelt: Plastische, skulpturale Gebilde wie diese „sprechen" zugleich unser Gleichgewichtsorgan an, wir nehmen sie auch mit dem Ohr (in dem sich das Gleichgewichtsorgan befindet) war. Das ist eine Erfahrung, die deutlich machen kann, dass visuelle Wahrnehmung auch dann „wirkt", wenn sie unserem Wissen widerspricht; oder, anders gewendet, obwohl wir um die „Wahrheit" der Verhältnisse wissen, können wir uns dem Eindruck dessen, was wir bildhaft wahrnehmen, nicht entziehen.[379]

Neben dem rhythmischen Rauschen, das wir je nach Windstärke hören können, wird unser Ohr auch über die Augen angesprochen. Ein Turm dieser Größe ist nicht nur selbst „Masse in Gleichgewicht" (das ist ja eine statische Bedingung, sonst würde er nicht stehen), sondern er „appelliert" auch an unser eigenes Gleichgewicht. In jeder freistehenden Skulptur können wir das Moment der Ausgewogenheit der Kräfte wie ein Spiegelbild zu unserem eigenen, freien Stehen erkennen. Dieses Erkennen ist ein Wiedererkennen. Es hat mit uns zu tun. Bekannter als diese Erfahrung beim Blick nach oben, ist uns die Erfahrung des Blicks aus großer Höhe nach unten (Dazu braucht man keinen Turm, das geht von einem Haus herab, von einem Berg etc.). Es ist interessant, dass wir hier auf einem Berg stehen, und gerade nicht in die Weite nach unten schauen (wie es alle (Aussichts)türme nahe legen), sondern in die Weite oben. Wir blicken zum Turmende, den Rotoren, in den Himmel. In gewissem Sinne scheinen die Verhältnisse verkehrt: „Wer auf dem Kopf steht, hat den Himmel als Abgrund unter sich" (Paul Celan). Daher das Schwindelgefühl, der Appell, aufrecht zu bleiben.

# Analyse, die dritte. Deutungsmuster
Von Andreas Wernet

**Methodische Vorbemerkung. Zum Begriff der immanenten Analyse.** Die folgenden Fallstudien wenden sich landschaftsästhetischen Deutungen von Windkraftanlagen zu. In einem ersten Teil geht es um Stellungnahmen zu den Windkraftanlagen an der Holzschlägermatte und um eine umfassende Kritik von Windkraftanlagen im Schwarzwald. Hier werden explizite landschaftsästhetische Positionen einer Deutungsmusteranalyse[380] unterzogen. In einem zweiten Teil interpretieren wir einige landschaftsästhetisch relevante Aussagen aus Werbeprospekten für Windkraftanlagen.

Uns interessiert dabei die Verfasstheit der unterschiedlichen ästhetischen Urteile zu Windrädern. Unsere landschaftsästhetische Analyse zu den beiden Windkrafträdern an der Holzschlägermatte ist zu einem eindeutig positiven Urteil gekommen. Dieses Urteil stellt kein Geschmacksurteil dar. Wir berufen uns nicht darauf, dass den Gutachtern die Windräder „bloß" gefallen, noch berufen wir uns auf einen herrschenden, durchschnittlichen oder mehrheitlichen Geschmack.

Wir wissen aber auch, dass dieser Gegenstand umstritten ist. Und eine zentrale Dimension der divergierenden Meinungen betrifft die landschaftsästhetische Frage. Diese wird unterschiedlich eingeschätzt und die unterschiedlichen Einschätzungen sind ihrerseits für die verbreitete Meinung verantwortlich, ein ästhetisch objektives Urteil sei nicht möglich. Dem gegenüber halten wir, wie oben ausgeführt, an der ästhetiktheoretisch begründeten Position der Möglichkeit eines objektiven Angemessenheitsurteils fest. Erst auf der Folie dieses objektiven Angemessenheitsurteils werden nun die divergierenden Geschmacksurteile interessant und aussagekräftig. Sie erfolgen nämlich nicht einfach in subjektiv-idiosynkratischer Beliebigkeit, sondern in Auseinandersetzung mit der Widerständigkeit des ästhetischen Gegenstands. In dem Prozess ihrer Formulierung konstituieren sich diese Urteile entlang der von ihnen gewählten Sicht auf den Gegenstand, entlang der von ihnen in Anschlag gebrachten Bewertungskriterien und entlang der von ihnen repräsentierten Deutungsmuster. Trotz Unterschieden und Divergenzen können sie den Boden einer gemeinsam geteilten, sinnstrukturierten Welt nicht verlassen.

Dieser Sachverhalt lässt sich an einem einfachen Beispiel veranschaulichen. Adornos Negativurteil bezüglich der misslingenden Gestalt kulturindustrieller Produkte ist bekannt und darf als empirisch gut abgesichert gelten. Gleichzeitig erfreuen sich diese Produkte großer Beliebtheit. Sie treffen den „Geschmack". Wenn man nun in einem Gespräch z.B. einen „Fan" von Herbert Grönemeyer mit dem Adorno'schen Urteil konfrontiert, wird man die Erfahrung machen, dass der Fan sein Positiv-Urteil nach kurzer Zeit etwa folgendermaßen einbettet: „Na und? Ich höre das einfach gerne. Ich finde die Musik gut. Ich will nicht immer nur schwere Kost hören." In solchen Äußerungen kommt ein Doppeltes zum Ausdruck: einerseits die Weigerung, sich von dem objektiven ästhetischen Urteil Geschmack und Hörgewohnheiten diktieren zu lassen („na und?"), andererseits aber auch die implizite Anerkennung dieses Urteils *eben dadurch,* dass das eigene Urteil als subjektive Vorliebe dargestellt wird (statt etwa die musikalische Überlegenheit Grönemeyers gegenüber Mozart zu behaupten). Genau im Sinne dieses einfachen Beispiels gehen wir davon aus, dass sich in den divergierenden Geschmacksurteilen implizit und immanent die Geltung eines objektiv-ästhetischen Urteils reproduziert, dass das Geschmacksurteil an dieser Geltung und gleichsam gegen sie sich behaupten muss.

Analog zu diesem Beispiel stellen die folgenden Fallstudien immanente Analysen dar. Sie versuchen, die *immanente* Sinnstruktur der divergierenden Urteile und Sichtweisen jeweils nachzuzeichnen. So weit wie möglich wird dabei darauf verzichtet, das Urteil der interpretierten Texte dem landschaftsästhetischen Urteil dieses Gutachtens einfach gegenüber zu stellen. Methodisch wäre damit nichts gewonnen. Unsere Fallstudien versuchen vielmehr, dem immanenten Gang der gedanklichen Entfaltung zu folgen und die impliziten, latenten Motivstrukturen zu rekonstruieren.

Das bedeutet auch, dass wir die folgende Deutungsmusteranalyse unabhängig von unserer Landschaftsbildanalyse durchführen. Beide Analyseebenen sollen unabhängig voneinander gehalten werden. Im Sinne einer methodischen Triangulation[381] sind die Ergebnisse *der folgenden* Interpretationen umso aussagekräftiger, je weniger sie die Ergebnisse der bisher durchgeführten Landschaftsbildanalyse voraussetzen müssen.

**Die zentralen Befunde.** Die folgenden Deutungsmusteranalysen zeigen einen durchgängigen Befund, den wir als *landschaftsästhetische Hilflosigkeit gegenüber Windkraftanlagen* bezeichnen können. Durchgängig erscheint in Texten und Fotografien die visuelle Suggestivität und Präsenz von Windkraftanlagen. Befürworter und Gegner, Pro und Contra treffen sich gleichsam in ihrer ästhetischen Hilflosigkeit gegenüber der Suggestivität der Erscheinung dieser Anlagen. Erscheint deren ästhetische Kraft und Dominanz den kritischen Stimmen als rhetorisch überdimensionierte Bedrohung, so versuchen die befürwortenden Stimmen, die ästhetische Qualität zu vertuschen.
Im Einzelnen:
- Den Gegnern gelingt keine in sich stimmige, *immanent konsistente* landschaftsästhetische Kritik.
- Bei aller Entschiedenheit der Ablehnung ist eine immanente Unsicherheit zu beobachten, die entweder direkt (wenn auch implizit) der visuellen Attraktivität der Windräder geschuldet ist oder sich in einem mehr oder weniger unverhohlenen Bekenntnis zu einer idiosynkratischen Ablehnung äußert (entsprechend dem „na und?" in unserem Kulturindustrie-Beispiel.
- Kehrseitig dazu überraschen die befürwortenden Stimmen durchgängig mit ihrer *landschaftsästhetischen Defensivität*. Wir finden nirgends ein ungebrochen-offensives Bekenntnis zu der landschaftsästhetischen Qualität der Windräder.
- Im Gegenteil: Die landschaftsästhetischen Chancen werden vertan: eher folgen die Befürworter der Logik, den „Südenfall" zu verharmlosen, als ihn zum „Befreiungsfall" zu deklarieren.
- Gleichzeitig ist auffällig, dass die fotografische Darstellung der Windräder, bei Befürwortern und Gegnern übrigens gleichermaßen, stark *ästhetisierend* erfolgt.

Es hat fast den Anschein, als dürfte man die ästhetische Qualität der Windräder zwar zeigen, nicht aber aussprechen und beim Namen nennen.

- Insgesamt zeugen die Analysen von der Notwendigkeit, das landschaftsästhetische Tabu zu brechen und offene ästhetische Auseinandersetzungen um die Windkraftanlagen zu führen.

**Kritiken und Antikritiken. Zu schön für das Naturschöne.** Kritik: „Attacke auf das Naturschöne" in der Badischen Zeitung vom 09.09.2003

*Die beiden Windkraftanlagen an der Holzschlägermatte werden entschieden abgelehnt. Implizit aber bringt der Text eine Fasziniertheit zum Ausdruck. In mehreren Anläufen wird nach einer treffenden Kritik gesucht, die sich fast trotzig der eigenen Faszination entziehen will.*

Dieser Artikel formuliert eine scharfe Kritik an den Winkraftanlagen an der Holzschlägermatte. Feuilletonistisch stellt er Betrachtungen zum Verlust der „unberührten Natur" an und unterstreicht die Bedeutung der Natur für den Menschen. Wir wollen auf diese allgemeinen und gegenstandsunspezifischen Betrachtungen zu „Natur und Kultur" nicht eingehen und uns der Textpassage zuwenden, die sich explizit mit der zu begutachtenden Windkraftanalge an der Holzschlägermatte auseinandersetzt. Dazu wird ausgeführt:

„Die riesigen Windräder, die sich seit kurzem weithin sichtbar zweihundert Meter unterhalb des Schauinslandgipfels auf der Holzschlägermatte erheben – am Rosskopf sind weitere Anlagen im Bau – beeinträchtigen das Landschaftsbild spürbar. Als Fremdkörper wirken sie nicht nur ob ihrer riesenhaften, naturfremden Gestalt und weißen Färbung, sondern auch durch die Bewegung der Rotoren, die die erhaben-schöne Ruhe der Natur stören, deren Bewegtheit eine innere – die der anmutig fließenden topographischen Formen – ist. Als spielerisch in den Gartenhügel gesteckte Windrädchen eines Riesenkinds verniedlichen und banalisieren sie fürs ästhetische Erleben die majestätische Bergnatur. Symbolhaft halten mit den Türmen Technik und Effizienzdenken Einzug in einen Bereich, in dem man sie lieber missen möchte; markant setzen sie ihre Brandzeichen auf den schönen Landschaftskörper. So zerstören sie die Idee der bildhaften Utopie und Chiffre des ‚noch nicht Seienden, Möglichen' versöhnter Gesellschaft, als die Theodor W. Adornos ästhetische Theorie das Naturschöne deutet." (Hans-Dieter Fronz in der Badischen Zeitung vom 9. 9. 2003)

*Die riesigen Windräder …*

Auffällig ist die Attribuierung der Windräder als *riesig*. Diese Bezeichnung ist insofern überraschend, als sie einen Kontrast voraussetzt: Wo von *riesigen* Windrädern gesprochen wird, da ist unterstellt, es gäbe andernorts *winzige, kleine, große* oder *sehr große* Windräder. Den Windrädern, von denen hier die Rede ist, wird also eine Eigenschaft zugesprochen, die andere Windräder nicht besitzen.

Das Adjektiv *riesig* setzt den so bezeichneten Gegenstand außerhalb der bisherigen Erfahrung des Sprechers und damit auch außerhalb des durch diese Erfahrungswelt bedingten Vorstellungsvermögens: *Wir haben dort riesige Hochhäuser gesehen; das kannst Du Dir gar nicht vorstellen;* will sagen: Hochhäuser kennen wir ja; aber *solche* Hochhäuser; unfassbar!

Schließlich ist die Pluralbildung bemerkenswert: explizit wird eine Mehrzahl von Windrädern behauptet; die Einzahl ist ausgeschlossen. Implizit aber nimmt dieses Bild nicht die Mehrzahl (X > 1) in Anspruch, sondern eine *Vielzahl* von Windrädern. Um noch einmal das Beispiel der Hochhäuser aufzugreifen: Wenn von den *riesigen Hochhäusern* gesprochen wird, dann denken wir unwillkürlich an eine Skyline vergleichbar derjenigen von Manhatten. Diese Assoziation verdankt sich der semantischen Verknüpfung der Vielzahl mit dem Attribut riesig. Die Wucht des Sprachspiels setzt dem (inneren) Auge eine ganze *Horde von Riesen* gegenüber. Gerade die behauptete Riesigkeit des jeweiligen Einzelexemplars würde ja, ginge es darum, sprachlich diese jeweilige Einzelqualität zu unterstreichen, eine Konkretisierung der Zahl nahe legen: *Als wir die Anhöhe erreicht hatten, sahen wir plötzlich zwei (!) riesige Kirchtürme.* Oder: Vier *riesige Wehrtürme überragten die Stadtmauer.*

Wenn wir in diesen gedankenexperimentellen Kontexten die Nennung der Zahl weglassen, dann ist es nicht mehr der Kirchturm oder der Wehrturm, der als riesig erscheint, sondern die Ansammlung dieser Gebilde, die das unfassbare, unvorstellbare, unglaubliche Wahrnehmungsereignis ausmacht.

Im Folgenden erfahren wir, um welche Windräder konkret es sich handelt: die sich *seit kurzem* weithin sichtbar *zweihundert Meter unterhalb des Schauinslandgipfels* auf der Holzschlägermatte erheben – *am Rosskopf sind weitere Anlagen im Bau* –

Welche Vorstellungswelt weckt der Autor mit dieser Angabe? Uns steht, wie ausgeführt, eine große Ansammlung von Windrädern vor Augen, die als *riesig* erscheint. Diese Ansammlung findet sich in einer Bergwelt: *unterhalb* eines Gipfels an einem Ort, der den Namen *Holzschlägermatte* trägt. Die *riesigen Windräder* sind *weithin* sichtbar.

Damit ist uns eine eigentümliche Spezifikation der *riesigen Windräder* gegeben. Denn dass die Riesen *weithin sichtbar* sind, ist ja schon unterstellt.[382] Gleichzeitig wird nun ihre Qualität als Wahrnehmungsobjekt, das nicht nur aus der Nähe, sondern auch aus der Ferne zu sehen ist, thematisiert.

Wir sind in die Welt einer visuellen Attraktion versetzt, die von den *riesigen, weithin sichtbaren Windrädern ausgeht*. Die Riesigkeit, die aus der Nähe eine Bedrohung und Beklemmung darzustellen vermag, erscheint aus der Ferne in anderem Licht. Der riesige Öltanker, der uns bei Hafeneinfahrt als gigantisch und kolossal erscheint, ist am Horizont ein kleiner Punkt. Und die Stadtsilhouette, der wir uns nähern, erweist sich, dort angekommen, als Häuserschlucht.[383] Diese Bewegung nimmt die sprachliche Gestalt auf. Die latente Bedrohlichkeit der *riesigen Windräder* übersetzt sich nun in die visuelle Attraktion des Blicks aus der Ferne.

Diese Attraktion wird durch das Verb *erheben* ins Majestätische gesteigert. Unmittelbar spielt das Verb an die *Erhabenheit* an; an die Würde und Dignität, die die Riesen von Ferne ausstrahlen.

Diese geradezu poetische Würdigung der Windräder wird sprachlich gebrochen durch die Zusätze: *seit kurzem* und *zweihundert Meter unterhalb des Schauinslandgipfels*. Dabei handelt es sich um zusätzliche Informationen: das Erhabene ist noch nicht lange da und es hat einen akribisch-landvermesserisch spezifizierten Ort.

Die zeitliche Angabe nimmt implizit eine „Entweihung" des Erhabenen vor. Dessen Dasein erscheint als kontingent: Was seit kurzem sich erhebt, kann in Bälde wieder verschwunden sein.

Auch die örtliche Angabe nimmt eine solche Entweihung vor. Dem evozierten Bild hätte das *unterhalb des Gipfels* (oder ähnliche Formulierungen) genügt. So aber wird die Erhabenheit der Erscheinung gebrochen durch Maßband und Höhenmesser.

Mit diesen sprachlichen Störungen repräsentiert der Text eine technizistisch getrübte ästhetische Würdigung der Windräder. Was hier zum Vorschein kommt ist eine unmittelbare Affiziertheit von einer erhabenen Erscheinung, die der Tendenz einer Ernüchterung ausgesetzt ist. Das Schöne, das sich in der Ferne *erhebt,* ist doch eigentlich und lediglich *seit kurzem* dort hingestellt und befindet sich an einem genau angebbaren Ort: Ja, ich habe den Gesang der Sirenen gehört und er ist schön; aber es sind doch zugleich nur Schallwellen, die mein Trommelfell in Schwingung versetzen.

Im Kontext der Szenerie, die uns der Text vor Augen führt – Windräder, Holzschlägermatte, Schauinslandgipfel – ist die Zurücksetzung der Gebirgslandschaft bemerkenswert. Der Text teilt uns mit, dass die Erhebung der Windräder *unterhalb* eines Gipfels erfolgt. Wie*so erhebt* sich nicht auch der Gipfel? Wieso ist dessen Erhebung sprachlich getilgt? Sprachlich folgt diese Tilgung unmittelbar aus der Art und Weise der Ortsangabe. Denn der *Schauinslandgipfel* bildet ja nicht die Kulisse und den Kontext der „Windraderhebung", sondern lediglich eine messtechnische Bezugsgröße. Eine Formulierung, die die Windräder *vor dem Gipfel* oder *am Fuße des Gipfels* sich erheben lässt, schlösse diesen in die Erhabenheit ein. Die Erhabenheit des Bauwerkes erschiene dann als an die Erhabenheit des Gipfels angelehnt.

Ausschluss und Missachtung der Berglandschaft wiederholt sich dann auch in der Namensgebung des Gipfels. Der Berg trägt einen Eigennamen. Für sich genommen verweist dies schon auf Bekanntheit und Herausgehobenheit. Allerdings genügt der Eigenname nicht der Gipfelbezeichnung. Statt vom *Gipfel des Schauinsland* oder einfach nur vom *Schauinsland*[384] ist hier vom *Schauinslandgipfel* die Rede. Diese sprachlichen Gegenüberstellungen machen deutlich, dass die im Text anzutreffende Formulierung dem Berg seine Würde nimmt. Der Gipfel erscheint hier nicht als Teil eines Berges in seiner individuierten Gestalt, sondern der Berg wird zur näheren Bezeichnung des Gipfels; nicht von einem *Berggipfel* ist die Rede, sondern von einem Gipfelberg. Und er erscheint bezüglich der *riesigen Windräder* lediglich als Verortungshilfe für das eigentliche Objekt der visuellen Attraktion.

In der immanent textlichen Bewegung gerät so die potentielle Erhabenheit der Bergwelt in den Sog der Erhabenheit der Windräder; so, als würde deren Schönheit diejenige des Berges zum Verschwinden bringen.

*[...] beeinträchtigen das Landschaftsbild spürbar.*

Nun kommt der Text zu einem – für die bisherige Interpretation überraschenden – negativen Urteil. Die sich erhebenden Windräder stellen eine *spürbare Beeinträchtigung* dar.

Typischerweise sprechen wir von einer *Beeinträchtigung* im Kontext körperlicher Bewegungsabläufe. Verletzungen und deren Behandlung können zu Beeinträchtigungen führen: ein Finger in Gips *beeinträchtigt* die manuellen Alltagsverrichtungen; eine Zahnprothese *beeinträchtigt* das Sprechen; usw. In diesem Kontext des Integritätsverlusts durch Krankheit und/oder Verletzung erscheint es bemerkenswert, dass mit der *Beeinträchtigung* eher die trivialen Begleitumstände einer (potentiellen) Krise bezeichnet sind. Wenn wir von den Beeinträchtigungen des Rollstuhlfahrens sprechen, dann haben wir die traumatisierende Erfahrung ausgeklammert. Die existentiellen Belange stehen auf einem anderen Blatt als dem der Beeinträchtigung. Die Beeinträchtigungen, die durch eine Amputation entstehen, betreffen das daraus resultierende äußerliche Bewegungshandicap und nicht den leiblichen, psycho-sozialen Integritätsverlust, den die Amputation darstellt. Entsprechend können Beeinträchtigungen kompensiert und durch Aufwand neutralisiert werden.

*Richard Schindler, Foto, 2003*

Nun spricht der Text von einer *spürbaren* Beeinträchtigung. Das ist insofern eigentümlich, als damit eine nichtspürbare Beeinträchtigung als Möglichkeit vorgesehen ist. Worin könnte diese bestehen? Welche Beeinträchtigung könnte unbemerkt, nichtspürbar sein?

Als *spürbare* Eingriffe ins System sozialer Sicherung könnten etwa solche Leistungsminderungen bezeichnet werden, die nicht nur eine sich rechnerisch ergebende Reduzierung darstellen, sondern die der Leistungsempfänger „im Geldbeutel spürt". Auch hier treffen wir auf den Aspekt der Kompensation. Der *spürbare* Einkommensverlust hat lebenspraktische Konsequenzen (im Gegensatz zu dem nicht-spürbaren), führt aber nicht zu einem Statusverlust: das Haus muss nicht verkauft werden; keine deutlich schlechtere Wohnung in einem deutlich schlechteren Wohngebiet bezogen werden usw. Der *spürbare* Verlust ist undramatisch: die billigere Urlaubsreise statt der teuren; ein weniger gut ausgestattetes Auto statt der Top-Ausstattung; das Verschieben einer Anschaffung, usw. Das alles sind Konsequenzen, die sich aus dem *spürbaren* ergeben.

Die *spürbare Beeinträchtigung* stellt also sprachlich einen Pleonasmus, eine semantische Dopplung dar. Der spürbare Verlust ist eine Beeinträchtigung und die Beeinträchtigung ist immer ein spürbarer Vorgang. Beide Male handelt es sich um nicht-existentielle, undramatische Verlustmetaphern.

Untersuchen wir nun den Referenten dieser *spürbaren Beeinträchtigung:* das Landschaftsbild. Nach der bisherigen Analyse sehen wir sofort, dass hier eine Verwechslung von „Wesen und Erscheinung", von „Substanziellem und Äußerlichem" vorliegt. Ganz vergleichbar unseren Gedankenexperimenten zum Krankheitskomplex können wir für den visuell-ästhetischen Bereich sagen: Nicht das Bild als solches, sondern *die Sicht* auf das Bild kann *beeinträchtigt* sein. Die Menschenmengen, die sich im Louvre um die „Mona Lisa" drängen, beeinträchtigen nicht das Kunstwerk, sondern die Rezeption des Kunstwerks. Und umgekehrt: Eine fehlerhafte Restauration eines Kunstwerks stellt keine Beeinträchtigung, sondern eine Zerstörung dar.[385] Ebenso verhält es sich mit der ästhetischen Dimension der Landschaft, dem Landschaftsbild. Derjenige, der sich ein Haus gekauft hat, um vom Balkon aus ein Landschaftsbild zu genießen, wird, wenn ihm durch weitere Baumaßnahmen der Blick auf diese Landschaft versperrt wird, von einer Beeinträchtigung sprechen: Offensichtlich ist sein *Blick* beeinträchtigt. Die Landschaft aber, auf die er vormals unbeeinträchtigt blicken konnte, ist geblieben. Wenn aber ein ganzer Berghang mit Ski-Lift-Anlagen verbaut wird, dann ist das Bild dieses Berges (das Landschaftsbild) nicht beeinträchtigt, sondern zerstört.

Wenn wir die bisherigen Analysen zu einer Gesamtgestalt zusammenführen, dann ergibt sich eine eigentümlich ideosynkratisch gewendete Verniedlichung der Kritik gegenüber einer in sich gebrochenen Attraktion durch die Windräder. Gleichsam ungewollt erscheinen diese im Text als das Erhabene: Weder von dem „Schauinslandgipfel" noch von dem „Landschaftsbild" geht eine visuelle Faszination aus. Die *riesigen Windräder* sind es, die sich *erheben.* Deren Erhabenheit wird als *Beeinträchtigung* aufgefasst: so als könnte man die Landschaft nicht mehr so gut betrachten wie vorher; als müsste man um die Windräder herumschauen, um die Landschaft in gewohnter Weise betrachten zu können. Darin aber liegt eine bemerkenswerte *Entwertung,* eine *Trivialisierung* des in Anspruch genommenen Landschaftsbildes ebenso wie eine Verharmlosung des Negativurteils. Die Landschaft wird von vornherein ihrer ästhetischen Dignität beraubt: Sie kommt nicht an gegen die ästhetische Suggestivität der Windräder. Zugleich und gerade deshalb kann eine kompositorische Perspektive nicht eingenommen werden: Die Windräder erscheinen erst gar nicht als Teil eines Landschaftsbildes. Die Unmöglichkeit einer solchen Komposition liegt in der qualitativ-ästhetischen Differenz begründet. Überraschenderweise erscheit dabei die technische Anlage dem „Naturschönen" als ästhetisch überlegen. Und ebenso überraschend erscheint auf dieser Folie das Plädoyer gegen die Windräder als Plädoyer gegen eine ästhetische Erhabenheit, die als Beeinträchtigung des Trivialen, ästhetisch Gewöhnlichen erscheint.

Charakteristisch und irritierend an der hier rekonstruierten Position ist der Umstand, dass ihr Urteil gegen die von ihr selbst zum Ausdruck gebrachte „Hochachtung" gerichtet ist. Der Text ist als Protokoll einer Irritation zu verstehen: Hinter der Sicherheit und Festigkeit des Negativurteils kommt deutlich eine Unsicherheit und Instabilität zum Ausdruck. Dies scheint deshalb besonders bemerkenswert, weil das Negativurteil sich sinnlogisch nicht in die geläufigen Motive einer subjektiv skeptischen Haltung bezüglich der Vereinbarkeit von „Natur und Technik" einfügen lässt. Hier spricht nicht einfach ein sich selbst sicherer Geschmack, dem die Präsenz eines Windrads in der ihm vertrauten Kulturlandschaft schlichtweg fremd und störend ist.

**Exkurs. Der Makel des Blickfangs.** Wenn wir einmal davon absehen, dass wir es hier mit einer kritischen Gegenstimme zu tun haben, wenn wir also das Negativurteil als solches außer Acht lassen, dann sind die Parallelen zu unserer eigenen Erfahrung bemerkenswert. Oben haben wir folgendes berichtet: „Wir waren, wie andere vor uns, der Verführung eines fotografisch interessanten Gegenstandes erlegen – und hatten die Windkraftanlagen fotografiert. Und eben nicht die Landschaft! Statt Landschaftsbilder mit Windkraftanlagen hatten wir Bilder von Windkraftanlagen mit Landschaft." (vgl. Einleitung). Dem Autor der hier interpretierten Sequenz scheint es ganz ähnlich zu ergehen. Er ist visuell von den Windrädern in den Bann gezogen. Wie es in einem Gerichtsurteil heißt: „Dabei liegt es auf der Hand, dass eine Anlage desto eher geeignet ist, eine Störung hervorzurufen, je stärker sie als Blickfang den Gesamteindruck beeinträchtigt".

Wir sind also hier mit einer eigentümlichen Deutung konfrontiert: Es ist die Schönheit, die störend ist. Denn ein *Blickfang* ist ja nicht bloß eine auffällige und aufdringliche Anomalie. Wenn wir über die Straße gehen und es kommt uns eine entstellte Person entgegen, dann müssen wir uns bemühen, sie nicht anzustarren, ähnlich wie bei einer besonders schönen Frau. Aber die entstellt-stigmatisierte Person ist kein Blickfang, obwohl sie ja den Blick fängt. Die Störung ist eine andere als die des Blickfangs. Sie liegt in der Bedrohlichkeit der Anomalie als solcher. Der Blickfang dagegen ist nicht gesteigerte Negativität, sondern gesteigerte Positivität. Der Blickfang ist eine visuelle Verführung durch das außergewöhnlich Schöne zu Lasten des Alltäglichen, dessen unspektakuläre Schönheit der Aufmerksamkeit entzogen ist.

Wir haben es wesentlich mit einem rezeptionsästhetischen Problem zu tun. Denn die ästhetischen Qualitäten der unspektakulären Erscheinung sind ja nicht getilgt. Wenn in einem Ausstellungsraum ein Gemälde besonders auf sich aufmerksam macht, dann sind die anderen Bilder dadurch ja nicht ihrer ästhetischen Qualität beraubt. Ihnen entsteht ein Aufmerksamkeitsproblem, kein Gestaltproblem. Entsprechend lässt sich dieses Problem im Akt der Rezeption bearbeiten: Wir können uns von dem Blickfang lösen, wir können zurücktreten usw.

Dieses rezeptionsästhetische Problem scheint für die Windräder in besonderem Maße gegeben zu sein. So wie die Fotografien, die wir heute allenthalben finden, Windräder als ausgesprochen attraktive Erscheinungen zeigen und thematisieren, einerlei ob in affirmativer oder ablehnender Haltung, so scheint die Wahrnehmung der Windräder überhaupt davon tangiert zu ein, dass sie, anders als etwa Strommasten, den Blick auf sich ziehen. Sie stellen eine ästhetische Attraktion dar. Und damit thematisieren sie, gleichsam aus sich heraus, die Frage ihrer landschaftsästhetischen Integration. Wenn sie den „Gesamteindruck beeinträchtigen", so dadurch, dass sie diesen Gesamteindruck in Frage stellen; die Frage des „Gesamteindrucks" überhaupt aufwerfen. Ob sich daran ein ästhetisch positives oder negatives Landschaftsbild anschließt, ist damit noch nicht entschieden.

Im vorliegenden, zu interpretierenden Fall ist das anders. Hier ist die Entscheidung mit der visuellen Attraktivität der Windräder gefallen: Weil sie schön sind, weil sie einen Blickfang darstellen, werden sie abgelehnt. Mit ihrer Schönheit beleidigen sie das „Naturschöne"[386].

**Zu schön für das Naturschöne. Fortsetzung.** *(weiter im Text:) … Als Fremdkörper wirken sie nicht nur ob ihrer riesenhaften, naturfremden Gestalt und weißen Färbung, sondern auch durch die Bewegung der Rotoren, die die erhaben-schöne Ruhe der Natur stören, deren Bewegtheit eine innere – die der anmutig fließenden topographischen Formen – ist.*

Scheinbar ist unsere Analyse durch den nun anschließenden Satz widerlegt zu werden. Denn die Windräder werden nun explizit als *Fremdkörper* bezeichnet.

Aber auch hier sind eigentümliche sprachliche Details gewählt. Offensichtlich soll Folgendes gesagt werden: *Mit ihren riesenhaften Ausmaßen, ihrem weißen Anstrich und der monotonen Bewegung ihrer Rotoren stellen sie Fremdkörper in der Naturlandschaft dar.* Gegenüber dieser sprachlichen Umformung der offensichtlichen Aussageintention – es steht außer Zweifel, dass der Autor sich unserer Umformulierung umstandslos anschließen könnte – ist als erstes auffällig, dass die Windräder als Fremdkörper *wirken*. Für sich genommen verweist diese Formulierung schon auf die Interpretation eines Gestaltungsvorgangs. Anders als die Seinsbehauptung (Die Windräder *sind* Fremdkörper) nimmt die tatsächlich gewählte Formulierung eine Deutung vor, die vor einem praktisch-positionalen Urteil steht. *Sie wirken wie Fremdkörper und das gefällt mir;* dieser Satz ist unproblematisch möglich. Mehr noch: die Interpretation bzw. Deutung, die durch das *wirken* vorgenommen ist, ist mit einem Negativurteil nicht zu vereinbaren. Sie entspringt einer interessiert-neugierigen Beobachtung.

Wir wollen die weiteren Details der Charakterisierung der Gestalt der Windräder außer Acht lassen und gleich zu der Sequenzposition vorangehen, an der sich ein manifester Bruch zu unserer Interpretation vollzieht: *die die erhaben-schöne Ruhe der Natur stören, deren Bewegtheit eine innere – die der anmutig fließenden topographischen Formen – ist.*

Erst jetzt, da die *erhaben-schöne Ruhe der Natur* als durch die Windräder (ihre Rotoren) *gestört* behauptet wird, ist ein Negativurteil explizit reklamiert. Der Text konfrontiert uns dabei mit einem quasi-poetischen Bild: *erhaben-schöne Ruhe der Natur?* Die Ruhe der Natur kann in nichts anderem bestehen als in dem Fehlen der menschlichen Geschäftigkeit. Nur in dieser Hinsicht macht es Sinn, der Natur Ruhe zu bescheinigen. Darin drückt sich keine objektiv-ästhetische Qualität der Natur aus, sondern ein situativ-subjektives Erleben. Unwillkürlich ist man an den Geschäftsmann erinnert, der beim Angeln an entlegener Stelle oder auf dem Hochsitz die Sorgen des Alltags vergisst und die *Ruhe der Natur* genießt. Wildes Wolkenspiel, Blitz und Donner, in den Bäumen pfeifender Wind usw. usf. passen nicht zu dieser Assoziation.

Das Bild der *erhaben-schöne Ruhe der Natur* reklamiert nichts anderes als die „stressfreie Schönwetter-Romantik" des Feierabend-Idylls.

*(...) deren Bewegtheit eine innere – die der anmutig fließenden topographischen Formen – ist*

Die Genitivkonstruktion ist nicht eindeutig: Von wessen Bewegtheit ist die Rede? Die *Bewegtheit der Ruhe* oder die *Bewegtheit der Natur?* Beides läuft aber auf dasselbe hinaus: Ist die Annahme einer *bewegten Ruhe* offensichtlich widersprüchlich, so überträgt sich dieser Widerspruch indirekt auch auf die *Natur,* deren Charakteristikum ja in der *erhaben-schönen Ruhe* gesehen wird.

Die Ruhemetapher scheint dem Text selbst suspekt zu sein. Die Ruhe verfügt über eine *innere Bewegtheit,* die wiederum als diejenige der *fließenden topographischen Formen* bezeichnet ist. Irritierend an dieser Konstruktion ist die Außen-Innen-Außen-Instabilität: Der äußerlichen Ruhe korrespondiert eine innere Bewegtheit, die wiederum in einer äußeren Form besteht.

Diese sprachliche Verwerfung ist deshalb bemerkenswert, weil das Bild, um das es dem Text offensichtlich geht, mühelos abrufbar ist: das Bild einer *ruhigen Bewegung;* genauer: *der ruhigen Bewegung der anmutig fließenden topographischen Formen.* Wenn wir diese immanent konsistente Beschreibung mit der tatsächlich vom Text gewählten vergleichen, dann fällt ins Auge, dass die konsistente Variante auf das Außen-Innen-Außen-Motiv verzichtet, während umgekehrt genau dieses Motiv für die Inkonsistenz der Formulierung verantwortlich ist. Unklar dabei bleibt, welcher sinnlogischen Motivierung diese Sprachverzerrung folgt.

Klarheit stellt sich erst her, wenn wir diese Analyse in den Kontext der Aussageintention stellen: *Die Bewegung der Rotoren stört.* Verbinden wir diese Aussage mit der sprachlich konsistenten, vom Text aber vermiedenen Variante, so ergibt sich folgende Aussage: Die Bewegung der Rotoren stört die ruhige Bewegung der anmutig fließenden topographischen Formen. Damit läge eine klare, unmittelbar verständliche, nachvollziehbare und damit auch überprüfbare Aussage vor. Der Leser *dieser* Zeilen kann sich vor Ort überzeugen:

1. Sehe ich *anmutig fließende Formen?*
2. Rechtfertigen diese Formen das Bild einer *ruhigen Bewegung?*
3. Ist die *Bewegung der Rotoren* dergestalt, dass sie diesbezüglich störend ist?

Genau diese Überprüfungsoperation macht der Text durch seine Außen-Innen-Außen-Verwerfung unmöglich. Spätestens ein Urteil auf Ebene 3: Die Bewegung der Rotoren *entspricht* der Bewegung der topographischen Formen, kann unter Hinweis auf die *innere Bewegung* zurückgewiesen werden.

Über diesen eher strategischen Aspekt der Überprüfbarkeit einer Aussage hinaus ist es bemerkenswert, dass dem Text auch an dieser Stelle der Ausdruck seiner zweifellos intendierten Kritik (die Bewegung der Rotoren passt nicht zur Bewegung der Landschaft) „nicht über die Lippen kommt". Er kann nicht sagen, was er sagen will. Das macht seine Kritik unauthentisch. Der Text folgt nicht seiner intendierten Aussage. Sie erscheint ihm selbst als fremd. Als befürchte der Autor, er müsse sein dezidiertes Negativurteil revidieren, vermeidet er, es auszusprechen. Er erinnert dabei an den Museumsbesucher, der das ihm Unbehagen verschaffende Bild mit den Worten kommentiert: „Sowas würde ich mir nicht ins Wohnzimmer hängen", und damit höchstes Missfallen zum Ausdruck bringt, gleichwohl aber – wie unser Text ja auch – davor zurückschreckt, das Werk als *misslungen* zu bezeichnen. Letzteres würde bedeuten, sich dem Werk zu stellen: Ist es wirklich misslungen?

Die Analyse ist soweit gesichert, die Fallstruktur einer inkonsistenten, positionslosen Kritik soweit expliziert, dass wir den folgenden Text nun weniger detailliert interpretieren können.

*Als spielerisch in den Gartenhügel gesteckte Windrädchen eines Riesenkinds verniedlichen und banalisieren sie fürs ästhetische Erleben die majestätische Bergnatur.*

Völlig überraschend und in deutlichem Kontrast zu der bisherigen Aussage erscheinen die Windräder nun als lilliputanische Requisiten, während die Landschaft, in der die als Spielzeug *eingesteckten Windrädchen* erscheinen, vergrößert wird zur *majestätischen Bergnatur*. Als hätte der Text bemerkt, dass der erste Anlauf der Kritik missrät, versucht er es nun andersherum: Die vorher *riesigen Windräder* werden zu Miniaturen, die *anmutig fließenden topographischen Formen* werden zur *majestätischen Bergnatur*. Es bedarf keiner langen Ausführungen um zu sehen, dass die beiden Gegenüberstellungen miteinander nicht vereinbare Kritikszenarien formulieren.

*Symbolhaft halten mit den Türmen Technik und Effizienzdenken Einzug in einen Bereich, in dem man sie lieber missen möchte; markant setzen sie ihre Brandzeichen auf den schönen Landschaftskörper.*

Nun wird das Bild einer Entfremdungsmacht bemüht. *Technik und Effizienzdenken halten dort Einzug,* wo sie nicht hingehören. Die Imagerie der Zerstörung eines Refugiums wird bemüht. Deutlich ist nun *Verunstaltung* thematisch. Auch hier wollen wir keine ausführliche Interpretation vornehmen, sondern uns lediglich auf das sprachliche Detail konzentrieren, das den „verunstalteten Bereich" kennzeichnet: *in dem man sie lieber missen möchte*. Wir erkennen die Figur auf anhieb: Was zu sagen wäre und assoziativ angedeutet ist, verschweigt der Autor. Dass die Windräder dort nicht hingehören, dass *Technik und Effizienzdenken* an der Holzschlägermatte nicht angebracht sind, dass damit eine Landschaft verunstaltet wird; das alles wird suggeriert, aber nicht gesagt!

Statt dessen erfolgt eine Formulierung, die sprachlich wiederum eine Verwerfung in Kauf nimmt. *Lieber etwas missen wollen;* diese Formulierung ist in zweifacher Hinsicht eigentümlich. Einerseits verweist schon das Verb auf eine Trivialisierung. Wer etwas *nicht missen will,* schreibt diesem Etwas eine positive, aber auch relativ unbedeutende Qualität zu. Dinge, die das Leben erleichtern und es angenehm gestalten, können so bezeichnet werden. Häufig spricht man von *nicht mehr missen wollen.* Damit ist angezeigt, dass das tendenziell Überflüssige, über das man vorher nicht verfügte (die Klimaanlage im Auto; das ferngesteuerte Garagentor; die elektrische Zahnbürste, das Handy usw.), nun so sehr zur alltäglichen Selbstverständlichkeit geworden ist, dass man nicht mehr darauf verzichten will, es *nicht mehr missen möchte.*

Damit wird die Frage nach den Windrädern auf der Holzschlägermatte nun eigentümlicher Weise – und in völligem Kontrast zur Aussageintention des Kritikers – trivialisiert. Aber mehr noch: der Autor *möchte* die Windräder *lieber missen.* Die sprachliche Fehlkonstruktion liegt auf der Hand. Wer etwas *nicht missen möchte* bringt damit zum Ausdruck, dass das *Missen* vermieden werden soll. Wer etwas *missen möchte* bringt dagegen zum Ausdruck, dass das Missen gewollt ist. Damit ist eine Art Hassliebe formuliert. Denn das Unliebsame kann ja nicht Gegenstand des *Missens* sein. Wer aber das Liebsame *missen möchte,* unterliegt einer neurotischen Qual.

Unter der Hand wandelt sich der Text zu einer „Liebeserklärung" an die Windräder auf der Holzschlägermatte. Vom Autor ganz und gar nicht gewollt kommt nun zum Ausdruck, dass die Windräder für ihn als Objekt des *Missens* erscheinen. Er will sie weghaben. Wären sie aber fort, dann würde er sie missen.

**Schau doch nicht hin. Ein Pseudo-Plädoyer.** Antikritik: „Schauinsland? Ja, schau ins Land! Eine Replik auf die ästhetischen Einwände wider die Windkraft", in der Badischen Zeitung vom 10.09.2003

*Die Antikritik stellt ein landschaftsästhetisches Pseudo-Plädoyer dar. Trotz Befürwortung unterliegen die Windräder einem ästhetischen Negativurteil. Der Text gibt lediglich Hinweise darauf, dass eine politische Position die Befürwortung trägt. Statt der Kritik mit einem explizit ästhetischen Urteil entgegenzutreten (schau genau hin, dann siehst Du, wie schön sie sind), unterläuft die Antikritik die ästhetische Faszination, von der die Kritik noch berührt war.*

Auch hier wollen wir nicht den ganzen Artikel interpretieren, sondern lediglich diejenige Passage, die sich explizit den Windkraftanalgen auf der Holzschlägermatte zuwendet:

*Da sieht der zu Berg Fahrende oder auch Wandernde nun die in der Tat monströsen Windräder. Aber zuvor war schon einer der Türme zu sehen, mit denen man neuerdings neben den Bahnen die Gipfel zu entthronen pflegt. Man muss den Turm nicht benutzen, um auch vom unbewehrten Schauinsland zweierlei zu sehen: den Techno-Müll der allgegenwärtigen Sendemasten, der inzwischen jede dritte Kuppe verhunzt, „Brandzeichen auf dem schönen Landschaftskörper" überall, von industriehörigen, technogläubigen Ministerpräsidenten gänzlich unverteufelt. Und zum seligen Ende bietet sich dem nicht nur „von Westen kommenden" sondern auch nach Westen blickenden Naturbeobachter ein ganz anderes „herrliches Schauspiel" dar: Es sind die fernhin leuchtenden Kuppeln von Fessenheim, an denen er sich, "gleichsam selig in sich selbst", erlaben kann.*

*Fährt oder geht er dann wieder zu Tal, nach Westen, dann wird er die Windräder an der Holzschlägermatte, bei denen er ansteigend durchaus seine Zweifel hatte, so gelassen passieren, wie es das kleinere gegenüber dem größeren Übel verdient. Man muss sie nicht mögen. Aber man kann ganz andere Prioritäten setzen, zumal wenn man den Schauinsland und vom Schauinsland wirklich sieht. "Schauinsland"? Ja, schau ins Land!*

Bevor wir diese kurze Sequenz extensiv auf ihre latente Sinnstruktur hin analysieren, wollen wir den Gang der Argumentation kurz nachzeichnen. Die Replik, die der soeben interpretierte Artikel in der Badischen Zeitung erfährt, zeigt Einverständnis zu einigen Standpunkten der Gegenpartei. Auch die Replik geht aus von der Schönheit einer „unberührten Natur", die durch menschliche Eingriffe (Straßen, Sendemasten usw.) geschmälert wird.

Wenn wir uns Pro und Contra im Strafprozess vorstellen und dem Windradgegner die staatsanwaltliche Rolle zuschreiben, während die Replik die Rolle des Verteidigers übernimmt, so könnten wir von einer Verteidigungsstrategie sprechen, die für den Beschuldigten, das Windrad, landschaftsästhetisch mildernde Umstände geltend macht. Das Plädoyer stellt das Vorliegen der Straftat nicht in Frage, es sieht lediglich eine minder schwere Tat als die von der Gegenpartei behauptete. Angesichts der schon vorliegenden Naturzerstörungen an und rund um die „Holzschlägermatte" stellen die *„in der Tat monströsen Windräder"* das *kleinere Übel* dar. Schlimmer als die Windräder ist der Autoverkehr (*„Holztotschlägermatte"*; in dem der zitierten Passage vorangehenden Absatz), der *Techno-Müll der allgegenwärtigen Sendemasten* oder die *fernhin leuchtenden Kuppeln von Fessenheim*. Statt also die Windräder unverhältnismäßig scharf zu kritisieren, sollte man sie, so das Credo, übersehen. „Schauinsland? Ja, schau ins Land!"; mit dieser Formel beginnt die Replik als Überschrift und so endet sie auch.

Schauen wir uns die Argumentation genauer an. Die Replik versucht konkret auf den Landschaftseindruck des aus dem Tal Kommenden einzugehen:

*Da sieht der zu Berg Fahrende oder auch Wandernde nun die in der Tat monströsen Windräder.*

Würde in diesem Satz das *in der Tat* fehlen, hätten wir ihn auch in dem zuvor interpretierten Artikel vermuten können. Nur das *in der Tat* macht uns darauf aufmerksam, dass die Rede einer gleichsam advokatorischen Rhetorik folgt. Der Meinung oder Sichtweise eines Opponenten wird zunächst entsprochen. Es wird ein *Ja* konzediert und zugleich ein *Aber* angekündigt. Die Stärke dieser rhetorischen Figur liegt darin, dass sie dem Standpunkt des Gegners nicht jegliche Adäquanz abspricht. Der Eindruck der „Halsstarrigkeit" und „Rechthaberei" wird damit vermieden. Wer so spricht, der zeigt sich dazu in der Lage, Argumente abzuwägen; der Gegenpartei dort zuzustimmen, wo es der Sache nach angebracht ist; Spreu vom Weizen zu trennen; das differenzierte Urteil dem pauschalen vorzuziehen. Gerade in dem Verzicht auf eine gänzliche Ablehnung des Gegners erweist sich die Überlegenheit des nun vorgetragenen Standpunktes.

Worin stimmt der Autor dem Gegner zu? Die Windräder, die der vom Tal Kommende zu sehen erhält, sind *in der Tat monströs*. Sprachlich stellt diese Zustimmung eine *Überbietung* dar. Denn der Gegner hat von *riesigen, riesenhaften* und *naturfrem-*

*den* Windrädern gesprochen. Das Adjektiv *monströs* tauchte dort nicht auf. Die adjektivische Veränderung, die der Autor vornimmt erscheint aus der Perspektive der Aussageintention als Überbietung: *Sie haben ganz Recht: Die Windräder sind nicht nur riesig, sondern monströs!* Wir dürfen vermuten, dass der so Angesprochene die Zustimmung als solche wohlwollend aufnimmt.

Wir haben aber auch gesehen, dass das Adjektiv *riesig* implizit und ungewollt den Windrädern eine Attraktivität zuschreibt. Insofern stellt die Ersetzung des *riesig* durch *monströs* auf der Ebene der latenten Sinnstruktur keine Steigerung oder Überbietung dar, sondern ein *Gegenentwurf*: An die Stelle der in *riesig* enthaltenen Ambivalenz (bedrohlich und faszinierend zugleich) tritt ausschließliche Negativität. In der *monströsen* Erscheinung schlägt die Überdimensioniertheit der Ausmaße in *Inhumanität* um. Das Monströse verschlingt den Menschen. Mit ihm kann der Mensch nicht sprechen[387]: Es kann nur vernichtet werden, will man selbst der Vernichtung nicht anheimfallen.

Bei genauerem Hinsehen liegt hier also gar keine Zustimmung vor. Hinter der Fassade der oberflächlichen Zustimmung zeigt sich eine deutliche Opposition: Steht der Gegner noch im Banne der ästhetischen Attraktivität des Windrads, so tilgt die Replik diese Attraktivität und sieht die Erscheinung des Windrads in Kategorien einer der Vermittlung nicht fähigen Inhumanität.

Diese Interpretation ist mit dem Grundmotiv des „kleineren Übels" schwerlich zu vereinbaren. Das Adjektiv *monströs* lässt ja keine Steigerung zu, so dass wir nicht erwarten dürfen, dass das angekündigte „aber" durch den Hinweis auf etwas *noch monströseres als das Windrad* gefüllt werden kann. Dennoch wird im Folgenden eine unmittelbare Gegenüberstellung der *monströsen Windräder* mit anderen am Ort vorfindlichen Bauten vorgenommen:

*Aber zuvor war schon einer der Türme zu sehen, mit denen man neuerdings neben den Bahnen die Gipfel zu entthronen pflegt.*

Damit findet sich nun folgende Opposition: Zwar sind die Windräder *in der Tat monströs*, aber was ist das schon gegen die *Entthronung von Gipfeln?*

Eigentümlich an dieser Gegenüberstellung ist die sprachliche Blässe, mit der von den Türmen, deren Erscheinung ja die Monströsität der Windräder relativieren soll, die Rede ist. Weder die *Türme* noch die *Bahnen* werden mit pejorativen Adjektiven belegt. Einen Hinweis darauf, dass es sich dabei gegenüber den Windrädern um das *größere Übel* handelt, finden wir einzig in der impliziten Behauptung, ein (Aussichts-)Turm auf einem Gipfel *entthrone* diesen. Wie auch immer man das Urteil des Autors bezüglich der Wirklichkeit, von der hier die Rede ist, einschätzen mag[388]; wir stehen vor einem *immanent unauthentischen Bild*. Denn die *Entthronung hier* kann die *Monströsität dort* in keiner Weise relativieren. Ist die Entthronungsmetapher als solche schon wenig suggestiv – der Turm tritt ja nicht an die Stelle des Gipfels, sondern er steht auf ihm und ist auf ihn angewiesen -, so ist sie als Bezeichnung eines Übels nicht zwingend. Denn die Entthronung ist ja nur für die Gefolgschaft des Entthronten ein Übel. Und diesem Übel steht die Positivität des Legitimitätsanspruchs der Umstürzler gegenüber. Eher rücken also die *Türme, die die Gipfel entthronen,* in eine latent positive Qualität – vergleichbar den *riesigen Windrädern* (s.o.) – als dass sie „noch schlimmer" erscheinen als die *monströsen Windräder*.

Das zeigt sich auch an einem anderen Umstand. Argumentativ werden die *Türme* an die *Bahnen* gebunden. Streng genommen ist ja nur von denjenigen Gipfeltürmen

*Richard Schindler, Foto, 2004*

die Rede, die gleichsam die Endstation einer Gipfelbahn darstellen.[389] Einerseits ist damit mindestens die Möglichkeit gegeben, dass Gipfelaussichtstürme, die *nicht* mit einer Gipfelbahn zu erreichen sind, von der Kritik der Entthronung ausgenommen sind. Andererseits wird die Gipfelbahn in ihrer baulichen Erscheinung ausgespart. Nimmt man den Autor beim Wort, dann existiert die Bahn als baulicher Eingriff in die Natur gar nicht. Lediglich die Türme vollziehen die Entthronung. Dann aber stoßen wir wieder auf die Inkonsistenz, dass ja nur von den Türmen *neben den Bahnen* die Rede ist.

Es bleibt also festzuhalten, dass ein konsistentes Modell der Gegenüberstellung von kleinerem und größerem Übel nicht gelingt. Mehr noch: den explizit in den Fokus der Kritik genommenen Türmen wird nun eine implizite Attraktivität zugesprochen, wie sie vordem der Windradgegner für das Windrad reklamiert hatte. Textlogisch ist der Anstoß, der an dem Aussichtsturm genommen wird, den Windrädern zu verdanken. Wären diese nicht da, gäbe es auch an dem Turm nichts auszusetzen. Erst mit den Windrädern (und der Kritik an ihnen) rückt dem Autor der Aussichtsturm in den Blick. Erst jetzt wird dieser zum Objekt einer Beanstandung, um die Beanstandung an den Windrädern zu schmälern.

Erst nach dieser erfolglosen interpretatorischen Suche nach einer materialen Füllung der „ja, aber"-Konstruktion fällt ins Auge, dass der Autor von einem *zuvor* spricht. Bevor der vom Tal Kommende die Windräder sieht, so die Aussage, sieht er den Gipfelturm. Die damit vorgenommene Sequenzierung der Wahrnehmungserlebnisse: zuerst Gipfelturm, dann Windräder, stellt nun tatsächlich ein Modell der Relativierung der Monströsität der Windräder bereit. Es ist das Modell der Minderung der Monströsität *qua Vorbereitung*. Turm und Windrad werden sprachlich hier nicht nebeneinander gestellt um zu entscheiden, welches von beiden Bauwerken nun das kleinere, welches das größere Übel darstellt. Sie werden in eine Abfolge gebracht: Wer *zuvor* den Turm gesehen hat, den treffen die *monströsen Windräder* nicht unvorbereitet. Präpariert durch die Erfahrung der *Gipfelentthronung* können die Windradmonster den *zu Berg Fahrenden* nicht mehr überraschen. Die Windräder büßen ihren Schrecken ein.

Damit ist eine Erklärung dafür gefunden, warum der anvisierten Figur des „kleineren Übels" nicht konsistent gefolgt wird und warum Windrad und Gipfelturm aus der Perspektive des Windradbefürworters eigentümlich verkehrt gegeneinander gestellt sind. Der Autor folgt eben nicht der Logik: besser Windräder als Gipfeltürme. Er folgt der Logik: wenn schon Gipfeltürme da sind, dann sind auch Windräder erträglich. Damit nimmt er eine ausgesprochen defensive Position ein und, für unseren Zusammenhang vor allem bemerkenswert, eine Position, die *landschaftsästhetisch* dem Windrad ein *Armutszeugnis* ausstellt. Von vornherein wird die Möglichkeit, dass ein Windrad eine kulturlandschaftliche Bereicherung darstellen könnte, ausgeschlossen.[390]

Es folgt eine Polemik wider den Mythos einer ungestörten Naturwahrnehmung:

*Man muss den Turm nicht benutzen, um auch vom unbewehrten Schauinsland zweierlei zu sehen: den Techno-Müll der allgegenwärtigen Sendemasten, der inzwischen jede dritte Kuppel verhunzt, „Brandzeichen auf dem schönen Landschaftskörper" überall, von industriehörigen, technogläubigen Minsiterpräsidenten gänzlich unverteufelt. Und zum seligen Ende bietet sich dem nicht nur „von Westen kommenden", sondern auch nach Westen blickenden Naturbeobachter ein ganz anderes „herrliches Schauspiel" dar: Es sind die fernhin leuchtenden Kuppeln von Fessenheim, in denen er sich, „gleichsam selig in sich selbst", erlaben kann.*

Hier ist schon auffällig, dass dem Windradgegner eine naive Weltsicht vorgehalten wird (die Anführungszeichen markieren Zitate aus dem Aufsatz, der repliziert wird), ohne dass ein positives Gegenmodell in Anschlag gebracht würde. Damit wird dem Gegner lediglich vorgehalten, er könne in Sachen Windrad sich auf Landschaftsverschandelung nicht berufen, wenn er zugleich nicht auch seine Gegnerschaft gegenüber den Bauwerken der Kommunikationstechnologie und der Kernenergiegewinnung zum Ausdruck bringe. Und umgekehrt: Wer jene befürwortet, kann diese nicht ablehnen. Gleichzeitig wird diese Naivität teils explizit *(technogläubige Ministerpräsidenten*[391]*)*, teils durch sprachliche Anspielungen (verteufelt: Anspielung an den Namen des amtierenden Ministerpräsidenten von Baden-Württemberg, Erwin Teufel) als Instrument einer abzulehnenden Politik entlarvt.

*Fährt oder geht er dann wieder zu Tal, nach Westen, dann wird er die Windräder an der Holzschlägermatte, bei denen er ansteigend durchaus seine Zweifel hatte, so gelassen passieren wie es das kleinere gegenüber dem größeren Übel verdient.*

Abermals treffen wir auf eine Vorher-Nachher-Argumentation. War zunächst die Botschaft: bevor man die Windräder sieht, sieht man einen Gipfelturm; und deshalb sind die Windräder „halb so schlimm", heißt es nun: wer von oben das ganze Ausmaß der technischen Überbauung der Natur gesehen hat, der wird sich beim Rückweg an den Windrädern nicht mehr stören.

Rein äußerlich sind wir abermals mit einer Inkonsistenz konfrontiert. Im Aufstieg waren die Windräder ja schon „salviert". Jetzt heißt es, erst der Abstiegt sei beschwichtigend. Der Autor bestätigt damit indirekt unsere Interpretation. War oben schon die Figur einer durch den Blick auf den Aussichtsturm auf dem Schauinsland moderierten Wahrnehmung der Windräder auf der Holzschlägermatte nicht überzeugend, so gesteht der Autor dies nun selbst ein: immernoch hegt er *Zweifel*.

Markanter aber noch als diese Inkonsistenz ist die Schieflage, in die nun das Modell „kleineres und größeres Übel" gerät. Angesichts der Scheußlichkeit sonstiger vor Ort zu sehender Technik-Bauwerke brauche der Betrachter an den Windrädern nicht Anstoß zu nehmen, sondern könne sie *gelassen passieren*. Schief daran – und auf den ersten Blick nicht leicht zu sehen – ist, dass die landschaftsästhetisch geringer veranschlagte Missbildung als *kleineres* Übel bezeichnet wir. Wir haben es hier mit einem ästhetischen Ranking zu tun, vergleichbar der abgestuften Filmbewertung in Programmzeitschriften. Wenn wir nun aber einen Film als ganz offensichtlich misslungen ansehen, einen anderen als weniger offensichtlich misslungen, dann können wir z. B. sagen, letzterer „geht doch noch". Wir werden diesem Film gegenüber in unserer Kritik eine größere *Gelassenheit* zeigen, als gegenüber dem „ganz schlechten". Wir werden ihn aber sicherlich nicht als *kleineres Übel* bezeichnen. Das liegt zum einen daran, dass Fragen der ästhetischen Angemessenheit als solche mit einer hierarchisierenden Bewertung gar nicht zu beantworten sind. Eine solche Bewertung sagt weder etwas über die Struktur des Werkes noch über die ästhetische Erfahrung der Rezeption. Der in dem *kleineren Übel* bemühte Komparativ stellt eine außerästhetische Operation dar. Zum anderen haben wir es mit einem *besonderen* Komparativ zu tun. Das *kleinere Übel* setzt nämlich eine *lebenspraktische* Problemsituation voraus, in der eine Lösung „ohne Verlust" nicht möglich ist. Wir werden dann diejenige Entscheidung, die mit geringeren unliebsamen Folgen zu rechnen hat, damit rechtfertigen, sie stelle das *kleinere Übel* dar. Wer „Kurzarbeit" rechtfertigen will, wird sie gegenüber „Entlassung" als das *kleinere Übel* bezeichnen.

Die Schieflage, die der Text uns darbietet, kann also in der Amalgamierung zweier heterogener Themen gesehen werden. In die landschaftsästhetischen Betrachtungen ist unvermittelt ein Motiv aus der Sphäre der politischen und ökonomischen Entscheidung eingewoben. Das Modell des *kleineren Übels* spielt an auf das Reich der (politischen und ökonomischen) Notwendigkeiten. Die *Gelassenheit* des ästhetischen Urteils soll daraus sich speisen. *Warum* die „scheußlichen" Windräder ein *kleineres Übel* darstellen als die *Sendemasten* oder *Fessenheim* bleibt unthematisiert. Offensichtlich baut der Text darauf, dass das selbstevident sei. Und das gilt in der Tat für den Befürworter „alternativer Energiegewinnung", der zugleich „kapitalismuskritisch" in Atomenergieanlagen und Sendemasten die unvernünftige und entfremdete Welt einer aus den Fugen geratenen kapitalistischen Irrationalität symbolisch repräsentiert sieht.

Diese Interpretation kann sich auch auf den Umstand berufen, dass das kleinere Übel als solches nicht schon Gelassenheit verdient. Es sind wohl Situationen vorstellbar, in denen die Wahl des kleineren Übels zu Gelassenheit Anlass gibt. Diese Gelassenheit kann sich aber nicht darauf berufen, dass das Übel kleiner ist als ein anderes, sondern darauf, dass es so klein ist, dass es Gelassenheit erlaubt. Nicht der komparative Vorteil, sondern die (absolute) Geringfügigkeit des Übels ist dann für die Gelassenheit verantwortlich. Gegenüber dem Tod kann die Beinamputation als das kleinere Übel bezeichnet werden. Daraus wird man nicht folgern, dass die Amputation *Gelassenheit verdient.*

*Man muss sie nicht mögen.*

Vernunft, Notwendigkeit und Einsicht sind hier gegen Herz, Leidenschaft und emphatische Zustimmung (bzw. Ablehnung) gesetzt. Abermals wird das „Reich der Notwendigkeit" ins Spiel gebracht. Und so wird der Tenor einer besonnenen, wohl überlegten und nüchternen Befürwortung aufrecht erhalten. Abermals aber wird die Besonnenheit und Nüchternheit der Überlegung nicht durchgeführt, sondern rhetorisch proklamiert. Scheinbar verständnisvoll für die ablehnende Haltung stellt der

Autor in Rechnung, dass die Windräder nicht *gemocht* werden: Die affektive Ablehnung sei verständlich und nachvollziehbar, dürfe aber nicht entscheidungsrelevant sein. Zugleich schließt der Sprechakt vernünftige Ablehnungsgründe aus. Wer von dem *mögen* oder *nicht-mögen* absieht, der kann nur zu einer die Windräder bejahenden Stellungnahme kommen. Die Ablehnung bleibt eine affektiv-vorrationale.

Die scheinbar verständnisvolle Haltung ist in Wahrheit eine *herablassende*. Die gegnerische Position wird in die Nähe einer infantilen Trotzhaltung gerückt, während für die eigene, wie schon oben, eine differenzierte Sicht der Dinge reklamiert wird.

*Aber man kann ganz andere Prioritäten setzen [...]*

Die anderen Prioritäten beziehen sich offensichtlich auf die Frage des *Mögens*. Wenn es aber nicht darum gehen soll, die Windräder zu *mögen;* wenn *andere Prioritäten* gesetzt werden sollen, dann ist der adversative Anschluss durch das *aber* verwirrend. Logisch hätte hier die gedankliche Fortführung ein *und* oder ein *sondern* verlangt. Und umgekehrt lässt das *aber* erwarten, dass nun die anderen Prioritäten genannt werden:

(1) Man muss sie nicht mögen, sondern (!) kann ganz andere Prioritäten setzen.
(2) Man muss sie nicht mögen, aber (!) sie sind unverzichtbar.

1. Die Bedeutungsstruktur dieser sprachlogischen Verwerfung wird deutlich, wenn wir gedankenexperimentell nach einem zu der tatsächlich gewählten adversativen Form passenden sprachlichen Pendant suchen:

(3) Man mag sie hässlich finden. Aber man kann ganz andere Prioritäten setzen.

Hier würde das *aber* sinnlogisch adäquat an den vorangegangenen Satz anschließen. Die Passung ergibt sich dadurch, dass an die Stelle des Satzes „Man muss sie nicht mögen" der Satz „Man mag sie hässlich finden" (o.ä.) tritt. Die Differenz der beiden Sätze ist leicht zu benennen. Wie wir gesehen haben, reklamiert die tatsächlich gewählte Formulierung, dass es um *Mögen* oder *Nicht-Mögen* gar nicht geht. Die alternative Formulierung stellt in Rechnung, dass mit einem *Nicht-Mögen (hässlich finden)* zu rechnen ist. Dies wird zunächst akzeptiert, um dann *andere Prioritäten* vorzuschlagen. Das ist eine logisch konsistente Form. Dem gegenüber rückt die tatsächlich gewählte Formulierung das Geschmacksurteil *(mögen)* von vornherein in die Sphäre des Irrelevanten. Wenn aber das negative Geschmacksurteil schon als irrelevant charakterisiert ist, sind ja die *anderen Prioritäten* sprachlich schon gesetzt worden.

Wie lässt sich diese komplizierte immanente Widersprüchlichkeit interpretativ zur Synthese bringen? Das Adversativ der *ganz anderen Prioritäten* prätendiert eine vorangegangene Anerkennung des negativen Geschmacksurteils. Diese Anerkennung ist aber faktisch nicht erfolgt. Insofern gibt sich die hier anzutreffende Verwerfung als Ausdruck einer *Pseudo-Anerkennung* zu verstehen. Das knüpft nahtlos an unsere Interpretation einer *infantilisierenden Herablassung* an. Der Text prätendiert Anerkennung, ohne sie praktisch zum Ausdruck bringen zu können. Umgekehrt erscheint der sprachlich sehr zurückhaltend und offen artikulierte Möglichkeitsraum – ganz andere Prioritäten *können gesetzt werden* – als längst geschlossen. Die Option *anderer Prioritätensetzung,* die der Adversativsatz ins Spiel bringt, ist im vorangegangenen Satz ja schon eingelöst worden. Aus dieser Perspektive haben wir es also mit einer *Pseudo-Offenheit* zu tun. Über die Möglichkeit, die dem Leser zur Wahl gestellt wird, hat der Text vorgängig und unter der Hand schon entschieden. Die Prioritäten sind schon gesetzt.

*(...) zumal wenn man den Schauinsland und vom Schauinsland wirklich sieht.*

Abermals bleibt die angekündigte alternative Prioritätensetzung unausgeführt. Das *zumal* kündigt ja nicht an, worin die Prioritätenalternative besteht, sondern unter welchen gegebenen Umständen diese besonders günstig sich gestaltet. *Den Schauinsland und vom Schauinsland wirklich zu sehen;* darin besteht ja nicht die *ganz andere Priorität* – sonst dürfte der Anschluss nicht durch ein *zumal* vorgenommen werden – sondern darin sind die günstigen Umstände für einen Prioritätenwechsel gegeben. Entgegen der erkennbaren „Message" des Textes, gleichsam über die technischen Bauwerke hinweg und an ihnen vorbei die Naturlandschaft *wirklich* zu sehen und *damit* einen Prioritätenwechsel bei der Bewertung der Windräder vorzunehmen, ist hier nun lediglich ein *wirklich sehen* proklamiert, das den Prioritätenwechsel nicht darstellt und nicht begründet, sondern ihm lediglich günstige Bedingungen liefert.

Zum wiederholten Male steht die Proklamation ohne Ausführung, Plausibilisierung oder Begründung da. Was soll der Leser darunter verstehen: *den Schauinsland wirklich sehen; vom Schauinsland wirklich sehen?* Worin unterscheidet sich das *wirkliche* vom unwirklichen oder vermeintlichen Sehen? In seinen zentralen Anliegen bleibt der Text nebulös-andeutend, statt explizierend.

So steigert sich der Text in eine geradezu hermetische Unverbindlichkeit: Weder wird der in Anspruch genommene Perspektivenwechsel als solcher sprachlich vollzogen *(zumal),* noch wird ein auch nur randunscharf gezeichnetes Bild von einer als adäquat in Anspruch genommenen Haltung gegeben. Die rhetorische Entschiedenheit des Plädoyers bleibt in floskelhafter Andeutung gefangen.

*„Schauinsland"? Ja, schau ins Land.*

Schließlich endet der Text mit einer abermals rhetorischen Figur. Die Überschrift wird wiederholt. Sie arbeitet mit einer sprachlichen Eigentümlichkeit. Der Berg, unterhalb dessen Gipfel die Windräder an der Holzschlägermatte errichtet sind, trägt einen eigentümlichen Namen. Diese Eigentümlichkeit wird dadurch unterstrichen, dass der Name nun, anders als in der Überschrift, in Anführungszeichen gesetzt ist. Der Name wird zitiert.

Worin besteht die Eigentümlichkeit dieses Namens? Er charakterisiert den so bezeichneten Berg als „Aussichtsberg". Anders aber als „Schöne Aussicht" oder „Bellevue" oder vergleichbare Bezeichnungen, kann der Name als Aufforderung gelesen werden. Das macht der Text sich in einem „Sprachspiel" zu Nutze. Zunächst markiert das Fragezeichen die Fraglichkeit des Namens (warum heißt der Schauinsland Schauinsland?). Diese angedeutete Fraglichkeit mündet in Affirmation: *Ja,* nimm den Namen wörtlich und *schau ins Land.*

Haben wir oben schon den Leser als Objekt einer infantilisierenden Herablassung vorgefunden, so ist nun die „Pädagogisierung" auf die Spitze getrieben. Fast möchte man entgegenrufen: „Ja was denn sonst?" Natürlich *schaut man ins Land,* wenn man sich auf einem Gipfel befindet. Dazu bedarf es doch keiner Aufforderung!

Will man diese Aufforderung nicht einfach der Stupidität bezichtigen, hilft nur die Unterstellung, es sei damit auch und gerade das Absehen von „störenden" technischen Bauwerken vorgeschlagen: *schau ins Land, und nicht auf die Windräder.* Sachlich liegt darin eine eigentümliche Aufforderung zu „atomistischem Sehen". Drei Varianten sind vorstellbar: (1) ein technisches Bauwerk ist derart marginal, dass es in der Landschaftsschau verschwindet; (2) es ist derart integriert, dass es zum konstitutiven

Bestandteil der Landschaftsschau wird; (3) es ist derart aufdringlich oder verfremdend, dass es zum Fokus der Landschaftsschau wird.³⁹²

Bezüglich dieser Klassifikation macht die Aufforderung nur für den letzten Fall einen Sinn. Gegenüber einer aufdringlichen, nicht dazu gehörigen Aufmerksamkeitsablenkung macht es Sinn zu fordern: schau hin (schau weg), hör hin (hör weg). Nur so kann die hier ausgesprochene Aufforderung gemeint sein.

Das impliziert schließlich zweierlei: (1) Zum einen sind damit die Windräder landschaftsästhetisch weder als marginal, noch als integriert konzipiert, sondern als „aufdringlicher Störfaktor". Hatte der „kritische" Artikel die Windräder wenigstens noch als Blickfang ungewollt gewürdigt, so ist in der „Antikritik" von dieser Würdigung nichts zu finden. (2) Zum anderen ist keinerlei Differenz zu anderen Bauwerken markiert. *Schau ins Land:* In der Sprache des Falles müsste das für *Fessenheim, den Techno-Müll der Sendemasten* und für die Windräder gleichermaßen gelten. Letztendlich stellen auch die Windräder „Technomüll" dar. Ihre Duldung verdankt sich diffus bleibenden Motiven; sicherlich aber nicht einer landschaftsästhetischen Anerkennung ihrer konkreten Erscheinung.

**Wo Windkraftanlagen nicht weiter weh tun.** Hockenjos: Windkraft auf dem Schwarzwald: Eine Landschaft verliert ihr Gesicht

*Die Überschrift dieser exemplarischen Interpretationen ausgewählter Passagen aus Hockenjos Broschüre, „Windkraft auf dem Schwarzwald" ist ein Zitat einer dort zu findenden Bildunterschrift und gibt den Grundtenor der Broschüre wieder: Windräder finden als solche eine landschaftsästhetische Ablehnung. Sie gehören deshalb nicht in den Schwarzwald, sondern in weniger schöne Landstriche, „wo sie nicht weiter weh tun".*

*Die folgenden exemplarischen Analysen kommen zu dem Ergebnis, dass in der Broschüre*

- *eine landschaftsästhetisch ernstzunehmende Position nicht artikuliert wird. Die Ablehnung erfolgt ohne Nachweis und zynisch: anderswo ja, aber nicht bei uns.*
- *ein unauthentisches Schwarzwaldidyll in Anschlag gebracht wird, das mehr an kulturindustriellen Klischees als an lebenspraktischen Gegebenheiten interessiert ist.*
- *überhaupt eine authentische Positionalität nicht anzutreffen ist. Das apodiktische Urteil wird begleitet von einer sinnstrukturellen Standortlosigkeit.*

**Geglückte Standortsuche**

Die Broschüre von Wolf Hockenjos darf als Brevier der Ablehnung der Errichtung von Windkraftanlagen im Schwarzwald gelten. Die 64 Seiten umfassende Schrift setzt sich ausführlich mit dem Problem auseinander, ist reich bebildert (47 Fotografien), stellt „Zum Schluss" (Kapitel 7; S. 50 ff.) „Sieben Thesen zur Beeinträchtigung des Landschaftsbildes durch Windkraftanlagen" auf, dokumentiert eine „Resolution des Schwarzwaldvereins: Schwarzwald und Energie" (S. 56), einen Aufruf „Unser Schwarzwald ist in Gefahr" (Bürgerinitiative zum Schutz des Hochschwarzwaldes, S. 57), eine Stellungnahme „Windkraft im Südschwarzwald" (Naturpark Südschwarzwald e.V.; S. 58 ff.) und das „Darmstädter Manifest zur Windenergienutzung in Deutschland" (S. 61 ff.).

Die Broschüre ist „engagiert": Ihr Grundtenor zeugt von der Sorge einer maßlosen Überbauung des Schwarzwaldes durch Windkraftanlagen. „Deutsche Landschaften" stehen in Gefahr, von Windparks „übergossen" zu werden (S. 10); das ist Hockenjos' Befürchtung und dagegen wendet sich seine Schrift. Insgesamt lebt die Broschüre von dem Duktus: „Windräder, wohin man schaut!". Diese Botschaft wird auch schon

*Richard Schindler, Digitalprint, 2003*

sofern vermittelt, als das schnelle Durchblättern der Broschüre „eine Windkraftanlage nach der anderen" vor Augen führt, so dass sich tatsächlich für den Rezipienten der Eindruck einstellt, dass jede Seite, die man im „Buch des Schwarzwaldes" aufschlägt, mit einer Windkraftanlage konfrontiert.

Damit begibt Hockenjos sich in ein irritierendes Spannungsverhältnis. Sein Anliegen – als solches unstrittig (eine Position, die eine landschaftliche Totalüberbauung mit Windrädern fordert, ist uns nicht bekannt) – lässt sich am konkreten Objekt nicht plausibilisieren. Es geht ja um die Summe, nicht um das einzelne Gebilde. Gleichwohl will Hockenjos aber zeigen, dass schon das konkrete Gebilde eine Verunstaltung darstellt. „Vorsichtshalber" soll auch die einzelne Windkraftanlage als Verunstaltung erscheinen. Der Überbauungsbefürchtung wird Nachdruck verliehen durch die Botschaft: Windräder gehören nicht in den Schwarzwald, sie gehören in schon verunstaltete Landschaften. Dem wollen wir nachgehen.

Eine zentrale Botschaft der Hockenjos'schen Broschüre besteht in einer recht suggestiven und eingängigen „Schmuddelecken-Logik": Die hässlichen Windkraftanlagen gehören dorthin, wo es eh schon hässlich ist, nicht aber in die schönen Gebirgslandschaften. In der letzten der „Sieben Thesen" heißt es etwa:

„Die neue Generation bis zu 160 m hoher Anlagen ist auch im weniger ‚windhöffigen' Suboptimum abseits hochwertiger Gebirgslandschaften einsetzbar. Desto mehr muß deshalb bei Standortentscheidungen wieder dem Suchkriterium ‚Vorbelastung' Rechnung getragen werden".

Es bedarf keiner Analyse um zu sehen, dass hier die landschaftsästhetische Frage bezüglich der Windkraftanlagen gar nicht erst aufgeworfen ist. Per se stellen diese eine „Verunstaltung" dar. Bemerkenswert ist dennoch die Schlussfolgerung: statt auf diese Verunstaltungen überhaupt zu verzichten (Hockenjos selbst führt an anderer Stelle aus, dass es energiepolitisch ein Leichtes sei, auf Windenergiegewinnung überhaupt zu verzichten[393]), sollen sie dort hin, wo es eh schon nichts mehr kaputt zu machen gibt. Besonders markant bringt sich das in folgender Seite zum Ausdruck, die sich am Ende der Broschüre befindet und die die letzten beiden fotografischen Darstellungen des Büchleins zeigt.

Die landschaftsästhetische Ignoranz der Position könnte kaum deutlicher gezeigt werden. Die erste Fotografie wird von einem Supermarkt dominiert. Er wird überragt von einem Reklamemast, der ungefähr die Höhe einer benachbarten Windkraftanlage erreicht. Das Windrad ist so in Szene gesetzt, dass es dem Supermarkt zugehörig erscheint; als wäre es für dessen Energieversorgung zuständig: gerade so, wie Fotozellen auf dem Dach eines Gebäudes suggerieren, sie würden das jeweilige Haus mit Strom versorgen.

Der Supermarkt befindet sich offensichtlich in einer ländlichen Region: In der linken Bildhälfte sind mittig deutlich Felder zu erkennen. Wir müssen vermuten, dass sich links außerhalb des Bildes eine hügelige Agrarlandschaft findet. In der Bildmitte ist eine Planierraupe zu erkennen; am rechten Bildrand ein Erdhaufen: Offensichtlich handelt es sich um eine Baustelle.

Im unteren Bilddrittel geht eine leitplankenbewehrte Straße durchs Bild, die an einem Bach oder kleinen Fluss entlang führt. Das Foto ist aus einer Perspektive aufgenommen, die den Bachlauf verdeckt.

Den Blickfang der Fotografie stellt schließlich eine weiße Tafel im Bildvordergrund dar: „Gebrauchte Automobile" ist darauf zu lesen.

Die Fotografie legt also polemischen Wert darauf, eine unwirtliche Szene zu komponieren: ein Supermarkt, der nur mit dem Auto zu erreichen ist, eine Baustelle und einen Gebrauchtwagenhinweis. Die potentiellen landschaftlichen Qualitäten (Ackerland, Hügelland; Flusslauf) sind fotografisch zum Verschwinden gebracht. *Es handelt sich um eine eindeutig manipulatorisch intendierte Fotografie.*

Die Unterschrift lautet:

*Geglückte Standortsuche am Stadtrand von Villingen – die Fläche vorbelasteter, ästhetisch öder Landschaften überwiegt jene hochwertiger Kultur- und Naturlandschaften bei weitem.*

Offensichtlich scheut sich der Text, schöne und hässliche Landschaften zu unterscheiden. Er zieht es vor, von einem *Überwiegen vorbelasteter, ästhetisch öder Landschaften* zu sprechen. Damit ist immerhin in Rechnung gestellt, dass das landschaftsästhetisch „hässliche Entlein" *nicht nur* hässlich ist. Die Relativierung ist durch ein quantitatives Argument vorgenommen. *Hochwertige Kultur- und Naturlandschaften* befinden sich an dem Standort, von dem die Rede ist, in der Minderheit.

Die Inkonsistenz des Arguments liegt auf der Hand. Ganz offensichtlich müsste eine landschaftsästhetisch interessierte und engagierte Position gerade die (vom Text selbst behauptete) Anwesenheit *hochwertiger Kultur- und Naturlandschaften* zum Anlass nehmen, diese von einer weiteren Bedrängung durch ästhetische Verödung zu schützen. Denn aus landschaftsästhetischer Perspektive ist natürlich die Frage der Gestaltung eines Supermarkts *am Stadtrand von Villingen* in nichts von der Frage nach der ästhetischen Erscheinung der Windräder an der Holzschlägermatte unterschieden.[394] Und natürlich kann der Lauf der Brigach (das ist wahrscheinlich der abgebildete Bach) landschaftsästhetisch ebenso thematisch sein wie der des Zweribachs.[395]

Worauf der Bildtext anspielt, das sollte deutlich geworden sein, ist keine (landschafts-) ästhetische Perspektive, sondern ein ästhetikfremdes utilitaristisches Kalkül: „Würde ich zwei Gemälde besitzen – die Mona Lisa und ein Gemälde von geringerer Bedeutung – und würde mein Haus brennen und könnte ich nur eines der beiden Gemälde vor den Flammen retten: Welches würde ich wohl retten?"

Aber diese Assoziation wird vom Text noch unterboten: Denn aus einer „akzeptablen", „vertretbaren", „verständlichen" *Standortsuche* – das alles wären Formulierungen gewesen, mit denen die Logik des „kleineren, aber notwendigen Übels" entsprechend unserem Gemälde-Beispiel vereinbar gewesen wäre – spricht der Fotountertitel

*Wolf Hockenjos hat einer Veröffentlichung seiner Fotos an dieser Stelle nicht zugestimmt.*

von einer *geglückten Standortsuche*. Das weniger bedeutsame Gemälde den Flammen zu überlassen ist aber keine *geglückte*, erst recht keine *glückliche* Entscheidung.

Aber mit einer *glücklichen Entscheidung* hat die *geglückte Standortsuche* auch nichts gemein. Sie verweist nicht auf ein substanziell Gelungenes, sondern auf einen „Coup". Darf eine *glückliche Standortwahl* in Anspruch nehmen, zum Gefallen und Wohle aller zu sein, so ist bei der *geglückten Standortwahl* ein Kalkül aufgegangen. Die *geglückte* Handlung oder Strategie hätte leicht schiefgehen können. Erleichtert können sich die Protagonisten ins Fäustchen lachen, während die anderen leer ausgegangen sind.

Auf unseren Fall übertragen lässt sich die Sache einfach umschreiben: Glücklich kann eine solche Standortsuche nur für denjenigen sein, der verschont geblieben ist. Und eben demjenigen, der verschont geblieben ist, ist die *Standortwahl geglückt*. *Geglückte Standortwahl*; darin kommt die Häme eines gelandeten „Coups" zum Ausdruck: Des einen Freud, des anderen Leid.

Diese Interpretation korrespondiert vortrefflich mit der entsprechenden Fotografie. Dort wird ein landschaftsästhetischer Sachverhalt in Szene gesetzt, der keinerlei Positivität zum Ausdruck bringt. Unverholen wird die Fotografie samt Unterschrift zum Erfolgsrapport, den man der eigenen Klientel zeigen kann: „Schaut, unsere Rechnung ist aufggangen, *die* haben jetzt den schwarzen Peter".

Darin kommt nun nicht ein sich selbst bewusster Partikularismus zum Ausdruck, der sich erfolgreich gegen einen „Angriff von Außen" behauptet, ein Partikularismus also, der exmplarisch als individuierte Lebenspraxis dem Allgemeinen verbunden ist; nein, hier liegt ein dislozierter Partikularismus vor, der an nichts gebunden ist außer an den Erfolg der eigenen Strategie, die keinen Namen und kein Gesicht hat.

Das zweite Foto gleicht dem ersten, ist aber weniger manipulatorisch und stärker dokumentarisch: Der gezeigte Ausschnitt ist nicht so selektiv wie auf dem oberen Foto und die Ikonen der landschaftlichen Ödnis sind nicht so aufdringlich in Szene gesetzt. Damit einhergehend ist die Landschaft, in der die Gewerbegebäude und die Windräder stehen, nicht gänzlich ausgeblendet. Wälder und Felder sind hier deutlich zu sehen. Und entsprechend fehlt diesem Foto auch die Suggestion eines „unwirtlichen" Ambientes.

Die Fotounterschrift lautet:

*Wo Windanlagen nicht weiter weh tun (am Rand eines Gewerbegebiets der Gemeinde Seedorf am Ostrand des Schwarzwaldes)*

Der Zynismus der *geglückten Standortsuche* setzt sich fort. Einerseits, kaum noch verwunderlich, werden Windräder als solche als „schmerzverursachend" unterstellt. Andererseits wird Landschaft, die hier zu sehen ist, abermals verhöhnt. Hatte das erste Foto Landschaft ausgeklammert, ist diese hier zu sehen. Zu sehen ist keine spektakuläre, aber durchaus eine nicht hässliche Landschaft. Der Grad der Störung dieser Landschaft durch die Gewerbegebäude ist durch das Foto kaum zu identifizieren; ebenso wenig wie sich die hier gezeigten Windräder landschaftsästhetisch bewerten lassen. Keinesfalls ist hier aber „Hopfen und Malz" verloren. Das macht den Zynismus umso sinnfälliger. Selbst der *Ostrand des Schwarzwaldes* ist außerhalb des landschaftsästhetischen (Pseudo-)Interesses gerückt.

Einen weiteren thematischen Schwerpunkt der Broschüre stellen „Vorher-Nachher-Gegenüberstellungen" dar. Unter dem Titel „Verwandlungen" werden mehrere Doppel-Fotografien präsentiert, die den landschaftsästhetischen Verlust, der sich durch die Hinzufügung von Windkraftanlagen ergibt, zeigen sollen. Wir wollen im Folgenden den ersten Beitrag zu dieser Serie fotografischer Gegenüberstellungen interpretieren.

**Verwandlungen I.** Wir sehen zwei Fotografien, die dasselbe Hofensemble zeigen. Im ersten Bild sind die vier Hofgebäude ins Bildzentrum gesetzt, im zweiten Bild rücken die Gebäude an den unteren Bildrand und werden von drei Windrädern überragt. Auf den ersten Blick vermitteln die beiden Fotografien den Eindruck, als sei die erste vor der Errichtung der Windkraftanlage aufgenomen, die zweite danach. Erst nach genauerem Hinsehen wird deutlich, dass derselbe Hof, wahrscheinlich zu demselben Zeitpunkt, aus unterschiedlichen Perspektiven fotografiert wurde (das silber-bläuliche Auto steht an derselben Stelle).

Der Komplex besteht aus vier Gebäuden: einem großen Wohnhaus (links), einem großen Wirtschaftsgebäude (Stall/Scheune; rechts), einer alten Scheune (Mitte, Hintergrund) und einem weiteren Wohnhaus (Mitte, Vordergrund). Das Wohnhaus in der Mitte ist neueren Datums (helles Holz). Es handelt sich, wahrscheinlich um ein Gästehaus. Hofmittig finden die Feriengäste auf dem Bauernhof ihren Platz. Das ist für sich genommen schon bemerkenswert. Denn die Fotografie als solche symbolisiert nachdrücklich Harmonie zwischen bäuerlicher Wirtschaft und Tourismus. Der „Luftschnapper" darf sich aufgehoben fühlen in einem bäuerlichen Ensemble. Die bäuerliche Lebenswelt ist ihm wohlgesonnen.

Interessant sind die gewählten Blickperspektiven. Fotograf und fotografierter Gegenstand stehen sich „Auge in Auge" gegenüber: Die Kamera blickt auf den Hof und die Wohngebäude blicken zur Kamera. Besonders deutlich ist dieser Blick im mittigen Wohngebäude gegeben. Hier sehen wir einen Balkon. Wer sich auf diesem Balkon aufhält, blickt in Richtung Kamera.

Im Rücken stehen die Gebäude gegen eine Anhöhe. Deshalb befinden sich die Windräder im Hintergrund der Häuser und außerhalb der Perspektive des talseitigen Fernblicks. Wer auf dem Balkon des Gästehauses steht, der sieht die Windräder nicht! Umgekehrt sind die Räder für denjenigen sichtbar, der sich den Hof aus der Perspektive des Fotografen betrachtet.

Diese kurze Bildbetrachtung zeigt schon, dass hier eine Überdramatisierung vorgenommen ist. Es geht nicht darum, dem Leser ein realistisches Bild der (vermeintlichen) landschaftlichen Beeinträchtigung, die für die Hofbewohner durch die Windkraftanlagen entsteht, zu zeigen. Suggeriert wird ein Vorher-Nachher. Tatsächlich aber

*Wolf Hockenjos hat einer Veröffentlichung seiner Fotos an dieser Stelle nicht zugestimmt.*

kommen die Windräder durch einen Perspektivenwechsel aufs Foto; und können mithin durch einen Perspektivenwechsel auch wieder „verschwinden". Im zweiten Bild überragen die Räder den Hof. Suggeriert wird, dass sie die „Hofidylle" zerstören und den Hof geradezu erdrücken. Erst eine genauere Betrachtung macht darauf aufmerksam, dass die Sache aus der Perspektive der Hofbewohner nicht so eindeutig ist. Blicken sie talwärts, so sind die Windräder nicht zu sehen; blicken sie zu den Windrädern hin, so sehen sie diese teilweise verdeckt. Wahrscheinlich sind von einigen bergseitigen Stellen am Hof die Windräder gar nicht zu sehen. Demgegenüber suggeriert die Fotografie die Windräder als freistehend. Und nur scheinbar ist die Perspektive der Hofbewohner eingenommen (und nicht tatsächlich, wie die Bildunterschrift suggeriert). Die unterschiedlichen Perspektiven und die unterschiedliche Rolle, die die Windräder in diesen Perspektiven einnehmen, werden durch die vorliegende fotografische Gegenüberstellung unterschlagen.[396]

Wolf Hockenjos hat einer Veröffentlichung seines Fotos an dieser Stelle nicht zugestimmt.

Die beiden Fotografien sind folgendermaßen unterschrieben:
1. Ungetrübter Blick aus der guten Stube der „Fallers" (Oberer Fallengrund)
2. Die etwas andere TV-Schwarzwaldserie „Die Fallers"

Zum Verständnis dieser beiden Untertitel müssen wir ein kleines Foto auf der vorangegangenen Seite der Broschüre (links den beiden großen Fotos gegenüberliegend) beachten:

*Der Untere Fallengrund-Hof bei Gütenbach, TV-Heimat der „Fallers"*

Erst damit wird der Untertitel des ersten Fotos verständlich: So sieht derjenige den Oberen Fallengrund, der aus der „guten Stube" des Unteren Fallengrunds herausschaut. Einmal, so die Botschaft, hatten die Hofbewohner des Unteren Fallengrunds einen „ungetrübten Blick" auf den Nachbarhof. Was dann geschah, davon berichtet die zweite Bildunterschrift:

*Die etwas andere TV-Schwarzwaldserie „Die Fallers"*

Nun findet ein eigentümlicher Betrachterwechsel statt. Wir hätten vermuten müssen, dass das zweite Bild den „getrübten Blick" aus der „guten Stube" zeigt. Dann wäre thematisch gewesen, dass den dort lebenden Menschen der Blick auf den Nachbarhof „getrübt" wurde. Satt dessen aber ist nun ein *Fernsehbild* thematisch. „Können Sie sich vorstellen", so die Botschaft der Bildunterschrift, „dass dieses Foto sich zur Ikone einer TV-Schwarzwaldserie eignet?" Ohne Zögern wird man diese Frage verneinen. Aber im gleichen Atemzug wird man sagen: „Dann nehmen wir halt das Foto, auf dem die Windräder *nicht* zu sehen sind".

Diese aus der Perspektive der Landschaftsästhetik und der lebenspraktischen Unmittelbarkeit *zynische* Antwort hat der Untertitel selbst zu verantworten. Er führt nämlich die Perspektive einer *kulturindustriellen Vermarktung* ein. Er tut so, als sei der Obere Fallengrund dazu da, eine geeignete Kulisse für eine Fernsehserie abzugeben. Das wiederum stellt eine Missachtung der lebenspraktischen Perspektive der Bewohner (und auch der touristischen Besucher) dar. Aus dem Anliegen, gegen eine lückenlose Überbauung des Schwarzwaldes durch Windkraftanlagen zu plädieren, ist das Anliegen der Erhaltung einer Fernsehkulisse geworden.

Besondere Aufmerksamkeit müssen wir hier der Instabilität der Beurteilungsperspektive schenken. Wie selbstverständlich verschiebt sich ja der Fokus von den Bewohnern des Unteren Fallengrunds (der Blick von dessen „guter Stube" aus) zu den Interessen einer Fernsehserie. Dass diese Verschiebung zu Lasten der ersten geht, zeigen die Fotografien selbst. Die Fernsehkamera kann an den Windkraftanlagen

**Exkurs. Dissonanzen auf der touristischen Suche nach Authentizität.**

einfach vorbeischauen. Umso erklärungsbedürftiger ist es, dass dieser Anti-Windrad-Polemik die Interessen der Bewohner offensichtlich nicht hinreichend sind. Der Text vertraut nicht dem Protest der „Einheimischen". Er vertraut nicht auf die behauptete „Verunstaltungskraft" der Windkraftanlagen, der ja die dort Lebenden bedingungslos ausgesetzt wären. Er will sich den Protest der (kulturindustriellen) *Konsumenten der Idylle* sichern.

An einem kleinen, hoch gelegenen Siedlungsfleck in den Südtiroler Alpen, der aus wenigen Gebäuden um eine kleine Kirche herum am Talschluss gelegen ist, habe ich folgendes erlebt: Dort befindet sich ein kleines (ca. 10 Zimmer), recht einfaches und schon etwas heruntergekommenes Hotel. Dieses Hotel hat einen Speiseraum für die Hotelgäste. Dort wird Frühstück und Abendessen serviert. Betritt man das Hotel, führt ein längerer Flur auf diesen Speiseraum zu. Auf dem Weg dorthin kommt man an einer Tür vorbei, die zu einer kleinen Schankstube führt. Diese Stube besteht aus einigen einfachen, ungedeckten Holztischen und einer langen Theke. Der Raum ist sehr dunkel (er hat 2 kleine Fenster, während der Speiseraum über Panoramafenster verfügt) und vermittelt einen „alten" Eindruck. Die Holzvertäfelung ist so alt, dass sie fast schwarz geworden ist. Wer sich in diese Stube als Tourist „verirrt", der merkt sehr schnell, dass er dort nicht hingehört. Es ist ein Ort der einheimischen Bergbauern, die dort an der Theke stehen, einen „Roten" trinken, sich unterhalten und wieder zur Arbeit gehen. Der fremde Gast wird dort nicht herzlich empfangen. Ihm wird vielmehr signalisiert: „Hier wollen wir unter uns sein". Das Spannungsverhältnis, dass man als Tourist eine fremde Lebenswelt bereist und besichtigt und die Integrität dieser Lebenswelt damit zugleich verletzt, ist an diesem Ort unmittelbar erfahrbar.

In dieser Stube erzählte mir ein Tourist aus Deutschland, er wäre schon mehrfach hier gewesen, würde immer in diese Stube gehen, genieße deren „Rustikalität" und wäre sogar bereit, dem Wirt 100 DM dafür zu geben, damit dieser Raum *(die gute Stube der Fallers)* nicht renoviert werde.

Bei diesem Touristen handelt es sich offensichtlich um einen Reisenden, dessen Werthorizont auf die Erhaltung von „authentischen" Lebensräumen gerichtet ist. Er schätzt die bergbäuerliche Kultur und sucht deren Stätten auf. Statt es sich in einem „Sporthotel" nach einem Tennismatch im Wellnessbereich gut gehen zu lassen, trinkt er dort in der Stube bei den Bergbauern seinen einfachen Wein. Er genießt dort die einheimische Küche, statt „internationaler" Gerichte, und natürlich wandert er gerne (statt als buntgedresster Mountainbiker durch Gebirge zu radeln): Er will sich dem Natur- und Kulturraum anschmiegen und unterordnen, statt ihn für seine Erholungsbedüfnisse zu instrumentalisieren.

In diesem Werthorizont aber handelt er mit „gönnerhafter Missachtung". Diese Missachtung ist darin begründet, dass er die Phantasie hegt, er könne die dortige, von ihm geschätzte Lebenswelt dadurch erhalten, dass er 100 DM spendet. Er ist also dazu bereit, die Existenz dieser Stube umzuinterpretieren als einen eigens für ihn errichteten Lebensraum; als sei alles, was dort zu bestaunen ist, extra für ihn arrangiert. Das aber ist eine Entwertung genau derjenigen Werte in deren Namen zu handeln der Tourist in Anspruch nimmt.

Eine ökonomisch-instrumentelle Bezugnahme auf solche touristischen Bedürfnisse ist als solche nicht kritisierbar. Dass etwa ein Hotelbetrieb, der mit einem schönen Bergpanorama wirbt und von diesem lebt, befürchtet, dass eine Windkraftanlage „vor seiner Nase" sein Geschäft stört oder gar ruiniert und deshalb protestiert, ist nicht erklärungsbedürftig. Und dass eine verantwortungsvolle Lokalpolitik diese an den Tourismus gebundenen ökonomischen Interessen in Rechnung stellt, erscheint selbstverständlich. Das entspricht einer „verantwortungsethischen"[397] Zweck-Mittel-Abwägung. Diese Abwägung allerdings stellt keine genuin landschaftsästhetische Operation dar. Die Aussage: „Wir können unseren Touristen eine Papierfabrik nicht zumuten", bedeutet ja gerade: „Die Papierfabrik stört weder uns noch unsere Landschaft; sie stört u. U. die Erwartungen unserer Touristen; und damit eine unserer Erwerbsgrundlagen". Wenn umgekehrt, wie häufig im alpinen Raum, geplante energiewirtschaftliche Staudämme die Zerstörung vieler Bauernhöfe, manchmal ganzer Ortschaften in Kauf nehmen, dann wird die Sorge der davon betroffenen Lebenswelt nicht darin bestehen, dass den armen Touristen nun der Besuch der schönen, traditionalen Lebenswelt verwehrt wird.[398] In diesem Vorgang einen touristischen Verlust zu sehen, ist landschaftsästhetisch uninteressiert (weil darin eben kein landschaftsästhetisches Urteil enthalten ist) und lebenspraktisch *zynisch*.

Genau dieser Zynismus drückt sich in den interpretierten Unterschriften aus. Nicht die Sorge um das Gleichgewicht von Tourismus und touristisch „belasteter" Lebenswelt; nicht die Sorge um Erwerb und Erwerbsverlust drücken sich darin aus. Der Kultur- und Landschaftsraum ist schützenswert als „herrschaftliches Refugium", in dem man es sich gut gehen lassen will gemäß der eigenen Bedürfnisse nach Authentizität. Dafür nimmt man auch die Attrappe in Kauf und ist sogar bereit, sie mitzufinanzieren (solange der Betrag nicht die für einen Urlaub in dieser Region geradezu lächerliche Summe von 100 DM übersteigt). Die ihr angetragene Schönheit beruft sich auf nichts, als dem herrschaftlichen Geschmack gefällig zu sein.

Den touristischen Aspekt greift Hockenjos selbst in der zweiten seiner „Sieben Thesen zur Beeinträchtigung des Landschaftsbildes durch Windkraftanlagen" auf. Dort heißt es: *„Die Preisgabe schöner Landschaft, ihre fortschreitende Verunstaltung wird zum Akt touristischer Selbstzerstörung"* (S. 50). Schöne Landschaft ist hier als touristische Ressource angesprochen. Wir wollen diesen Satz sequenziell interpretieren.

*Die Preisgabe schöner Landschaft*

Preisgeben verweist darauf, dass dem Drängen von außen, dem man lange widerstanden hat, schließlich nachgegeben wird. In dem tatsächlichen Äußerungskontext verweist das darauf, dass die *schöne Landschaft* in ein spezifisches Spannungsverhältnis gesetzt ist. Sie ist nicht einfach nur da. Die *schöne Landschaft* ist Gegenstand eines Kampfes. Jemand muss ihre *Preisgabe* gegen das Drängen eines Anderen verteidigen. Wir sind an das Bild eines Interessenkampfes erinnert. Greifen wir noch einmal das Beispiel des alpinen Stausees auf. Dort stehen die Interessen der Bauern gegen die Interessen der Energiewirtschaft (so wollen wir der Einfachheit halber einmal annehmen). Wir würden nicht davon sprechen, dass die Bauern (nach langem Widerstand) ihre Höfe preisgegeben hätten. Das würden wir erst tun, wenn sie sich z.B. als bestechlich erwiesen hätten. In diesem Fall würden wir aber in der Feststellung: *Sie haben ihre Höfe preisgegeben*, den Fokus unserer Rede auf die *Bewertung ihrer Handlung* legen. Wir würden diese Bauern damit tendenziell einer unlauteren Haltung bezichtigen. Und genau diese Kritik stünde im Zentrum der Aussage.

Es lässt sich also zunächst festhalten, dass der Text nicht einfach von Handlungsoptionen oder Handlungsalternativen spricht – *schöne Landschaft* vs. „konkurrierende Interessen" – um diese abzuwägen. Er führt sinnlogisch einen Standpunkt ein, der als bedrängt und gefährdet erscheint und dessen Aufgabe (das *Preisgeben*) mit ent-

**Selbstentfremdung**

täuschter Verächtlichkeit kommentiert wird. Thematisch ist also nicht die landschaftliche Veränderung als solche, sondern der moralische Verfall, der darin besteht, dass vormalige „Landschaftswächter" die *schöne Landschaft preisgegeben* haben. Wer aber ist das Handlungssubjekt? Wer behütet die *schöne Landschaft* und wer gibt sie preis?

*ihre fortschreitende Verunstaltung*

Die Phrase „*ihre fortschreitende Verunstaltung*" verleiht wiederholend, präzisierend oder mit anderen Worten umschreibend dem Vorangegangenen Nachdruck. Allerdings stehen wir vor einem Konsistenzproblem: *Die fortschreitende Verunstaltung (schöner Landschaft)* ist etwas anderes als die *Preisgabe*. Wir könnten darin einen nicht konsequent durchgeführten Versuch einer sprachlichen Korrektur sehen. Denn nun ist ja tatsächlich von der *Landschaft und ihrer Verunstaltung,* nicht von der *Preisgabe* die Rede.

Wörtlich ist von einem tatsächlich zu beobachtenden, in Gang befindlichen Prozess die Rede. *Die fortschreitende Landflucht führt dazu, dass immer mehr Häuser verfallen.* Tatsächlich wird aber fortgeführt:

*(...) wird zum Akt touristischer Selbstzerstörung.*

Ein sprachlich konsistenter Ausdruck der Aussageintention könnte folgendermaßen lauten: *Die fortschreitende Verunstaltung schöner Landschaften stellt eine Bedrohung für den Tourismus dar.* Relativ klar brächte dieser Satz zum Ausdruck, dass das Interesse der Erhaltung *schöner Landschaft* mit einem Interesse an Tourismus korrespondiert.[399]

Wenn der tatsächliche Text in der *fortschreitenden Verunstaltung* einen *Akt* sieht, dann verwundert es, dass dieser Akt nicht *ist,* sondern erst *wird.*

Besonders merkwürdig erscheint aber die Formulierung: *touristische Selbstzerstörung.* Selbstzerstörung stellt einen auto-aggressiven Akt dar. Wenn von *touristischer Selbstzerstörung* gesprochen wird, dann ist durch das Adjektiv das Subjekt dieser *Selbstzerstörung* benannt. Es ist der Tourismus, der sich selbst zerstört.

Diese Formulierung können wir mit einem geläufigen Deutungsmuster assoziieren, dass der Tourismus eine potentielle Bedrohung für denjenigen „Gegenstand" darstellt, dem er sich zuwendet. Wir müssten bei dieser Lesart allerdings, ganz ähnlich wie oben schon, festhalten, dass die Hauptsorge genuin dem Tourismus gilt und nicht etwa der bereisten Welt: *Diese* muss ja zuerst zerstört sein, *bevor* der Tourismus sich selbst zerstört hat.

Über diese bereits bekannte, fallspezifische Struktur hinaus ist aber interessant, dass nun die *fortschreitende Verunstaltung* als *touristischer Akt* erscheint. Aus der unmittelbar nachzuvollziehenden und diskussionswürdigen Figur: „Windkraftanlagen schaden dem Tourismus" erscheinen nun völlig überraschend die Windkraftanlagen als *Akt der touristischen Selbstzerstörung.*[400] Die Windräder sind also implizit als touristisch gewollte „Installationen" sinnlogisch positioniert.

Diese Textlogik ist deshalb so schwer zu interpretieren, weil sie einerseits sehr abwegig ist und andererseits offensichtlich auf heftigsten Widerspruch des Textverfassers stoßen würde. Worin besteht der objektive Sinn dieser Verwerfung?

In einem ersten Schritt können wir festhalten, dass das Problem, vor dem wir hier stehen, etwas mit einer Unklarheit oder Instabilität der *lebenspraktischen Positionalitäten,* die in das Thema involviert sind, zu tun hat. Als ersten Hinweis darauf können wir die Gleichsetzung der Bewohner des Unteren Fallengrund-Hofes mit den „Fallers" (zur Erinnerung: *Ungetrübter Blick aus der guten Stube der „Fallers"*) verstehen. Hier ist, wie oben schon ausgeführt, die Perspektive einer kulturindustriellen Verwertung eines Landschaftsblicks gleichgesetzt mit der Perspektive der angestammten Bewohner. Bei der gerade interpretierten Textsequenz wiederum ist die touristische Position mit einer energiewirtschaftlichen Position verschmolzen.

Für unseren Fall der Windkraftanlagen im Schwarzwald können wir ad hoc und heuristisch folgende Elementarperspektiven analytisch trennen: die Perspektive der (1) Bewohner, (2) der Touristen, (3) der Energiewirtschaft.[401] Schließlich muss neben diesen partikularen Perspektiven noch diejenige des Allgemeinwohls (4) genannt werden. Wenn wir eine solche perspektivische Positionalität unterschieden haben wird deutlich, dass der interpretierte Text bezüglich einer solchen Unterscheidung instabil ist. So stehen wir hier nicht vor dem (interessenpolitisch geläufigen) Phänomen einer *einseitigen* Sichtweise, sondern vor dem Problem einer *Unkenntlichkeit der Perspektiven;* mehr noch: einer *Perspektivendiffusion*. Das Urteil ist klar und wird entschieden und unzweideutig artikuliert: „Keine Windkraftanlagen im Schwarzwald!"[402] Aber die Perspektive aus der heraus dieses Urteil erfolgt, bleibt unklar oder changiert.

Dieses Changieren durchzieht die ganze Broschüre. Unter Berufung auf Mitscherlich und Eppler äußert sie eine allgemeinwohlorientierte Sorge um Landschaft (vgl. S. 8). Aber wieso erklärt sich der Text dann mit Windparks in der „Agrarsteppe der norddeutschen Tiefebene" (vgl. 46) einverstanden? Der Text bestreitet den energiewirtschaftlichen und umweltpolitischen Nutzen der Windkraftanlagen (vgl. S. 6). Aber wieso wird dann nicht gegen die Windkraftnutzung überhaupt plädiert? Und wenn das „Windrad im Schwarzwald" per se eine landschaftliche Verunstaltung darstellt, wieso wird dann nicht eine konsequente Rückbauung gefordert?

Schließlich gelangt diese Interpretation zu einer überraschenden Beantwortung der Frage, an wen sich denn nun der Vorwurf der *Preisgabe schöner Landschaft* richtet. Die Formulierung der *touristischen Selbstzerstörung* zwingt zu dem Schluss, dass es die Touristen selbst sind, *die schöne Landschaft preisgeben.* Dann wäre die *schöne Landschaft* und das Festhalten daran genuin zur touristischen Angelegenheit erklärt. Diese kolonialistische Figur haben wir schon angetroffen und ausbuchstabiert. Hier gibt sie noch einmal Anlass zu fragen, was dann der Tourist eigentlich bereist, wenn die *schöne Landschaft* eh schon die seine ist. Die Antwort kann nur lauten: sich selbst. Und diese Selbstbezüglichkeit ist nur die Kehrseite der diagnostizierten Positionslosigkeit.

Der Begriff „Selbstentfremdung", mit dem wir dieses Kapitel überschrieben haben, soll darauf hinweisen, dass wir es hier mit einer ausgesprochen fragmentierten, diffusen und „gesichtslosen" Kritik zu tun haben. Ganz entgegen dem Duktus einer selbstbewussten und entschiedenen Urteilsposition muss die vorliegende Broschüre als standortlos charakterisiert werden. Sie schwankt perspektivisch zwischen allumfassenden und selbstbezüglichen Positionen, ihre Kritik findet keinen Halt. Nur ihr Tonfall ist bestimmt, nicht ihre materiale Ausführung. Und so ist auch ihre Hauptbefürchtung, *„Eine Landschaft verliert ihr Gesicht"*[403], eine Metapher ihrer selbst: ihrer eigenen Gesichtslosigkeit.

**Werbung in der Defensive. Methodische Vorbemerkung zur Interpretation von Werbetexten.** Werbetexte stellen eine eigene Textgattung dar. Sie sind nicht der diskursiven Rationalität verpflichtet. Auch die „Kritiken und Antikritiken", die wir einer

Analyse unterzogen haben, sind im Dienste eines praktischen Standpunktes formuliert. Auch dort handelt es sich nicht um eine neutrale, uninteressierte Abhandlung des Themas. Gleichwohl sind diese Texte qua Gattung auf das Medium der Argumentation verwiesen und können deshalb auf argumentative Konsistenz hin befragt werden.

Argumentative Ausführungen können wir in Werbematerialien nicht erwarten. Der Werbetext hat vielmehr die Aufgabe, das umworbene Produkt positiv darzustellen. Damit scheint eine sinnstrukturelle Analyse von Texten aus werbenden Zusammenhängen überflüssig zu sein. Jedenfalls steht das zentrale Ergebnis schon vor der Analyse fest: Wir werden eine Überbetonung der positiven Eigenschaften finden und eine Ausblendung der negativen Aspekte.

Gleichwohl erscheint uns auch hier eine immanente Rekonstruktion der vorfindlichen Sinnstrukturen aufschlussreich. Die Wege nämlich, mit denen ein Werbetext seiner affirmativen Bestimmung gerecht wird, sind ausgesprochen vielfältig. Und sie unterliegen darüber hinaus, wie alle anderen Texte auch, Konsistenzanforderungen.

Dieses Problem lässt sich beispielhaft an der Bierwerbung verdeutlichen: Biertrinken steht in unserer Kultur in einem hohen assoziativen Passungsverhältnis zur männlichen „peer-group". Diejenige Bierwerbung, die dieses Passungsverhältnis aufgreift (Freunde trinken gemeinsam Bier), setzt sich in Einklang zu einem herrschenden Deutungsmuster und bestätigt dieses. Der Vernissage dagegen ist lebensstiltypisch Wein, Sekt und Wasser zugeordnet. Diejenige Bierwerbung, die das Biertrinken in diesem Kontext als „gesellschaftsfähig" einführen will, muss sich mit dieser herrschenden Typisierung auseinandersetzen und sie bearbeiten. Einer solchen „Expansion" sind Grenzen gesetzt. Es ist kein Zufall, dass wir keine Bierwerbung finden, die dieses Getränk im Kontext eines vornehmen Essens ansiedelt. Die lebensweltlich geltende Deutung, dass zur gehobenen Gastronomie auch gehobene Weine gehören (einfach abzulesen an den gedeckten Tischen, auf denen immer Rot- und Weißweingläser zu finden sind), erscheint derart gefestigt, dass eine Werbekampagne auf diesem Gebiet als aussichtslos angesehen wird.

Bei der Werbung für Windkraftanlagen haben wir es nun mit einer besonderen Form der Werbung zu tun. Hier wird nicht der Marktteilnehmer als Käufer umworben, sondern der politische Bürger als Diskursteilnehmer. Es geht also nicht unmittelbar um zweckrationale Marktinteressen, sondern um Legitimationsinteressen. Weil der „Energiemarkt" in hohem Maße politisch vermittelt ist, ist die Frage der Legitimation und Akzeptanz energiewirtschaftlich von großer Bedeutung.

Das ist nun für die landschaftsästhetische Frage von ganz entscheidender Bedeutung. Die technischen Prämissen dieser Form der Energiegewinnung implizieren markante, jedem Auto- und Zugfahrer ins Auge fallende Veränderungen des Landschaftsbildes. Und genau deshalb dürfen wir vermuten, dass landschaftsästhetische Fragen im Zentrum einer auf Akzeptanz gerichteten Werbemaßnahme stehen.

Diese kursorischen Überlegungen zur Textgattung „Werbung für Windkraftanlagen" zusammengefasst, wird es in den folgenden Analysen darum gehen, die Sinnstruktur der *werbeförmig gestalteten Positivität der Windkraftanlagen bezüglich ihrer landschaftsästhetischen Qualitäten* zu explizieren. Nicht die Konsistenz der Argumentation, sondern die Konsistenz des entworfenen Positivbildes wird also im Zentrum der Analyse stehen:

- Worin besteht die Ausrichtung der Werbung um landschaftsästhetische Akzeptanz?

- Welche landschaftsästhetischen Akzeptanzprobleme werden implizit als lösbar unterstellt?[404]
- Welche landschaftsästhetischen Akzeptanzschranken werden implizit als nicht-bearbeitungsfähig akzeptiert?[405]

**Nicht weiter störend.** Regiowind: Lassen Sie den Wind für sich arbeiten. Zusammenfassung: *Der vorliegende Prospekt ist durch eine eigentümliche Ambivalenz gekennzeichnet. Seine fotografische Gestaltung (die hier nicht eingehend analysiert wird) steht im Dienste einer Ästhetisierung und Harmonisierung der Windkraftanlagen. Dem gegenüber ist der Werbetext durch eine ausgesprochen schwache landschaftsästhetische Position gekennzeichnet. Eine markante landschaftsästhetische Selbstpositionierung findet nicht statt. Auch und vor allem angesichts der Tatsache, dass wir es mit einem Werbetext zu tun haben, der auf zwei konkrete Standorte bezogen ist (Roßkopf und Holzschlägermatte), ist die höchst defensive landschaftsästhetische Position überraschend.*

Der „regiowind"-Prospekt: „Lassen Sie den Wind für sich arbeiten" (31.10.2002), wirbt um eine Kapitalbeteiligung an den Windkraftanlagen „Roßkopf" und „Holzschlägermatte" und richtet sich, anders als Windkraftwerbung allgemein, an einen konkreten „Konsumenten". Bei diesem Werbeziel geht es darum, potentielle Kapitalgeber davon zu überzeugen, dass eine Beteiligung an den Windkraftanlagen eine solide und gewinnbringende Geldanlage darstellt. Für dieses Unterfangen steht die Akzeptanzwerbung nicht im Zentrum, geht es doch wesentlich um Rentabilitätsfragen.

Allerdings ist der Werbeprospekt sehr aufwändig gestaltet. Lediglich 8 der insgesamt 24 Seiten sind nüchtern-geschäftsmäßig gestaltet (schwarze Schrift auf weißem Hintergrund; keine Fotos oder Grafiken). Hier sind „Kommanditvertrag", „Treuhandvertrag" und „steuerliche Hinweise" nachzulesen. Dieser Teil hebt sich deutlich von dem Rest des Prospekts ab. Diese Seiten sind durchgängig farblich gestaltet (blau und orange) und enthalten viele Fotografien (12). Das Grundthema der Fotografien ist „Wind": Pusteblume, wehendes Haar, Drachen, Gleitschirmflieger. Lediglich auf 4 der 12 Fotos sind Windräder abgebildet. Diese Abbildungen sind stark ästhetisierend (die Windräder erscheinen als schön und als „in der Landschaft schön") und stark harmonisierend (sie erscheinen in Einklang mit Kindern, die Drachen steigen lassen).

„regiowind"-Prospekt Abbildung von Seite 8
Foto Badenova/Axel Killian

"regiowind"-Prospekt Abbildung von Seite 9
Foto Badenova/Axel Killian

Am Rande der textlichen Ausführungen ist also eine deutliche landschaftsästhetische Botschaft ausgesprochen. Die Windräder erscheinen als ästhetische Bereicherung der Landschaft und fügen sich harmonisch und geradezu verspielt in einen Natur- und Kulturraum ein.

Wir wollen im Folgenden der sprachlichen Realisierung dieser fotografisch eindeutigen landschaftsästhetischen Position nachgehen.

Unter der Überschrift: „Gute Argumente für die Windkraft" sind 9 Punkte benannt. Zwei von diesen Punkten nehmen explizit Bezug auf landschaftsästhetischen Aspekten:

- „Moderne Rotoren sind laufruhig und haben eine angenehme Wirkung auf den Betrachter" (an 3. Stelle genannt).
- „Eine umweltverträgliche Standortplanung lässt Windkraftanlagen nicht zu Störfaktoren im Landschaftsbild werden" (an 5. Stelle genannt).

Hier wird immerhin die landschaftsästhetische Frage sprachlich nicht gänzlich ausgeklammert. Thematisch sind zwei zentrale Aspekte. Die Rotorenbewegung und das Landschaftsbild als solches.[406] Wenden wir uns den beiden Formulierungen in einer objektiv-hermeneutischen Feinanalyse zu:

*Moderne Rotoren sind laufruhig und haben eine angenehme Wirkung auf den Betrachter.*

Der Textpragmatik eines Werbebeitrags entsprechend finden wir eine eindeutig positive Aussage in der Form der Behauptung eines bestimmten Sachverhalts. Sehen wir uns die Form der Behauptung näher an:

<u>*Moderne Rotoren*</u> *sind laufruhig...*

Bestimmten Rotoren wird eine bestimmte Qualität *(laufruhig zu sein)* zuerkannt. Es sind diejenigen *Rotoren,* die *modern* sind. Damit ist gesagt, dass es früher Rotoren gab, die *nicht* laufruhig waren. Die Besonderheit (im Sinne von Fallspezifität), diese Behauptung[407] mit dem Adjektiv *modern* zum Ausdruck zu bringen, kann gedankenexperimentell-kontrastiv aus zwei Perspektiven beleuchtet werden. Welche alternativen Formulierungen hätten zur Verfügung gestanden und welche adjektivische Opposition wäre damit implizit realisiert?

Den *modernen Rotoren* stehen *vormoderne, unmoderne, traditionale oder antiquierte Rotoren* gegenüber. Ganz anders sieht die Oppositionsbildung aus, wenn wir von *einem heutigen oder aktuellen technischen Standard* sprechen oder von *der neuesten oder den neuen Generation(en),* usw. Ihnen stehen die *älteren oder veralteten Generationen, ein überholter Standard* usw. gegenüber. Worin ist der Unterschied der Formulierungen zu sehen?

Die alternativen Formulierungen *(neueste Generation; aktueller technischer Standard, ö.a.)* beruhen auf einem Bild einer kontinuierlichen technischen Entwicklung, in der der aktuelle Stand einerseits als Weiterentwicklung eines überwundenen Entwicklungsstands erscheint; in der der aktuelle Stand aber auch eine Momentaufnahme darstellt und selbst als Gegenstand der Transformation erscheint. Die *veralteten Rotoren* sind die Vorgänger der *aktuellen Rotorengeneration* und die *aktuelle Generation* wird bald schon ihrerseits *überholt* sein.

Genau diese Dynamik einer andauernden technischen Entwicklung wird durch die gewählte Formulierung unterlaufen. Damit ist einerseits die Transformation des *vormodernen, traditionalen usw.* Zustands in einen *modernen* in ein gesteigertes Modell einer *paradigmatischen* Neuerung eingebunden. Das Alte ist überwunden und an seine Stelle tritt das Neue. Dieses Neue aber ist als solches ein *Wertbegriff*. Notwendig wird die *zeitgenössische* Kunst durch eine andere zeitgenössische Kunst abgelöst. Die *moderne* Kunst aber wird nicht abgelöst. Das liegt einfach daran, dass wir über keinen Begriff der Transformation von Moderne oder Modernität verfügen. Allenfalls finden sich Formulierungen, die eine *Verfallserscheinung* charakterisieren (wie etwa der Begriff der Postmoderne oder der *Gegenmodernisierung*).

Schließlich erscheint das Moderne nicht als transformatorische Weiterführung des vormodernen Zustands, sondern als Gegenmodell.[408] Das Vorgängige ist damit entwertet.

Nun müssen wir in Rechnung stellen, dass diese *sachliche Inadäquanz* des Gebrauch des Adjektivs *modern* im Kontext der Werbung in anderem Licht erscheint. Wir sind ja davon ausgegangen, dass der Werbetext als solcher sich den Maximen argumentativer Konsistenz nicht fügen muss. Fall- und textspezifisch stellt sich also die Frage, ob das *modern* nicht eine sehr suggestive und gelungene Positivbehauptung im Kontext der Akzeptanzwerbung darstellt: Rotoren sind modern und gehören damit zum Inventar des „modernen Menschen". Wer sich an *modernen* Rotoren stört, erweist sich als unmodern.

Dieser auf den ersten Blick einleuchtende Assoziationszusammenhang wirft ein Problem auf, das sich an dem Beispiel technischer Konsumartikel (Pkw; Handy; Computer usw.) veranschaulichen lässt. Hier finden wir das Adjektiv *modern* regelmäßig als Lob der neuesten Produktgeneration, für deren Kauf geworben wird. Die strategische Funktion des Adjektivs kann in diesem Zusammenhang leicht angegeben werden: Der Käufer weiß, dass das Produkt, das er gerade besitzt, gegenüber dem neuesten Produkt „veraltet" ist. Das macht das neue Produkt (potentiell) erstrebenswert. Allerdings weiß er auch, dass das neueste Produkt bald schon veraltet sein wird: Der Reiz, der darin besteht, das neueste Pkw-Modell, das neueste Handy, den neuesten Laptop zu besitzen, ist ausgesprochen flüchtig.

Genau in dieser Dissonanz ist die strategische Rolle des *modern* angesiedelt. Das Adjektiv suggeriert nämlich – gegenüber der Flüchtigkeit der neuesten Entwicklung – die „Unvergänglichkeit" der Positivität des umworbenen Produkts.

Rücken wir diese Überlegungen in den Kontext der Akzeptanzwerbung, so wird ein Problem sichtbar. Genau genommen wird hier ausschließlich die aktuelle Rotorengeneration beworben. Die Vorläufer des aktuellen Windrads werden damit in Misskredit gebracht. Sie erscheinen nicht als notwendige und wichtige Etappen auf einem Weg der ökologisch-technischen innovativen Weiterentwicklung, sondern als „Gegenbilder der Moderne". Und umgekehrt wird der Aspekt der technischen Weiterentwicklung der Rotorentechnik missachtet.

Damit wirbt die Formulierung offensichtlich um die Akzeptanz derjenigen Personen, denen die Vorgängergeneration bezüglich der Rotorentechnik inakzeptabel war. Das ist insofern rational, als um diejenigen, die schon die Vorgängergenerationen befürwortet haben, nicht geworben zu werden braucht. Problematisch daran ist, dass die Befürwortung der früheren, *unmodernen* Windkraftanlagen als tendenziell *irrational* erscheint.

Wir möchten diese Interpretation an einem Gegenbeispiel veranschaulichen:

*Die Laufruhe der neuesten Rotorengeneration ist deutlich verbessert. Eine Geräuschbelästigung tritt nur noch geringfügig in unmittelbarer Nähe der Anlagen auf.*

Im Gegensatz zu der tatsächlichen Formulierung erscheinen hier die vormaligen Befürworter nicht als – überspitzt gesagt – „vormoderne Trottel". Die Sorge um die Geräuschbelästigung wäre ernst genommen, ohne dass diejenigen, die güterabwägend auch eine höhere Belästigung in Kauf zu nehmen bereit waren und sind, damit gleichsam ex post disqualifiziert sind. Damit wären nicht nur die Bedenken bezüglich der Geräuschbelästigung der bisherigen, mit dem Werbetext zu gewinnenden „Gegner" ernst genommen. Auch die bisherigen Befürworter stünden diesbezüglich nicht als Ignoranten da *(mir sind die Rotorengeräusche egal);* nicht als „Gesinnungstäter", sondern als verantwortungsethisch orientierte „Avantgarde".

Diese Überlegungen zeigen, dass der tatsächliche Werbetext sinnlogisch darauf hinaus läuft, eine Spaltung von Gegnern und Befürwortern zu reproduzieren und zu befestigen, statt diese Spaltung aufzulösen. Die bisherigen Skeptiker können nur dadurch gewonnen werden, dass die bisherigen Befürworter in schlechtem Licht erscheinen. Und wenn wir davon ausgehen, dass die Frage der Befürwortung von Windkraftanlagen bisher in hohem Maße von polarisierenden politisch-ethischen Selbstkonzepten abhängig ist, dann arbeitet der vorliegende Text nicht an der Auflösung dieser Polarisierung, sondern in der Logik der Vorzeichenumkehrung an deren Befestigung.

**Exkurs. Milieubedingte Haltung und Akzeptanzwerbung.** Die Haltung gegenüber Windkraftanlagen ist eingebettet in milieubedingte Deutungsmuster eines „besseren Lebens". Das Muster könnte als alternativ, linksintellektuell bezeichnet werden. Ihm gehört die grundsätzliche Befürwortung aller als alternativ und umweltbewusst typisierten Formen des Umgangs mit Energie an. Wer Windrädern grundsätzlich positiv gegenübersteht wird mit großer Wahrscheinlichkeit auch der Biotonne und dem Atomausstieg positiv gegenüber stehen. Er wird die Tendenz haben, Ökostrom zu beziehen und ein Tempolimit auf Autobahnen befürworten. Bioprodukte und Holzspielzeug wird er konventionellen Landwirtschaftserzeugnissen und Plastikspielzeug vorziehen. Typischerweise ist dieses Deutungsmuster in der Bourdieu'schen Matrix des sozialen Raumes dort zu finden, wo bei einem insgesamt gehobenen „Kapitalvolumen" ein gehobenes kulturelles Kapital vorliegt.[409]

Bourdieu verdanken wir aber nicht nur die Möglichkeit, ein solches Deutungsmuster recht präzise im sozialen Raum zu lokalisieren, sondern auch den Gedanken der *Distinktion.* Die unterschiedlichen sozialen Lagen mit ihren komplementären Deutungsmustern sind nämlich nicht nur soziale Differenzierungen im Sinne eines Nebeneinanders von Andersartigkeit, sondern sie sind distinktiv: Ihre wesentliche Funktion ist es, soziale Positionen voneinander abzugrenzen und gegeneinander zu stellen. Die Pointe dieser Sichtweise kann an einem einfachen Beispiel verdeutlicht werden: Wenn der „gehobene Geschmack" sich an einer Präferenz für Picasso, Shostakovich, Thomas Bernhard oder Büffelmozzarella erweist, dann muss er seine Präferenzen ändern, wenn diese „Lebensstilausweise" zu „Massenartikeln" werden. Warum? Weil sie sich dann nicht mehr als Distinktionsmittel eignen. Deshalb ist zu beobachten, dass die gehobenen sozialen Lagen im Zuge der Ausbreitung der von ihnen präferierten Distinktionsausweise neue Präferenzen aufsuchen.

Diese Beobachtung scheint in unserem Zusammenhang von Bedeutung zu sein. Für die Akzeptanzwerbung im Dienste der Windkraftanlage stellt sich auf der Folie deren milieubedingter, distinktiver Symbolisierungsfunktion nämlich die Frage, ob sie eine *Milieuausweitung* oder eine *Milieuverschiebung* anvisiert. Die Ausweitungsbewegung würde versuchen, dem Kreis der angestammten Befürworter zu erweitern und das würde bedeuten, die distinktive Symbolkraft der Windkraftanlage zu reduzieren. Die Verschiebungsbewegung würde der Logik folgen, den erst zu gewinnenden Befürwortern die Anlagen auf eine Art und Weise „schmackhaft" zu machen, die die bisherigen Befürworter „verprellt" und ausgrenzt.

Wir vermuten, dass die interpretierte Textsequenz einen Hinweis darauf gibt, dass eine Tendenz zur *Verschiebung,* statt zur Ausweitung vorliegt. Natürlich darf diese Interpretation nicht überdramatisiert werden. Bei aller Vorsicht macht sie aber auf ein elementares Problem der Akzeptanzwerbung aufmerksam.

**Nicht weiter störend. Fortsetzung.** *Moderne Rotoren sind laufruhig ...* Das Adjektiv kennen wir im Kontext der Beschreibung von Pkw-Motoren. Wenn diese *laufruhig* sind, dann arbeiten sie leise und vibrationsarm. Das lässt sich natürlich umstandslos auf die Rotoren der Windkraftanlage übertragen. Die *Laufruhe* der Rotoren verbürgt dann auch und vor allem – wie oben in dem Gegenbeispiel schon in Anspruch genommen – eine *geringe Geräuschentwicklung.*

*Moderne Rotoren sind laufruhig und haben eine angenehme Wirkung auf den Betrachter*

Nun wird eine visuelle Qualität der *modernen Rotoren* benannt. Durch den Anschluss mit *und* wird eine textliche Ambiguität erzeugt. Es ist nicht klar ersichtlich, ob hier zwei unterschiedliche Qualitäten aufgelistet sind (Laufruhe *und* visuelle Qualität), oder ob eine Folgerelation benannt ist: *Die Rotoren sind laufruhig und (deshalb) ...*

Der Unterschied des reihenden gegenüber dem verbindenden und kann mit einfachen Beispielen verdeutlicht werden:

- *reihend: Wir waren in Rom und Florenz.*
- *verbindend: Wir waren in Rom und haben Michelangelos Moses gesehen.*

Die Uneindeutigkeit zwischen diesen beiden Varianten rührt daher, dass die Laufruhe nicht eindeutig als zusammenhanglos zur visuellen Qualität erscheint. Die damit sich vollziehende Amalgamierung wollen wir, bevor wir ihre Bedeutung näher betrachten, abermals an einem Gedankenexperiment verdeutlichen. Dieselbe „Botschaft" transportierend hätte der Text auch die beiden Eigenschaften der Rotoren getrennt nennen können:

- Die Laufruhe der neuesten Rotorengeneration ist deutlich verbessert. Eine Geräuschbelästigung tritt nur noch in unmittelbarer Nähe der Anlagen auf.
- Die langsame Rotorenbewegung verleiht den Windrädern im Betrieb ein ruhiges Erscheinungsbild.

Es ist genau die hier vorgenommene eindeutige Trennung zwischen den zwei unterschiedlichen Sinnesqualitäten (akustisch und visuell), die der tatsächliche Text nicht vornimmt.

Was bedeutet diese Nichttrennung? Implizit wird damit die *Laufruhe* zur visuellen Qualität. Offensichtlich ist hier die Beschreibung einer technisch lobenswerten Eigenschaft (*Laufruhe* können wir für jede technische Bewegung als positiv und erstrebenswert ansehen) vermengt mit der Beschreibung einer *visuellen* Eigenschaft. Zur Verdeutlichung: *Laufruhe* ist auch (und gerade dann) gegeben, wenn hohe Umdrehungszahlen erreicht werden. Eine *sichtbare* Rotationsbewegung, die hohe Umdrehungszahlen aufweist, kann aber nicht als *ruhige* Bewegung im visuellen Sinn bezeichnet werden. Die Laufruhe eines Ventilators mit hoher Drehzahl bürgt dafür, dass das Gerät vibrationsarm arbeitet. Sie bürgt nicht für die visuelle Qualität der Ruhe.

Deshalb verweist auch diese Formulierung auf ein tendenziell *technokratisches* Modell: Die technische Eigenschaft der *Laufruhe* wird unausgesprochen zur positiven visuellen Wahrnehmungsqualität. Wenn wir nun berücksichtigen, dass, entsprechend der obigen Interpretation, die Laufruhe ihrerseits eine „Modernitätserscheinung" ist, so können wir folgern, dass sinnlogisch die positive visuelle Qualität der Modernität selbst entspringt: Der moderne Mensch weiß die visuellen Qualitäten der Rotoren zu würdigen.

Bemerkenswert daran ist, dass der Text mit dieser Konstruktion ein authentisches Lob der visuell-ästhetischen Erscheinung des Windrades unterläuft. Statt eine eindeutige Stellung zu beziehen, statt klar und deutlich auszusprechen, dass und welche Qualitäten des Windrads als ästhetisch positiv gewertet werden können – die Klarheit einer solchen Aussage würde natürlich auch die Möglichkeit eröffnen, ihr dezidiert zu widersprechen – werden diese, eben weil sie an technische Qualität und Lebensstandpunkt *(modern)* gebunden werden, entwertet. Insofern erinnert diese Textsequenz deutlich an die oben interpretierte „Antikritik" aus der Badischen Zeitung. Eine entschiedene Überzeugung von den landschaftsästhetischen Vorzügen und Qualitäten der Windräder kommt nicht zum Ausdruck. Das wiederum könnte, dafür haben wir Anhaltspunkte gefunden, eine Folge des milieubedingten Lebensstilkonzepts der Befürwortung sein: Wer Windräder als Teil eines umfassenden Deutungsmusters befürwortet, „muss sie nicht schön finden" (siehe „Antikritik"). In dem Maße, in dem die Befürwortung außerästhetischen Motiven folgt, scheint sie für die ästhetischen Qualitäten blind zu sein.

Kommen wir schließlich zur inhaltlichen Beschreibung der visuellen Qualität: Die Rotoren *haben eine angenehme Wirkung auf den Betrachter.*

Die Wahrnehmungsqualität wird nun explizit genannt. Besonders auffällig ist hier, dass von *Wirkung* und *Betrachter* die Rede ist. Mit dem *Betrachter* kann nur derjenige gemeint sein, der sich die Windräder, nicht die Landschaft, anschaut. Das ist insofern bemerkenswert, als nun, entgegen der bisherigen Deutung, eine offensive ästhetische Position eingenommen wird. Das Windrad wird nicht aus der Perspektive der nicht vorliegenden oder nur unwesentlichen *Störung* thematisiert, sondern ihm wird unmittelbar eine positive visuelle Qualität zuerkannt.

Das *Betrachten* der Windräder und ihrer Rotoren ist landschaftsästhetisch indifferent und uninteressiert. Die naheliegende Frage der Einbettung der *Rotoren* in die sie umgebende Landschaft ist schlichtweg ausgeblendet; unverständlicherweise, wird dieses Thema doch in fast jeder Fotografie von Windrädern bildförmig behandelt.

Das ist insofern bemerkenswert, als das *Verunstaltungsthema* implizit überboten wird. Die Frage der Verunstaltung der Landschaft ist natürlich wesentlich die Frage des Betrachters *dieser Landschaft*. Wäre beispielsweise zu überprüfen, ob eine „Panzerglasplatte", die ein Gemälde schützen soll, die Wahrnehmung dieses Gemäldes beinträchtigt, so würde uns das Ergebnis, von ihr ginge eine *angenehme Wirkung auf den Betrachter aus,* überraschen. Denn wir wollten ja wissen, ob und in welchem Maße das Betrachten der „Mona Lisa" durch die Sicherheitsscheibe gestört ist. Und wir wären beruhigt zu erfahren, von der Glasscheibe ginge keine Störung aus. Zu hören, dass sie eine *angenehme Wirkung auf den Betrachter* ausübe, erschiene befremdlich. Unwillkürlich sehen wir einen Betrachter vor uns, der nicht die Mona Lisa, sondern die Sicherheitsscheibe betrachtet.

Zur Verdeutlichung ein weiteres Gedankenexperiment: Stellen wir uns den langsam drehenden Deckenventilator in einer Gaststätte vor. Wollten wir dessen Bewegung in Kategorien des *Angenehmen* loben, dann würden wir darauf verweisen, dass seine ruhige Bewegung nicht störend ist, sondern die Gaststättenathmosphäre *angenehm* unterstreicht (o.ä.). Man stelle sich demgegenüber einen *Betrachter (!)* des Ventilators vor. Allenfalls hat der Ventilator eine *angenehme* Wirkung auf den Gast des Wirtshauses. Von einem *Betrachter* zu sprechen setzt voraus, dass der Gast, statt in der Gaststätte – unter den vom Ventilator mitverursachten Bedingungen – zu verweilen, sich dort als *Betrachter* des Ventilators aufhält.

Was wir hier antreffen, ist nichts anderes als die Logik des „Blickfangs". Das ästhetische Lob des Windrads zahlt den Preis landschaftsästhetischer Ignoranz. Der Betrachter sieht nicht auf die Landschaft, sondern nur auf die *laufruhigen Rotoren*. Deren *angenehme Wirkung* aber ist ganz unabhängig vom Standort. Die Frage eines *Passungsverhältnisses* zwischen Landschaft und Windkraftanlage ist ausgeblendet

Schließlich erfolgt die materiale Füllung des Lobes: *eine angenehme Wirkung zu haben*. Das Lob erfolgt offensichtlich nicht in genuin ästhetischen Kategorien, sondern in wahrnehmungs*psychologischer* Hinsicht: Die Rotoren haben eine *angenehme Wirkung*. Die „ästhetische Offensive" wird also sogleich relativiert. Abermals steht diese Relativierung im Zeichen einer technokratischen Tendenz. Man stelle sich beispielsweise ein werbendes Plädoyer in Sachen Kirchturmglocken vor, das sich in Zeiten der Säkularisierung für die Beibehaltung des Glockenschlags ausspricht: *Der Glockenschlag hat eine angenehme Wirkung auf den Zuhörer.* Das erinnert unmittelbar an Franzbranntwein oder Heilwasser. Offensiv ist dieses Plädoyer lediglich bezüglich der kategorischen Ablehnung: Wer Franzbranntwein oder Heilwasser für schädlich hält, dem ist deren *angenehme Wirkung* entgegengehalten. Die Defensive besteht in der Schwäche des Plädoyers. Die in Anspruch genommene Positivität ist ausgesprochen unverbindlich. Sie hat nichts Zwingendes; auf angenehme Wirkungen kann man problemlos verzichten. In Bezugnahme auf die „Antikritik" könnte man sagen: *„Man muss sie nicht schön finden; aber die angenehme Wirkung auf den Betrachter ist nicht zu leugnen".*

Zwischenresümee. Die bisherige Analyse des Werbetextes führt zu Ergebnissen, die in deutlicher Parallele zu den Befunden der Interpretation der „Kritik" und „Antikritik" stehen. Die wesentlichen Aspekte sind folgende:

Einerseits findet eine offensive ästhetische Belobigung in einer wie auch immer authentischen Form *nicht* statt. Das landschaftsästhetische Potential der Windkraftanlagen bleibt überraschend unterbelichtet. Andererseits stehen wir implizit vor einer Attraktivität der Anlagen (die *Rotoren* finden *Betrachter*). Diese aber wird nicht auf der Folie und als Element der Landschaft gesehen. In der „Blickfanglogik" bleibt die als solche schwach gezeichnete Positivität landschaftlich desintegriert.

Kommen wir abschließend zum fünftgenannten Punkt der „Guten Argumente für die Windkraft": *Eine umweltverträgliche Standortplanung lässt Windkraftanlagen nicht zu Störfaktoren im Landschaftsbild werden.*

Dieser Topos nun nimmt explizit Bezug auf das *Landschaftsbild:* Wenn das Windrad an der richtigen Stelle steht, wird das Landschaftsbild nicht gestört. Damit ist nun eine Relation zwischen *Windkraftanlage* und *Landschaftsbild* in Rechnung gestellt. Gleichzeitig sind *Standortplanungen* vorstellbar, bei denen die *Windkraftanlagen* zu einer Störung des Landschaftsbildes führen.

Statt aber die Standortplanung bezüglich des Landschaftsbildes als adäquat, angemessen oder auch nur „aufmerksam" zu charakterisieren – „es kommt darauf an" – ist von einer *umweltverträglichen Standortplanung* die Rede. Damit ist ein Pleonasmus gesetzt: Die umweltverträgliche Maßnahme zeitigt umweltverträgliche Ergebnisse.

Dieser Pleonasmus hat die Funktion, die getroffene Wahl per se als *umweltverträglich* zu charakterisieren und folgt insofern den strategischen Intentionen eines Werbetextes. Aber gerade weil es sich um einen Prospekt handelt, der um eine Kapitalbeteiligung an zwei konkreten Standorten wirbt, ist auffällig, dass auf diese in keinster Weise Bezug genommen wird. Wieso werden die beiden Standorte (Roßkopf und Holzschlägermatte) hier nicht genannt? Wieso wird nicht genau diese Standortwahl gelobt? Alleine dieser Umstand verweist schon darauf, dass der Text vor einer landschaftsästhetischen Prämierung der tatsächlich getroffenen Standortwahl zurückschreckt: *„Die von uns getroffene Standortwahl folgt dem Ziel eines harmonischen Miteinander von Windrad und Landschaft."*

Die Qualität der Ergebnisse wird darin gesehen, *dass die Windkraftanlagen nicht zu Störfaktoren im Landschaftsbild werden.*

Das landschaftsästhetische Ideal des Windrads ist, wie das der Glasscheibe vor dem Bild, *Unsichtbarkeit*. Wo ist nun eigentlich der *Betrachter* (der Panzerglasscheibe!) geblieben? Gab es vorher *nur* das Windrad und war in dessen Angesicht die Landschaft verschwunden, so verschwindet nun das Windrad als „nicht weiter störend"; während die Landschaft bleibt. Der Werbetext stellt gleichsam ein Vexierbild dar. Wir können es drehen und wenden wie wir wollen: Entweder sehen wir das Windrad, oder wir sehen die Landschaft. Wir sehen nie beides.

Bezeichnenderweise kommt hinzu, dass sich diese Desintegration nicht einfach durch das Adjektiv *nichtstörend* zum Ausdruck gebracht wird, sondern dass von *Störfaktoren* die Rede ist. Das lenkt nämlich die Aufmerksamkeit auf *andere* Faktoren: Das Landschaftsbild unterliegt Störfaktoren. Entsprechende Standortplanung vorausgesetzt, gehören die Windkraftanlagen nicht dazu. Sinnlogisch ist der Blick nun gerichtet auf die Gesamtheit der *Störfaktoren*, zu denen das Windrad *nicht* gehört. Damit ist eine „immer noch besser als"- Position eingenommen.

Hat in der zuvor interpretierten Sequenz eine Fokussierung bzw. Zentrierung auf das Windrad stattgefunden *(Betrachter),* so folgt nun, da eine Einbeziehung in das Landschaftsbild anvisiert ist, die *Desintegration*.

**Offshore.** „Mit Wind und Sonne das Klima schützen – Die Zukunft gehört erneuerbaren Energien" (Greenpeace-Prospekt – Stand 7/2003)

*Die landschaftsästhetische Frage stellt sich nicht mehr. Sie ist gelöst durch die Phantasie einer „exterritorialen" Lösung. Windkraftanlagen erscheinen als offshore. Damit sind die Anlagen, „mit denen wir leben", als landschaftsästhetisch wertlos klassifiziert.*

Dieser Prospekt umfasst 24 Seiten. Er beginnt mit der Thematisierung klimatischer Probleme (die wesentlich als Ursache des Kohlendioxids gesehen werden) und führt über die Kritik an Energieverschwendung und Ölkonzernpolitik zur Darstellung erneuerbarer Energien:

*Richard Schindler, Digitalprint, 2003*

Inhaltsverzeichnis

Klima im Fieber                                          S. 3
Klimaextreme nehmen zu                                   S. 5
Die Energieverprasser                                    S. 8
Die Energiewende                                         S. 10
Frischer Wind für den Klimaschutz                        S. 12
Sonne nützen, Klima schützen                             S. 14
Nachhaltig und unerschöpflich:
Biomasse, Wasserkraft, Geothermie                        S. 16
Himmel hilf! Risiko Ostreaktoren                         S. 18
Die Zukunft                                              S. 20
Greenpeace-Aktionen zum Klimaschutz                      S. 22

Das Thema „Windenergieanlage" nimmt hier also nur einen kleinen Raum ein. Das Thema „Landschaftsästhetik" kommt gar nicht zur Sprache. Allerdings gibt uns der Prospekt diesbezüglich interessante Hinweise:

1. Die vordere Umschlagseite des Prospekts zeigt ein Foto einer Offshore-Windanlage (Der Prospekt ist im DIN-A4-Format. Das Foto nimmt die ganze obere Hälfte des Deckblatts ein).

2. Auf den Seiten 12 und 13 finden sich textbegleitend 3 Fotos (2 Fotos ca. DIN-A5-Größe, 1 Foto ca. streichholzschachtelgroß). Ein großes und das kleine Foto zeigen Menschen bei der Arbeit am Windrad (bei der Rotorenproduktion und bei der Montage oder Wartung eines Rotors). Das andere große Foto zeigt ebenfalls eine Offshore-Anlage.

3. In dem Text ist ausschließlich von Offshore-Anlagen die Rede.

Zur Titelfotografie: Dass ein Prospekt, der politisch und ökonomisch für erneuerbare Energien wirbt, überhaupt mit dem Foto einer Windkraftanlage aufgemacht ist, ist für sich genommen schon bemerkenswert. Die Symbolfunktion muss ja dergestalt sein, dass das Titelfoto in Anspruch nimmt, für das Ganze des Prospekts zu stehen. Den Autoren scheint also der programmatische Titel: *Mit Wind und Sonne das Klima schützen. Die Zukunft gehört erneuerbaren Energien*, mit der fotografischen Abbildung einer Offshore-Anlage symbolisch adäquat repräsentiert zu sein.

In einem ersten Schritt können wir schon festhalten, dass die Erscheinung des Windrads als solche sehr offensiv und plakativ gesetzt ist. Der bisher zu konstatierenden Defensive läuft dies zuwider. Allerdings ist die hier anzutreffende offensive Berufung auf die landschaftsästhetische Gestalt eine Pseudo-Offensive: Landschaft im Sinne eines menschlich belebten und besiedelten Raumes kommt nicht mehr vor.

Die linke Seite des Fotos wird dominiert durch ein Segelschiff, das mit mächtig aufgerichtetem Bug auf den Fotografen zugefahren kommt. Es ist von unten, wie aus einem kleinen Boot, fotografiert. Eine Reihe von 15 Windrädern, die auf der Horizontlinie zu stehen scheinen, bildet eine Art Hintergrund für dieses Segelschiff. Hinter dem Horizont erkennen wir Gebäude, die nicht zu identifizieren sind. Wir wissen nur: dort ist Land. Identifizierbar sind lediglich 3 Industrieschornsteine, die auf der rechten Bildseite zwischen dem ersten und zweiten Windrad zu sehen sind. Sie haben auf der Fotografie etwa die halbe Höhe der beiden Windräder, zwischen denen sie hindurch sichtbar sind.

Titelblatt Greenpeace-Prospekt,
Foto Martin Zakora/Greenpeace

212

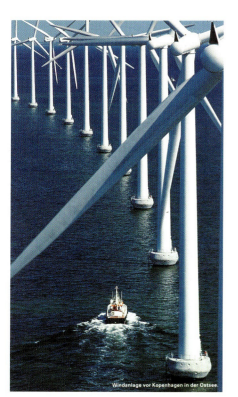

Greenpeace-Prospekt Seite 12,
Foto Paul Langrock/Zenit/Greenpeace

Greenpeace-Prospekt Seite 13,
Foto Paul Langrock/Zenit/Greenpeace

Die Windräder bilden also, so der erste Bildeindruck, die Kulisse für die Schiffahrt. Schiffe fahren an ihnen entlang. Das ist ein ausgesprochen versöhnliches Bild, künden die Windräder doch von der Nähe des Landes bzw. der Reichweite des menschlichen Zugriffs. Kaum wird sich der Vorbeifahrende an ihrem Anblick stören. Denn wie auch immer ihre konkrete Gestalt sein mag: Es sind Vorposten menschlichen Lebensraumes auf dem menschenunwirtlichen Meer. Wie Leuchttürme grüßen sie die Kommenden und verabschieden die Wegfahrenden.

Das Segelschiff – eine symbolische Repräsentation der Vergangenheit, nicht der Gegenwart der Schifffahrt – ist diesbezüglich in einer uneindeutigen Situation: Es ist weder als aus dem Hafen ausfahrend, noch in den Hafen einfahrend zu bestimmen. Es bewegt sich parallel zu den Windkrafträdern und es wird suggeriert, es würden sich außerhalb des rechten Bildrandes weitere Windräder befinden. Dadurch entsteht der Eindruck, als nähme das Segelschiff eine „Parade der Windräder" ab. Darin liegt eine militärische Anspielung[410]; wir sind aber auch an ein festliches Treffen vieler Schiffe erinnert, die mit ihren Segeln das Meer übersähen.

Der Blick, den die Fotografie wählt, sieht die Windräder zwischen dem Segelschiff und dem Land. Der Blick selbst ist landwärts, nicht seewärts und der Fotograf befindet sich auf See, nicht an Land.

Durch den gewählten Kamerastandort bleibt die lanschaftsästhetische Frage zunächst ausgeklammert. Wir sind fotografisch nicht in die Rolle des Küstenbewohners versetzt, sondern in die Rolle des Seemanns. Darin liegt schon eine landschaftsästhetische Desintegration. Denn die erste Botschaft des Fotos lautet: Windkraftanlagen sehen wir nicht aus der Land-, sondern aus der Seeperspektive.

Die Seeperspektive ist ihrerseits so gewählt, dass das Land lediglich als Uferstreifen am Horizont angedeutet ist. Man kann ahnen, dass sich dort Gebäude befinden. Lediglich drei Industrieschornsteine geben sich zu erkennen. Warum sind sie zu sehen? Warum wurde die Perspektive nicht so gewählt, dass sie nicht im Bild sind? Worin besteht ihre bildkompositorische Funktion? Zunächst bezeugen sie einfach, dass sich die Offshore-Anlage nicht auf hoher See befindet, sondern in Landnähe. Die Windräder sind vom Land aus zu sehen. Aber dort an Land ist keine städtische Seepromenade, auch kein idyllischer Strand; dort ist ein Industriegebiet. Ganz wie in der Broschüre von Hockenjos sind also die Windräder, obwohl hier von See aus ästhetisch offensiv thematisiert, vom Land aus gesehen ins Industriegebiet versetzt: „Wo Windräder nicht weiter wehtun". Damit ist eine implizite Standortbotschaft mitgeteilt: Die Offshore-Anlagen gehören in die industrialisierten Strandzonen. Dort stellen sie dann Schmuckstücke dar. Dass sie eine landschaftsästhetisch positive Qualität auch außerhalb der Schmuddelecke haben könnten; diese Frage wird nicht einmal angesprochen. Sie gehören zum Industrieschlot, nicht zum Leuchtturm.

So ist denn auch der Terminus „Offshore" in dem Kapitel über die Windkraft geradezu ein Zauberwort. Obwohl der Artikel im ersten Teil die weltmarktführende Stellung Deutschlands in Sachen Windkraft anführt – von 31.000 MW Weltproduktion liefert Deutschland 12.000 MW aus Windkraftanlagen; 8 Millionen Tonnen $CO_2$ werden vermieden; 40.000 Arbeitsplätze geschaffen („fast doppelt so viele wie in der Automobilindustrie", S. 12) – ist über die landschaftsästhetische Qualität bzw. Problematik der diesen Zahlen zu Grunde liegenden Anlagen nicht die Rede. Weder bildlich noch textlich wird auf das Bestehende verwiesen. „Bald (!) wird man in Deutschland Offshore-Windparks besichtigen können." Darum geht es.

*Greenpeace-Prospekt Seite 13,
Foto Paul Langrock/Zenit/Greenpeace*

Das ist insofern nachvollziehbar, als sich das landschaftsästhetische Akzeptanzproblem durch diese Anlagen deutlich verringern wird. Und sicherlich kommt dem Windanlagenbau auf See in Zukunft höchste Bedeutung zu. Und vielleicht macht dieser Ausbau mittelfristig Windräder zu Lande überflüssig. Aber in diesem Kalkül liegt ja gerade die landschaftsästhetische Defensivität bezüglich der Windräder begründet. Polemisch formuliert: Technische Innovationen haben auch die Windmühlen obsolet werden lassen. Und sie sind weitgehend verschwunden. Heute kümmern sich Vereine um die Restauration, Erhaltung und Pflege der noch vorhandenen Mühlen. Aus dem Greenpeace-Prospekt geht kein Funken der Erhaltenswertigkeit der zu Lande installierten Windräder ein. Um es pointiert zu formulieren: Liefern die Offshore-Parks erst einmal hinreichende Mengen von Strom, dann kann man sich getrost an die Demontage der „Landräder" machen. Aus den Augen aus dem Sinn.

Bataillone für den Klimaschutz: Zum Schluss wollen wir doch noch einen Blick auf die graphische Gestaltung des Textteils zur Windenergie werfen. Die Doppelseite, die im Prospekt explizit auf die Windkraft Bezug nimmt und mit dem Titel „Frischer Wind für den Klimaschutz" versehen ist, zeigt folgende drei Fotografien:

Zwei Fotos zeigen uns die Windräder als Objekt menschlicher Arbeit. Einmal befinden wir uns in einer Fabrikhalle als Zeugen einer High-Tech-Produktion. Das Foto erinnert an ähnliche Aufnahmen aus dem Flugzeugbau. Das zweite Foto zeigt uns Montage- oder Wartungsarbeiter in Ameisengröße, die sich auf der Kanzel einer Windkraftanlage befinden. Das größte Foto schließlich ist landschaftsästhetisch relevant.

Sehr auffällig sind die Parallelen zum Titelfoto. Abermals sehen wir einen Offshore-Windpark. Die einzelnen Windräder sind in ihrer Reihenanordnung fotografiert. Wiederum ist der Standort des Fotografen „exterritorial" gewählt. Das Foto zeigt keine Sicht vom Lande aus auf den Windpark, sondern von See aus. Diesmal nicht von ganz unten (von der Wasseroberfläche aus), sondern von oben. Auch diesmal ist also ein außeralltäglicher Blick gewählt.

Wieder sehen wir ein Schiff den Windrädern entlang „patrouillieren": ein Motorboot, das offensichtlich nicht zufällig nur dort so vorbei kommt. Seine Fahrt scheint den Windrädern selbst zu gelten. Es befindet sich auf „Inspektionsfahrt".

Bemerkenswert ist der auffällige Standortwechsel der Kameraposition. Während auf dem Titelfoto die „Froschperspektive" das Segelschiff (und tendenziell auch die Windkrafträder am Horizont) groß und mächtig erscheinen lässt, reduziert die „Vogelperspektive" dieser Aufnahme das ohnehin viel kleinere Wasserfahrzeug (es ist ein Boot) zu der sprichwörtlichen Nussschale auf dem Meer. Dass das Boot gleichwohl nicht hilflos und verloren ist, bezeugen schäumende Wellen: Das Fahrzeug befindet sich „in voller Kraft voraus".

Im Titelfoto behauptet die aus der Froschperspektive erzeugte formale Parallelität von traditioneller Schifffahrt und zeitgenössischer Energiegewinnung eine bewundernswerte (wir schauen zu ihr auf) Gemeinsamkeit: Kontinuität in abenteuerlicher, aber erfolgreicher Nutzung natürlicher Ressourcen für menschliche Zwecke. In diesem Foto aber wird nicht nur die Untersicht durch eine Aufsicht ersetzt und das bildnerische Interesse an einer grafisch reizvollen Bildkomposition gegenüber dem Titelfoto exzessiv gesteigert: Die einfache schräge Horizontlinie auf dem Titelfoto ist durch vehemente, grafische Strukturen – vertikale und diagonale Linien und die angeschnittene kreisförmige Standlinie der Anlagen – triumphal überboten, der Bildraum ist seltsam verschlossen und vergittert, der natürliche Horizont durch die Getriebegehäuse und einzelne Rotorblätter ersetzt und gleichfalls versperrt.[411] Vielmehr wird durch die im Bild sichtbare Positionierung des betrachtenden (Kamera-)Auges ein für uns unwirtlicher Bildraum erzeugt. Das Bild nämlich zeigt uns den Blick der Windkraftanlage selber.

In dem Film „Die Vögel" demonstriert Alfred Hitchcock, wie eine an sich harmlose Perspektive von oben zu dramatischer Bedrohung für den Betrachter gesteigert wird, wenn uns für einen Moment lang klar ist, dass unser Blick auf die unten liegende Szene in Wahrheit gar nicht unser Blick ist, sondern der eines (gefährlichen) Vogels – dass wir ein gefährliches Tier sind.

*Filmstill aus dem Film „Die Vögel" von Alfred Hitchcock, 1963*

Das *Foto* in diesem Prospekt zeigt uns den Blick der Windkraftanlage, oder allgemein den Blick der Technik, auf sich selbst – denn es ist ja nicht nur die kleine Menschenwelt im Boot zu sehen, sondern vor allem die Parade der Windkraftanlagen. Unheimlich wird uns dieser (An-)Blick, weil wir uns selbst in die Lage der technischen Anlage versetzt empfinden. Oder, anders gewendet, die technische Einrichtung erscheint vermenschlicht und wie in Paradestellung vor anderen, die, klein aber mächtig, den erstaunlichen Dressurakt vollbringen und die in Reih und Glied stehenden Giganten kontrollieren.

Die ganze Szenerie ist martial-kriegerisch. Die Windräder sind mächtig und wehrhaft dargestellt. Auffällig ist der Größenkontrast zu dem Versorgungsboot. Die ganze Szenerie erinnert in ihren Größenverhältnissen und ihrer Unwirtlichkeit an einen Flugzeugträger. Der versöhnliche Verweisungszusammenhang von hoher See, Küste und Land, der in der Titelfotografie noch thematisch war, ist hier weitgehenden getilgt. Nichts erinnert mehr an „winkende Leuchttürme".

*Filmstill aus dem Film „Die Vögel" von Alfred Hitchcock, 1963*

Die Ästhetisierung von Wehrhaftigkeit und Bedrohlichkeit, mit der wir hier konfrontiert sind, erzählt davon, wie der Mensch, draußen auf See, der Natur die ihm nötigen Ressourcen abtrotzt; wie er sich rüstet, um sich die „Erde" untertan zu machen. Tröstlich daran ist allenfalls die Vorstellung, dies alles finde außerhalb der Sphäre menschlichen Lebens statt, ähnlich der infantilen Hoffnung, man könne den Atommüll einfach ins All schießen und sich ihm so entledigen.

Der landschaftsästhetische Offenbarungseid ist sinnfällig. Links oben im Foto ist noch zu erkennen, dass die hier fotografierte Anlage sich in Küstennähe befindet. Das

Foto macht aber deutlich, dass es ihm darum nicht geht. Die Zukunft ist offshore. Sie liegt außerhalb menschlicher Siedlungsräume. Wie schon im Titelbild ist damit die Botschaft gesetzt, dass die Windkraftanlagen zu Lande und ihre landschaftsästhetische Herausforderung eigentlich „Schnee von gestern" sind. Endlich ist die „geglückte Standortsuche" wirklich geglückt.

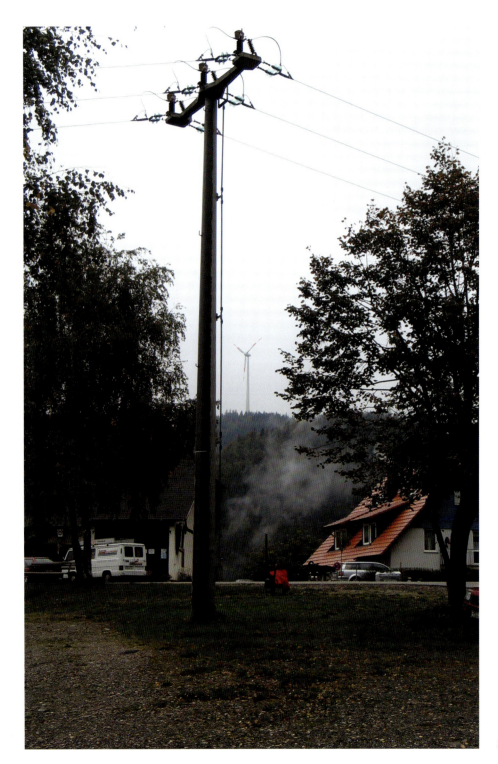

Richard Schindler, Foto, 2003

# Ästhetische Ad-hoc-Urteile: Kollegengespräche

Die in der Rechtsprechung gebrauchten Begriffe „Schönheit der Landschaft" und „Landschaftsbild" legen es nahe, für den damit in Frage stehenden Problemkomplex „Bild und Bildästhetik" und seine Bearbeitung ausgewiesene Experten zu bemühen (weshalb wir dieses Gutachten angeregt haben. Bildende Künstler, aber auch Kunsthistoriker, Kritiker, Ausstellungskuratoren oder Galeristen, befassen sich traditioneller Weise mit der Wahrnehmung und Beurteilung von Bildern.[412] Dennoch wurde nach unserer Kenntnis deren Fachwissen auch in problematischen Fällen bisher nicht zu Rate gezogen.

Da es bei Fragen der Landschaftsplanung und des Landschaftsschutzes nicht nur buchstäblich um Landschaft geht, sondern auch um ihre Wahrnehmung und Bewertung „als" Bild, bzw. um ihren bildhaften Charakter, sollte die Beteiligung der genannten Expertengruppen am methodologischen Diskurs zur Landschaftsbildanalyse selbstverständlich sein.[413]

Da sich derzeit eine allgemeine Bildwissenschaft erst allmählich herausbildet und Künstler nicht nur als Bildproduzenten, sondern auch als Rezeptionsexperten angesehen werden müssen, ist die Einbindung bildender Künstler zur Bearbeitung des Problembereichs Landschaftsbild als zielführend anzusehen.

Hinzu kommt, dass Wahrnehmung und Beurteilung von Landschaft weitgehend von künstlerischen Bildern (Bildende Kunst, Musik, Dichtung und Literatur) geprägt sind. Auch Politiker, Richter, Landschaftspfleger oder Landschaftsschützer und -architekten sind davon nicht unberührt. Und dies gerade dann, wenn künstlerische Bilder heute primär über populäre Medien vermittelt werden.

Deshalb haben wir eine spezifische Rezeptionssituation mit bildenden Künstlern geschaffen: Nicht im Atelier, sondern in unmittelbarer Anschauung des fraglichen Gegenstandes (Landschaftsbild) sollten ästhetische Betrachtungen, Urteile und Begründungen evoziert werden. Geltungsbasis ist also das unmittelbare, in Ansehung der Ausdrucksgestalt (Landschaftsbild) artikulierte ästhetische Urteil bildender Künstler. Die dabei in Anspruch genommene Perspektive ist „das geschulte Auge" im Sinne stellvertretender Deutung. Methodologisch ging es darum, zur Kontrolle und Geltungssicherung unserer Analysebefunde einen weiteren, veränderten Zugang zum Untersuchungsgegenstand zu schaffen (Evidenzsicherung im Sinne methodischer Trinangulation, Multiperspektivität).

Die Urteile der Kollegen können die Begründungen und Explikationen unserer Analyse weder bestätigen, noch widerlegen. Aber in dem Maße, in dem diese Ad-hoc-Urteile mit den Ergebnissen unserer Analyse übereinstimmen, haben diese, und der explikative Weg dorthin, sich bewährt.[414] Dissonanzen würden unsere Analyse nicht "falsifizieren", aber in Frage stellen. Wir müssten dann diese Dissonanzen explizieren und aufheben: also die Frage beantworten, worin besteht die "Wahrheit" der Abweichung der divergierenden Urteile.

Die Kollegen haben sich freimütig und vor Ort in vier bis fünf Stunden währenden Einzelgesprächen geäußert. Die Beiträge wurden schriftlich protokolliert, am selben Tag zusammengefasst und den Gesprächspartnern zu Korrektur übergeben. Die Auswahl der Experten ergab sich aus deren künstlerischem Werk und dem Umstand, dass sie in Freiburg bzw. in der näheren Umgebung Freiburgs leben und arbeiten und also die fragliche Schwarzwaldlandschaft kennen. Die Künstler waren: Klaus Merkel, Stephan Khodaverdi, Annette Merkenthaler, Peter Dreher, Jürgen Giersch, Herbert Wentscher, Martin Kasper und Bernd Seegebrecht.

## Geist. Peter Dreher.

*Der nachfolgende Text ist eine autorisierte Zusammenfassung eines Gesprächs mit Professor Peter Dreher vom 20.12.2003. Das Gespräch mit dem Maler führte Richard Schindler auf einer Autofahrt von Wittnau über den Schönberg an die Windkraftanlagen an der Holzschlägermatte bis zur Bergstation der Schauinslandseilbahn. Peter Dreher wurde 1932 in Mannheim geboren und leitete seit 1965 die Malklasse der Staatlichen Akademie der bildenden Künste Karlsruhe, Außenstelle Freiburg.*

*Peter Dreher:*
*Tag um Tag ist schöner Tag,*
*Öl auf Leinwand, je 25 x 20 cm*
*Glas 488, 1982, Glas 556, 1983, Glas 1718,*
*1999*

*Peter Dreher:* Wenn ich mir die hiesige, öffentlich geführte Debatte über die Windkraftanlagen an der Holzschlägermatte ansehe, scheint es mir bezeichnend, dass von den Gegnern der Anlagen mittlerweile ausschließlich das ästhetische Argument bemüht wird. Im Bereich der Kunst ist das, was da geschieht, bekannt: Plötzlich tauchen Dinge auf, die es bis dahin nicht gab. Und die werden dann erst einmal angegriffen. Bekannt ist das Schicksal von Van Gogh, an dem man ja auch ablesen kann, wie es dann weiter geht. Nach einiger Zeit ist man froh, dass die Sache den anfänglichen Widerspruch überstanden hat. Oder, um ein näher gelegenes technisches Beispiel zu nehmen: Der Eiffelturm wurde von den Erbauern verstanden als Demonstration neuester technischer Möglichkeiten, der Bau sollte das seinerzeit neueste technisch Machbare vorführen. Und prompt wurde es, weil es neu war und keinen anderen Sinn machte, abgelehnt. Das ist heute kaum mehr vorstellbar – dieses sehr provokante Bauwerk von damals wurde bald das Symbol für eine Weltstadt. Ich will damit nicht sagen, dass es mit den Windkraftanlagen genauso sein wird, aber man sollte doch vorsichtiger sein, wenn es um die Bewertung neuer Erscheinungen geht.

Meist wird die Bedeutungs-Aufladung der Dinge, die zu Ablehnung oder Zustimmung führt, von den Betrachtern mitgebracht. Wer genau hinschaut stellt meist fest, dass die fragliche Sache selbst einen solchen Mehrwert eigentlich nicht hat. In der Kunst bemühen wir uns, die Sachen so zu sehen, wie sie sind. Das ist gewiss nicht einfach, und vielleicht werden die Menschen erst in 1000 Jahren dazu überhaupt erst in der Lage sein. Aber wir bemühen uns. Und wenn wir einfach hinschauen, dann fällt zuerst auf, dass die Windräder nicht gegen den Himmel stehen. Sie stehen gegen den dunklen Wald, zwei feine weiße Linien. Heute haben sie sogar eine schöne Korrespondenz zum Schnee dahinter. Das ist von einem anderen Standort aus vermutlich anders, aber von hier aus gesehen ist das so.

Auffällig ist von hier aus gesehen auch die Art der Bewegung. Genau genommen ist es gar keine Bewegung. Etwas ist sichtbar und verschwindet dann wieder. Weil wir die Rotoren von der Seite sehen, ist es ein Aufscheinen und ein Verschwinden. Das ist sehr schön, eine interessante Belebung.

In St. Märgen habe ich entdeckt, dass da nachts am Rosskopf etwas aufleuchtet. Mir macht das Freude, da bewegt sich etwas. Wie am Nachthimmel: Da kann es sein, dass Sterne flimmern oder, durch Wolken verdeckt, kommen und gehen. Und damit haben wir auch schon den Unterschied zu den Sternen und deren Bewegung: Das hier ist erkennbar durch einen menschlichen Eingriff entstanden, das hier ist ein geordnetes Aufscheinen und Vergehen. Es ist übertrieben an den Stern von Bethlehem zu denken, aber doch ist das so etwas wie ein Halt, ein Anhalt und eine über viele Kilometer hinweg sichtbare Mitteilung, etwas von menschlichem Geist.

Wir leben hier ja in einer der glücklichen Zonen auf der Welt, mit relativ viel freien Flächen, mit Wiesen und Wald, trotz dichter Besiedelung. Aber letztlich suchen wir uns immer selbst und – begegnen dem zum Beispiel in Häusern und eben nicht in den amorphen, gewellten Wiesen und Hügeln, sondern in Bauwerken. In diesem Sinn weisen die Linien dort vor dem Wald mit ihrem geordneten Aufscheinen und Verschwinden auf den Menschen hin, auf menschlichen Geist, auf Geometrie.

Schön, wie sich das jetzt in den Wind gedreht hat, etwas ungleich, wie wenn es ein Künstler zweckfrei entworfen hätte: wie zwei Geschwister reagieren sie etwas unterschiedlich.

Wenn man das Ganze als Künstler frei und ohne Zweck entwerfen müsste: Ich glaube es gibt keinen besseren Platz, und es wäre eine schöne künstlerische Idee – die natürlich auch erst einmal auf Protest gestoßen wäre, mit derselben Argumentation übrigens. Jede Einbringung von menschlichem Geist an einen Ort, an dem vordem keiner war, wird Leute auf den Plan rufen, die es besser finden, wie es vorher war. Das ist eine verständliche menschliche Reaktion, man möchte, dass die Dinge bleiben, wie sie sind. Und doch sind diese Proteste doch eher rückständig. Wenn man da hinschaut und diese Elemente in der Landschaft sieht, dann ist das keine Landschaftsverschandelung.

Nehmen wir eine weiße Leinwand, sagen wir ein Meter auf ein Meter. Wenn ich da einen roten Punkt darauf setze, zwei Zentimeter im Durchmesser, dann wird jeder natürlich erst einmal auf diesen roten Punkt sehen. Und die weiße Leinwand tritt dabei notwendig in den Hintergrund. Zugleich kann aber auch bewusst werden, dass es die Leinwand ist, die diesen roten Punkt überhaupt erst möglich macht. Mit anderen Worten: Die Leinwand bleibt als weiße Fläche das wichtigere Phänomen und kann durch diesen Punkt nur noch deutlicher ins Bewusstsein treten. Ohne diesen Punkt hätte niemand die Leinwand wahrgenommen.

Es ist wie mit Schmuck auch, noch der aller kleinste, wie man ihn heute oft sieht, ist Attraktion genug um hin zu sehen, aber letztlich wandert das Interesse dann vom Schmuck auf den Träger. Genau in diesem Sinn veranlassen uns die Windkraftanlagen hin zu sehen. Wo hin? In Richtung auf die Landschaft! Es ist ein Blickfang, der erst einmal Aufmerksamkeit weckt, dann aber einen Funken überspringen lässt zum Größeren, das Interesse weitet sich auf den Träger, die Leinwand, die Landschaft.

Führt man diesen Gedanken, ein Künstler hätte das gemacht, etwas weiter fort, dann wird auch deutlich, was uns daran fasziniert: dass etwas rein aus technischer Notwendigkeit so werden kann, wie es dann ist und dass es doch wie ein künstlerisches, zweckfreies Gebilde anmuten kann – wie es ja auch umgekehrt Kunstwerke gibt, die wie technische Gebilde anmuten, aber keine sind.

In einem Brief an Hugo von Hofmannsthal hat Husserl einmal sinngemäß geschrieben, dass wohl jene Kunstwerke die richtigsten sind, die keine über ihre Ästhetik hinausweisende Funktion haben. Wie viele hatten in der Geschichte der Kunst zum Beispiel eine repräsentative, politische Funktion und sind doch im Keller verschwunden, während andere, ganz ohne dies, immer noch Bestand haben. Wie der schon erwähnte Eifelturm, der sollte keinen anderen Zweck haben, als eine formale technische Möglichkeit vor Augen zu führen. Tun das die Windräder nicht auch? Der Gewinn an Strom, höre ich, sei gar nicht so groß; aber der Gedanke an erneuerbare Energie scheint mir an sich schon wertvoll.

Beim Heranfahren gab es einen Moment, als die Rotoren über den Baumkronen sichtbar wurden, da hatten sie in ihrer Größe etwas Bedrohliches. Hier aus der Nähe ist das gar nicht mehr so – es sieht eher nüchtern aus, wie ein Fernsehturm und es erinnert an Flugzeuge. Die sind ja auch wunderschöne Skulpturen. Schön finde ich die Form der Rotorblätter, vor allem, wie sie rund ansetzen und dann flach auslaufen, wie Palmblätter. Das hat plastische Qualitäten. Es ist wie bei den Kuroi, den frühen griechischen Figuren, die ich im Metropoliten Museum gesehen habe: wenn das Runde aus Flächen gestaltet und dadurch geklärt wird. Das ist einleuchtender und sichtbarer Ausdruck gestalterischen Willens. Das Runde aus Flächen herzustellen, das ist menschlich und löst bei mir Wohlgefallen aus. Spannend ist auch, wie die Blätter zur Spitze hin leicht gebogen auslaufen …. Schön sind auch die Buckel und die Nähte, wie wenn das ein Schmied zusammengebaut hätte; auch am Turm, diese Rillen im Beton, die wie Nähte an einem Kleid aussehen. Da wird auf sympathische Art das Gemachte, das Menschliche daran sichtbar. Das gefällt mir.

Bei diesem starken Wind erinnert das Geräusch an große Vögel …. an Adler oder so etwas. Die Farben wirken sehr hilflos, was soll das eigentlich? Wo bleibt da das schöne Grau des Betons? Die beiden Aufbauten oder Anbringungen auf der „Gondel", das Blinklicht und dieses feine Drahtgestell, auch das hätte ein Künstler machen können: Sie stören ein wenig; sie sind wie ein überlegter Zusatz zum Zwecke der Störung einer Vollkommenheit. Denn die Eiform ist ja eine perfekte Form, schöner noch als ein Ball, eine Kugel, und diese Perfektion wird durch Zusätze irritiert – es ist wie bei diesen arabischen Teppichen, in die die Weber absichtlich Fehler einbauen, um nicht durch perfekte Schönheit in Konkurrenz zu Allah zu treten.

Die Türe ist ein Hinweis darauf, dass da jemand hinein kann, das ist auch etwas Menschliches, dass da drinnen Platz ist, dass es Türme, keine Säulen sind. Die Überdachung hat etwas niedliches, ja wie bei Zwergenhäuschen: Die Mama macht die Tür auf, um Guten Tag zu sagen, na ja …. das ist, wie die Bemalung, etwas hilflos. Mir wäre lieber, man hätte solche ästhetischen Eingriffe sein lassen. Man sollte darauf vertrauen, dass pure technische Erscheinungen ihre eigene Schönheit haben, dass das technisch Richtige an sich schöner, ehrlicher und glaubwürdiger ist als so etwas.

Hier oben [an der Bergstation der Schauinslandbahn] hat man einen sehr ungewöhnlichen, überraschenden Blick auf so riesige Teile, die man ja für gewöhnlich nur von unten sehen kann. Wirklich beeindruckend aber ist es, wie die beiden Anlagen Verbindung aufnehmen zu den Hochhäusern in der Stadt, überhaupt zur Stadt, zum Menschgemachten.

Da wird doch wirklich klar, dass sich der Unmut mancher Leute aus anderen Quellen speist als aus dieser Anschauung. Ich erinnere noch einmal an den Eifelturm, der ja gleichsam nur durch Zufall stehen blieb – so wird auch hier der ideologische Überbau, der heute zu Ablehnung führt, mit der Zeit abgebaut werden. In fünf Jahren sieht das schon anders aus. Da wird man dann allgemeiner sehen können, was man ohne diesen Überbau schon heute sehen könnte, wenn man schaute. Natürlich will niemand überall solche Anlagen stehen haben. Zehn Eifeltürme in Paris würden dem einen alles nehmen.

Mit dieser Draufsicht von hier aus wird jetzt klar, was mit der grünen Farbe nicht stimmt: Jäger ziehen sich ja grün an, damit man sie nicht sieht im Wald. Durch dieses beabsichtigte Verschwinden, durch diese farbliche Einpassung der Türme in den Wald, werden den Türmen die Beine weggeschlagen.

### Dramatik. Jürgen Giersch.

*Der nachfolgende Text ist eine autorisierte Zusammenfassung eines Gesprächs mit Jürgen Giersch vom 17.01.2004. Das Gespräch mit dem Maler führte Richard Schindler auf einer Autofahrt von Freiburg Stadtmitte über Horben zur Windkraftanlage an der Holzschlägermatte. Jürgen Giersch hat von 1960 bis 1964 bei Klaus Arnold an der Staatlichen Akademie der Bildenden Künste Karlsruhe studiert und arbeitet seit dem als bildender Künstler in Freiburg.*

Jürgen Giersch:
Der Steinbruch, Öl auf Leinwand,
90 x 63 cm, 1990,

Die Villa (Rückseite), Öl auf Leinwand,
78 x 55 cm, 2002

*Jürgen Giersch:* Wir brauchen übrigens nicht unbedingt mit dem Auto loszufahren. Ich habe mir die Windräder schon sehr genau angesehen und oft darüber nachgedacht. Wie über die Schleuse bei Breisach, die ich gemalt habe.

An sich hat eine Schleuse etwas Dramatisches, weil sie mit einem evolutionären, schmerzhaften Entwicklungsschritt zu tun hat: Das Schiff kommt und wird, nicht tatsächlich, aber doch fast auf den Boden gebracht, um dann auf einem anderen Niveau weiter zu fahren – das hat für mich etwas mit Verwandlung zu tun. Das ist nun aber in der Erscheinung des Bauwerks nur andeutungsweise zu sehen. Deshalb habe ich es gemalt und in meinem Bild erheblich dramatisiert. In Wirklichkeit ist das nicht so, da ist das, wie zum Beispiel auch die Wasserstrudel, nur angedeutet, aber man kann es schon sehen. In Wirklichkeit gibt es nur wenige Momente, die so etwas Dramatisches und Unheimliches haben, wie zum Beispiel die schwarze, fast zwei Stockwerke hohe Stahlplatte, die das Wasser staut.

Die dreiarmigen Rotoren der Windräder haben auch so etwas und sind mir schon unheimlich: Je nach Stellung erscheinen sie wie ein winkender Mensch; ein Winken aus einer neuen Zeit. Und wenn einer der Flügel senkrecht nach unten zeigt, sieht das Ganze aus wie ein Kreuz, besonders bei der Montage sah das so aus. Das erinnert dann schon an Golgatha – das klingt jetzt übertrieben, aber es ist wie ein Zeichen des Aufbruchs eines neuen Zeitalters.

Zu ihrer Zeit haben sich übrigens auch Künstler zum Beispiel gegen den Eiffelturm ausgesprochen und aus ästhetischen Gründen eine Verkleidung mit Mauerwerk gefordert. Für sie war dieser Turm in Gestalt eines Gerippes ein Schandfleck für Paris. Der Turm steht noch, aber diese Leute sind heute vergessen. Und auch wegen der Hochspannungsmasten gab es Ende des 19. Jahrhunderts Proteste aus ästhetischen Gründen – sie sollten mit Pflanzen begrünt werden, forderte man. Das ist nicht gemacht worden und inzwischen haben diese Strommasten etwas Romantisches für uns.

Aus etwas größerer Entfernung sehen die Windräder an der Holzschlägermatte sehr grazil aus: zwei feine weiße Silhouetten unterhalb der Skyline.

Bemerkenswert finde ich, dass sich die Windräder selbsttätig gegen den Wind drehen. Das tun sonst nur lebendige Pflanzen, wie Sonnenblumen, die sich zur Sonne drehen – deshalb sind die Anlagen mit dem Gewachsenen verwandt. Sie sind wie Gewächse mit sensiblem Gespür für die Windrichtung.

Direkt unter den Rotoren ist ein echtes Schauspiel zu erleben: Der Kreis, den die Flügel befahren, wird aus dieser Nähe zur Ellipse, durch die perspektivische Verzerrung, dadurch wird auch die Kreisbewegung, bzw. die Geschwindigkeit verzerrt, was sehr dramatisch wirkt. Es scheint, als würde der Flügel, der nach oben zeigt, sehr viel langsamer sein als die beiden, die seitlich nach außen stehen und sich mit enormer Geschwindigkeit zu bewegen scheinen. Es ist dann, als würden die drei unabhängig von einander sein, sie klappen plötzlich irgendwie einzeln um.

Beeindruckend ist die Raffinesse der ganzen Konstruktion. Ich hatte ein Modell-Segelflugzeug als Knabe, da habe ich das studiert: Die Tragflächen am Flugzeug sind gewölbt, konvex auf der einen Seite, konkav auf der anderen. Dadurch entsteht der Auftrieb, wenn sich das Flugzeug bewegt. So ist das hier auch, die Rotorblätter sind gestaltet wie die Flügel bei einem Flugzeug.

Je nach Wind ist ein Rauschen zu hören, als ob ein Segelflugzeug über einem fliegt. Das ist die Gegenwart eines größeren technischen Werkes in einer abgelegenen Gegend, wo man das nicht erwartet. Das hat etwas Phantastisches, je nach dem, von wo man sich nähert, kann man das hören, bevor man etwas sieht.

Der Schaft der Anlagen sieht je nach Wetter und Beleuchtung ganz unterschiedlich aus – bei Regen grau, aber bei Sonnenlicht elfenbeinfarben, manchmal wie menschliche Haut. Die glatten langen Flügel erscheinen mir dann wie Frauenarme.

Von hier kann man sehen, dass die Achse der Kapsel nicht genau horizontal ist, sondern nach vorne zu leicht ansteigt – das hat sicher technisch bedingte Gründe. Ich vermute, dass die Schrägstellung bewirkt, dass die Kapsel leicht nach oben gezogen wird bei der Rotation. Als würde der Schwerpunkt, also der optische Schwerpunkt bei seitlicher Betrachtung, vor dem Schaft liegen.

Im Herbst habe ich einmal, in vielleicht zwei Kilometer Entfernung, die Schatten der Rotorflügel beobachtet: Sie gingen langsam über einen Weg und das Laub der Bäume. Dabei verstärkte sich die Helligkeit am Rand dieses wandernden Schattens so sehr, dass in dieser Helligkeit die bereits auf dem Weg liegenden Schatten der Bäume intensiver wurden. Der wandernde Schatten war also begleitet von einem Rand intensiver Helligkeit. Man kann das am frühen Nachmittag beobachten auf dem horizontalen Abschnitt des Fußwegs der zur Holzschlägermatte führt, kurz hinter der Mittelstation der Seilbahn. Es gibt einen Effekt, der damit vielleicht verwandt ist: Wenn man einen Gegenstand vor die Landschaft hält, so sieht am Rand des Gegenstandes alles schärfer aus.

Aus der mittleren Distanz sind die Windräder am wenigsten attraktiv – da fehlt das Pathos der Größe, das man in der Nähe erlebt und sie haben noch nicht den Charakter eines Zeichens, den sie bei einem Blick aus der Ferne haben.

Was mir nicht gefällt ist die rot-weiße Bemalung der Rotorblätter – die man ja nicht aus jeder Distanz gleich gut sehen kann. Das wirkt sehr militärisch, wie auf einem Militärflugplatz: Diese Alarmstreifen wirken einfach unangenehm. Ein scharfes weißes Licht, das man auch am Tag gut sehen kann, fände ich besser.

Die grünen aufgemalten Zonen an einem der Türme hätte man sich sparen können – das ist so ein etwas wässeriges Grün, um die Türme an das Chlorophyll der Pflanze anzupassen. Das ist peinlich, wie die Farben an den Schallschutzwänden der Eisenbahn. Es ist, als würde man den Eiffelturm stückweise hellblau anmalen, um ihn vor dem Himmel unsichtbar zu machen. Da sieht man das vergebliche Bemühen eines Designers, aber da braucht man eigentlich nichts weiter dazu zu sagen.

Am Rosskopf, was mir übrigens besser gefällt, überragen die Windräder den Berg und okkupieren ihn. Aber das schadet dem Wald nicht und beeinträchtigt auch niemanden – die gute Luft ist dadurch nicht verändert (lacht) – nein, im Ernst, sie okkupieren den Berg, stehen über ihm, aber sie sichern ihn auch: wie Blitzableiter auf dem Dach, wie Wächter. Sie stehen da schon morgens, wenn es eben erst hell wird – und haben die ganze Nacht gearbeitet – wenn ich erst losfahre zur Arbeit!

Mir gefallen die Alleen von Windkraftanlagen an der Nordsee, wie man sie vom Zug aus sehen kann. Die sehen phantastisch aus in dieser kargen flachen Landschaft – das ist auch eine Lehrstunde in Perspektive. Großartig.

Ein Freund, er ist Pianist, sagte bei einem Spaziergang, er sehe eine direkte Verwandtschaft zwischen dem Freiburger Münster und dem Windrad. Das Münster verkörpert die Ästhetik der Gotik, das Windrad die Ästhetik unserer Zeit – auf Grund der Eleganz, der Schlichtheit und der ablesbaren Funktion. Seit sie da stehen, gefällt mir Freiburg wieder.

**Symbiose. Martin Kasper.**
*Der nachfolgende Text ist eine autorisierte Zusammenfassung eines Gesprächs mit Martin Kasper vom 30.11.2003. Das Gespräch mit dem Maler führte Richard Schindler auf einer Autofahrt vom Autobahnzubringer Freiburg Mitte über Horben zur Windkraftanlage an der Holzschlägermatte. Martin Kasper hat von 1982 bis 1988 an der Akademie der Bildenden Künste, Karlsruhe bei Max G. Kaminski studiert und arbeitet seit 1992 als freischaffender bildender Künstler in Freiburg.*

*Martin Kasper:* Ich habe deshalb noch mal nachgefragt, um was genau es geht, weil ich nach unserem Telefonat nicht mehr ganz sicher war, ob sich unser Gespräch

*Martin Kasper:*
*Mulhouse, Tempera auf Leinwand,*
*110 x 250 cm, 2001*

*T 12, Tempera auf Leinwand,*
*110 x 250 cm, 2001*

tatsächlich auf die Windkraftanlage an der Holzschlägermatte beziehen soll. Die beiden Windräder dort sind mir ehrlich gesagt gar nicht weiter aufgefallen. Die Anlagen am Rosskopf dagegen doch sehr. Das hängt natürlich mit der Sichtbarkeit zusammen: Straßen zum Beispiel sind ja bezüglich der verbauten Fläche eine unvergleichlich viel größerer Veränderung der Landschaft, aber man sieht es nicht so. Bei Windkraftanlagen geht es aber nicht um die Fläche, sondern um die Silhouette. Und die ist aus der Fernsicht auf die Holzschlägermatte bei weitem nicht so augenfällig. Ich verstehe nicht, warum sich alles auf die Windkrafträder an der Holzschlägermatte konzentriert.

Für die Legitimation einer Landschaftsveränderung scheint mir zunächst einmal wichtig, dass die Veränderung in einem ausgewogenen Verhältnis steht zum erwarteten oder zum versprochenen Nutzen der Veränderung. Man stellt die Windräder ja nicht als Skulpturen auf. Die sollen ja einen bestimmten Zweck erfüllen, und daraus ergibt sich ihre Form. Wollte man Skulpturen aufstellen, käme man zu ganz anderen Formen. Bei einem Wasserkraftwerk zum Beispiel, oder eigentlich bei jedem Bauwerk, ergibt sich die Form doch aus dem Zusammen von Bauwerk und Natur: Das Kraftwerk hat etwas mit dem Wasser, dem Fluss und seinem Lauf zu tun. Das Beste, was einem Bauwerk passieren kann ist, eine Skulptur zu werden. Dann gehen Zweck und Form eine optimale Symbiose ein.

Den meisten Betrachtern von technischen Einrichtungen ist deren Funktion nicht verständlich, da deren Technologie ummantelt ist. Was wir aber zuerst und immer sehen ist die Form. Bei den meisten Wasserkraftwerken zum Beispiel sieht man die Turbinen nicht. Beim Windrad dagegen sind Form und Funktion sichtbar. Wo sonst sieht man Funktion und Form gleichzeitig? Windräder sind ein Bild für Energiegewinnung, das es sonst eben gar nicht gibt. Sie symbolisieren sich selbst. Da macht es nichts, dass wir die Stelle der eigentlichen Energiegewinnung im Innern nicht sehen, wir verstehen das auch so. Die Form die wir sehen, gibt uns zu verstehen. Das ist eine Visualisierung von Naturkraft. Daran haben Menschen auch Vergnügen, warum sonst stellen viele ein Windspiel in den Garten? Man sieht dann etwas, was man sonst nicht sehen kann.

Auch deshalb sollte man kein Versteckspiel treiben und also die Anlagen auch nicht noch grün anstreichen. Das kann man zum Beispiel von den Schallschutzanlagen an der Autobahn lernen: Die Gestaltung wird irgendwelchen Dilettanten überlassen, da wird kein Geld für eine ordentliche Gestaltung ausgegeben. Es sieht dann eben auch wie selbst gemacht aus – sind nicht die Heimwerker oft auch „Landschaftsverschandler"? Das sieht man an den Zäunen, die sie um Ihre Häuser basteln, am Material, das sie für Blumenkästen usw. verwenden. Was heraus kommt sind abstruse Formen. Ich würde die Windradtürme übrigens unten hell und oben dunkel machen. Also nicht auch noch den schweren Teil unten durch dunkle Farbe noch schwerer erscheinen lassen. Außerdem würde dann aus der Fernsicht die Verbindung zum Berg und zum Wald nicht verloren gehen.

Die Windkrafträder sind wie Türme, wie Leuchttürme – an der Nordsee oder sonst wo auf der Welt wandern die Leute zu diesen Türmen hinaus. Solche Erhebungen sind immer Anziehungspunkte. Das ist eine Erfahrung. Und die Windräder selbst ermöglichen auch eine Erfahrung: die sinnliche Erfahrung der Energieaufnahme. Das Windrad ist ein Gerät, das auf Empfang geschaltet ist. Das sieht man auch daran, dass die Rotorblätter nicht wie Messer durch die Luft schneiden: nämlich mit der scharfen Kante zuerst. Vielmehr ist hier, in Bezug auf die Bewegung, die schmale Kante hinten und die breite Kante vorne. Das macht man normalerweise nicht. Vielleicht wirkt deshalb auch ihre ausladende Bewegung beruhigend und meditativ. Wenn man genau von der Seite hinsieht, erkennt man auch eine sehr interessante, nicht vorhersehbare horizontale Bewegung – wegen der in sich gedrehten Fläche der Rotorblätter. Das ist sehr schön. Alle Übergänge, auch die baulichen vom Turm zur Eiform der „Gondel", sind sehr elegant gelöst. Da ist nichts Klotziges.

Klotzig waren die Anlagen am Rosskopf. Besonders als sie noch nicht fertig waren. Solange nur die Türme standen, waren das sehr beunruhigende Schlote. Als gäbe es da unten im Berg eine unheimliche Fabrikanlage. Das war ein Verweis auf etwas Ungutes im Berg. Als Windräder verweisen sie gerade umgekehrt auf etwas in der Höhe, auf den Wind, die Naturkraft. Störend am Rosskopf finde ich den Haufen, die konzeptionslose Häufung ohne erkennbare Ordnung. Mehrere Elemente erzwingen eigentlich immer eine Komposition. Das ist bei zweien, wie hier an der Holzschlägermatte, nicht so.

Was hier stört, ist der hohe Ton, der hier zu hören ist. Der hat eine sehr unangenehme Frequenz. Auch müssten die Sockelelemente der Türme und die Türen anders gestaltet werden. Was die nähere Umgebung angeht, kann man nicht sagen, dass hier eine Idylle zerstört wird. Das Stück Wald dort ist für den Wanderer keine Augenweide. Fremdartiger als die stockgeraden Nutzbäume wirken die Türme auch nicht.

**Kathedrale. Stephan Khodaverdi.**

*Der nach folgende Text ist eine autorisierte Zusammenfassung eines Gesprächs mit Stephan Khodaverdi vom 27. 11. 2003 und vom 23. 1. 2004. Das Gespräch mit dem Maler führte Richard Schindler auf einer Autofahrt über Horben und Buckhof zur Windkraftanlage an der Holzschlägermatte und weiter zur Bergstation der Schauinsland-Seilbahn. Stephan Khodaverdi hat von 1986 bis 1993 an der Staatlichen Akademie der Bildenden Künste Karlsruhe bei Prof. Peter Dreher studiert. Stephan Khodaverdi lebt in Ihringen. Von Mai bis Juni 2004 sind Werke des Malers im Museum für Neue Kunst in Freiburg zu sehen.*

Stephan Khodaverdi:
Ausflug, Öl auf Leinwand, 95 x 110 cm, 1996–98,

Schüttelglas, Öl auf Leinwand, 140 x 120 cm, 1996

*Stephan Khodaverdi:* … zuerst geht es um die Komposition der Windräder als Elemente im Raum – und zwar in ihrem Verhältnis zueinander und zur Landschaft. Ich stelle mir vor, es müsste so etwas wie einen gestalterischen Grundkanon geben, der deutlich macht: Was wir hier sehen, ist hier (und genau hier) und nicht sonst wo auf der Welt. Was also fehlt ist eine bewusste Eingliederung in das Kulturgut – Badehäuser in Italien oder in Finnland, Sägewerke im Schwarzwald oder in Spanien sehen doch auch nicht gleich aus. Die Frage ist, wie kann man mit einer global gültigen Form, denn das ist die technische Form, wie kann man mit dieser global gültigen Form der Windkraftanlagen kulturspezifisch und bezogen auf die regionalen Besonderheiten umgehen?

Nehmen wir z. B. die Pyramiden und ihr Verhältnis zur Wüste. Die Pyramiden „passen" nicht einfach in die Wüste, sie stören das Landschaftsbild der Wüste, wie man sich das so denkt. Aber mit zeitlichem, historischem Abstand sind sie in das kulturelle Selbstverständnis der Bewohner und in unser eigenes Bewusstsein eingegangen – heute bestimmen *sie,* was Wüste ist. Also recht verstanden, lassen erst die Pyramiden die Wüste Wüste sein – wie umgekehrt natürlich auch die Wüste die Pyramiden sein lässt. Eines lässt das andere für sich stehen und macht es dadurch erst zu dem, was es ist.

Es ist wie bei einem Bild: Durch eine Hinzufügung zu etwas, das für sich genommen als selbstgenügsam und in sich vollendet scheint (wie zum Beispiel eine Landschaft) wird zunächst ein Ungleichgewicht geschaffen. Aber das Überraschende daran ist, dass diese Hinzufügung für sich genommen auch gelungen sein kann, so dass jetzt alle anderen Stellen im Bild (oder einer Landschaft) danach verlangen, ebenso gut zu werden. Ich nenne das den „Schmerz der gelungenen Stelle". Man sollte erkennen können, dass, was zunächst als Störung aussieht, tatsächlich eine Irritation ist, die das Ganze zum Besseren vorantreibt.

Das hat etwas mit dem Umschlag von Logik in Vernunft zu tun. Nach der Logik des schon fertigen, vollendeten Bildes können Hinzufügungen, also zum Beispiel technische Anlagen in einer Landschaft, eine Störung sein. Aber nach Maßgabe der gelungenen Hinzufügung, ist es jetzt vernünftig (wenn auch gegen alle Logik), alles Übrige gerade danach auszurichten. Wissen wir denn schon, was meinetwegen Windkraftanlagen einer Landschaft hinzufügen? Was die Landschaft nach deren eigener Logik gar nicht haben kann? Also was ist die Landschaft ohne die Windräder? Was die Wüste ohne die Pyramiden?

Wenn ich mir Windkraftanlagen ansehe, z. B. die bei Los Angeles, dann habe ich den Eindruck, dass es einfach noch keine Sprache, noch keine Ordnung gibt, wie man Windkraftanlagen vernünftig platzieren könnte. Was fehlt, ist eine geeignete Formensprache. Die Windkraftanlagen, das kann man überall immer wieder sehen, wurden nicht bewusst aufgestellt, jedenfalls nicht gestalterisch bewusst. So scheint es mir auch am Rosskopf: Die Anlagen sind geradezu ohnmächtig in die Landschaft gesetzt. Eben weil es noch keine Form gibt, die man anwenden könnte. Deshalb kann das dann so aussehen, als hätte eine Zugvogelschar dort zufällig etwas fallen lassen – aber das ist noch lange keine All-Over-Struktur, wie das Jackson Pollock in seinen Bildern gemacht hat. Was offensichtlich fehlt, ist der formende Geist. Und dass viele Leute dann etwas dagegen haben, das verwundert nicht.

Daraus folgt, man muss die Windräder aufstellen, wie Kathedralen. Mit dem gleichen Stolz und vor allem mit dem gleichen Bewusstsein davon, was man da tut. Auch mit dem Wissen um die Zeit: Die Kathedralen sind gebaut über Jahrhunderte – heute baut man so schnell, weil man nicht weiß, wie es morgen sein soll oder sein wird. Wie stellen sich Windkraftanlagen dar, wenn wir einmal vergessen haben, was für eine Funktion sie haben? Zum Beispiel die Stelen auf den Osterinseln: Bis heute sind sie Energiespender, obwohl ihr geistig-religiöser Grund weggebrochen ist (Sie haben übrigens eine „Blickrichtung, wie die Windkrafträder eine „Windrichtung" haben). Was werden die Windkraftanlagen sein, wenn das passiert, wenn wir also nicht mehr wissen „Wozu"? Dann zeigen sie ihre „störende" Funktion innerhalb einer Bildstruktur: Ihre Form bricht sich in den Himmel, bohrt sich in den Grund – und wie man heute damit umgeht, das muss erst noch erarbeitet werden.

Man braucht nicht nur ein Bewusstsein der technischen Funktion, sondern auch ein Bewusstsein der ästhetischen Gestalt. Innerhalb unseres Kulturkreises besteht diesbezüglich ein Bedarf an Grundlagenforschung. Wir haben es bei diesen Windrädern mit Phänomenen zu tun, die es bisher einfach noch nicht gab. Wie man jetzt damit umgeht, eben gestalterisch verantwortlich damit umgeht, das muss erst noch gefunden und herausgearbeitet werden. Man sollte da eher klassische formale Lösungen verwenden, da macht man keinen Fehler – das ist zwar noch nicht aufregend oder spannend, aber doch relativ risikolos.

Bei der Annäherung über die Straße ist interessant, dass die Anlagen mal zu sehen sind und dann wieder nicht. Ich denke das hat mit einem kindlichen Erstaunen zu tun. Wie wenn man sagt: Schau mal da ein Storch, oder sonst auf etwas aufmerksam macht, das man nicht immer sehen kann. Aus der Ferne, bei wechselnden Sichtverhältnissen, ist das auch so: Man sucht sie richtig, wenn man sie nicht sieht. Da müssten sie doch sein und wenn sie das nicht sind, ist man fast ärgerlich, wie wenn man nach einer Uhr schaut, deren Zifferblatt verdeckt ist. Die Windkraftanlagen erweitern das Sichtrepertoire.

Wenn ich den Beton der Türme sehe, muss ich schon auch an Betonbunker denken und an ihre Sehschlitze – die sind ja Wegweiser: Wo die Sehschlitze sind, da ist der Feind. Demgegenüber zeigen die Windräder nicht wo der Feind ist, sondern von wo der Wind weht. So gesehen, gehen räumliche und kulturelle Orientierung ineinander über: Wem der Wind ins Gesicht bläst, hat eben Gegenwind.

Aus der Sicht hier oben [Bergstation Schauinsland-Seilbahn] wirkt alles ganz niedlich, auch die Landschaft: Der Schwarzwald ist eine relative Größe, abhängig von den Elementen und dem Standpunkt des Betrachters. Und doch hat die Landschaft mehr Kraft als die Windräder – da gibt es einfach spannendere Kontraste. Zum Beispiel die Spuren im Schnee, oder die beschneiten Bäume, deren Struktur jetzt an diese chinesische Terrakotta-Armee erinnert, wie sie zu tausenden mit gepanzerter Rüstung da stehen. Das hat mit Energie zu tun. Und wieder wird sichtbar, dass die Windkrafträder noch keine richtige Setzung sind: Sie sind nicht wirklich groß, obwohl sie groß sind. Ihr Mächtigsein, ist variabel und hält nicht jedem Standpunkt des Auges stand.

Man sollte sie nehmen als das, was sie sind: beeindruckende Anlagen, mit denen umzugehen wir erst lernen müssen. Man sollte sie nicht klein reden, sondern versuchen, ihrer tatsächlichen Größe geistig und im gestalterischen Umgang gerecht zu werden. Sie brauchen nicht nur eine technisch funktionale Stabilität, sondern vor allem eine Stabilität im Denken. Sonst fallen sie einfach um.

**Akupunktur. Klaus Merkel.**

*Der nachfolgende Text ist eine autorisierte Zusammenfassung eines Gesprächs mit Klaus Merkel vom 01.12.2003. Das Gespräch mit dem Maler führte Richard Schindler auf einer Autofahrt von Schallstadt über St. Georgen zur Windkraftanlage an der Holzschlägermatte bis zur Bergstation der Schauinslandseilbahn. Klaus Merkel ist 1953 in Heidelberg geboren. Von 1975 bis 1980 studierte er an der Staatlichen Akademie der Bildenden Künste, Karlsruhe. Klaus Merkel hatte Gastprofessuren inne in Bukarest, Lyon und Karlsruhe. Er lebt und arbeitet in Schallstadt bei Freiburg.*

*Klaus Merkel:*
*05 die uccelli 4, Öl auf Leinwand,*
*160 x 140 cm, 2005*

*98 Kugelkopf, Öl auf Leinwand,*
*225 x 190 cm, 1998*

*04 Rougemont,*
*Öl auf Leinwand, 45,5 x 30,5 cm, 2004*

*Klaus Merkel:* Ich will zuerst von meiner Erfahrung mit den Windrädern sprechen. Da ich die Entwicklung in dieser Sache nicht in der Presse mitverfolgt habe, fühlte ich mich zunächst überrumpelt. Da ist am Rosskopf plötzlich etwas aufgetaucht, was es bisher eben nicht gab. Und wenn plötzlich eine neue ästhetische Form auftaucht, lehnt man das zuerst einmal ab. Das ging mir auch so. Das hat nur etwas mit Veränderung zu tun und berührt die Frage nach Verschandelung erstmal überhaupt noch nicht.

Alle ästhetischen Veränderungen werden zuerst einmal abgelehnt. Das heißt: es geht in diesen Dingen um den zweiten Blick. Erst nach einer gewissen Zeit kann man die Augen öffnen und genauer hinsehen. Neue Erscheinungen brauchen eine gewisse Wahrnehmungszeit, die muss man einräumen. Sicher, viele wollen nicht sehen, da bleibt es dann bei einem psychologisch motivierten Vorurteil, man schaut nicht wirklich hin. Ich schätze mal, dass es gut zehn Jahre dauern kann, bis man sich allgemein dem Anblick der Windräder stellt und wirklich hinschaut. Aber erst dann verlieren neue ästhetische Formen ihren Schrecken, wenn man sich dem Blick stellt.

Ich bin auch erst allmählich vom ersten Entsetzen dazu gekommen. Über den Umweg, dass diese Dinge ja eine temporäre Einrichtung sind und prinzipiell auch wieder abgebaut werden können. Ganz anders also wie bekanntlich Atomkraftwerke. Es ist ein Eingriff, ja, aber wie bei einer Hüftoperation, danach kann man wieder gehen.

Das ist ein grundsätzliches Problem bei Dingen, die mit einer Funktion verbunden sind und einen bestimmten Zweck haben. Da fällt es schwer, nur auf die Erscheinung zu sehen. Man muss Form und Zweck schon irgendwie mit berücksichtigen bei der ästhetischen Beurteilung von Nutzbauten. Da sieht man dann, dass zum Beispiel eine Brücke über die Autobahn, oder noch deutlicher über einen Fluss, als Form missglücken kann. Es gibt nicht sehr viele Beispiele wirklich geglückter Formen. Vielleicht ist die Brücke von Norman Foster zur Tate Gallery so ein gelungenes Beispiel.

Aber um auf meine Erfahrung zurückzukommen: Was mich bis heute stört (an den Windkraftanlagen am Rosskopf, die ich übrigens aus einem bestimmten Grund für gelungen halte), das sind die Blitzlichter. Das sind Warnsignale nicht nur für den Flugverkehr, für den sie wohl gedacht sind, sondern auch für uns, weil wir als geschulte Autofahrer alle darauf getrimmt sind: blitzendes Licht an Baustellen, das blitzende Licht bei Rettungsfahrzeugen usw, das kennen wir alle und reagieren entsprechend darauf. Es verheißt nichts Gutes. Dabei ist es ja in der Regel gerade für unaufmerksame Zeitgenossen im Straßenverkehr gedacht – also da liegt auch eine Unterstellung darin, dass nämlich wir alle, ob wir nun aufmerksam sind oder nicht, diesen überdeutlichen Warnhinweis brauchen.

Das blinkende Licht evoziert eine Blickhandlung, da muss man, weil man es so gelernt hat, hinsehen. Das stört also tatsächlich. Mehr als die Bewegung der Rotoren, wie manche meinen. Die Schauinslandseilbahn zum Beispiel mit ihren bewegten Kabinen ist auch ein Bewegungsmuster, das in die Landschaft integriert ist. Das stört als solches weniger als blinkendes Licht. – Was mir aber an der Anlage am Rosskopf gefällt, das ist die Deutlichkeit und Prägnanz der Erscheinung. Darauf kommen wir bestimmt noch zu sprechen.

Hier aus der Ferne ist deutlich, dass die Windräder an der Holzschlägermatte eine ganz neue Dimension in die Landschaft bringen, die vorher einfach nicht da war. Durch ihre Setzung entsteht ja so etwas wie ein Sockel. Das bringt eine unglaubliche Breite in das Bild: Man sieht diese eher unscheinbaren Nadeln dort – aber wenn man weiß, wie groß sie tatsächlich sind, dann wird erst deutlich, wie groß der Berg eigentlich ist!

Man sieht regelrecht, wie der Berg groß wird und dadurch eine majestätische Kraft erhält oder sie jedenfalls dadurch erst richtig zeigt. Das verstärkt also die Landschaft. Wie Akupunkturnadeln: präzise am richtigen Punkt gesetzt und sehr wirksam für den organischen Fluss der Energie. Übrigens ist der Wald durch diese Veränderung auch kein anonymer Wald mehr, er ist durch diese Nadeln gleichsam individualisiert.

Das gelingt durch ein sehr zeitgemäßes Bild – im Vergleich zu diesen Windrädern sprechen die Strommasten, die wir hier ja auch sehen, vom 19ten Jahrhundert. Die Windräder sind aus unserem Jahrhundert, früher wären sie ja nicht mal denkbar gewesen. Die Windräder markieren heute, wie früher Kirchtürme, einen Landschaftspunkt, aber eben auf eine sehr zeitgemäße Art. Wir können sie heute sehen mit der Erfahrung der letzten Jahrzehnte und den Kriterien, die wir uns in der Zeit erarbeitet haben. Aus der Nahsicht sehen wir, wie technisch perfekt das gemacht ist, wie filigran diese schlanke Erscheinung ist, jenseits der physikalisch, aerodynamischen Notwendigkeiten.

Im Hinblick auf die Natur scheint mir folgendes wichtig: Zum ersten gibt es Natur, wie man das so allgemeinen meint, gar nicht wirklich. Landschaft ist doch heute nirgends in Takt. Unter ästhetischen Gesichtspunkten ist das, was wir hier haben, doch *alles* gemachte Landschaft, und *überall* gibt es Interventionen. Entscheidend dabei ist, dass das Verhältnis von Mensch und Natur überhaupt formuliert ist und dass es prägnant formuliert ist.

Das gefällt mir am Rosskopf, dass das Ganze sehr deutlich sichtbar, prägnant ist. Das gefällt mir an der Holzschlägermatte nicht, dass die Anlage aus der Fernsicht fast zu sehr integriert ist. Am Rosskopf ist die Anlage auch aus der Ferne deutlich herausgehoben, erhebt sich über den Horizont. Das mag einen zuerst erschrecken, aber: Heute werden zum Beispiel Staatstheater im Rokokostiel renoviert und dahinter befindet sich eine hochkomplexe Hightech-Anlage. Warum diese Kaschierung? Warum diese Fassade? Oder anders herum: Landschaft ist ja immer nach außen gekehrt und alles Kaschierende widerspricht dem. Oder noch mal anders: Hätten wir den ungeheuren Energieverbrauch nicht, dann brauchten wir auch keine energieerzeugenden Techniken. Wenn es aber nun mal so ist, wie es ist, und wir das brauchen, dann müssen wir auch die ästhetischen Erscheinungen die das mit sich bringt akzeptieren. Es ist jedenfalls aufrichtiger, wenn die ästhetischen Zeichen unserer Techniken offen zu Tage treten.

Technischer Aufwand, den eine Gesellschaft zur Nutzung ihrer Ressourcen betreibt, war immer mit ästhetisch neuen Bildern verbunden. Und an diesen Bildern kann man erkennen, wie eine Gesellschaft mit ihren Ressourcen verfährt. Deshalb sollte man sie nicht verstecken. In Selimunt in Sizilien führt die Autobahn mittlerweile direkt unter dem traditionsreichen Berg hindurch, aber verstecken hilft da nicht. Soll ein Atomkraftwerk blau gestrichen werden? Das wäre eine Verhübschung, eine geschmäklerische Gestaltung. Ich erinnere die Bemalung an einem Kernkraftwerk in Südfrankreich: ein spielendes Kind, eine Kinderbuchillustration an der Fassade eines Atomkraftwerks! Das ist Kitsch und Ausdruck eines schlechten Gewissens. Neulich habe ich eine Luftaufnahme der Siedlungsgebiete im West-Jordanland gesehen, das sieht schrecklich aus: wie ein Krebsgeschwür in der Landschaft. Da sieht man an der Erscheinung politischen Handelns, dass das nicht gut sein kann, man sieht, dass da etwas nicht stimmt. So oder ähnlich sieht das hier mit den Windrädern jedenfalls überhaupt nicht aus.

Wenn man sich den Windrädern auf der Holzschlägermatte nähert, dann erheben sie sich zunehmend. Da werden sie richtig kraftvoll. Ich verstehe nicht, warum viele glauben, sie wären besser in der ebenen norddeutschen Landschaft aufgehoben. Es ist doch großartig, wie die gewundenen Straßen sozusagen an die Erscheinung heranführen.

Das ist doch geradezu ideal, dass man sie nicht nur von allen Seiten, sondern auch von unten und sogar von oben sehen kann. Das Gestaltungsprinzip der Serpentinata sollte ja nicht nur die Klasse der Bildhauer herzeigen, sondern auch erzwingen, dass die Betrachter um die Skulpturen herum gehen. Das geschieht hier von ganz alleine: durch die Straßenführung und den Berg. Oder, anders gesagt: Die Windungen der Straßen am Berg erzeugen Blickpunkte, die die skulpturale Erscheinung ermöglicht. Wegeführung und Landschaft machen das! Die machen die Windräder zu Skulpturen!

In der Ebene, in der flachen Landschaft haben wir doch nur die eindimensionale Wahrnehmung. Irgendwie bleibt sich der Anblick dort gleich. Ich würde mal behaupten, von keiner anderen Stelle kann man mit gleichem Recht sagen, dass diese „Skulpturen" dadurch auch die eigene Bewegung im Raum kenntlich machen.

Wenn man sich in unmittelbarer Nähe der Windrädern befindet, ist deutlich: Was oben an der Gondel als bewusste Gestaltung erkennbar ist, ist unten bewusstlose Bemalung. Grün, als sollte da eine Kuh dagegen rennen. Das ist lächerlich und nur gut gemeint. Tatsächlich ist es doch eine Tarnfarbe – das ist Militarismus. Und läuft allem entgegen, was schon gesagt ist. Auch die Überdachung der Tür, das ist doch bewusstlos, verniedlichend, wie bei einem Gartenhäuschen. Warum nicht eine Glastüre, damit man hineinsehen kann? Irgendwie ist doch die ganze Erscheinung sonst eher von klassischer Strenge, ich meine damit, dass man das wohl auch noch in Jahren ansehen kann.

Von der Bergstation aus verkehrt sich das Erhabene der Landschaft, der vor gelagerten Hügel mit den Dörfern, ins Modellhafte. Und die Windräder wirken als Vermittlung zur Industrie im Rheintal – ein Zwischenschritt im Mittelgrund zur industriell verstellten Landschaft im Tal.

### Kontrast. Annette Merkenthaler.

*Der nachfolgende Text ist eine autorisierte Zusammenfassung eines Gesprächs mit Annette Merkenthaler vom 08.12.2003. Das Gespräch mit der Bildhauerin führte Richard Schindler auf einer Autofahrt über St. Georgen und die Windkraftanlagen an der Holzschlägermatte zur Bergstation der Schauinslandseilbahn. Annette Merkenthaler realisiert, als freischaffende bildende Künstlerin, seit 1989 ortsbezogene, oft temporäre, Installationen in der freien Landschaft und im urbanen Raum (in Deutschland, Frankreich, Schweiz, Kanada und Mexiko). In der Umgebung von Freiburg sind zwei Arbeiten zu sehen: „Refugium" 2001 im Projekt „Kunstortnatur" in der Forst-Versuchsanlage, Arboretum Liliental bei Ihringen und „Das Gärtchen" 2003, am Skulpturenweg Emmendingen.*

*Annette Merkenthaler:
Jeu de Paille – Spiel mit Stroh,
Frankreich, 1992*

*Annette Merkenthaler:* Im Hinblick auf die Landschaft liegt das Problem der Windkraftanlagen sichtlich bei ihrer genauen Positionierung. Diese herauszufinden, müsste zuerst eine Landschaftsanalyse gemacht werden, um danach zu entscheiden, wie sie gesetzt werden müssen. Am Rosskopf z.B. sehe ich, zumindest von unserem Standpunkt in St. Georgen aus gesehen, keine Begegnung, keinen wirklichen Kontext der Anlagen zur Landschaft. Egal wie man sich dem Berg nähert, immer überragen sie dessen Horizont. Im Unterschied dazu die Anlagen an der Holzschlägermatte, sie haben eine skulpturale Qualität allein schon durch die Staffelung am Berg. Sie sind vergleichbar mit den Armen am menschlichen Körper, die natürlicherweise einen bestimmten Bezug zum Volumen des Körpers haben. Dieses Verhältnis der Volumen scheint mir besonders wichtig.

Wenn dieses Verhältnis stimmt und die Bauwerke richtig positioniert sind, dann können sie, wie Kirchen in einer ebenen Landschaft, wie die Getreidesilos im mittleren Westen der USA, eine hilfreiche und angenehme Orientierungsfunktion haben. Man sieht sie von weitem und weiß, bald sind wir da. Das sind dann markante Markierungen auf dem eigenen Weg, zu denen man eine Beziehung hat. Sie symbolisieren den Ort, zu dem man fährt oder den man passiert – auch wenn man den Ort selbst noch nicht sieht.

Außerdem verändern sie, je nach eigener Bewegung, ihr Verhältnis zueinander und zum Horizont, je nach Perspektive. Das ist bei den Anlagen an der Holzschlägermatte besonders zu bemerken, weil sie ein Paar bilden, deren Elemente sich aufeinander und, wie man von oben sehen kann, auch auf die Stadt beziehen.

Auch wenn das nicht ausdrücklich beabsichtigt war, ist es doch tatsächlich so geworden – das sollte also für andere Setzungen bewusst in Betracht gezogen werden. An dieser Anlage kann man sehen, wie die Linien und die Volumen der Bergformation durch diesen Eingriff gesteigert werden kann. Sie bilden eine Kontrastform zur hügeligen Berglandschaft, sind aber gerade dadurch, wie eine „Barometernadel", geeignet den Stand der Sonne, die Richtung des Windes usw. abzulesen.

Die Setzung der beiden Windräder folgt sichtlich dem Verlauf der Bergform, auch wenn dies aus technischen Gründen so gemacht wurde, ist es doch so, dass sie sich zum Schauinsland hin ordnen und diesen trotz ihrer mächtigen Größe nicht dominieren. Als kontrastierende Formen verhelfen sich Bauwerk und Landschaft zu gegenseitiger Sichtbarkeit.

So eine Steigerung des Vorhandenen könnte zum Beispiel am Rosskopf dadurch erzielt werden, dass die Anlagen geballt auf dem Gipfel stehen. Die Anlage auf dem Rosskopf ist zwar augenfälliger, aber die an der Holzschlägermatte ist genauer in Bezug auf die Landschaft.

Erst mit der Entscheidung für eine bewusste Gestaltung entsteht Klarheit darüber, ob etwas demonstriert oder ob etwas integriert werden soll. Mit gestalterischen Mitteln kann man beides: demonstrieren und integrieren, deshalb kommt es hier auch auf die Entscheidung zur inhaltlichen Aussage an. Mit diesen Problemen von Form und Inhalt fängt die künstlerische Arbeit an.

Unter gestalterischen Gesichtspunkten jedenfalls ist weder das eine, noch das andere besser. Die Form muss in beiden Fällen stimmen. Dabei geht es darum, eine markante, unterscheidende Setzung zum Umfeld zu machen und gleichzeitig eben diese Absetzbewegung zu integrieren. Das ist ein Widerspruch, der in der Arbeit gelöst sein will, aber auch ihre Spannung ausmacht.

Hier bei uns gibt es in den Vorbergen diese historischen Burgen. Ihre ehemalige politische und wirtschaftliche Macht drückt sich deutlich in ihrem Volumen aus; dem gegenüber sind die Windkraftanlagen von eher geringem Volumen. Das wird übrigens durch die Drehbewegung optisch noch weiter reduziert.

So gesehen sind das keine Machtdemonstrationen im klassischen Sinn. Dennoch kann natürlich nicht irgendwer solche Anlagen bauen – sie sind an sich Ausdruck der Fähigkeit und Möglichkeit, so etwas überhaupt herzustellen.

Ich kenne Leute, die haben aus festlichem privatem Anlass die Besichtigung des eigenen Windrades organisiert. Da wurde mir klar, dass die Errichtung eines Windrades eine ähnliche Bedeutung bekommen kann, wie früher das Pflanzen eines Baumes. Es ist auch Ausdruck eines bestimmten Wollens. Da sieht man, dass die Sache auch etwas mit Verantwortung zu tun hat. Da wird beispielsweise die ethische Frage aufgeworfen, ob die grundsätzliche Zustimmung vieler Menschen zu neuen alternativen Energieformen, nicht all zu leicht ausgebeutet werden kann – von Profiteuren, die es bekanntlich überall gibt. Darauf muss man, bei aller Konzentration auf die ästhetische Form, schon auch acht geben.

Bei Kunstwerken in der Landschaft kann man die Erfahrung machen, dass sie nicht in jeder Landschaft möglich sind – deshalb entwickle ich meine Arbeit *mit* der Landschaft. Im Hinblick auf die Windkraftanlagen bedeutet Entwicklung *mit* der Landschaft, deren „richtige" Positionierung und deren „richtige" Farbgebung. Denn tatsächlich sind sie ja nicht für eine bestimmte Landschaft gemacht. Sie sind in bestimmtem Sinn immer Fremdkörper – aber gerade deshalb ist ihre Platzierung so wichtig.

Was mir nicht gefällt an dieser Anlage an der Holzschlägermatte ist die Farbgebung und die Gestaltung der Tür. Durch die dunkle Farbe in Erdnähe, wird das optische Volumen der Türme (nicht das optische Gewicht) verkleinert – die helle Farbe am unfertigen Turm macht das sehr anschaulich: Sie verbreitet das Volumen, die Basis, die der Turm braucht.

Ich mag die ruhige und endlose Bewegung der Rotoren. Das ist eine Bewegung, wie die eines Fesselballons: gelassen und völlig unbeeindruckt von der Hektik in der Stadt mit ihren Autos, ihrem ewigen, ganz mechanischen stop and go, beschleunigen, bremsen. Demgegenüber entsteht hier eine stetig fließende Bewegung, sie stoppt nicht plötzlich und fängt auch nicht plötzlich an. Sie entspricht einem natürlichen Kommen und Gehen, wie Tag und Nacht allmählich wechseln und nicht durch einen Schalter an und aus geknipst werden. Diese Fließbewegung könnte im Prinzip endlos weiter gehen. Und dabei wird sinnlich wahrnehmbar, was wir doch sonst verloren haben: die einfache, direkte Nachvollziehbarkeit einer Bewegungsenergie, hervorgerufen durch die Strömung der Luft, gar nicht unähnlich der Bewegung des Wasserrades im Bach. Energiegewinnung wird sichtbar.

In alle dem kommt ein Bezug zu unserer Zeit zum Ausdruck, das ist 2003, wir leben nirgends in unberührter Natur. Von der Bergstation aus ist deutlich, dass die Anlagen einen Bezug zur Stadt aufnehmen: Sie stehen eben nicht im Schwarzwald, nicht in der Stadt, sondern gleichsam auf einer Bergnase im zum Tal hin auslaufenden Bergland.

Im Vergleich mit der Erscheinung von Atomkraftwerken ist besonders auffällig, dass es hier keinerlei Sicherheitseinrichtungen großen Ausmaßes gibt. Offenbar ist so etwas hier nicht nötig – vielleicht ist das ein Hinweis auf die Akzeptanz der Anlagen; bestimmt aber ist daran ablesbar, dass sie offenbar keine gefährlichen Objekte sind.

Für bedenklich hielte ich es, wenn überall solche Anlagen stünden, wenn es zu einer Vermassung kommen sollte, bei der wahllos auf jedem Hügel eine Anlage steht. Das würde die Landschaft vereinheitlichen und tauchte sie in Anonymität. Was mit diesem Paar an der Holzschlägermatte möglich wurde, dass die Landschaft doch das Primäre bleibt, ist nicht überall und immer möglich.

### Vielfalt. Bernd Seegebrecht.

*Der nachfolgende Text ist eine autorisierte Zusammenfassung eines Gesprächs mit Bernd Seegebrecht vom 11.02.2004. Das Gespräch mit dem Maler führte Richard Schindler auf einer Autofahrt über Günterstal zur Windkraftanlage an der Holzschlägermatte. Bernd Seegebrecht hat an der Kunst- und Werkschule Pforzheim und bei Professor Peter Dreher in Freiburg studiert und lehrte von 1990 bis 1995 an der Hochschule für Gestaltung und Kunst in Luzern(Schweiz) Malerei. Er unterrichtet an der Freien Hochschule für Grafik, Design und Bildende Kunst, Freiburg. Bernd Seegebrecht lebt in Freiburg.*

*Bernd Seegebrecht:* Seit langem kenne ich Windkraftanlagen in Norddeutschland. Besonders die Anlagen auf Rügen. Die haben mir immer gefallen, gerade in der doch sehr empfindlichen Bottenlandschaft. Was mir darum aber sofort aufgefallen ist, als ich die Windräder hier im Schwarzwald sah, das war die Vielfalt ihrer Erscheinung. Am Meer gibt es ja immer nur die eine Sichtperspektive. Hier dagegen kann man die Anlagen aus allen nur erdenklichen Perspektiven sehen – nicht nur von Ferne oder aus der Nähe. Plötzlich sehe ich sie an einer Stelle, an der ich sie nicht erwartet habe. Das ist sehr interessant: Da gibt es dann zum Beispiel perspektivische Verkürzungen, oder man sieht nur ein Stück eines Flügels zwischen den Bäumen.

*Bernd Seegebrecht:*
*Steinverbindungen (13) P, Öl auf Leinwand,*
*40 x 35 cm, 2003*

*Steinverbindungen 16 (P), Öl auf Leinwand,*
*40 x 35 cm, 2003*

Ich gehe oft in den Wald, auch um Eindrücke für meine Arbeit zu finden. Und da ist das sehr spannend zu sehen. Abends, vom Kybfelsen aus, kann man die Anlagen am Rosskopf oder, in der anderen Richtung, die an der Holzschlägermatte von drei Stellen aus wahrnehmen – das verbindet sich dann und man hat das Gefühlt, dass sie miteinander kommunizieren.

Schon vor 30 Jahren bin ich immer wieder die Schneise der Seilbahn hoch gegangen, weil ich die Tragemasten und ihre Industrieform mochte. Die ist, wie die technische Form der Windkraftanlagen, einfach eine Bereicherung der Kulturlandschaft. Denn das ist es ja, was der Schwarzwald ist, eine Natur-Kulturlandschaft. Kulturlandschaft ist etwas Positives, das ist nichts Negatives.

Aber auch der „Natur" wird etwas hinzugefügt: Durch solche Bauten wird die Landschaftsformation deutlicher sichtbar. Die Windkraftanlagen sind eine Irritation, die uns aufmerksam werden lässt, aber sie sind keine Störung. Eine Störung oder Verunstaltung der Landschaft wäre etwas ganz anderes. Zum Beispiel der Bau, sagen wir einmal eines „nostalgischen" Aussichtsturms in Pseudo-Waldbauern-Stil. Das wäre eine unangenehme Anbiederung, das ist Kitsch. Und so etwas würde wirklich stören und das Landschaftsbild verunstalten.

Aber diese technischen Anlagen sind irgendwie aufrichtig, sie stimmen einfach. Wie oft sehe ich, wenn ich durch den Wald gehe, riesige Maschinen? Zum Beispiel die, die die Bäume schälen. Das ist doch in Ordnung. Da erwarte ich keinen Ochsenkarren. Das ist hier so. Das ist Forstwirtschaft, wie wir sie hier haben. Die Anlagen passen ganz gut. Jedenfalls ebenso wie die Straße, die wir jetzt fahren oder wie die Schwebebahn, der Nadelwald, die Skilifte. Das ist alles technisch. – Bei den Anlagen am Rosskopf gibt es übrigens eine Parallele zur Seilbahn hier: Dort ist es der Turm mit seiner Eisenkonstruktion, der für eine andere Zeit steht.

Am Rosskopf habe ich auch (bei starkem Wind) sehr eindrucksvoll das Geräusch der Windräder gehört. Es vermittelt das Gefühl von Leben. Das ist nicht ungewöhnlich bei technischen Geräten. Aber bei diesen Anlagen an der Holzschlägermatte empfinde ich das besonders eindringlich. Sie wirken, vor allem aus mittlerer Entfernung gesehen (wie zum Beispiel von der Luisenhöhe aus), geradezu wie Wächter. Wie Wächter stehen sie: gelassen, mächtig und fest. Aber das hat nichts Militärisches, eher etwas Märchenhaftes, Mythisches. Sie stehen vor dem Schauinsland, als würden sie ihn bewachen. Da kommt nichts durch, was nicht durchkommen soll. Diesen „Wächtercharakter" erhalten die Anlagen durch die Strenge ihrer Erscheinung, durch das Unbeugsame, Aufrechte und dadurch, dass sie gemeinsam in eine Richtung schauen. Und alles hängt damit zusammen, dass sie gerade hier stehen. Wo anders ist das nicht so. Auch am Rosskopf nicht. Die Gruppenanlage dort wirkt eher verspielt. Was an Bildwirkung entsteht, entsteht, hier wie dort, durch die Positionierung in der Landschaft. Jede Anlage steht an ihrem Ort und „lebt" ganz unterschiedlich, je nachdem wo sie steht. Die Windräder am Rosskopf wirken eher wie Kobolde. Vor allem nachts, wenn die Lichter springen.

Das ist das Angenehme aus einer Sichtperspektive wie der von der Luisenhöhe: Man sieht die Anlagen zusammen mit der Seilbahnschneise, mit dem Aussichtsturm, den Bergen, dem Hügel, auf dem sie stehen – das alles kann man zusammen sehen. Man sieht, dass es stimmt. Die Windräder bewegen sich, die Gondeln bewegen sich. Das stimmt zusammen. Wenn sie sich nicht drehen, wirken sie müde, wie ein Mensch, der erschöpft oder resigniert die Schultern hängen lässt.

Bei unvoreingenommener Betrachtung wirken die Anlagen, so wie sie in der Landschaft positioniert sind, sehr angenehm. Das kann ja niemand bestreiten, der wirklich hinschaut. Deshalb ist der Streit um die Landschaftsverunstaltung, meiner Meinung nach, ein Streit um Schemen. Die meisten schauen nicht wirklich hin. Ich glaube, bildende Künstler sind da doch mehr dem verpflichtet, was sie wirklich sehen, was sie tatsächlich vor Augen haben.

Ist das nicht großartig, wie sich jetzt das Bild verändert! Das ist eine gespenstisch anmutende Erscheinung, so im Nebel jetzt. Dabei haben die Anlagen selbst, auch aus der Nähe betrachtet, nichts Unheimliches. Das liegt daran, dass ihre sichtbare Technik so leicht nachvollziehbar ist. Das versteht jeder – auch wenn wir den unsichtbaren Hightech-Anteil nicht verstehen. Vor diesem Grau des Himmels sind sie richtig starke skulpturale Gebilde. Wer Landschaft pur sehen will, der muss nach Lappland gehen oder wo es sonst noch ein paar Flecken unberührter Natur gibt. Auf dem Mars vielleicht …

Die Farbgebung der Röhren ist von hier nicht ganz zu sehen, aber es ist offensichtlich eine dumme Idee. Da hat sich jemand mit Farbe verkünstelt. Nur das Felsgrau oben, das ist sehr schön. Das Rot-Weiß der Flügel ist wohl wegen der Flugzeuge da und einsichtig. Insgesamt ist es eine sehr angenehme Stimmung, sie so anzuschauen. Manchmal, abends, wenn die Himmelsfarbe so groß ist, steht diese strenge Konstruktion der Anlagen vor dem Himmel mit seinen Schleiern und Schlieren wie die Segelmasten von Casper David Friedrichs Schiffen.

**Postkartengeeignet. Herbert Wentscher.**

*Der nachfolgende Text ist eine schriftliche und autorisierte Zusammenfassung eines Gesprächs mit Herbert Wentscher vom 09.02.2004. Das Gespräch mit dem Maler führte Richard Schindler auf einer Autofahrt über Horben zur Windkraftanlage an der Holzschlägermatte und weiter zur Bergstation der Schauinsland-Seilbahn. Herbert Wentscher hat an den Kunstakademien Stuttgart und Düsseldorf und am Royal College of Art, London studiert. Herbert Wentscher lehrt seit 1993 als Professor an der Bauhausuniversität Weimar Visuelle Kommunikation und Video und lebt in Weimar und Freiburg.*

gung gut war, blieb er erst einmal stehen. So viel zur Karriere eines ingenieurtechnischen Bauwerks ...

Die Farbgebung der Türme? Eine Tarnfarbe ... einfallslos, würde ich sagen; eine betuliche farbliche Einpassung, die wie ein Schachtelhalm daherkommt ...

Von der Bergstation ergibt sich ein ganz anderes Bild: Hier aus dem Fenster erscheint die Landschaft tatsächlich fast wie ein Kinobild. Die Windräder sind deutlich in Zusammenhang zu sehen mit den drehenden Rädern der Seilbahn, aber auch mit der in dieser Jahreszeit wie ein japanischer Anbau anmutenden Terrasse. Auffällig ist die Terrassensiedlung von Horben ... wie eine Anlage der deutschen Kriegsgräberfürsorge ... Was die Windräder insgesamt angeht, glaube ich schon, dass man das noch besser machen kann, sie sind, wie gesagt, ein Potential.

*Richard Schindler, Digitalprint, 2004*

eher etwas Märchenhaftes, Mythisches. Sie stehen vor dem Schauinsland, als würden sie ihn bewachen. Da kommt nichts durch, was nicht durchkommen soll. Diesen „Wächtercharakter" erhalten die Anlagen durch die Strenge ihrer Erscheinung, durch das Unbeugsame, Aufrechte und dadurch, dass sie gemeinsam in eine Richtung schauen. Und alles hängt damit zusammen, dass sie gerade hier stehen. Wo anders ist das nicht so. Auch am Rosskopf nicht. Die Gruppenanlage dort wirkt eher verspielt. Was an Bildwirkung entsteht, entsteht, hier wie dort, durch die Positionierung in der Landschaft. Jede Anlage steht an ihrem Ort und „lebt" ganz unterschiedlich, je nachdem wo sie steht. Die Windräder am Rosskopf wirken eher wie Kobolde. Vor allem nachts, wenn die Lichter springen.

Das ist das Angenehme aus einer Sichtperspektive wie der von der Luisenhöhe: Man sieht die Anlagen zusammen mit der Seilbahnschneise, mit dem Aussichtsturm, den Bergen, dem Hügel, auf dem sie stehen – das alles kann man zusammen sehen. Man sieht, dass es stimmt. Die Windräder bewegen sich, die Gondeln bewegen sich. Das stimmt zusammen. Wenn sie sich nicht drehen, wirken sie müde, wie ein Mensch, der erschöpft oder resigniert die Schultern hängen lässt.

Bei unvoreingenommener Betrachtung wirken die Anlagen, so wie sie in der Landschaft positioniert sind, sehr angenehm. Das kann ja niemand bestreiten, der wirklich hinschaut. Deshalb ist der Streit um die Landschaftsverunstaltung, meiner Meinung nach, ein Streit um Schemen. Die meisten schauen nicht wirklich hin. Ich glaube, bildende Künstler sind da doch mehr dem verpflichtet, was sie wirklich sehen, was sie tatsächlich vor Augen haben.

Ist das nicht großartig, wie sich jetzt das Bild verändert! Das ist eine gespenstisch anmutende Erscheinung, so im Nebel jetzt. Dabei haben die Anlagen selbst, auch aus der Nähe betrachtet, nichts Unheimliches. Das liegt daran, dass ihre sichtbare Technik so leicht nachvollziehbar ist. Das versteht jeder – auch wenn wir den unsichtbaren Hightech-Anteil nicht verstehen. Vor diesem Grau des Himmels sind sie richtig starke skulpturale Gebilde. Wer Landschaft pur sehen will, der muss nach Lappland gehen oder wo es sonst noch ein paar Flecken unberührter Natur gibt. Auf dem Mars vielleicht …

Die Farbgebung der Röhren ist von hier nicht ganz zu sehen, aber es ist offensichtlich eine dumme Idee. Da hat sich jemand mit Farbe verkünstelt. Nur das Felsgrau oben, das ist sehr schön. Das Rot-Weiß der Flügel ist wohl wegen der Flugzeuge da und einsichtig. Insgesamt ist es eine sehr angenehme Stimmung, sie so anzuschauen. Manchmal, abends, wenn die Himmelsfarbe so groß ist, steht diese strenge Konstruktion der Anlagen vor dem Himmel mit seinen Schleiern und Schlieren wie die Segelmasten von Casper David Friedrichs Schiffen.

**Postkartengeeignet. Herbert Wentscher.**

*Der nachfolgende Text ist eine schriftliche und autorisierte Zusammenfassung eines Gesprächs mit Herbert Wentscher vom 09.02.2004. Das Gespräch mit dem Maler führte Richard Schindler auf einer Autofahrt über Horben zur Windkraftanlage an der Holzschlägermatte und weiter zur Bergstation der Schauinsland-Seilbahn. Herbert Wentscher hat an den Kunstakademien Stuttgart und Düsseldorf und am Royal College of Art, London studiert. Herbert Wentscher lehrt seit 1993 als Professor an der Bauhausuniversität Weimar Visuelle Kommunikation und Video und lebt in Weimar und Freiburg.*

*Herbert Wentscher:*
*Color Management, 2001, Video Loop*
*(Farbe color)*

*Herbert Wentscher:* Windkrafträder sind mir seit langem aus Dänemark vertraut. Rein formal haben sie etwas mit dem Kontrast des Statischen mit dem Dynamischen zu tun. In der Kunst ist das natürlich nichts Ungewöhnliches. Erst neulich habe ich Videostills einer Arbeit gesehen, die das besonders deutlich veranschaulicht haben: Ein Helikopter auf einer Wiese am Waldrand, der mit voller Motorleistung lief, aber dennoch nicht vom Boden abhob. Da war etwas von der Wechselwirkung zu sehen zwischen dem Drehmoment der Rotoren und dem Gras der Wiese, das auf die Bewegung „antwortete". Diesen Kontrast zwischen dem bewegten Element und dem Unbewegten, hier also dem Berg und dem Wald einerseits und den Rotoren der Windräder andererseits, den haben früher schon Alexander Calder und George Rickey untersucht. Übrigens auch schon in natürlichem Ambiente, also nicht nur in der Galerie oder im Museumsraum.

Natürlich sind Windkraftanlagen Zweckbauten und ihr ästhetischer Wert ist deshalb nicht so hoch, wie der eines Kunstwerks. Dennoch – würde ich einmal sagen – sind sie anzusiedeln zwischen den Mobiles von Calder und den Windrädchen, wie sie Kinder manchmal haben oder wie sie irgendwo in einem Garten platziert sind. Darin drückt sich in jedem Fall eine Freude an elementarer Bewegung aus. Elementar im Sinne von: verursacht durch die Elemente.

Den Verantwortlichen scheinen Skilifts besser in ihr ästhetisches Landschaftskonzept zu passen wie die Windräder. Gipfelhotels oder Restaurants, die ja zu diesen Lifts gehören, werden jedenfalls geduldet oder sind sogar erwünscht. Aber von hier aus ist zu sehen, dass die Schneise der Schwebebahn, die ebenfalls zu dieser Art der Landschaftserschließung gehört, ein deutlicherer Einschnitt in die Landschaft ist, als die beiden Windkraftanlagen. Diese schnurgerade Linie! Wie am Wasserkraftwerk in Hornberg: Die Rohre dort sind absolut gerade und ignorieren die Landschaft, auch die schnurgerade Linie des Beckenrands der Anlage würde ich dazu rechnen. Das sind alles ästhetisch prägnante Eingriffe in die Natur. Aber ob sie nun tatsächlich Störungen sind oder nicht, das ist nicht so einfach zu beantworten. Ich vermute, weil hier die Gewöhnung mitspielt.

Schließlich war auch der Schwarzwald, so wie wir ihn heute sehen, nicht schon immer so. Im 19. Jahrhundert waren die Berge des Schwarzwaldes kahl. Wir haben uns daran gewöhnt, ihn so mit Bäumen zu sehen. Es wäre absurd, wenn die Denkmalschützer verlangten, der Schwarzwald solle wieder so kahl sein, wie er einmal war. Aber das verlangt niemand, eben weil wir uns an dieses Landschaftsbild gewöhnt haben. Also auch ästhetische Kriterien unterliegen dem historischen Wandel. In den

50er Jahren war das anders als heute. Auch der Schauinsland-Turm ist offensichtlich ein ästhetisches Statement seiner Zeit, den 80ern.

Zuerst waren mir die Windräder an der Holzschlägermatte von der Autobahn aus aufgefallen, wenn man von Basel Richtung Freiburg fährt. Sie haben tatsächlich das Potential Wahrzeichen zu werden. Erstens, weil sie hervorstechende Bauwerke sind – je nach Betrachterstandort überragen sie die Horizontlinie, unterbrechen sie, wie Aussichtstürme das ja auch tun. Sie sind, wenn wir das einmal wie ein Bild beschreiben wollen, ein formales Mittel der Auflockerung. Sie lockern die sonst unakzentuierte Horizontlinie auf. Zweitens haben sie dieses Potential, weil sie eine fortschrittliche Technologie verkörpern – in optisch ausgeglichenen Proportionen: wie denen zwischen den eleganten, schmalen Blättern (die wie die schlanken Arme einer Tänzerin anmuten) und dem Turm. Sie sind durchaus postkartengeeignet. Und drittens natürlich, weil sie ein Politikum sind.

Alles Gebaute steht in einem Kontext. Das heißt, man kann ein Bauwerk nicht als ästhetisches Objekt für sich allein betrachten: Die Windkraftanlagen nehmen zum Beispiel die Linienführung der Schwebebahn auf. Sie sind eine schöne Ergänzung zur Seilbahn. Und, wenn sich die Rotoren so langsam drehen wie jetzt, lässt sich sogar ihre Bewegung genauer differenzieren. Die unterschiedliche Stellung der Rotorblätter lässt sich als Spiel der Formen und Richtungen in Zusammenklang mit anderen beschreiben. Das sind Parallelitäten zwischen den Akzenten des von Menschen Gemachten. Die Bewegung der Rotoren ist übrigens gerade an der Stelle nicht ganz ohne historische Vorgänger: Die alte Tribüne der Motorradrennen auf der Schauinslandstrecke diente ja der Huldigung der Bewegung; sie steht immer noch da.

Die Vogesen sind vielleicht rauer und weniger menschengemacht wie der Schwarzwald. Aber hier ist alles gemacht, auch der schon erwähnte Wald. Der Blick von hier zeigt einfach die Landschaftseingriffe des Menschen unter merkantilen Erfordernissen. Die Landschaft ist eine Mischung aus Gemachtem und Gewordenem. Wie zum Beispiel auch das Keidel-Thermalbad. Das ist keine historische alte Quelle, die da wieder aktiviert wurde. Sie wurde „erbohrt", weil man aus merkantilen Erwägungen heraus eine solche Quelle dort haben wollte. Man kann das ganz entspannt betrachten – es ist weder gut noch schlecht: Solange es alles das gibt, und nicht nur noch das eine, halte ich das für vernachlässigbar.

Die Seilbahn ist eine Form der – ja wie soll man das nennen – der „Bezwingung" der Natur – für Zwecke der touristischen Attraktion: Ein Naturerlebnis soll gezeigt werden, ein visuelles Erlebnis soll ermöglicht werden. Dem gegenüber sind die Windräder ein Tanz mit dem Wind. Das ist ein ganz anderer Umgang mit Natur – und mit einem anderen Element. Was wir hier sehen, ist also eine Geschichte im Umgang des Menschen mit Natur. Der Blick von hier [Talstation der Schwebebahn] zeigt eine historische Achse. Dazu gehört auch die Industrieästhetik der Tragemasten der Seilbahn, also ihre ästhetisch-funktionale Geste, wie man sie schon beim Eiffelturm beschworen hat.

Der Eiffelturm polarisierte die Pariser Bevölkerung sehr und sollte abgerissen werden. Ich weiß nicht mehr welcher Schriftsteller das war, aber einer stellte damals fest: Der einzige Platz von Wo aus man den Turm nicht sehe, sei der auf seiner Spitze. Aber der Turm steht bis heute und niemand kann es sich anders mehr vorstellen. Anfänglich waren es wohl politische Gründe, die dazu führten: Man hatte festgestellt, dass es sich ganz gut funken ließ von dort oben. Und da der Turm also zur Landesverteidigung gut war, blieb er erst einmal stehen. So viel zur Karriere eines ingenieurtechnischen Bauwerks …

Die Farbgebung der Türme? Eine Tarnfarbe … einfallslos, würde ich sagen; eine betuliche farbliche Einpassung, die wie ein Schachtelhalm daherkommt …

Von der Bergstation ergibt sich ein ganz anderes Bild: Hier aus dem Fenster erscheint die Landschaft tatsächlich fast wie ein Kinobild. Die Windräder sind deutlich in Zusammenhang zu sehen mit den drehenden Rädern der Seilbahn, aber auch mit der in dieser Jahreszeit wie ein japanischer Anbau anmutenden Terrasse. Auffällig ist die Terrassensiedlung von Horben … wie eine Anlage der deutschen Kriegsgräberfürsorge … Was die Windräder insgesamt angeht, glaube ich schon, dass man das noch besser machen kann, sie sind, wie gesagt, ein Potential.

*Richard Schindler, Digitalprint, 2004*

# Diskussion. Bewertung.

*Fallspezifische Ausführungen zum Passungsverhältnis von Windrad und Landschaft. Bewertung der Prüfhypothese. Feststellungen, Zusammenfassung.*

*Nach der Rekonstruktion der objektiven Sinnstrukturen des Landschafsbildes Schwarzwald in unterschiedlichen Objektivationen (kulturgeschichtliche Rahmendaten, Betrachterstandpunkte, Ansichtskarten, Bildbände) und der Windkraftanlagen in ihrer Konstellation zur Landschaft (Inaugenscheinnahmen aus unterschiedlichsten Perspektiven) sind wir nun in der Lage, die Analyseergebnisse explizit aufeinander zu beziehen und im Hinblick auf die Ausgangshypothese zu bewerten. Es ist noch einmal daran zu erinnern, dass eine Veränderung eines (Landschafts-)Bildes dann keine Verunstaltung desselben ist, wenn sie dem (Landschafts-)Bild analog, homolog oder strukturgleich ist und dass grundsätzlich strukturelle Steigerungen (Präzisierungen) möglich sind. Im Sinne der objektiven Hermeneutik gilt es zu prüfen, ob durch die Veränderung des Landschaftsbildes eine Strukturtransformation stattgefunden hat oder nicht. Dabei kommt es darauf an, das Vorhandene und die konstatierte Veränderung als das ernst zu nehmen, was es ist. Die Frage lautet: Was bedeutet es, wenn, was wir vor uns haben so ist, wie es ist. Aus dem Befund unserer Untersuchung ergibt sich für Landschaftsbildanalysen und Landschaftsbildbewertungen ein genereller Leitsatz.*

*Leitsatz: Aus der künstlerisch-wissenschaftlichen Perspektive dieses Gutachtens machen zum einen ein Blick auf aktuelle Rechtssprechung in Sachen Landschaftsbild und ihre zentralen Rechtsbegriffe (Eigenart, Vielfalt und Schönheit, Beeinträchtigung, Vorbelastung, Verunstaltung) und zum anderen unsere Untersuchung des konkreten Falls „Landschaftsbild Schwarzwald" deutlich, dass die Begriffe „Eigenart, Vielfalt und Schönheit" strukturelle Vorgaben einer Landschaft bzw. eines Landschaftsbildes meinen. Dem entsprechend kann ihre Inanspruchnahme bei der Beurteilung landschaftsästhetischer Vorhaben nicht auf die Musealisierung einer gegebenen Landschaft hinauslaufen. Vielmehr ist das jeweils in Rede stehende Passungsverhältnis zu prüfen in dem die strukturellen landschaftsästhetischen Vorgaben einerseits und das geplante (realisierte) Vorhaben andererseits steht.*

Nun lässt sich jeder x-beliebige Gegenstand genau und aufmerksam betrachten. Und immer werden feine Unterschiede, Besonderheiten auszumachen sein. Die Möglichkeit eingehender Betrachtung und die daraus resultierende Feststellung differenziertester Merkmale sind für sich genommen wertvoll. Sie sind Ausdruck einer Haltung, die das Einzelne ernst nimmt und wertschätzt. Sie sind aufschlussreich, unterhaltsam und vergnüglich – unabhängig vom Gegenstand. Weshalb künstlerischer

Betrachtung, wie wissenschaftlicher Forschung, zunächst kein Gegenstand tabu ist.

Eine auf diese Haltung verpflichtete Kunst oder wissenschaftliche Forschung, der die Gegenstände gleich viel gelten, schließt jede Wertung aus. Was zu sagen möglich ist, ist die Nennung der Bedeutungen, die das Gesehene für uns hat: die Rekonstruktion ihrer Sinnstruktur.

*Jahreswechsel-Glückwunschkarte, der Firma regiowind 2003–2004*

**Visuelle Ressource.** Was sich so unübersehbar wie die Doppelanlage an der Holzschlägermatte den Blicken aussetzt, stellt sich dem Blick und dem öffentlichen Urteil – es ist kein heimlich betriebenes, um Vertretbarkeit bangendes Unterfangen. Es ist eine Objektivation sozialer Strukturen und Prozesse[415], eine Manifestation eines vernünftigen Anspruchs und einer kritisierbaren Position.

Die „Schwarzwald-Landschaft" ist kein idealtypisches Arkadien. Die Nachempfindung einer antiken literarischen Ideallandschaft (wie die Römische Villa und ihr Park – Paradiso Terestre – dies waren) und ihre Nutzung als tatsächlicher, realer Zufluchtsort, „jenseits des Wirklichen und vor der Wirklichkeit"[416], ist keine akzeptable Lösung für eines der großen globalen Probleme, der sich jede Gesellschaft heute problemlösungsorientiert, nicht vermeidungsstrategisch, stellen muss. Vor dem Hintergrund größter Energieprobleme „wird der Verweis auf die freie Natur – sowohl als individueller Erfahrungsgrund wie auch in der Definition als ‚vita rustica' – zur Verschleierung von Herrschaft hier und mithin zur Tarnung der wahren Verhältnisse dort."[417]

Als Tarnung, auch in diesem Sinn, muss die Farbgebung verstanden werden – oder, anders herum: Die sichtlich als Tarnung gedachte (aber aus benannten Gründen nicht funktionierende) Farbgebung verweist auf zu tarnende Machtverhältnisse. Von den Herstellern und Betreibern wird das eigene Tun als Macht oder Herrschaftsausübung inszeniert: nicht gegenüber anderen, nicht im unmittelbaren Sinn einer soziale Herrschaft, sondern gegenüber einer (miss)verstandenen Natur / Landschaft, gegenüber ebenfalls (miss-)verstandenem geltenden Recht und damit implizit über andere.

Natur als Landschaft ist ein gesellschaftliches Produkt und muss deshalb auch im Verhältnis zur Gesellschaft gesehen werden.[418] Der „Schauinsland" (der Hausberg Freiburgs) ist heute, so wenig wie der Buckhof oder der Hügel an der Holzschlägermatte, Ziel einer Reise in den Schwarzwald – auch kein Ziel einer Wanderung, nicht von Freiburg aus. Diese Orte sind allenfalls Anlass für eine Spazierfahrt, einen Spaziergang. Man fährt dort hin (mit dem Auto, der Seilbahn), um ein paar Schritte zu gehen. An der Holzschlägermatte, gar am namenlosen Berg mit der Doppelnadel, kommt man auf dem Weg zum Schauinsland nur vorbei (abgesehen von Wintertagen mit Schnee). Diese Orte sind keine Ziele, sondern Gegenden zum Promenieren oder Fitnessieren; sie sind Weiterungen von Fitnessstudio und Trainingsräume für Mountenbiker – insofern sind sie zeitgemäße Event-Plätze, aber keine persönlichen emotionalen Anschauungsräume. Durch das Anlagendoppelnadel könnten sie das werden.[419]

Durchaus im Sinne romantischen Naturerlebens könnte die Windkraftanlage an der Holzschlägermatte zu einer „Vergeistigung landschaftlicher Gehalte"[420] beitragen: Diese Gehalte nämlich sind nicht so sehr mit Natur, sondern mit Kultur zu beschreiben. Schwarzwald ist, wie jede Land-schaft Kulturlandschaft, durch Menschen geworden was sie ist. Anders aber als durch das romantische „Ferment der Stimmung"[421], müssen diese Gehalte heute durch den nüchternen Blick der „Einsicht in das, was ist" angeeignet werden. Landschaft ist, entgegen einer Bestimmung Georg Simmels[422], sehr wohl eine durch ein „mechanisches Gleichnis ausdrückbare Verschlingung des Gegebenen mit unserem Schöpfertum" – gerade insofern Landschaft ein „geistiges Gebilde" ist, kann sie „im bloß Äußeren [...] betreten" werden.[423] The truth is out there. Der Zugang zum Wesen der Landschaft, formulierte Martin Schwind, ist mit der Erkenntnis gewonnen, dass Landschaft „Maßstab für menschliches Gestaltungsvermögen ist, dass Erde nicht nur angeschaut, sondern geformt und mit Sinn erfüllt wird".[424]

„Technik, die ... Natur soll geschändet haben, wäre unter veränderten Produktionsverhältnissen ebenso fähig, ihr beizustehen und auf der armen Erde ihr zu dem zu helfen, wohin sie vielleicht möchte. Bewusstsein ist der Erfahrung von Natur nur dann gewachsen, wenn es, wie die impressionistische Malerei, deren Wundmale in sich einbegreift. Dadurch gerät der fixe Begriff des Naturschönen in Bewegung. Er erweitert sich durch das, was schon nicht mehr Natur ist. Sonst wird diese zum trügerischen Phantasma degradiert."[425]

Wenn der Maler Stephan Khodaverdi (im Kapitel Kollegengespräch) fordert, die Windkraftanlagen müssten aufgestellt werden „wie Kathedralen", dann ist damit nicht nur technisches Know How, Sorgfalt, Ausdauer und Geduld, nicht nur das Selbstbewusstsein und die überzeugte Selbstverständlichkeit angesprochen, mit der Kirchenbauten errichtet wurden, sondern ein bestimmbares Verständnis von Landschaft als Standort der Bauwerke. Angesprochen ist, mit einem Ausdruck von Hubert Schrades Natur als „ästhetische Kirche" oder, in der Wendung von Rolf Wedewer: „Natur als säkularisierte Religion".[426]

Das ist etwas völlig anderes als die implizite Behauptung der Jahreskarte, die von der Betreibergesellschaft der Windkraftanlagen zum Jahreswechsel 2003–2004 verschickt wurde. Das Bild empfiehlt nicht nur den formalen Vergleich von Kirchenkreuz und Windrad, es erzwingt diesen Blick und visualisiert die Windkraftanlage als sichtbares Glaubensbekenntnis einer weltumspannenden Gemeinschaft in welthistorischer Dimension.

Mit diesem Bild wird eine zweijahrtausendjährige Tradition, ein gewachsenes und gesellschaftlich verankertes Weltverständnis in Anspruch genommen, das in Kirchenkreuz und sakralem Bauwerk materialisiert ist, das Windkraftanlagen aber nicht begründet in Anspruch nehmen können. Das Bild und seine Verschickung ist ein manipulatorisch anmutender Versuch, ein Verständnis zu etablieren, das in einem rationalen gesellschaftlichen Diskurs allererst ausgehandelt werden muss. Darüber hinaus können solche allgemeinverbindlichen, symbolkräftigen Bilder nur *entstehen* – sie können nicht „gemacht" werden.[427] Eben weil sie in einem gesellschaftlichen Prozess „erfunden, geprüft und für gut befunden" werden müssen.

Die Wahrheit, die auch diesem misslungenen Bildversuch nicht abzusprechen ist, liegt im verständlichen, niemandem abzusprechenden Bekenntnis zu der Überzeugung, dass das, worum es geht, eine Glaubensfrage von existenzieller Bedeutung ist. Damit aber wird der notwendige rationale Diskurs um alternative Energien – der ja tatsächlich geführt wird und auch geführt werden kann – zu einer persönlich zu vertretenden Glaubensfrage umgebogen. Die Auseinandersetzung mit Argumenten wird zugunsten manipulativer Stimmungsmache entwertet.

Es kann sein, dass ein Dreiblatt-Rotor gerade so stehen bleibt, dass eine formale Ähnlichkeit zum Kirchekreuz besteht – und der sich drehende Rotor durchläuft für kurze Zeit dieses Stadium tatsächlich immer wieder, so dass dieser Augenblick fotografisch festgehalten werden kann. Aber im zufälligen Stillstand an dieser Position, im absichtsvoll festgehaltenen Moment der Drehbewegung wird die grundsätzliche Andersheit von Kreuz und dreiteiligem Rotor unterschlagen.[428] Auch am stillstehenden (Wind-)Rad ist seine Bewegung ablesbar. Und das Bewegungsbild ist ganz anders geartet als diese lustvoll erzeugte Ähnlichkeit mit einem Kirchenkreuz. Sie ist nicht der Sache *abgeschaut*, sondern mit dem Fotoapparat in sie hinein geschossen worden.[429]

Mit diesem Kontrastbild soll deutlich gemacht werden, dass die tatsächlich vorhanden formalen Ähnlichkeiten einer einzelnen (!) Windkraftanlage mit einem Kirchenbau an ganz anderer Stelle bedeutsam sind. Vergleichbar sind Turmbau und Markierungs- bzw. Orientierungsfunktion: in der Landschaft – nicht als geistige Orientierung, deren naheliegende Inanspruchnahme sehr verführerisch sein mag, aber die Sache verfehlt. Kein Schornstein, kein Wasserturm, kein Aussichtsturm oder Fernsehturm wird in diesem übertragenen Sinne in Anspruch genommen.

Der Kirchenbau ist Zweckbau im Hinblick auf den damit gewonnen Versammlungsort der Kirchengemeinde. Aber schon als Haus Gottes ist er zugleich und vor allem in höchstem Maße zweckfreier Ausdrucksbau. Er artikuliert ein religiöses Weltverhältnis. Dieses Zugleich von Zweckbau und Ausdrucksbau, bestimmt dies auch die Windkraftanlage? Was daran, wenn man sie genau ansieht, ist technisch nicht nötig und also Ausdruck (red flag)? Was daran ist Ausdruck? Von wem? Wessen Ausdruck? der Erbauer, der Betreiber, beider? Was wird genau ausgedrückt und wodurch? Durch den Bau oder durch das Bauen? Durch den Bau oder das Werken? Bau-werk? Das Zugleich von politischem, unternehmerischem, ökologisch verantwortlichem Handlungs- und Veränderungswillen? Ist das Zugleich zu sehen?

Auch deshalb sollte die Doppelanlage an der Holzschlägermatte, wie wir noch sehen werden, in ihrer Erscheinung durch entsprechende Gestaltung genauer noch bestimmt werden. Es sollte nämlich deutlich erkennbar sein, dass solchen Eingriffen in die Landschaft kein trotziges „wir tun was wir wollen und durchsetzen können" zu Grunde liegt, sondern eine gewusste und verantwortete, in der Erscheinung sichtbare Reflexion auf den Standort der Bauwerke in der Landschaft und damit letztlich auch in der Gesellschaft. Bei den Bauten an der Holzschlägermatte ist dies mit der die Bäume überragenden Höhe gegeben – im grünen Anstrich der Türme aber verfehlt. In dieser Farbgebung reflektiert sich kein Verständnis für die Umgebung und das Verhältnis der Bauwerke zu dieser. Was wir sehen bleibt oberflächlich und ungenau.

Sollte das Idealbild Arkadien – oder auch das des Schwarzwaldes – angesichts konkreter Umstände als ein utopischer Entwurf gesehen werden müssen, ist mit Rücksicht auf diese Umstände darauf zu bestehen, dass es die Windräder sind, die als alternative Technologie einen kritischen Gegenpol auch zur Landschaft als verdinglichter Natur darstellen. Ihr implizites (in der Analyse expliziertes) Verhältnis von menschlichem Verfügungsanspruch einerseits und Natur (Wind / Berg) andererseits ist ein dialogisch-reaktives, nicht egomanisch-aktives.

In seinem berühmten Technikvortrag[430] hat Martin Heidegger (1949 !) auf den Unterschied hingewiesen zwischen einem modernen Wasserkraftwerk und einer alten Windmühle. In neuzeitlicher Technik wird ein Fluss in das Kraftwerk verbaut. Der Fluss „ist, was er jetzt als Strom ist, nämlich Wasserdrucklieferant, aus dem Wesen des Kraftwerks."[431] Moderne Technik stellt, so Martin Heidegger, „an die Natur das Ansinnen …, Energie zu liefern, die als solche herausgefördert und gespeichert werden kann. Gilt dies nicht auch von der alten Windmühle? Nein. Ihre Flügel drehen sich zwar im Winde, seinem Wehen bleiben sie unmittelbar anheimgegeben. Die Windmühle erschließt aber nicht Energien der Luftströmung, um sie zu speichern."[432] Dieses „dem Wehen des Windes anheimgegeben sein" gilt auch für Hightech-Windkraftanlagen unserer Zeit.[433]

Das Ergebnis der Analyse zeigt, dass die Doppelanlage an der Holzschlägermatte kein Zeichen des nur Nützlichen im ehemals zweckfreien Raum der Natur ist. Das Zusammen von Landschaft und Doppelanlage expliziert sinnfällig, dass und wie scheinbar rein Zweckdienliches (die Windkraftanlage) *zweckfreie* Bedeutung entfaltet und ganz selbstverständlich wie eine Skulptur betrachtet wird; während umgekehrt und zugleich scheinbar zweckfrei zu genießende Natur als Landschaft, als Nutzraum erfahren wird. Da, wo man steht, um die Landschaft zu betrachten, ist gerade in diesem Moment eine Einrichtung (Aussichtsturm, Bergstation, Straße) aktiviert, die „Natur" in Anspruch nimmt und instrumentalisiert. Das setzt sich fort in dem, was man sieht:

„Je intensiver man Natur betrachtet, desto weniger wird man ihrer Schönheit inne, wenn sie einem nicht schon unwillkürlich zuteil ward. Vergeblich ist meist der absichtsvolle Besuch berühmter Aussichtspunkte, der Prominenzen des Naturschönen. Dem Beredten der Natur schadet die Vergegenständlichung, die aufmerksame Betrachtung bewirkt".[434]

Durch die Installation der Doppelanlage wird die immer schon zweckhaft genutzte und besetzte Landschaft (das meint der Begriff Land-schaft) sichtbar als bedeutungstragendes Bild. Eine Ganzheit wird sichtbar, die dem *nur* ästhetisch genießenden Blick des Spaziergängers ebenso entgeht, wie dem *nur* zweckorientierten Blick des Ingenieurs. Wie jedes Bild ist das „Landschaftsbild mit Doppel" eine Chance, das nicht erst heute problematisch gewordene Verhältnis zum gegenwärtigen Stand der Dinge wahrzunehmen.

Es hieße Ursache und Wirkung verkennen, wollte man meinen, gerade weil man eine Landschaft als besonders wertvoll empfinde, würde ihre Veränderung als Schaden erlebt. Vielmehr macht erst die Veränderung uns darauf aufmerksam, was wir vordem nicht beachtet und als selbstverständliche Gegebenheit hingenommen haben. Erst der Verlust bringt das jetzt nicht mehr Selbstverständliche als Begehrtes hervor. Im Falle der Landschaftswahrnehmung genügt offenbar eine vermeintliche Bedrohung des liebgewordenen inneren Vorstellungsbildes einer Landschaft, um sie selbst als ästhetisch wertvoll zu erkennen und zu behaupten.

Das Verhältnis von Technik und Natur (Wind, Berg) ist im fraglichen Landschaftsbild durch die Doppelanlage an der Holzschlägermatte anschaulich geworden. Der Berg, der aus technischer Sicht als Sockel für die Türme nur instrumentalisiert scheint, wird in unmittelbarer Anschauung in seiner überragenden Größe erst tatsächlich sichtbar.[435] Auch wenn dies nicht intendiert war, ist es doch Tatbestand. So beeindruckend groß die Konverteranlage aus der Nähe auch ist, aus adäquatem Abstand betrachtet (das ist der, der eine Relationierung von Anlage und Landschaft / Berg ermöglicht) wird deutlich, wer hier Herr und wer hier Diener ist. Mag der Wind im Dienst der Stromerzeugung gesehen werden, im Verhältnis von Berg und Anlage dient diese doch dem Berg und seinen Tälern. Sie ist, wie Klaus Merkel im Kollegengespräch formulierte, eine Akupunktur der Landschaft.

Wie eine Akupunktur ein minimaler, aber wirkmächtiger Eingriff ist, der Erfolg versprechend nur an geeigneter Stelle vorgenommen werden darf; und wie eine Akupunktur dazu dient, den Energiefluss im Organismus wieder in Gang zu setzen, so dürfen auch Windkraftanlagen, wenn sie der bildnerischen Energie der Landschaft zu Gute kommen sollen, nur an exakt bestimmter Stelle gesetzt werden. Die „Doppelnadel" an der Holzschlägermatte wirkt genau in diesem Sinn und aus diesem Grund: Die Bereicherung der Landschaft und des Landschaftsbildes an der Holzschlägermatte ergibt sich aus der ästhetisch präzisen Platzierung der Anlage. Aus unserer Sicht ist die „Doppelnadel" daher eine herausragende visuelle Ressource[436] – die allerdings weiter entwickelt werden kann und weiter entwickelt werden sollte.

Die lokale Debatte um die Windkraftanlagen an der Holzschlägermatte ist *eine* Möglichkeit, diese Ressource zu nutzen. Neben rein technisch-funktionalen Gebrauchsweisen von Technik (der Apparate, Geräte, Anlagen etc.) gibt es eine symbolische Technikverwendung, die auf ihr Symbolisierungsangebot eingeht und dabei auf ihre Erscheinung zurückgreift. Im Bereich alltäglicher Technikverwendung ist uns das geläufig: Geräte für den persönlichen Gebrauch sind „immer auch Design-Objekte – bewusst unter expressiven Gesichtspunkten entworfen, vermarktet und ausgewählt".[437] Die Auseinandersetzung um die Windkraftanlagen zeigt, dass solche Verwendung auch mit Elementen großer technischer Systeme (Verkehr, Energie) möglich ist. Und zwar in Bezug auf den tatsächlichen oder bloß behaupteten Bildwert ihrer Erscheinung im öffentlichen Raum. Der öffentliche Auftritt impliziert kollektiven, nicht-privaten Anspruch und provoziert öffentliche Beteiligung. Die Debattierenden sind Teilnehmer eines Interpretationsprozesses, in dem es um die „richtige" Deutung eben dieses Bildes geht. Denn in diesem Bild, besser *als* dieses Bild, findet ein zeitgemäßes technisches Operationssystem (und damit ein spezifisches Weltverhältnis) materiale Ausdrucksgestalt. Und erst in dieser Form lässt sich gemeinsam darauf Bezug nehmen (und streiten).

Die Auseinandersetzung um den Stellenwert der Bilder reflektiert dabei zwei Aspekte ihres Seins: Zum einen „geben sie wieder was ist, repräsentieren sie die Realität". Zum anderen „deuten sie an, was sein könnte. ... Sie drücken das jeweilige Leben aus und prägen es zugleich".[438] „Was sein könnte" ist jenes, was die Zeitungsbeiträger wohl meinen, wenn sie sagen: „Ich bin auf jeden Fall für alternative Energien, aber …" Noch in der ablehnenden Haltung scheint ein Utopisches auf, das diese Anlagen (das Bild der Anlagen selbst) verkörpern.

Der Dialog, die Auseinandersetzung um das Erscheinungsbild gehören zur Sache selbst – ist in einer demokratischen Gesellschaft implizite mit der Veröffentlichung, der Ausstellung gegeben – ein Abbau, würde der notwendigen Auseinandersetzung (zeitweise) den Boden entziehen, den Dialog verhindern.

Gerade weil die Windkrafträder zusammen mit der Landschaft, in der sie verortet sind, einen über ihre konkrete technische Funktion hinausreichenden wahrnehmbaren Sinn konstituieren, können sie Gegenstand kontroverser Auseinandersetzung sein und damit vorhandene kreative Ressourcen mobilisieren. So gesehen ist die Installation an der Holzschlägermatte auch ein strategisch produktives System. Leserbriefe zum Thema, gerade kritische, erscheinen aus dieser Perspektive als wichtige Aneignungstaktiken.[439] Sie sind Ausdruck einer geradezu obsessiven Beteiligung in Form von tatsächlichem oder vermeintlichem Wissen über alternative Energien im Allgemeinen und über Windkraftanlagen im Besonderen.

Die Windkraftanlagen an der Holzschlägermatte sind keine „Aufbereitungsanlage von Architektur und Landschaft". Sie sind, wie Friedrich Achleitner von zahlreichen architektonischen lokalen Bewegungen sagt, „Impulsgeber des internationalen ‚Diskurses', auf der Höhe der Zeit, offen kämpferisch, ja streitbar und verändernd. Sie konzentrieren die Probleme der Zeit auf einen Ort".[440] Sie sind einer Welt zugewandt, die sich schneller wandelt als unsere Rezeption. Und sie vollziehen diese Wendung, wie die Analyse ergab, homolog zur Landschaft und unserem Bild vom Schwarzwald.

Als Projekt einer Finanzierungsgemeinschaft (wenn wir das Sichtbare, das Analysierte auch in diesen Kontext einrücken) könnten sie verstanden werden als Rückeroberung der Kontrolle über die Energieproduktion. Deren Geschichte hat Schivelbusch exemplarisch an der Geschichte der künstlichen Beleuchtung nachgezeichnet. „Der Weg geht über die Kerze und die Öllampe, die noch beide durch die Einheit von Wissen und Kontrolle über die Beleuchtungsquellen charakterisiert sind, zur Kerosinlampe, mit der die Auslagerung der Energiequelle aus dem Haushalt beginnt. Die Gaslampe … markiert … den Punkt, an dem die Energieproduktion außerhalb des Haushalts zu einem zentral organisierten und professionell betriebenen System zu werden beginnt. Der Endpunkt dieser Entwicklung wird mit der elektrischen Glühbirne erreicht. Es ist der (vorläufige) Höhepunkt der einer individuellen Kontrolle entzogenen, hochprofessionalisierten Ingenieuren überlassenen Energieproduktion."[441] Das Modell der Windkraftanlagen, wie es an der Holzschlägermatte praktiziert wird, scheint vor diesem Hintergrund als Mischform, die bei gleich bleibendem Einsatz ingenieurtechnischen Wissens und praktischer Fertigkeiten die Kontrolle der Energieproduktion wieder lokal zu verankern sucht – es gehört zur Elektrizität, dass sie dezentral produziert werden kann und wird.

Annette Merkenthaler hat gesprächsweise darauf hingewiesen, dass die Windkraftanlagen nicht, wie vielleicht zu erwarten gewesen wäre, durch Zäune oder Überwachungskameras gesichert sind. Das mag verschiedene Gründe haben, aber es ist ein sichtbarer Hinweis auf eine von den Betreibern erwartete normale Akzeptanz bei der Bevölkerung. Denn: „Überwachung schließt die Messung einer Abweichung von Normalität, eine Denunziation des Übels ein. Wo Überwachung stattfindet, bildet sich also ein neues Übel heraus. Bisher war das Normale fließend, intuitiv, subjektiv; jetzt wird es quantitativ, deduktiv, objektiv."[442] Die fehlende Überwachung ist demnach ein Indikator für das fließend, intuitiv, subjektiv Normale.

Die Entwicklung visueller Ressourcen könnte missverstanden werden als fortschreitende Verfügbarkeit über einen vorhandenen Bestand. Aber visuelle Ressourcen sind keine Bestände – wie Erdölvorkommen z. B. –; sie werden nicht verbraucht und sie werden durch Teilung nicht weniger oder kraftloser. Es sind Quellen, auf die man zurückgreifen kann, gerade weil sie schon sprudeln. Sie haben ihr Potential schon entfaltet, auch wenn ihr Bedeutungsüberschuss unverstanden ist. Visuelle Ressourcen brauchen nicht erst in ein Kraftwerk eingebaut zu werden, sie sind selber eines. In diesem Sinne ist die Windkraftanlage an der Holzschlägermatte ein gedoppeltes Kraftwerk: eines der Stromgewinnung und eines der bildnerischen Bedeutung – und beide Teilwerke bilden einen energetischen Konverter. Ein Energielieferant, von dem man erst allmählich wissen wird, um was für eine Energie es sich handelt und wie sie wirkt.[443] Die visuelle Ressource „Doppelnadel" könnte im Gefüge der Landschaft – unterstützt durch entsprechende Weiterungen – außerordentliche Bedeutungsqualitäten erlangen und entfalten. Dazu müssen die vorhandenen und analysierten Sinnstrukturen präzisiert und künstlerisch auf den Punkt gebracht werden.

Aber: Landschaft als Bild ist konkretes Ergebnis nicht nur der Bilder (Ansichtskarten, Bildbände etc.), sondern seiner Konstruktion durch Eisenbahn, Straßen, Aussichtstürmen. Seit Mitte des 19. Jahrhunderts wird Landschaft mehr und mehr zum Konsumgut „durch den als Masse auftretenden Sonntagausflügler oder Sommerfrischler."[444] Landschaft wird zur Ware, ist ein Gebrauchsding, nicht weniger wie eine Windkraftanlage. „Hand in Hand mit diesem Wandel wird die [gemalte] romantische Landschaft zur trivialen Handelsware und in Gestalt billiger Öldrucke beliebig oft reproduzierbar"[445] und in Folge, bis heute, im digitalen Bild der Web-Cam global verstreut.

Die analysierte Bühnenhaftigkeit der Installation auf dem Holzschlag erweist sich als Realisierung eines Konstruktionsprinzips *des* Bildes vom Schwarzwald, das mit der Analyse der Ansichtskarten und Bildbände namhaft gemacht wurde. Indem sich die Anlagen selbst inszenieren, verweisen sie gerade dadurch auf die Bühne, auf der sie erscheinen. Sie degradieren den Schauinsland nicht zur bloßen Kulisse, sondern machen ihn als *den* Hintergrund sichtbar, der er auch nach dem Selbstverständnis „der Freiburger" ist: Der Schauinsland wird als „Hausberg" bezeichnet. Er gehört, nach dieser überall wiederkehrenden Formulierung, zur Stadt, wie der Garten zum Haus, wie der Weinberg zum Weingut. Wo wir, wie auf manchen Ansichtskarten zu lesen, erfahren, Freiburg sei die „Hauptstadt des Schwarzwaldes", wird das Verhältnis zudem als ein hierarchisches von Zentrum und Peripherie charakterisiert. Diese Verhältnishaftigkeit ist, wie die Analyse ergab, eine der Zusammengehörigkeit und insbesondere aus der Sicht vom Schauinsland (Bahnstation, Turm) deutlich zu erkennen. Von *hinter* der Bühne, ließe sich metaphorisch sagen, zeigt sich, dass und in welcher Weise, das Stück *auf* der Bühne mit dem Publikum in den Rängen zu tun hat. Was auf der Bühne verhandelt wird, ist die Geschichte des Publikums selbst. Es sieht sich selber zu.

„Geht man davon aus, dass es keine ‚natürliche Schönheit' der Natur gibt, sondern dass die ästhetische Bewertung von Natur und die Bearbeitung derselben auch nach Gesichtspunkten des ‚interessenlosen Wohlgefallen' Produkt eines entwickelten ästhetischen Bewusstseins nur sein kann, wird man ohne Gesellschaftstheorie wohl kaum auskommen."[446] „Schönheit ist [...] keine Funktion von Natürlichkeit. Man kann also sehr wohl aus sachlichen Gründen, die von Fragen der Energienutzung bis zur subjektiven Lebensqualität gehen, den Architekturkritikern aus der Ökologiebewegung recht geben, und trotzdem, mit guten Gründen, eine ökologisch riskante oder unverträgliche Bauweise schöner finden als eine vordergründig ‚naturnahe'. ... Der Begriff der ‚zerstörten' oder ‚verschandelten' Landschaft ... verweist prima vista nicht auf die Durchbrechung eines ökologischen Kreislaufs, ... sondern auf die Durchbrechung einer ästhetischen Normvorstellung von Landschaft."[447]

Grundlage einer ästhetischen Bewertung kann dessen ungeachtet nur die rekonstruierte Sinnstruktur, der Bedeutungshorizont eines veränderten Landschaftsbildes sein – und nicht das wie auch immer begründete „schöner finden." Die Normvorstellung von Natur bzw. Landschaftsbild, die durch geltendes Recht geschützt werden soll, ist daher auf ihren Sinngehalt hin zu rekonstruieren: Nicht buchstäblich eine zufällig im 19ten Jahrhundert gewordene Landschaft kann als schützenswerte „Normlandschaft" verstanden werden, sondern das im Gesetz implizit formulierte Passungsverhältnis von gesellschaftlichem Handeln zur Natur als dem vorgängig Vorhandenen.

„Eine These könnte sein, dass die ästhetische Bewertung von Umwelten auf diffizile Weise gekoppelt ist nicht an deren Funktionalität, sondern an die moralische Beurteilung dieser Funktionalität."[448] Wie beurteilen wir die Funktionalität eines Landschaftsbildes, das für die Tourismusindustrie aufbereitet (weiterer Zerstörung freigegeben) ist? Darüber hinaus wird bei der Anlage von Naturschutzparks, Naturschutzgebieten etc. „Natur an sich" zum „Denkmal ihrer selbst"... Eine Gesellschaft, die das, was ihr angeblich am Herzen liegt, nur retten kann, indem sie es in ein Reservat oder ein Museum verbannt [verwandelt R.S.], während rundherum alle Barbarei sich fortsetzt, betrügt sich pausenlos über ihren Zustand."[449] Konrad Paul Liessmann referiert eine These von Matthias Eberle: „Landschaft ließe sich vielleicht überhaupt als eine Anschauungsform und deren Konstruktion begreifen, in denen der Mensch sein Verhältnis zur Natur ästhetisch reflektiert."[450]

Die Analyse der Einsprüche gegen die Windkraftanlagen, wie die der Farbgestaltung der Türme, hat ergeben, dass diese beiden Untersuchungsgegenstände spezifische Ausdrucksweisen einer „aufrichtigen" Rezeption der Windkraftanlagen sind: Beide sind Artikulationen einer Erfahrung, die die Abständigkeit und Fremdheit dieser bildnerischen Objekte zu Natur und Landschaft formulieren. Wie Kunstzerstörung aber eine einseitige Wahrnehmung zu Grunde liegt und sie daher auch nur eine unangemessene Reaktion auf Kunstwerke darstellt, so stellen die Forderungen nach Abbau zum einen und die Versuche, die Anlagen durch Farbe an die Umgebung anzupassen zum anderen, zwar sachlich begründete und nachvollziehbare, aber dennoch unangemessene Umgangsformen mit dieser Erfahrung dar.

Die Windkraftanlagen sind nicht nur (wie es in beiden Reaktionen zum Ausdruck kommt) anders als Natur und Landschaft, in die sie gebaut sind – sie sind nicht nur Ausdruck einer Instrumentalisierung von Natur (sofern sie den Wind nutzen) – sondern auch und zugleich eine respektable Form einer anerkennenden Aneignung von Natur. Die Fremd- und Andersheit ist nicht nur störender Fremdkörper, sondern zugleich und als solche das Medium, das der Andersheit von Natur, einem spezifischen Charakter der Landschaft und was wir (auch) darin sehen wollen (das Paradiesische) zur Sichtbarkeit verhilft. Keine Rede von „Optischer Unruhe".[451]

Insofern ist die Rezeption der Windkraftanlagen durch die Gegner, sind die Tarnversuche der Hersteller und Betreiber, Ergebnis und Ausdruck einer einseitigen Rezeption in der zwar das eine, nicht aber auch das andere deutlich wird. Gleichzeitig sind diese beiden Umgangsweisen die einzig laut bzw. sichtbar gewordenen, die diesen (negativen) Aspekt der Windkrafträder ernst nehmen, nicht verdrängen und tatsächlich auch zum Ausdruck bringen. Wegen der einseitigen zugrunde liegenden Wahrnehmung aber, bleibt der Ausdruck (die Reaktion) hinter der Sache selbst zurück und also unangemessen.

Wenn wir die Einsicht ernst nehmen, dass Landschaft zugleich mehr und weniger ist als das, was wir unmittelbar vor Augen haben, sollte es keine Frage sein, dass nicht das Vorhandensein der Doppelanlage an der Holzschlägermatte, sondern ihr Fehlen für den Schwarzwald beeinträchtigend wäre. Da sie dort möglich ist, wäre ihr Nicht-Vorhandensein ausdrücklicher Verzicht. Ein solcher Verzicht aber wird einer Landschaft, die sich wie der Schwarzwald über alle Zeiten hinweg und bis in unsere Gegenwart, mit jeweils modernster Holzindustrie, mit fortschrittlichstem Bergbau, mit unterschiedlichsten Formen der Energiegewinnung und -nutzung, mit Fischzucht, Land- und Forstwirtschaft, mit nahezu beispielloser verkehrs- und kommunikationstechnischer Erschließung, mit der landschaftsästhetischen Öffnung für den Tourismus und den zugehörigen Erscheinungsweisen, als avanciert gezeigt und selbst bestimmt hat und gerade dadurch eine eigene Raumschaft geworden ist, nicht gerecht.

Man wird mit Friedrich Achleitner auf der Unterscheidung von regionalem Bauen und Regionalismus beharren müssen: „Das regionale Bauen ist eingebettet in die realen Bedingungen einer Region, ... es ist weniger abgeschlossen als man vermuten würde, es vermag auf die Vorgänge in der Welt und auf die Zeit zu reagieren und es ist, außer mit großer historischer Distanz betrachtet, nie rein. Und es gibt den Regionalismus, der die vermeintlichen baulichen Merkmale einer Region zum architektonischen Thema macht oder zur Formel entwertet [ein Schicksal, das auch der Landschaft selbst widerfahren kann, R.S.]. Der Regionalismus ist ein Phänomen des Historizismus, er signalisiert die Verfügbarkeit über die bauliche Formenwelt einer Region, er ist ein Mittel der Einkleidung, er ist die Lederhose, die der Notar am Wochenende an seinem Zweitwohnsitz anzieht. Ich muß nicht erwähnen, dass dieses Verhalten im Spannungsfeld von blinder Liebe und falscher Respektlosigkeit angesiedelt ist."[452]

Die Beseitigung der Windkrafträder, ihr Abbau schafft das mit ihnen für jedermann sichtbar gewordene grundsätzliche Problem nicht wieder aus der Welt. Und keine Farbe der Welt vermag einen Betonturm in Natur zu verwandeln. Deshalb bedarf es eines Umgangs mit der im Widerstand der Gegner, wie in der Farbgebung artikulierten Aspekte, die dem dabei übersehenen Anderen der Objekte ebenfalls gerecht werden, indem sie sie in sich aufnehmen. Das kann eine künstlerische Form sein: Kunst ist die Form einer Versöhnung sich widersprechender Momente in einem einzigen Werk.

Insofern die Technik der Windkraftanlagen transparent ist (auch wenn sich in und hinter den sichtbaren Anlagenelementen unbegriffene Hightech befindet), ist ihr Zweck einsichtig einer der betroffenen Subjekte. Elektrische Energie nutzen wir alle. In seinem Vortrag vor dem Deutschen Werkbund in München hat Albrecht Wellmer die Bedeutung der Einsicht in die Zwecke von Gebrauchsdingen dargelegt. Sie ist heute für den realen und nachvollziehbaren Zusammenhang von Zweckmäßigkeit und Schönheit von Gebrauchsdingen Voraussetzung. „Wo daher die Klärung der Zwecke und der sie tragenden Zweckzusammenhänge unterbleibt, kann eine Welt von Gebrauchsdingen selbst im funktionalistischen Sinne des Wortes nicht „schön" sein."[453]

Die Zwecke aber (Bereitstellung alternativ gewonnener Energie) gestehen auch jene zu, die sich in der lokalen Presse ablehnend zu den Anlagen an der Holzschlägermatte geäußert haben.[454] Von „steriler Schönheit eines dekorativen Formalismus" (A. Schwab), von „Lichtkitsch" oder von „poliertem Tod" (Ernst Bloch) – berechtigte Kritik gegenüber einer industriell gefertigten Produktewelt, die sich verselbständigt hat – kann deshalb keine Rede sein. Die Gesamtanlage in der Landschaft nimmt eine individuierte, besondere Gestalt an und die Zwecke, die Alberecht Wellmer als konstitutiven Bestandteil der zu beurteilenden Gebrauchsdinge bestimmte, sind genau darin erkennbar. Die Windkraftanlagen an der Holzschlägermatte stammen sichtlich „aus einer Klärung und Veränderung der Zweckzusammenhänge, *aus denen heraus* und *für die* produziert wird."[455] Deshalb ist z.B. auch keine Beeinträchtigung im Zusammenhang mit dem zu erwartenden Anstieg des Sanften Tourismus im Naturpark Südschwarzwald anzunehmen.

Notizen zur Beantwortung der Frage, ob Windkrafträder überhaupt in den Schwarzwald passen

1. Aus der Geschichte der Windkraftkonverter. Die Wurzeln der modernen Wind-

energie-Anlagen liegen in Baden-Württemberg. In den 50er Jahren entwickelte Dr. Ulrich Hütter, Chefkonstrukteur der Firma Allgaier in Uhingen, Baden-Württemberg die legendäre Windkraftanlage WE10 mit 11,28 Meter Rotordurchmesser. Heute steht die historische Anlage auf dem Campus der Universität Stuttgart.[456] Die dreiflügelige Allgaier-Hütter-Anlage gilt als das Urmodell aller modernen Windkraftanlagen zur Elektrizitätserzeugung. Deutschland gilt als führende Nation auf dem Gebiet der Windenergie-Nutzung.[457] Ende Mai 2003 gab es in Deutschland 13 908 Einzelanlagen.

2. Sie erfüllen mit der auf 25 Jahre vorgesehenen Nutzung eine implizite Forderung von Kasper König, der einmal formulierte: Die beste Skulptur für den öffentlichen Raum sei der Schneemann.

3. Da der Schwarzwald eine in diesem Sinn herausragende Kulturlandschaft ist, legt das Analyseergebnis zugleich die Hypothese nahe, Windkraftanlagen sind im Schwarzwald besser aufgehoben, als im Hochgebirge oder Meer. Denn in Landschaften, die wie Hochgebirge und Meer, geeignet scheinen, das „Erhabene" oder „Sublime" erfahren zu lassen, sind menschliche Hervorbringungen unangebracht.

**Rechtslage.**

**Grundlagen.** Rechtsgrundlagen sind insbesondere[458]:

§ 1 Abs. 1 BNatSchG: „Natur und Landschaft sind im besiedelten und unbesiedelten Bereich so zu schützen, zu pflegen und zu entwickeln, dass [...] die Vielfalt, Eigenart und Schönheit von Natur und Landschaft als Lebensgrundlagen des Menschen und als Voraussetzung für seine Erholung in Natur und Landschaft nachhaltig gesichert sind."

§ 2 Abs. 1 Nr. 5 BNatSchG: „Beim Abbau von Bodenschätzen ist die Vernichtung wertvoller Landschaftsteile oder Landschaftsbestandteile zu vermeiden."

§ 2 Abs. 2 Nr. 13 BNatSchG: „Historische Kulturlandschaften und -landschaftsteile von besonders charakteristischer Eigenart sind zu erhalten."

§ 13 Abs. 1 Nr. 13 BNatSchG ermöglicht die Festsetzung von Naturschutzgebieten „wegen ihrer Seltenheit, besonderen Eigenart oder hervorragenden Schönheit".

§ 15 Abs. 1 Nr. 2 BNatSchG ermöglicht die Festsetzung von Landschaftsschutzgebieten „wegen der Vielfalt, Eigenart oder Schönheit des Landschaftsbildes".

§ 17 Abs. 1 Nr. 2 BNatSchG ermöglicht die Festsetzung von Naturdenkmalen „wegen ihrer Seltenheit, Eigenart oder Schönheit".

§ 18 Abs. 1 Nr. 2 BNatSchG ermöglicht die Festsetzung von geschützten Landschaftsbestandteilen „zur Belebung, Gliederung oder Pflege des Orts- und Landschaftsbildes".

§ 8 Abs. 2 BNatSchG i.V.m. § 8 Abs. 1 BNatSchG verpflichtet den Verursacher eines Eingriffes, vermeidbare Beeinträchtigungen des Landschaftsbildes zu unterlassen und unvermeidbare auszugleichen. Wenn dies nicht möglich ist, so muss das Eingriffsvorhaben nach § 8 Abs. 3 BNatSchG untersagt werden, wenn die Belange des Landschaftsbildschutzes bei der Abwägung aller Anforderungen an Natur und Landschaft vorgehen.

Nach § 6 Abs. 2 Nr. 1 BNatSchG i.V.m. § 1 Abs. 1 Nr. 4 BNatSchG sind Schutz, Pflege und Entwicklung des Landschaftsbildes auch Aufgabe der Landschaftsplanung.
§ 24 Abs. 1 Nr. 1 BNatSchG regelt, dass Tiergehege nur dann genehmigt werden dürfen, wenn das Landschaftsbild nicht beeinträchtigt wird.

Der Wald ist nach § 1 Nr. 1 BWaldG unter anderem wegen seiner Bedeutung für das Landschaftsbild zu schützen.

§ 35 Abs. 1 Nr. 6 BauGB (privilegierte Bauvorhaben) Im Außenbereich ist ein Vorhaben nur zulässig, wenn es „der Erforschung, Entwicklung oder Nutzung der Wind- oder Wasserenergie dient".

§ 35 Abs. 3 Nr. 5 BauGB (Verunstaltung des Landschaftsbildes) Eine Beeinträchtigung öffentlicher Belange liegt insbesondere dann vor, wenn das Vorhaben „Belange des Naturschutzes und der Landschaftspflege, des Bodenschutzes, des Denkmalschutzes oder die natürliche Eigenart der Landschaft und ihren Erholungswert beeinträchtigt oder das Orts- und Landschaftsbild verunstaltet".

„Eingriffe in Natur und Landschaft" sind Veränderungen der Gestalt oder Nutzung von Grundflächen, die die Leistungsfähigkeit des Naturhaushalts oder das Landschaftsbild erheblich oder nachhaltig beeinträchtigen können (§ 8 Abs. 1 BNatSchG). Das Bundes-Naturschutzgesetz und die Naturschutzgesetze der Länder geben Qualitätsziele zumeist in genereller Form vor. Allgemeine Anforderungen enthalten z.B. die §§ 1 und 2 BNatSchG. Diese müssen allerdings im Einzelfall konkretisiert sowie gegeneinander und mit anderen Nutzungsansprüchen abgewogen werden (vgl. § 1 Abs. 2 und § 2 Abs. 1 BNatSchG), so dass sie keine allzu hohe konkrete Verbindlichkeit besitzen.[459]

Das Umweltbundesamt schlägt als Begriffsdefinition für Umweltqualitätsziele (UQZ) vor:

> Umweltqualitätsziele charakterisieren einen angestrebten Zustand der Umwelt. Sie verbinden einen naturwissenschaftlichen Kenntnisstand mit gesellschaftlichen Wertungen über Schutzgüter und Schutzniveaus. Umweltqualitätsziele werden objekt- oder medienbezogen für Mensch und/oder Umwelt bestimmt und sind an der Regenerationsrate wichtiger Ressourcen oder an der ökologischen Tragfähigkeit, am Schutz der menschlichen Gesundheit und an den Bedürfnissen heutiger und zukünftiger Generationen orientiert.[460]

Mit Hilfe von Umweltqualitätszielen lassen sich in diesem Zusammenhang nach Einschätzung des Umweltbundesamtes zunächst die Erheblichkeit und Nachhaltigkeit von Beeinträchtigungen einschätzen.

**Der Fall.** Landschaft, als Lebens- und Wirtschaftsraum des Menschen, ist *so* zu sichern und zu entwickeln, dass nach §1 Abs. 1 des Bundesnaturschutzgesetzes auch ihrer Vielfalt, Eigenart und Schönheit Rechnung getragen wird. Das geschieht nicht automatisch in Folge anderer Raumnutzungen, sondern kann und muss eigens gewollt und durchgeführt werden. Landschaftsästhetische Potentiale können aber nur dann gesichert und entwickelt werden, wenn sie als solche auch erkannt sind. Deshalb bedarf es Analyseverfahren, die diese landschaftsästhetischen Potentiale nachvollziehbar und prüfbar beschreiben und zu bewerten gestatten.

Gareis-Grahmann und Schafranski haben darauf hingewiesen, dass sich mit umweltpolitischen Instrumenten, wie Eingriffsregelung, auch neueren Umweltverträglichkeitsprüfungen, bestenfalls eine „ästhetische Stabilität" im Sinne eines Status-quo-Zustandes erzielen lässt. Im Sinne des Gesetzgebers stoßen diese Instrumente aber „dort auf Grenzen, wo es gilt, eine Landschaft nicht nur zu sichern, sondern wiederherzustellen und entsprechend den sich wandelnden gesellschaftlichen Bedürfnissen weiterzuentwickeln oder aufzubauen."[461]

Der Begriff Landschaftsbild, so ist zu fürchten, könnte wie der des Ortsbildes nur ein deklariertes ästhetisches System meinen, „das seine Kriterien (falls es überhaupt zu solchen kommt) aus der verklärten Anschauung einer Oberfläche bezieht, die jedenfalls unter ganz anderen Bedingungen entstanden ist. Die Formensprache, abgehoben von dem, was sie einmal geleistet hat, als ästhetisches Gebot zu konservieren heißt aber, für das Neue genau jenen Lebensnerv durchzuschneiden, der das Alte zu der bewunderten Vielfalt geführt hat."[462]

Der Effekt ist deutlich: Das Neue wird gezwungen sich selbst und anderes misszuverstehen und sich falsch zu kleiden: Der grüne Anstrich der beiden Türme ist ein Verkleidungsversuch, der weder angebracht noch sinnvoll möglich ist. Er ist nur vorgespieltes Bemühen, keine ernsthafte Anstrengung, das Problem zu artikulieren und zu lösen. Dabei liegt nicht nur ein Missverstehen gegenüber Natur, Landschaft und eigenem Tun vor, sondern auch gegenüber den Maßgaben des Gesetzgebers. Es kann nicht im Sinne des Gesetzes sein, dass Baumaßnahmen, welcher Art auch immer, sich gleichsam tot stellen, als seien sie nicht vorhanden. Es genügt nicht, sich selbst die Augen zuzuhalten, um für andere nicht mehr sichtbar zu sein.

Die Einsicht, dass, was wir unter „Landschaft" und „Landschaftsbild" verstehen, nicht allein von unseren visuellen Eindrücken abhängt, hat zu dem Vorschlag geführt, „vom Begriff der *Landschaftsbildbewertung* Abstand zu nehmen und statt dessen bei der *ästhetischen Bewertung von Landschaft* alle Sinneswahrnehmungen zu berücksichtigen".[463] So sinnvoll das zunächst scheinen mag, hat sich der Vorschlag mit gutem Grund nicht durchsetzen können. Erstens, weil auch die gesetzlichen Grundlagen den Begriff Landschaftsbild verwenden, und zweitens, weil eine hinreichend gründliche Analyse des visuell Wahrnehmbaren notwendig darüber hinaus, nämlich in *alle* gesellschaftlich relevanten Bereiche führt und damit prinzipiell auch andere als optische Sinneswahrnehmungen berücksichtigt.[464]

So weit bekannt beziehen sich alle bisher ergangenen Urteile auf geplante Bauvorhaben. Im Unterschied dazu ist das Bauprojekt „Windkraftanlagen an der Holzschlägermatte" bereits realisiert. Zur Beurteilung des Landschaftsbildes und der Wirkung der Windkraftanlagen sind wir daher nicht auf Simulation oder individuelle Vorstellungsvermögen angewiesen. Wir sind in der Lage, durch unmittelbare Inaugenscheinnahme ein ästhetisches Urteil zu bilden. Ästhetische Urteile können individuell unterschiedlich ausfallen. Dem wird in der Rechtsprechung mit dem Begriff des „ästhetisch aufgeschlossenen Betrachters" Rechnung getragen.

**Der ästhetisch aufgeschlossene Betrachter**

In der Rechtssprechung gilt, dass bei der Beurteilung ästhetischer Erscheinungen das Empfinden eines „gebildeten, für den Gedanken des Natur- und Landschaftsschutzes aufgeschlossenen Betrachters"[465] bzw. das eines „für die Schönheiten der natürlich gewachsenen Landschaft aufgeschlossenen Durchschnittsbetrachters"[466] zugrunde zu legen ist. Zuletzt hat im Urteil vom 20.5.2003 der Verwaltungsgerichtshof Baden-Württemberg den „für ästhetische Eindrücke offenen Betrachter" in Anspruch genommen.[467]

Der „für ästhetische Eindrücke offene Betrachter" ist eine begriffliche Abgrenzung gegenüber solchen Betrachtern, die für ästhetische Eindrücke *nicht* offen sind. Gemeint sind damit jene, die unfähig oder unwillens sind, eine Beeinträchtigung oder

Verunstaltung eines Landschaftsbildes wahrzunehmen. Dem gegenüber könnte der geschulte Blick z.B. eines Künstlers eine Beeinträchtigung oder Verunstaltung bereits dort wahrnehmen, wo auch der „für ästhetische Eindrücke offene Betrachter" noch keine Störung wahrnimmt.

Diese Abweichungen vom ästhetisch empfänglichen Durchschnittsbetrachter – entweder in Richtung unfähig oder in Richtung Spezialist – sind keine bloß quantitativen Verschiebungen auf einer Skala der Fertigkeiten. Vielmehr besteht ein qualitativer Unterschied insofern, als der ungeübte Betrachter prinzipiell jeder Zeit durch entsprechende Übung zum geübten Betrachter werden kann – während umgekehrt, der geübte Betrachter kaum mehr außer Übung geraten kann. Wer zu sehen gelernt hat, verliert dies so wenig wie einer das Fahrradfahren verlernt, wenn er es erst einmal kann.

Das bedeutet: Wenn wir nicht alle Betrachter auf ein durchschnittliches Niveau verpflichten wollen, ist durch komplexe Bildangebote implizit jeder Betrachter dazu angehalten, an diesem Bildangebot seinen Blick zu üben, das Auge zu schärfen. Das gilt auch für die komplexe Gestalt der Landschaft mit Windkraftanlagen. Diese Anlagen sind nicht deshalb auffällig, weil sie in unästhetischer, hässlicher Weise das Landschaftsbild beeinträchtigen oder verunstalten. Sie sind auffällig wegen ihrer Eleganz, ihrer ästhetisch gelungenen Form, ihrer Ausdrucksgestalt und, je nach Betrachterabstand, ihrer beeindruckenden Größe bzw. ihrer zurückhaltenden Kleinheit, mit der sie sich symbiotisch in das Landschaftsbild fügen und (leise) mit gestalten. Das hat unsere Analyse des Landschaftsbildes mit der Doppelanlage und die Analyse typischer Einwände ergeben.

Wenn Wahrnehmung eindimensional ist und der Komplexität einer Erscheinung nicht gerecht wird, die Herausforderung (Provokation) für Auge und Intellekt nicht annimmt, erscheint diese (nur) als unzulässige Überschreitung des Gewohnten und wird deshalb leicht abgelehnt. Der ästhetisch aufgeschlossene Betrachter, der das „Landschaftsbild mit Doppelanlage" als Störung empfindet, ist aufgefordert, sein Urteil zu prüfen. Unsere Analyse hat die visuelle, geistige und emotionale Komplexität der Erscheinung „Landschaft mit Doppelanlage" ernst genommen und diese Prüfung stellvertretend durchgeführt. Oft kehren dem gegenüber „Methoden zur Landschaftsbildanalyse ... die allgemein übliche Funktion der Ästhetik um, statt einer Erneuerung der Wahrnehmung ... das Festschreiben von Bildern".[468]

Der Hinweis des Gesetzgebers auf die Erlebnis- und Wahrnehmungsfähigkeit eines für ästhetische Eindrücke offenen Betrachters darf nicht dazu verleiten, andere Erlebnis- und Wahrnehmungsfähigkeiten als „Spezialistentum" abzutun. Wie wir in Kapitel 1 Näherung dargelegt haben, sind die mit unserem Gutachten in Anschlag gebrachten Analyseverfahren eine strukturelle Steigerung alltäglichen Handelns. Das bedeutet nicht, dass beispielsweise jeder Betrachter der Landschaft auch die Bilder von Gerhard Richter oder die Ready-Mades von Marcel Duchamp kennen muss – wohl aber, dass jeder Betrachter sie kennen *kann*. Sie sind kein Geheimtipp einer Insidergruppe, wohl aber, wie Bildfindungen und Landschaftsverständnis der Romantik etwa, auf vielfältigste Weise in unser kollektives Wissens- oder Bildungsgut eingewoben.[469] Und als solch allgemeines Kulturgut können wir es uns (es aktualisierend) vergegenwärtigen; und wir müssen es uns vergegenwärtigen, wenn wir sinnverstehend rekonstruieren wollen, was auf der Grundlage dieses Kulturgutes entstanden ist.

Wir haben in unserer Analyse explizit gemacht, was implizit von jedem „für ästhetische Eindrücke offenen Betrachter" erfahren werden kann. Deshalb haben wir auch die bekannt gewordenen kritischen Einwände ernst genommen und auf ihre immanente Konsistenz geprüft. Der Rückgriff auf einen (allererst zu konstruierenden) „aufgeschlossenen Durchschnittsbetrachter" wirft die Frage auf, ob dabei *Betrachten* oder *Betrachter* gemeint ist. Ist der *Betrachter* gemeint, dann haben wir es mit gehobenem Geschmack und Halbbildung im Sinne von Adorno zu tun. Ist *Betrachten* gemeint, dann ist eine grundsätzliche Empfänglichkeit angesprochen, die dazu in der Lage und dazu bereit ist, das je eigene Geschmacksurteil einem ästhetischen Angemessenheitsurteil auszusetzen. Die Rechtssprechung steht vor dem Problem, welche Perspektive sie einnimmt. Beruft sie sich auf den Betrachter, dann muss sie ihrer Entscheidungsfindung „herrschenden Geschmack" zugrunde legen. Beruft sie sich hingegen auf das *Betrachten*, dann wird sie die Sache selbst in ihrer ästhetischen Erscheinung würdigen.

Zu letzterem leistet dieses Gutachten einen Beitrag. Deshalb folgen wir dem Paradigma des Kunstwerks: Wir verstehen Kunstwerke in diesem Zusammenhang als ausdrückliche „Verlängerungen" des Sichtbaren, auf das sie sich beziehen. Das Ready-Made von Marcel Duchamp etwa diente uns dazu, grundsätzlich und noch ohne Bezug auf den Analysegegenstand „Windkraftrad" deutlich zu machen, was es heißt, wenn ein Rad sich in der Luft dreht. Entsprechend konnten uns die Landschaftsbilder von Gerhard Richter exemplarisch anschaulich machen, wie eine „scheinbare" Bildstörung („verschmierte" Farbe auf einem „ordentlichen" Landschaftsbild) nicht nur integraler, sondern konstitutiver Teil eines Bildes sein kann, indem sie dieses in eine neue Dimension des Bildseins hebt, ohne die „alte" zu beeinträchtigen oder zu verunstalten.

Kunstwerke sind (auch) Explikationen des Alltäglichen und der in diesem Gutachten in Anschlag gebrachte „künstlerische Blick" ist (auch) Explikation des Blicks eines aufgeschlossenen Durchschnittsbetrachters. Jeder „für ästhetische Eindrücke offene Betrachter" nimmt zwar wahr, *sieht* aber nicht ohne weiteres (ohne Hilfestellung eines geübten Betrachters), was wir expliziert haben. Nicht jeder kann sich die Zeit nehmen, um sich „Landschaft mit Doppelwindrad" in allen bedeutungsvollen Aspekten (die wir entfaltet haben) zu vergegenwärtigen. Aber jeder, der überhaupt hinschaut (und davon geht der Gesetzgeber aus), könnte dies tun. Er wird nicht alle Details, aber doch die explizierte Sinnstruktur nachvollziehen können. Und allein darauf kommt es ästhetischer Perspektive an.

Zweckorientierte Anlagen (wie Windkraftanlagen) und Landschaft (als gestaltete Natur) sind als menschliche Hervorbringungen bedeutungsvolle, sinnstrukturierte Ausdrucksgestalten. Als solche fordern sie notwendig jeden Betrachter dazu auf, Ausdruck und Sinn zu erfassen. Dass dies nicht immer sofort gelingt, liegt in der Natur der Sache – sofern sie neu ist; und, wie ausgeführt, im aufdringlichen Sinn, den sofort erkennbare Zweckdienlichkeit darstellt und damit den Bildwert der Sache verdunkelt. Windkrafträder, in ihrer aktuellen spezifischen Form und Gestalt, *sind* zweckdienlich *und* neu, und sie sind vor allem neu in dieser Schwarzwaldlandschaft. Nicht jeder Betrachter wird das ästhetische Potential dieser punktuellen Landschaftsbildweiterung *sofort* erfassen – aber jeder hat die Möglichkeit; jeder kann *betrachten*.

**Beeinträchtigung. Verunstaltung**

Das Verwaltungsgericht Wiesbaden (4 E 692/00 (1)) hat unterschieden zwischen erheblicher Beeinträchtigung und Verunstaltung: „Nach alledem sind die Windkraftanlagen landschaftsschutzrechtlich deshalb nicht genehmigungsfähig, weil durch sie das Landschaftsbild erheblich beeinträchtigt wird. Auf die Frage, ob die Anlagen die Landschaft auch verunstalten, kommt es danach nicht mehr an."

OVG Münster NRW Urteil vom 12.6.2001 – Az. 10 A 97/99

„Im Unterschied zu förmlich unter Natur- oder Landschaftsschutz gestellten Landschaftsteilen, bei denen schon eine Beeinträchtigung des Naturschutzes oder der Landschaftspflege zur Unzulässigkeit eines nicht privilegierten Vorhabens im Außenbereich führt, begründet eine Beeinträchtigung des Orts- oder Landschaftsbildes außerhalb von Schutzgebieten allein noch nicht die Unzulässigkeit eines solchen Vorhabens. Vielmehr muss eine qualifizierte Beeinträchtigung im Sinne einer Verunstaltung des Orts- oder Landschaftsbildes gegeben sein (Vgl. BVerwG, Urteil vom 15.5.1997, a.a.O.).

Eine solche Verunstaltung liegt nur vor, wenn das Vorhaben seiner Umgebung grob unangemessen ist und auch von einem für ästhetische Eindrücke offenen Betrachter als belastend empfunden wird (Vgl. BVerwG, Urteile vom 28.6.1955 -I C 146.53 -, BVerwGE 2, S. 172 (177), vom 22.6.1990, a.a.O. und vom 15.5.1997, a.a.O.).

Für die Annahme, ob eine Verunstaltung des Orts- oder Landschaftsbildes vorliegt, ist die jeweilige durch die Standortwahl vorgegebene Situation maßgeblich. Wann dies der Fall ist, hängt von den Gebietscharakteristika ab. Bei der vom Gericht vorzunehmenden Bewertung ist zu berücksichtigen, dass bei einem Bauvorhaben, welches in exponierter Lage in der Landschaft liegen soll, ein schärferer Maßstab angebracht sein kann. Dabei liegt es auf der Hand, dass eine Anlage desto eher geeignet ist, eine Störung hervorzurufen, je stärker sie als Blickfang den Gesamteindruck beeinträchtigt (Vgl. BVerwG, Urteil vom 15.5.1997, a.a.O. und Beschluss vom 13.11.1996, a.a.O.; OVG NRW, Beschluss vom -4.7.2000 – 10 A 3377/98)."

Die Analyse des „Schwarzwaldbildes mit Windkraftanlagen" ergab, dass die Doppelanlage an der Holzschlägermatte eine Veränderung im Sinne einer punktuellen Landschaftsbild*weiterung* ist. Das Doppel ist seiner Umgebung insofern angemessen, als es ihr

1. etwas hinzufügt, was zwar vorhanden, bisher aber nicht wahrgenommen wurde (der Berg auf der das Doppel steht, das Gewann Holzschlag, durch die dargelegte Markierungsfunktion);
2. deren Gebietscharakteristika (Vermittlung von Berg und Tal) unterstreicht (indem es dem Bergblick eine erhellende optische Verbindung zur Stadt, dem Talblick eine nicht anders als herrlich zu nennende Kulisse, ein definiertes Panorama bietet);
3. sich anschmiegt: der Blickfang, den das Doppel ohne Zweifel darstellt ist
   a) von der Art, dass er durch die meditative Eigenbewegung (die nie hektisch, unruhig ist) sich der Ruhe der Landschaft anpasst und in eins damit
   b) den Blick weiter auf oder in das Landschaftsbild lenkt (im Unterschied zu einem „Blickfang", der eine permanente Attraktion darstellt – was hier wegen des Gleichmaßes und des „immer Gleichen" der Drehbewegung nicht der Fall ist; in einem Schaufenster ist der Blickfang Teil der Dekoration, der den Blick einfängt und auf die Ware weiterleitet, nicht aber dauerhaft bei sich hält.)
4. eine parallele Erscheinung zur Seite stellt: Landschaft (als gestaltete Natur) verweist den Blick (mit der dabei zu erlebenden Weite, dem Gemachten und Nicht-Gemachten) auf den Betrachter und seine „Enge" (die sich bei diesem Weitblick öffnen kann) – parallel dazu verweist das Doppel auf den Betrachter, indem es einen alle Sinne ansprechenden Rückbezug evoziert: Weht dort/hier (k)ein Wind?

Wo im Verhältnis dazu befinde ich mich?

Das „Freiburger Doppel" stellt, auch bei Anwendung schärfster Maßstäbe, keine Beeinträchtigung dar und ist keine Verunstaltung des Landschaftsbildes.

„Mastenartige Eingriffe, zu denen Antennenträger, Freileitungen und Windkraftanlagen zählen, zeichnen sich dadurch aus, dass sie – naturschutzfachlich betrachtet – vorrangig das Landschaftsbild beeinträchtigen. Als technische Elemente beträchtlicher Höhe wirken sie weit in die Landschaft hinein und mindern damit oftmals ganz erheblich und wegen ihrer Langlebigkeit zugleich nachhaltig den landschaftsästhetischen Wert ihrer Umgebung."[470] Das Verwaltungsgericht Karlsruhe (Az.: 4 K 2331/01) führt aus:

„Das Verunstaltungsverbot dient dem optischen Landschaftsschutz. Es stellt klar, dass – anders als bei der sog. funktionellen Betrachtungsweise, die bei der Beurteilung der natürlichen Eigenart der Landschaft anzustellen ist – in ästhetischer Hinsicht nicht jede Abweichung von der Umgebung relevant ist. Vielmehr muss es sich um eine schwerwiegende negative Abweichung handeln, d.h. um einen besonders groben Eingriff in ein wegen seiner Schönheit erhaltenswertes Landschaftsbild (vgl. SächsOVG, Urt. v. 18.05.2000, SächsVBl. 2000, 244). Allein die Verwendung neuer Baumaterialien und Bauformen ist in der Regel noch nicht dazu geeignet, eine Verunstaltung hervorzurufen (BVerwG, Urt. v. 16.06.1994, NVwZ 1995, 64; OVG Schleswig, Urt. v. 21.02.1996-1 L 202/95-, nachgewiesen bei Juris).

[...] Der für die Windfarm von der Klägerin vorgesehene Standort zeichnet sich danach – trotz seiner landwirtschaftlichen Nutzung – insbesondere durch seine Unberührtheit und die hiervon ausgehende Ruhe aus. Diese Charakteristika prägen die ... Bergkuppe in besonderem Maße. In einem Umkreis von mehreren Kilometern sind – von dem für die Windfarm vorgesehenen Standort aus gesehen – so gut wie keine Gebäude oder andere das Landschaftsbild prägende bauliche Anlagen zu erkennen [...].

Das in Streit stehende Bauvorhaben lässt wegen der Höhe sowie der Anzahl der Windkraftanlagen jegliche Rücksicht auf die Höhen- und Größenverhältnisse vermissen, die für das Landschaftsbild in der näheren Umgebung des vorgesehenen Standorts charakteristisch sind und damit das Landschaftsbild prägen; es sprengt alle Proportionen. Allein die Höhe von 80 m bis zur Nabe steht außer Verhältnis zu der Höhe, die die Kuppe, auf der die Windkraftanlagen errichtet werden sollen, gegenüber ihrer Umgebung aufweist. Die Gesamthöhe der Windkraftanlagen beträgt einschließlich der Rotorblätter 112 m. Ein Aussichtsturm mit einer solchen Höhe würde nach Auffassung der Kammer das Landschaftsbild jedenfalls verunstalten. Ob deshalb bereits eine Windkraftanlage am vorgesehenen Standort verunstaltend wirken würde, mag wegen deren schlanker Form zweifelhaft erscheinen. Immerhin lässt die allein auf einen optimalen Wirkungsgrad der Windkraftanlagen ausgerichtete Höhe völlig die Proportionen, die das Gelände in ihrer näheren und weiteren Umgebung hat, außer acht und sprengt die Größenverhältnisse, die für die Landschaft in der näheren Umgebung typisch sind. Die Höhe der Windkraftanlagen würde in krassem Gegensatz zu dem treten, was für die sanft geschwungene Hügellandschaft charakteristisch ist. Bereits dieser Gegensatz und das grobe Missverhältnis hinsichtlich der Größe zu der den Standort umgebenden Landschaft könnte bei dem für ästhetische Eindrücke offenen Betrachter das

Gefühl des Missfallens hervorrufen. Ohne Frage muss nach Auffassung der Kammer aber hiervon und damit von einer Verunstaltung ausgegangen werden, wenn nicht nur eine, sondern insgesamt fünf Windkraftanlagen errichtet würden. Diese würden in ihrer Summe den Charakter der vorhandenen Landschaft völlig verändern. Die Privilegierung von Windkraftanlagen bedeutet nicht, dass derartige Anlagen ohne Rücksicht auf die Eigenart, die die Landschaft in der näheren Umgebung aufweist, errichtet werden dürfen. Dies gilt zum einen für die Auswahl des Standorts, zum anderen aber auch für die Frage, in welcher Zahl und welcher Höhe Windkraftanlagen am vorgesehenen Standort errichtet werden können, ohne dass die damit in der Regel zwangsläufig verbundene Beeinträchtigung des Landschaftsbilds in eine Verunstaltung umschlägt [...].

Die Windfarm würde nach allem den vorhandenen ruhigen Eindruck, den die Landschaft auf der Bergkuppe bietet, samt ihren Blickbeziehungen zu den erwähnten, etwa ein bis zwei Kilometer entfernten näheren Landschaftsbereichen zerstören, was eine Verunstaltung des Landschaftsbildes i. S. v. § 35 Abs. 3 S. 1 Nr. 5 i.V.m. Abs. 1 BauGB zur unmittelbaren Folge hätte. Insbesondere durch die beabsichtigte Massierung von fünf sehr großen Windkraftanlagen würde nach der Überzeugung des Gerichts der vorhandene Charakter der bislang als nahezu still zu bezeichnenden Landschaft vollständig beseitigt. Die mehrere hundert Meter auseinander stehenden, benachbarten Windkraftanlagen würden den vorhandenen – näheren – Landschaftsraum in einem Maße dominieren, dass dieser einen völlig anderen Charakter erhalten würde. Dahingestellt bleiben kann für die Entscheidung des vorliegenden Rechtsstreits, ob sich ein solcher Eindruck auch im Falle der Errichtung von lediglich ein oder zwei Windkraftanlagen auf der betreffenden Bergkuppe ergeben würde; denn der Beurteilung des Gerichts kann nur das von der Klägerin im Bauvorbescheidsverfahren zur Prüfung eingereichte Gesamtvorhaben unterliegen [...].

Eine Verunstaltung des Landschaftsbildes im Sinne von § 35 Abs. 3 S. 1 Nr. 5 BauGB muss nach alledem sowohl für den vorgesehenen unmittelbaren Aufstellungsbereich der Windkraftanlagen als auch für den oben beschriebenen näheren Landschaftsbereich angenommen werden. Hingegen erscheint nach Einschätzung der Kammer eine Verunstaltung im Hinblick auf die Fernsichtwirkung der Windkraftanlagen fraglich. Denn aus weiterer Entfernung würden die Anlagen mehr und mehr kleiner und weniger dominant erscheinen. Sie sind auch nicht – im Gegensatz zu drei anderen von der Klägerin geplanten Windkraftanlagen (vgl. das Verfahren 4 K 2525/01) – unmittelbar an der Abbruchkante des Kraichgaus zum Rheintal hin vorgesehen, was dort eine Fernsichtwirkung vom Rheintal aus erheblich erhöht. Zu einer Verunstaltung des Landschaftsbildes im Sinne von § 35 Abs. 3 S. 1 Nr. 5 BauGB reicht indes eine solche des unmittelbaren und des näheren Landschaftsbereichs aus, so dass dem Vorhaben der Klägerin im Ergebnis geltendes Bauplanungsrecht entgegensteht. Deshalb hielt es die Kammer nicht für erforderlich, in der mündlichen Verhandlung von weiter entfernten Standorten Feststellungen dazu zu treffen, ob auch im Hinblick auf die Fernsichtwirkung eine Verunstaltung des Landschaftsbilds anzunehmen ist."

Immer wieder taucht in Rechtsfällen die Frage nach der landschaftsästhetischen Bedeutsamkeit windenergieanlagentypischer Besonderheiten, wie zum Beispiel der Drehbewegung der Rotoren auf. Dazu hat der 4. Senat des Bundesverwaltungsge-

**Durch Nutzung geprägte Form**
**Blickfang: Rotorbewegung**

richts am 15. Oktober 2001 eine Verbindung von Nutzen und Form der Anlagen festgestellt und ausgeführt:[471]

„1. Die Beschwerde formuliert als rechtsgrundsätzlich bedeutsam die Frage, ob „bei der Beurteilung des öffentlichen Belangs ‚Verunstaltung des Landschaftsbildes' (§ 35 Abs. 3 Nr. 5 BauGB) durch (gemäß § 35 Abs. 1 Nr. 6 BauGB privilegierte) Windenergieanlagen und im Rahmen der vorzunehmenden Abwägung windenergieanlagentypische Besonderheiten (drehende Bewegung der Rotorblätter, etc.) überhaupt bzw. zu Lasten der Windenergieanlagenvorhaben zu berücksichtigen sind". Der Kläger teilt nicht die Ansicht des Berufungsgerichts, bei Anwendung von § 35 Abs. 3 Satz 1 Nr. 5 BauGB sei zu berücksichtigen, dass die drehende Bewegung der Rotorblätter den Blick des Betrachters zwangsläufig auf die Windkraftanlagen lenke.

Die aufgeworfene Frage lässt sich ohne weiteres aus dem Gesetz beantworten, ohne dass es dazu eines Revisionsverfahrens bedürfte. Nach § 35 Abs. 3 Satz 1 Nr. 5 BauGB ist ein privilegiertes Außenbereichsvorhaben unzulässig, wenn das Vorhaben das Orts- und Landschaftsbild verunstaltet. Vorhaben im Sinne dieser Vorschrift wie im Sinne von § 29 Abs. 1 BauGB ist die bauliche Anlage in ihrer durch die Nutzung bestimmten Funktion. Insoweit bilden der Baukörper und der Nutzungszweck eine Einheit. Sie verleiht dem Vorhaben seine prägende Gestalt. Gegenstand der Beurteilung und Genehmigung ist deshalb die Bausubstanz und ihre vorgesehene Nutzung. Dies hat der beschließende Senat zum Begriff des Vorhabens in den §§ 29 ff. BauGB bereits mehrfach entschieden (vgl. Beschluss vom 30. Januar 1997 – BVerwG 4 B 172.96 – Buchholz 406.11 § 34 BauGB Nr. 182, S. 42 f. m.w.N.). Diese umfassende rechtliche Betrachtungsweise ist auch dann geboten, wenn es zu klären gilt, ob eine Windkraftanlage dem Orts- und Landschaftsbild in ästhetischer Hinsicht grob unangemessen ist und auch von einem für ästhetische Eindrücke offenen Betrachter als belastend empfunden wird. Entgegen der Ansicht des Klägers kann bei dieser den Tatsachengerichten obliegenden wertenden Einschätzung die anlagentypische Drehbewegung der Rotorblätter als Blickfang nicht außer Betracht bleiben.

Diesem Ergebnis kann nicht entgegengehalten werden, Windkraftanlagen zählten nach § 35 Abs. 1 Nr. 6 BauGB zu den baulichen Anlagen, die der Gesetzgeber im Außenbereich gegenüber sonstigen Außenbereichsvorhaben (§ 35 Abs. 2 BauGB) für privilegiert zulässig erklärt habe. Eine Entscheidung über den konkreten Standort der privilegierten Vorhaben im Außenbereich hat der Gesetzgeber in § 35 BauGB nicht getroffen. Auch die Zulässigkeit von Windkraftanlagen im Außenbereich steht daher unter dem Vorbehalt, dass die Anlage das Orts- und Landschaftsbild im Einzelfall nicht verunstaltet. Ob die Schwelle zur Verunstaltung überschritten ist, hängt von den konkreten Umständen der jeweiligen Situation ab. Angriffe gegen die tatrichterliche Sachverhaltswürdigung können die grundsätzliche Bedeutung einer Rechtssache im Sinne von § 132 Abs. 2 Nr. 1 VwGO nicht begründen."

Wie unsere Analyse zeigt, ist die „prägende Gestalt" der fraglichen Anlagen (Enercon E 66) an der Holzschlägermatte nicht allein durch die Einheit des Baukörpers mit seinem Nutzungszweck, sondern vor allem durch die Einheit von Nutzungszeck und freiem ästhetischem Ausdruck bestimmt und aus dieser hervorgegangen. Insbesondere die so genannte „Gondel" ist eine prägnante Gestalt, die in gelungener Form ingenieurtechnisch-funktionale Maßgaben und ästhetischen Ausdruck synthetisiert und jeweils über sich selbst hinausführt.

Zudem bilden die Anlagen an der Holzschlägermatte (als Doppel, und an der Stelle, an der sie errichtet sind) eine ausdrucksstarke skulpturale Formeinheit *mit* der Landschaft. Sie werden als skulpturale (raumgliedernde und Bedeutung tragende) Objekte in Verbindung *mit* der Landschaft wahrgenommen.

Die vom Senat in Anschlag gebrachte Einheit von Baukörper und Nutzungszweck schließt nach unserer Analyse den ästhetischen Ausdruck der Windkraftanlagen an der Holzschlägermatte ein. Insbesondere deshalb, weil die prägende Gestalt der Einzelanlage sich einer Formgebung verdankt, die weit über die funktional-technischen Notwendigkeiten hinaus reicht. Sie realisiert in der Formgebung der „Gondel", der Farbgebung des Turmes, der Zuordnung der einzelnen Anlagen etc. einen ästhetischen Ausdruckswillen. Die bildnerische Ausdrucksgestalt ist, neben der Energieumwandlung, wesentlicher Nutzungszweck. Auch wenn dies Herstellern oder Nutzern nicht immer bewusst ist. Im Falle der E 66 ist *dieser* Nutzungszweck sichtlich mitgedacht und gestaltprägend.

Gilt dies für „das Freiburger Doppel an der Holzschlägermatte" im Besonderen, so ist aus unserer Sicht darauf hinzuweisen, dass heutzutage die „prägende Gestalt" aller Produkte wesentlich durch ihre stets mitgedachte bildhafte Funktion bestimmt ist. Es mag schon immer so gewesen sein, dass menschliche Hervorbringungen auch als bedeutungstragende Objekte genutzt wurden – zum Beispiel als Statussymbol – aber heute scheint dieser Nutzungszweck zum Bedauern Vieler oft der einzige und hauptsächliche Herstellungsgrund überhaupt. In der Architektur jedenfalls, als erklärte Einheit von Ausdruck und Funktion, ist unter dem Label „Postmoderne" zunehmend der architektonische, bildnerische Ausdruck gestaltprägend geworden. Oder, anders gewendet, die Dinge haben auch eine bildhafte Funktion, die mitunter in der Vordergrund rückt, die bei der Herstellung mitgedacht ist und die in ihrer technischen Nutzung immer auch genutzt (rezipiert) wird.

Der Verwaltungsgerichtshof Baden-Württemberg verkündet am 16.10.2002 (8 S 737/02 Fall „Lützelalb"):

„Eine Verunstaltung liegt vor, wenn ein Vorhaben dem Landschaftsbild in ästhetischer Hinsicht grob unangemessen ist und auch von einem für ästhetische Eindrücke offenen Betrachter als belastend empfunden wird ... Für diese Entscheidung spielt es grundsätzlich keine Rolle, ob der vorgesehene Standort in einem Natur- oder Landschaftsschutzgebiet liegt, denn auch eine naturschutzrechtlich nicht besonders geschützte Landschaft kann gegen ästhetische Beeinträchtigungen empfindlich sein ...

Nach diesen Maßstäben kann das Vorhaben der Klägerin wegen seiner die Landschaft verunstaltenden Wirkung nicht zugelassen werden. Denn die Windkraftanlagen sollen – wie die Baurechtsbehörden und die Bezirksstelle für Naturschutz und Landschaftspflege Stuttgart festgestellt haben und wie sich in den vom Senat eingenommenen Augenscheinen nachhaltig bestätigt hat (vgl. schon das Urteil vom 20.4.2000, a.a.O., UA S. 14) – an besonders exponierter, von weit her einsehbarer Stelle auf der bisher von vergleichbaren Anlagen unbelasteten und landschaftlich besonders reizvollen Lützelalb errichtet werden. Der dort vorhandene Fernsehumsetzer kann schon wegen seiner deutlich geringeren Höhe und Massivität nicht als nennenswerte und die Schutzwürdigkeit mindernde Vorbelastung angesehen werden.

Vor allem aber fällt entscheidend ins Gewicht, dass er keinen Blickfang wie die Windkraftanlagen mit ihrer typischen Drehbewegung der Rotorblätter in großer Höhe aufweist (vgl. BVerwG, Beschluss vom 15.10.2001, a.a.O., im Anschluss an OVG NRW, Urteil vom 12.6.2001, a.a.O.). Diese stünden, wie die Bezirksstelle für Naturschutz und Landschaftspflege Stuttgart in ihrer Stellungnahme vom 28.3.1998 zu Recht hervorgehoben hat, in unangemessenem Kontrast zu der reich strukturierten, gegliederten und damit optisch ansprechenden Mittelgebirgslandschaft mit ihrem auf der Natürlichkeit, Schönheit und Vielfalt der freien Landschaft basierenden Erholungswert.

Insbesondere der einmalige Erholungscharakter des Naturschutzgebiets „Kaltes Feld-Galgenberg" würde empfindlich betroffen, weil ihm in einem Abstand von teilweise nur 1,5 km ausladende hochtechnische Anlagen gegenübergestellt würden, die der ländlichen Hügellandschaft unangemessen sind und beim Betrachter Missfallen hervorrufen würden.

Daran ändert auch der von der Klägerin in den Vordergrund gerückte Umstand nichts, dass dieses Naturschutzgebiet mit Wanderheimen, Skihütten, Sprungschanzen sowie Skiliften „möbliert" ist und sich im Nordosten ein Segelfluggelände anschließt. Denn es handelt sich dabei ausnahmslos um der Erholung, sportlichen Betätigung und Zerstreuung dienende Einrichtungen, die der Erholungssuchende in derartigen Gebieten erwartet und die – im Gegensatz zu Gebilden wie den weitaus höher aufragenden und durch die Rotordrehungen Unruhe verbreitenden Windkraftanlagen – nicht annähernd in gleicher Weise negativ in die Umgebung ausstrahlen. Vor allem die Skisprungschanzen folgen im Wesentlichen – bis auf den Kampfrichterturm, der allerdings die Waldkulisse nicht überragt – dem Hangverlauf und sind deshalb nur aus der unmittelbaren Nähe erkennbar.

… Das Landschaftsbild würde vielmehr – auch aus der Tallage betrachtet, von der aus diese Windparks nicht sichtbar sind – eindeutig dominiert von den nahe an der Hangkante über dem Waldtrauf aufragenden Windkraftanlagen, deren Errichtung die Klägerin plant. Unerheblich ist schließlich auch ihr Einwand, die Anlagen auf der Lützelalb könnten nur auf Teilstrecken der Wanderwege im Naturschutzgebiet „Kaltes Feld" wahrgenommen werden. Denn die Antwort auf die Frage, ob ein geplantes Vorhaben landschaftsangemessen ist oder nicht, kann nicht davon abhängen, von wie vielen Ausblicksstandorten es eingesehen werden kann. Deshalb war den in der mündlichen Verhandlung gestellten Beweisanträgen der Klägerin, die Wege im genannten Naturschutzgebiet in Augenschein zu nehmen, ebenso wenig nachzukommen, wie den ebenfalls nicht entscheidungserheblichen und im Übrigen vom beklagten Land unstreitig gestellten Anträgen, eine Auskunft der Luftverkehrsbehörde über die Nutzungsfrequenz des Segel- und Motorflugplatzes Hornberg einzuholen und die an einzelnen Aussichtspunkten vorhandenen baulichen und sonstigen Anlagen einer näheren Betrachtung zu unterziehen."

**Vorbelastung. Erholungswert**

Ein brandenburgischer Erlass von 1998 bringt noch einmal auf den Begriff wie man sich das vorzustellen hat. Da heißt es in § 5.1

„Vermeidung und Verminderung von Beeinträchtigungen (§ 12 BbgNatSchG)
Aufgrund der Auswirkungen von Antennenträgern auf das Landschaftsbild ist vorrangig unter dem Aspekt der Vermeidung auf eine Minimierung der Standorte für Antennenträger hinzuwirken. Um Beeinträchtigungen des Landschaftsbildes weit-

gehend zu vermeiden, sollen Antennenträger möglichst dort geplant werden, wo das Landschaftsbild durch Vorbelastungen in seiner Qualität bereits eingeschränkt ist (Gewerbestandorte etc.), beziehungsweise wo durch Sichtverschattung eine Reduzierung der Fernwirkung der Antennenträger erreicht werden kann ( Waldgebiete, Nachbarschaft von Baumgruppen etc.). Zur Verminderung der Beeinträchtigungen des Landschaftsbildes ist weiterhin bei der Bauart der Masten zu prüfen, ob auf Mastabspannungen verzichtet werden kann und Sendeanlagen aus Beton und Stahlgittermaste eine farbliche Gestaltung erhalten können, die eine große Kontrastwirkung zum Horizont vermeiden"[472]

„Die vom Bundesgesetzgeber gewollte bauplanungsrechtliche Privilegierung ist auch im Rahmen der Prüfung, ob dem Vorhaben öffentliche Belange entgegenstehen *(§ 35 Abs. 3 BauGB)* zu beachten. Eine Verunstaltung des Landschaftsbilds oder eine Beeinträchtigung der natürlichen Eigenart der Landschaft sei daher nur dann anzunehmen, wenn es sich um eine wegen ihrer Schönheit und Funktion besonders schutzwürdige Umgebung oder einen besonders groben Eingriff in das Landschaftsbild handele. Im konkreten Fall zählte das Gericht eine Reihe von Vorbelastungen auf, die gegen eine besondere Schutzwürdigkeit des Landschaftsbildes sprächen: Mehrere Hochspannungsleitungen, Umsetzer, Funkmast, Bundesautobahn, Fabrikanlage mit Kamin sind relevante Vorbelastungen, die gegen eine besondere Schutzwürdigkeit des Landschaftsbildes sprechen."[473]

Im Sinne dieses oder anderer Urteile kann und will dieses Gutachten keine Aussagen treffen. Die Analyse des „Landschaftsbildes mit Windkraftanlagen" hat vielmehr grundsätzlich ergeben, dass der Schwarzwald (vielleicht im Unterschied zum Bayrischen Wald[474]) in Gänze eine Kulturlandschaft ist, die bis in die letzten Winkel von menschlicher Arbeit geprägt ist. Die Spezifika dieser Prägung haben wir in diesem Gutachten rekonstruiert. Die Frage der Vorbelastung kann sich in diesem Sinn nicht stellen.

Nun hat aber *VGH Mannheim, Urteil vom 16.10.2002, 8 S. 737/02* ergeben, dass Anlagen der Erholung, sportlichen Betätigung und Zerstreuung (z.B. Wanderheime, Skihütten, Skilift, kleine Sprungschanze) nicht als Vorbelastungen zu werten sind, da der Erholungssuchende solche Einrichtungen in erholungsbedeutsamen Landschaftsbereichen erwarte.

Landschaftsbildbewertungsverfahren der jüngeren Zeit trennen das Landschaftsbild strikt von der Erholungseignung einer Landschaft. Diese Trennung findet sich auch im Naturschutzrecht.[475] Trotzdem wollen wir der Frage nach dem so genannten Erholungswert einer gegebenen Landschaft nicht ausweichen.

Vermutlich entspricht es unser aller Erfahrung, wenn wir sagen, dass es zwei grundsätzliche Arten gibt sich zu Erholen: in der Zerstreuung und in der Sammlung. Zerstreuung und Ablenkung suchen wir im Kino, im Sport, beim Tanzen, manch einer beim Einkaufen oder in einem Lokal. Sammlung und Konzentration suchen wir beim Meditieren, im Thermalbad, auf einem Spaziergang.

Erholsame Sammlung wird uns umso leichter fallen, als wir keiner zerstreuenden Ablenkung ausgesetzt sind, die unser Bemühen um Konzentration stören könnte. Ein allgemeingültiges Maß dafür, was uns *schon* stört oder *noch* nicht stört, gibt es nicht. Es ist abhängig von unserer Konzentrationsfähigkeit. Mancher kann sich noch im größten Trubel konzentrieren, ein anderer braucht klösterliche Abgeschiedenheit. Wenn gestresste Menschen „aufs Land fahren", suchen sie Ruhe und Gleichmaß, nicht

*Funkschirme der Wetterstation auf dem Feldberg*

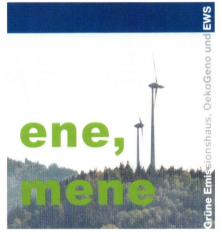

*Ausschnitt Prospekt OekoGeno und EWS*

**Eigenart. Vielfalt. Schönheit.**

Unruhe und Hektik.

Ruhe und Gleichmaß ergibt sich aus der „inneren Stimmigkeit" der Situation in der wir uns befinden. Und die ist natürlich leichter herzustellen, wenn es nicht Vielerlei gibt, das aufeinander/miteinander abgestimmt sein will. Dennoch ist diese „Stimmigkeit" auch möglich in komplexen Zusammenhängen: das Universum, ein Kaufhaus, eine Stadt, eine verkehrsreiche Fußgängerzone, eine Skipiste, ein Stadion kann diese Stimmigkeit haben und in diesem Sinn Ruhe vermitteln und uns sammeln helfen.

Die Landschaft mit Windkraftanlage an der Holzschlägermatte ist, wie die Analyse ergab, von großer innerer Stimmigkeit. Auch dann, wenn man die Windkraftanlagen ins Zentrum der Aufmerksamkeit rückt, wird man erfahren, dass sie so, wie sie erscheinen, von großer Ruhe und sattem Gleichmaß sind. Bewegen sie sich im Wind, tun sie das, wie Fische im Aquarium: lautlos und ohne Ungeduld.

Darüber hinaus sind die analysierten Windkraftanlagen an der Holzschlägermatte von eben jener Struktur, die die Landschaft prägt, in der sie sich befinden. Sie sind also nicht, was Cezanne Kunstwerken attestiert: Erscheinungen parallel zur *Natur*, sondern parallel zur *Kultur* der Landschaft.

In einer Wirtschaftsregion, die sich, wie der Schwarzwald, über Jahrhunderte durch innovativste Technik hervorgetan hat, wenn es um optimierte Passung von Kultur und Natur ging (Schwarzwaldhaus), ist es, wie es das *VGH Mannheim* für Erholungsgebiete festgestellt hat, nicht ganz unerwartet, eine moderne Windkraftanlage hier zu sehen.

Wenn wir konsequent von landschaftsbild*ästhetischen* Erfordernissen ausgehen, dann *gibt* es keine „unverfälschten historischen Kulturlandschaften, sogenannte ‚Bilderbuchlandschaften', in denen eine WEA eine große Kontrastwirkung hätte"; *keine* „dagegen durchschnittlich siedlungsgeprägte Landschaftsbilder oder ‚nichtssagende' Gegenden, in denen die Integration einer Windkraftanlage leicht fällt", wie es in der „Windfibel"[476] des Wirtschaftsministeriums des Landes Baden-Württemberg heißt.

Was es allein *gibt*, sind unterscheidbare Landschaften und Landschaftsbilder. Ohne eingehende Betrachtung (oder Analyse) ist nicht von vornherein auszumachen, ob eine wie auch immer geartete Baumaßname leicht oder schwer zu integrieren ist, ob sie eine große Kontrastwirkung hätte oder nicht. Wenn wir nicht, wie es der Landschaftsschutzgedanke des Gesetzgebers ausdrückt, konsequent die *Eigenart einer Landschaft* ernst nehmen (und das beinhaltet die Möglichkeit, dass auch eine 'nichtssagende' Gegend eine Bilderbuchlandschaft sein kann), werden wir auch keine rational vertretbaren Landschaftsbildgestaltungen realisieren können.

Bezogen auf das Schutzgut „Landschaft", d. h. bezogen auf Eigenart, Vielfalt und Schönheit, bestimmt sich das Landschaftsbild Schwarzwald wie folgt:

a) Die *Eigenart* des Landschaftsbilds besteht erstens darin, dass sich hier eine Siedlungs- und Wirtschaftsweise herausgebildet hat, die in besonderer und unverwechselbarer Weise auf die Landschaft Bezug nimmt und diese gestaltet. Sie besteht zugleich in einer spezifischen Art der Sichtbarkeit, die sich aus der topografischen Lage (Bergblick und Talblick) und aus der Konstruktion der Blicke (durch Straßen, Bahnen, Türme und anderen vergleichbaren öffentlichen Einrichtungen) ergibt.

b) Die *Vielfalt* des Landschaftsbildes Schwarzwaldes ergibt sich zum einen aus dem Bereich des naturwüchsig Gewordenen (den Bergen, dem Rheintal, Seen und Fließgewässer) und zum anderen aus dem des Gemachten (Siedlungsgebiete, Parzellierung der Anbauflächen, Kanalisierung des Wassers, öffentliche Installationen der visuellen und verkehrstechnischen Erschließung). Sie umfasst die Reproduktionsfähigkeit eines Kulturraums in allen Aspekten. Im Gegensatz zu Monotonie und Monokultur wird im Landschaftsbild Schwarzwald die Möglichkeit einer gelungenen Lebenswelt als landschaftsspezifisches Modell sichtbar.

c) Die *Schönheit* der Landschaft schließlich ergibt sich aus der versöhnten Gestalt des Gemachten und Gewordenen; aus der Einheit von Eigenart und Vielfalt in einer einzigen Gestalt. Die Schönheit entsteht durch die topographische Herausgehobenheit, in der sich die kulturräumlichen Aspekte als vielfältige Sichten in der Landschaft zusammenfügen. Die versöhnte Gestalteinheit kann begrifflich mit „Park" oder „Garten" gefasst werden. Die Schwarzwaldlandschaft ist schön, soweit sie und sofern sie die gelungene Vermittlung ist zwischen Gemachtem und natürlich Gewordenem, das einen Garten kennzeichnet.

Die signifikante Differenz des Schwarzwaldes zu Hochgebirge und Meer einerseits, zu anderen Mittelgebirgen andererseits, ist sein in allen rekonstruierten Sinndeutungen nachweisbarer Charakter als „Garten".

Diese strukturellen Vorgaben (Eigenart, Vielfalt, Schönheit) werden von den beiden Windrädern am Schauinsland in hohem Maße erfüllt: Sie beziehen sich in ausgesuchter Weise auf die Landschaftsformation am Schauinsland (sie sind nicht einfach irgendwo hingestellt); sie visualisieren die Verfügbarkeit von Energie für die Region; und sie akzentuieren die landschaftsbezogenen Sichtmöglichkeiten durch vielfältige Perspektiven von der Tal- und der Bergseite unter wechselnden Licht-, Wetter- und Windverhältnissen.

Eine Verunstaltung des Landschaftsbildes „Schwarzwald" liegt vor, wann immer das empfindliche Gleichgewicht von Gemachtem und Gewordenem zerstört und zugunsten des einen, zu Lasten des anderen vereinseitigt wird. Menschliches Dazutun ist nicht unbesehen und von vornherein als „Belastung", „Vorbelastung" oder „Beeinträchtigung" zu werten.

Wenn der „Garten" sich abdichtet gegen die Welt, trocknet er aus und verkommt zu Kitsch. Wenn also alles Menschengemachte versteckt wird (wie manche Ansichtskarten, z.B. „Romantischer Schwarzwald", bildhaft vor Augen führen) entsteht ein Schrebergarten, der trotz individuell gestalteter Rekonstruktion gesellschaftlichen Lebens im Kleinen alles Gemachte in einem vollkommenen Illusionsraum (mit Gartenzwergen) erstickt und zum Verschwinden bringt.

Ein Garten aber, der umgekehrt nicht gepflegt wird, ist keiner. Konsequente Vermeidung menschlichen Dazutuns errichtet einen unsichtbaren Gartenzaun. Eine Verunstaltung des Landschaftsbildes „Schwarzwald" läge auch dann vor, wenn kultiviertes Land aus Mangel an Fürsorge verödete, von losgelassener Natur überwältigt würde.

In diesem Sinn ist die Doppelanlage an der Holzschlägermatte eine das Landschaftsbild bereichernde Hinzufügung, die nicht nur landschaftspflegerisches Wohlwollen demonstriert, sondern, wie Wasserhahn und Gartenschlauch, auch tatsächlich funktioniert und sichtlich der Pflege des „Gartens" dient und ihm zu Gute kommt. Jetzt erst, mit der Doppelskulptur an der Holzschlägermatte, ist dieser Landschaftsteil (und zwar anders als bisher – nämlich nur als wintersportliches Betätigungsfeld) Gegenstand visueller Aufmerksamkeit geworden.

*Dass* sich die potentielle Symbolkraft der Doppelanlage an der Holzschlägermatte

*Hinweistafel an der Autobahn A5 (Basel - Frankfurt) km 783 bei Neuenburg*

tatsächlich zum Vorteil für Kommune, Region und Land entfalten kann, und zwar wegen der erkennbar ästhetisch gelungenen Fuge von Windkraftanlage und Landschaft, lässt die legitime (aber auch verschwiegene und heimliche) Vereinnahmung des Freiburger Doppels für fremde Zwecke vermuten: ein aktueller Werbeprospekt, mit dem die ÖkoGeno und EWS für Beteiligungen an einem Windenergiefonds in der Nähe von Cottbus wirbt, nutzt auf der Frontseite ein Foto des Pärchens an der Holzschlägermatte. Auf Anfrage hat ÖkoGeno die Verwendung der Freiburger Doppelanlage als Werbeträger bestätigt. Das ungewöhnliche Vorgehen wurde mit der hohen Attraktivität des Bildes begründet.[477]

Land und Kommune werben an der Autobahn mit einem Hinweisschild. Auf dem ist „Hochschwarzwald" zu lesen und das Symbol eines Aussichtsturmes zu sehen. *Dass* von hier aus gesehen werden kann, ist die entscheidende Botschaft. Dieses grundsätzliche „sehen können", *von hier aus* „sehen können", ist durch das Doppel in keiner Weise beeinträchtigt. Ob es außerdem die Landschaft verunstaltet ist daher keine Frage mehr.

# Vorschläge & Weiterungen

Nike von Samothrake, Griechenland um 190 v.Chr.

Nicht nach landschaftsästhetischen, aber nach künstlerischen Kriterien, erweist sich die Doppelanlage an der Holzschlägermatte als *zu gut* integriert – oder, wie Simone de Beauvoir einmal sagte: Auch die Toten sind der Erde besser angepasst, als die Lebenden. Jürgen Giersch formulierte während des Kollegengesprächs im Hinblick auf die Schleuse in Breisach: „Es passt wie eine Einbauküche". Das charakterisiert das Passungsverhältnis von Doppelanlage und Landschaft: Sie sind Geist und wenig geeignet über bereits Bekanntes hinauszugehen und etwas Wesentliches, das auf andere Art nicht wahrnehmbar ist, sichtbar zu machen. Dazu muss die Gesamtanlage in ein gesteigertes, ein intensiveres Verhältnis zu sich selbst und zur Landschaft gesetzt werden.

Für Entwickler, Bauherren, Eigner und Betreiber war dies kein Anliegen – es geht schließlich um eine technische Einrichtung und nicht um ein Kunstwerk. Dennoch sollte das Mögliche getan werden, um dem Begonnenen zu einem würdigen Abschluss zu verhelfen. Es würde der Installation an der Holzschlägermatte über den geplanten Erhaltungszeitraum hinaus Bedeutung verleihen.

Nach den Ergebnissen unserer Untersuchungen kann dies keine provokante Geste sein (sie würde nur um ihrer selbst willen großspurig tun). Vielmehr geht es darum, die aufgezeigten vorhandenen positiven Ansätze weiter auszubauen, die begonnenen Linien auszuziehen.

Es wäre allgemein

1. die *Abständigkeit* der Windkraftanlagen zur Landschaft zu erhöhen (um das jeweils „andere" hervortreten zu lassen);
2. die situativ nur lokale *Verschränkung* der Anlage über das unmittelbare Umfeld hinaus auszuweiten (um sie als eindeutige Geste verantwortlicher Setzung zu verdeutlichen).

Beide Maßnahmen sind geeignet, die schon vorhandenen Sachverhalte als solche beim Betrachter in reflektierendes Bewusstsein zu heben.

„Industriell hergestellte Gebrauchstechnik inkorporiert schon immer einen erheblichen Normierungsgrad, der durch die massenhafte Produktion und Verbreitung und die dahinter stehenden wirtschaftlichen Strukturen gegeben ist. Eine Prägung der Technik durch die kulturelle Spezifität des lokalen oder regionalen Verwendungszusammenhangs wird zunehmend unwahrscheinlicher."[478] Dem wäre durch die vorgeschlagenen Empfehlungen entgegenzuwirken.

Die Doppelanlage wird durch keine Maßnahme schöner werden als die Nike von Samothrake (so Filippo Tommaso Marinetti im futuristischen Manifest im Pariser „Figaro" vom 20. Februar 1909 über einen Rennwagen[479]), aber sie soll doch in einen

Bereich verschoben werden, der ihrem fraglos technischen Sinn jenes Geheimnis entlockt, das sie benötigt, um ihren allzu eindimensionalen Sinnhorizont kenntlich zu erweitern. „Weil jeder Gegenstand als Teil einer im Letzten, Ersten, Grundsätzlichen unverständlichen Welt diese auch verkörpert, zeigt er im Bilde dargestellt, um so eindringlicher alle Rätselhaftigkeit, je weniger ‚Funktion' die Darstellung hat."[480] Durch die vorzuschlagenden Maßnahmen wird dem Doppel nichts von seiner *technischen* Funktion genommen (auch das wäre eine künstlerische Möglichkeit), aber seiner *bildnerischen* Funktion wird durch Präzisierung etwas hinzugefügt.

**Fremdheit anstelle mimetischer Tarnversuche.**

*Beide Türme der Windkraftanlagen an der Holzschlägermatte sollen silberfarben gestaltet werden.*

Statt sich in einer immer mangelhaften Mimikry anzupassen und dadurch umso störender *in* der Landschaft zu wirken, kann ein Objekt seine artfremde, artifizielle Beschaffenheit gleichsam thematisieren und sich eben dadurch aus seinem Umfeld herausnehmen. Eine störfreie Veränderung kann gerade darin bestehen, den optischen Abstand zwischen Objekt und Umfeld so deutlich als möglich zu machen.[481] Während z.B. eine Tarnfarbe geradezu den Vergleich provoziert, ist eine explizite Fremd- und Andersheit eine effiziente Möglichkeit, der Landschaft zu dem ihren zu verhelfen. Ein gegenüber seinem Umfeld artfremdes Objekt erlaubt auf einfache und zugleich aufschlussreiche Art und Weise, beide losgelöst voneinander zu betrachten (Entgegen einem Eingriff, der durch sichtlich intendierte Angleichung immer das Misslingen dieses Anpassungsversuchs demonstriert). Das deutlich ganz andere Objekt akzeptiert diese Erfahrung und geht einen Schritt weiter.

Ein Windkraftrad wird nie wie ein Baum, wie eine Wolke oder ein Fels aussehen. Und alle Versuche der Angleichung an naturnahe Formen demonstrieren auf unglückselige Weise ihr Scheitern – ohne dass gerade dies thematisch würde (wie bei einem Objekt, das um seine Unzulänglichkeit weiß). Alle Anstrengungen der Tarnung sind ein unfreiwilliges Eingeständnis und rücken in ihrer Strategie im Allgemeinen als unsympathisch empfundene Nähe zu militärischen und kriminellen Tarnmanövern.[482]

Tarnversuche aber sind, alltagssprachlich und lax formuliert, so genannte Verschlimmbesserungen. Bei erkennbarer Absicht wird das Gegenteil erreicht. Durch entsprechende Farbgebung getarnte Windkrafträder mögen dem oberflächlichen Blick nur scheinbar zu entgehen: Sie ziehen gerade dadurch erhöhte Aufmerksamkeit auf sich, als man glaubt, sich getäuscht zu haben. Die Prüfung der irritierend erlebten Unsicherheit erzwingt eine erhöhte Aufmerksamkeit und genaueres Hinsehen, um schließlich überzeugt zu sein, es handelt sich um „störende" Windkrafträder.

Es gibt gegensätzliche Verfahren, um eine Veränderung am Gegebenen so gering wie möglich erscheinen zu lassen. Beispiel für das genannte mimetische Verfahren sind alle Tarnversuche: von Militärs, Kriminellen oder Medizintechnikern. Prothesen etwa werden dem originären Körperteil, so weit als irgend medizinisch und technisch möglich, angepasst. So wurden z.B. Brillen, weil sie als störend und das Gesicht des Brillenträgers verunstaltend empfunden wurden, durch Kontaktlinsen ersetzt, die nur mit großer Anstrengung und Indiskretion überhaupt wahrnehmbar sind. Ideal ist der Austausch eines Körperteils durch ein anderes.

Eine ganz andere, entgegen gesetzte Strategie ist die der möglichst großen Differenz: Kunstwerke sind nicht zuletzt dadurch überhaupt also solche erkennbar, weil sie sich von allem anderen auf das deutlichste abheben. Diese Fremdheit gegenüber der sonst herrschenden Lebenswelt ist mitunter so stark empfunden worden, dass man die gänzliche Irrelevanz der Kunst für das Leben behauptet bzw. gefürchtet hat. Dies hat innerhalb der Kunst dazu geführt, diese Abständigkeit der Kunst vom Leben selbst zu thematisieren. Heute gibt es Kunstwerke, die sich nicht mehr sofort und eindeutig der Kunst oder dem Lebensweltzusammenhang zuordnen lassen. Innerhalb der Kunst sind das Versuche, den Borderline-Status der Werke selbst zu thematisieren. Beispiele: der Eis-Pavillon von Thomas Schütte auf der Documenta 8 in Kassel, der Leseraum „Sacco und Vanzetti" von Siah Armajani im Museum für Neue Kunst in Frankfurt, meine Arbeit „Haltestelle" an der Gertrud-Luckner-Gewerbeschule in Freiburg.

**Verankerung in Berg und Tal.**

*An jeweils der Stelle, an der eine gedachte Gerade durch die beiden Gondeln, in den Berg eintritt bzw. in der Rheinebene in den Boden führt, soll eine Bank mit Fernrohr eingerichtet werden.*

Durch diese Maßnahme wird das Doppel ausdrücklich in Szene gesetzt. Wie dargelegt, sind Bänke im öffentlichen Raum als Blickempfehlungen zu verstehen: Empfohlen wird, das von hier aus Sichtbare unter ästhetischen Gesichtspunkten zu betrachten. Wirklichkeit wird explizit zum Gegenstand ästhetischer Betrachtung und damit in den Kunstkontext eingerückt. Aus der gedachten Perspektive erscheinen die Anlagen in einer Linie: Türme und „Gondeln" decken sich, aber die Rotorblätter scheinen wegen ihres asynchronen Laufs ineinander verschränkt. Wie ausgeführt ist dies die Linie, bei deren Überschreitung die Anlagen ihre Plätze tauschen (links wird rechts und rechts wird links).

Im Gegensatz zu Ready-Mades (Duchamp) entsteht hier das Werk nicht durch *Transport* (vom Kaufhaus in die Galerie), sondern durch den *Export* eines bestimmten Blicks aus dem Atelier.

Bisher hat allein die Funktion der Windkraftanlagen – ihre technische Selbstverständlichkeit und gesellschaftliche (unterstellte oder tatsächliche) Notwendigkeit – ihre Erscheinung an der Holzschlägermatte gerechtfertigt. Die szenische Darbietung der „Landschaft mit Doppel" (durch die Bänke) ist ein Angebot, ästhetische Rechtfertigungsgründe zu prüfen. Die „Bänke mit Fernrohr" konstituieren Bühne und Zuschauer und die in diesem traditionellen Raum geltenden Regeln der Betrachtung und Bewertung, die zugleich in Frage gestellt werden: Was wir sehen, ist keine Aufführung.

Die Bänke stehen dabei in beabsichtigtem Kontrast zu den mobilen Blicken, wie sie Eisenbahn und Autobahn konstituieren (vgl. Kapitel 2.5.). Die Bänke schaffen einen (entsprechend zu gestaltenden ) Ort, indem sie Raum markieren und zugleich mit dem der Windkraftanlagen vermitteln.

**Weiterungen in Stichworten.**

1. Die Alltagsskulptur „Treppen", die zufällig durch den Baustopp entstand, kann in eine künstlerische Skulptur umgesetzt werden: Sie kann *ausdrücklich* die Funktion der Individualisierung der Türme übernehmen.
2. Es gibt so genannte Doppel- und Mehrfachsterne. Das sind „sehr absonderliche Sterne", „man denkt unwillkürlich an ein Ei mit zwei Dottern!"[483] Jeder dritte oder vierte Stern, den wir sehen, ist ein Doppelstern. Ein Paar bildendes Doppelgestirn bewegt sich um einen gemeinsamen Punkt, den Schwerpunkt.[435] Ein optischer

und geometrischer Schwerpunkt der Doppelanlage an der Holzschlägermatte kann durch eine entsprechende Skulptur „Amboss" (schweres Schmiedewerkzeug, Gleichgewichtsorgan) kenntlich gemacht und interpretiert werden.

3. Die Anlagen an der Holzschlägermatte können, im Sinne eines Werktitels, einen Namen bekommen. Dadurch werden sie weiter individualisiert. Es wird auf ihre Eigenständigkeit aufmerksam gemacht. Im Sinne eines Labels wäre dies hilfreich in der Auseinandersetzung um diese Anlagen. Neben den in diesem Gutachten bereits genannten Bezeichnungen wäre mit Rücksicht auf den „Bahnhofsturm", den Münsterturm, auf die Kirchtürme und Aussichtstürme zu prüfen, ob der Ausdruck „United Towers of Freiburg" Verwendung finden könnte.

4. Buchstäblich um die Transparenz (der Anlage und der Technik) zu erhöhen, können die Türen der Türme aus Glas sein (vgl. Kapitel Ad-hoc-Urteile: Kollegengespräch), kann der Innenraum beleuchtet werden.

## Anmerkungen

1. Sie unterscheiden sich schon, aber auffällig wenig im Hinblick auf das, worum es uns an dieser Stelle hier geht. Die Hasselbacher Bürgerinitiative gibt folgende Hinweise zur Erstellung einer Sichtbeziehungsstudie (http://mitglied.lycos.de/WilfriedHeck/ballon.htm) und schreibt dazu: Die Bedingungen zur Herstellung einer Sichtbeziehungsstudie haben wir einem im Hess. Staatsanzeiger veröffentlichten Erlaß (18.04.94) entnommen. Dort heißt es u.a.: „Zur Ermittlung einer Landschaftsbildbeeinträchtigung ist es zweckmäßig, den zu beurteilenden Standort mit Fotos aus verschiedenen Blickrichtungen mit der vorhandenen Hintergrundlandschaft darzustellen und die geplanten Windkraftanlagen großmaßstäblich einzuzeichnen. Fotostandorte und bestehende Sichtgrenzen sind in einer Karte einzutragen. Art und Umfang der Dokumentation sollten vorher mit der zuständigen Naturschutzbehörde abgestimmt werden." Um sich hierbei keine Manipulationen vorwerfen lassen zu müssen, war die B.I. folgendermaßen vorgegangen: Sie ließ Ballons an den für die Windkraftanlagen vorgesehenen Standorten auf die jeweilige Höhe von 46,5 m (Nabenhöhe) bzw. auf 68 m (einschließlich halber Rotordurchmesser) aufsteigen, um davon Fotos aus verschiedenen Blickrichtungen zu machen. Auf Basis dieser Fotos konnten anschließend wirklich realistische Fotomontagen des künftigen Landschaftsbildes angefertigt werden. Die Bilder bewiesen eindeutig: Die von der Firma hessenWIND GmbH vorgelegten Fotomontagen entsprachen nicht den Anforderungen, sondern waren geschönt. „Insofern wuden unsere Gemeindevertreter irregführt", so die B.I. Bezugsquellen: Ballons: Kranz GmbH, Am Burgacker 53, 65207 Wiesbaden-Rambach, Tel. 0611-541117 oder 0611-540099, Fax 0611-544998, Ballondurchmesser je nach Steighöhe 8 cm bis 160 cm, Ballongas bei Fa. Messer-Griesheim oder Linde-TG München, Verwendung von Lenkdrachenschnur. Die Ballons werden schon bei geringen Windbewegungen in Schrägstellung getrieben. Abhilfe: Mit einer zweiten Schnur den Ballon gegen das Abdriften sichern, da sonst die gewünschte Höhe nicht erreicht wird. Hinweis: Je nach Steighöhe sind für „Fesselballonflüge" Genehmigungen bei den Bezirksregierungen bzw. Regierungspräsidien einzuholen."
2. Im Hinblick auf den Stellenwert unserer Studie bedeutet dies, dass es nicht darum geht, sich dem Urteil von Experten zu beugen (wie das vielleicht bei medizinischen oder technischen Sachverständigengutachten notwendig ist), sondern darum, den Gang der Untersuchung unmittelbar mit- und nachzuvollziehen. Das beinhaltet eine prinzipiell immer mögliche kritische Stellungnahme – eben auch von so genannten Laien. Notwendige Voraussetzung dafür ist eine grundsätzliche Offenheit gegenüber dem zu betrachtenden Gegenstand. Dabei hat das, was wir wissen oder zu wissen glauben, gegenüber dem, was wir sehen, zurückzustehen. Diese Offenheit ist nicht zu verwechseln mit dem häufig in Anschlag gebrachten Wohlwollen des Betrachters gegenüber einem Werk.
3. Immanuel Kant, Kritik der Urteilskraft. Hamburg 1974[6] (1924) S. 40 ff. Kritik der Urteilskraft erster Teil, Kritik der ästhetischen Urteilskraft §2 ff.
4. Die Majolikamanufaktur in Karlsruhe hatte Mitte der 1990iger Jahre Bildende Künstler eingeladen, in ihren Werkstätten in Majolika zu arbeiten. Herbert Wentscher hat einen Hundenapf, Klaus Merkel einen Aschenbecher, Richard Schindler einen Eierbecher realisiert.
5. Immanuel Kant, a.a.O.
6. Insofern ist der Einspruch der Windkraftgegner von unschätzbarem Wert. Auch dann, wenn er ungerechtfertigt sein und sich letztlich anderen Motiven verdanken sollte, erzwingt er doch als solcher eine ästhetische (künstlerische) Prüfung des Sachverhalts und macht, insofern es aufgrund dessen zu einer richterlichen Prüfung kommt, das Existenzrecht einer technischen Sache vom Ergebnis dieser ästhetischen Prüfung abhängig.
7. Diese Relativierung der Urteilskonsequenz – es gilt nur für diesen Fall, diesen Ort, nicht für alle Windkraftanlagen überhaupt – kennzeichnet das Urteil als notwendig exemplarisches.
8. Bernd Demuth hält dies nicht für zielführend, weil „das im Bundesnaturschutzgesetz genannte Kriterium Schönheit der Landschaft [...] nur im naturschutzrechtlichen Gesamtkontext der Thematik Landschaftsbild zu verstehen" sei. Eine „Auslegung nach ästhetischen Schönheitsidealen" könne daher auch nicht weiter führen. Der Autor spricht bildender Kunst (und Philosophie) auch jede Möglichkeit einer unterstützenden Funktion bei der Umsetzung der Ziele von Naturschutz und Landschaftspflege bzw. der Operationalisierung naturschutzfachlicher Bewertungskriterien ab. Bernd Demuth, Das Schutzgut Landschaftsbild in der Landschaftsplanung. 2000, S. 32. Diese Einschätzung beruht auf einer sehr eingeschränkten Vorstellung von „Auslegung", „ästhetischem Schönheitsideal" und bildender Kunst. Vorliegendes Gutachten behauptet nicht, sondern demonstriert anderes. Vgl. demgegenüber aber auch Franz Schafranski: „Ästhetik besitzt gegenüber ökologischen Fragestellungen einen weit höheren Stellenwert als dies meist gesehen oder ihr zugestanden wird. [...] Landschaftsästhetik ist als ein eigenständiges wissenschaftliches und planerisches Handlungsfeld in der Landschaftsplanung zu betrachten und zu entwickeln. Mit landschaftsökologischen Methoden kann nur ein Teil der ästhetisch wirksamen Eigenschaften einer Landschaft erfaßt und gesteuert werden." Franz Schafranski, Landschaftsästhetik und räumliche Planung. Theoretische Herleitung und exemplarische Anwendung eines Analyseansatzes als Beitrag zur Aufstellung von landschaftsästhetischen Konzepten in der Landschaftsplanung. Kaiserslautern 1996, S. 23ff – „Der Minister für geistliche Angelegenheiten ließ 1886 ein künstlerisches Gutachten erstellen, in dem es heißt: ‚Das Bild zeichnet sich durch die Sicherheit der Zeichnung, die einheitliche Gesamtkomposition, die geschickt zusammengesetzte, wie verteilte Beleuchtung und schöne Farbe aus und lässt auf einen hochbegabten Meister schließen'". Internet-Seiten der Ev.-Luth. St. Clemens-Kirchengemeinde Büsum: http://home.t-online.de/home/kirche-buesum/ und Michael Fehr, Landschaftsbauhütte Ruhrtal. Ein künstlerisch-wissenschaftliches Gutachten, (Hrsg. mit Falk Wolf, Essen 2002 vgl. http://www.aesthetischepraxis.de/; Das Institut für Visual Resources Development und Visual Profiling war bisher in eigener Sache oder für Auftraggeber aus der Wirtschaft tätig. Die zu bearbeitenden Fragen betrafen in der Regel Erscheinungsbilder öffentlicher Einrichtungen, von Unternehmen oder bestimmter Produkte.
9. Abgesehen von Sachverständigengutachten im Sinne von Echtheitsexpertisen etc.
10. vgl. Hierzu auch Kapitel Diskussion. Bewertung
11. Oscar Wilde: The Decay of Lying
12. vgl. z.B die Technik der Frottage nach Max Ernst, oder die generelle Befreiung der Farbe vom Gegenstand durch die Fauves und andere.
13. Vgl. Ulrich Oevermann, 1983
14. Vgl. dazu § 13 BNatSchG (Aufgaben der Landschaftsplanung) i.V.m §§ 1, 2 BNatSchG (Ziele und Grundsätze des Naturschutzes und er Landschaftspflege), § 14 Abs. 1 BNatSchG (Inhalte der Landschaftsplanung) sowie § 10 Abs. 1 Nr. 1 BNatSchG (Begriffsbestimmung „Naturhaushalt"). Desgleichen durch den § 35 BauGB. Wobei bei Außenbereichsvorhaben die bauplanungsrechtliche Prüfung nach § 35 BauGB und die naturschutzrechtliche Prüfung nach §§ 10 ff. NatSchG zu trennen sind und jeweils unabhängig voneinander zu erfolgen haben. BVerwG, Urt. vom 13.12.2001 – 4 C 3/01, NVwZ 2002 S. 1112 (Fall „Lützelalb").
15. Krause, Christian L.; Adam, Klaus; Schäfer, Brigitte. Landschaftsbildanalyse: methodische Grundlagen zur Ermittlung der Qualität des Landschaftsbildes / Christian L. Krause ; Klaus Adam ; Brigitte Schäfer. – Bonn-Bad Godesberg: Bundesforschungsanst. f. Naturschutz u. Landschaft, 1983. – 168 S.: Ill. + 3 Ktn.: (dt.) Reihe: Schriftenreihe für Landschaftspflege und Naturschutz / Bundesamt für Naturschutz.
16. „Weil sich für die Behandlung der Auswirkungen von baulichen Vorhaben auf die Umwelt allgemein und auf das Landschaftsbild im Besonderen noch kein anerkanntes Begriffsgebäude herausgebildet hat, werden zunächst einige Begriffsbestimmungen vorgenommen." Ivo Gerhards, Die Bedeutung der landschaftlichen Eigenart für die Landschaftsbildbewertung, 2003 http://www.landespflege-freiburg.de/ culterra/culterra_33.html 6.9.2003. „Besonders kritisch ist der Umstand, dass für das Landschaftsbild ein fachlich anerkanntes Verfahren zur flächendeckenden Bewertung fehlt, das durch *Verwendung einheitlicher Bewertungskriterien zu vergleichbaren Ergebnissen führt*, wie es für andere Schutzgüter, z.B. Arten

und Biotope, längst selbstverständlich ist. Aus diesem Grund wurde am Institut für Landschaftsentwicklung der TU-Berlin, im Rahmen der Berlin-Forschung, in Zusammenarbeit mit der Senatsverwaltung für Stadtentwicklung, Umweltschutz und Technologie (SenSUT), ein zweijähriges Forschungsprojekt initiiert." http://www.tu-berlin.de/fb7/ile/fg_natur/ fprojekte/alt/landschaftsbild.htm 6.9.2003. „Selbst dort, wo formale Verfahren beschrieben werden, sind sie beispielhaft gedacht, und lassen daher dem Bearbeiter Spielraum für sachlich begründete Abweichungen." http://www.murl.nrw.de/ sites/ arbeitsbereiche/forsten/ landschaftsbildbewertung.htm 6.9.2003

17  Die Diplomarbeit von Michael Roth hat über 50 recherchiert. Für nahezu alle diese Verfahren fehlen bisher Untersuchungen zur Erfüllung wissenschaftlicher Anforderungen, insbesondere hinsichtlich der Validität. Michael Roth (2000): Bewertung des Landschaftsbildes der Gemeinde Hinterhermsdorf, Kreis Sächsische Schweiz, mit ArcView. Hochschule für Technik und Wirtschaft Dresden (FH), Fachbereich Landbau/Landespflege: Diplomarbeit.

18  Abteilung für Physische Geographie am Geographischen Institut Göttingen Universität Göttingen FRW , Fachwissenschaftliches Raumplanungskonzept Windenergie, Arbeitsgruppe 'Geosystemanalyse'. http:// www. geogr.uni-goettingen.de/pg/indexd.htm? Projekte/ frw. htm&2; Handlungsempfehlungen zur effizienten, umweltverträglichen Planung von Windenergieanlagen für den norddeutschen Raum – Entwicklung von Methoden zur Landschaftsbildanalyse auf Basis segmentierter Satellitendaten (IRS LISS III) Arbeitsgruppe 'Geosystemanalyse'. http://www.geogr.uni-goettingen.de/pg /indexd. htm? Projekte/ handlung.htm&2; 1995-1998 Institut für Landschaftsentwicklung der TU-Berlin, im Rahmen der Berlin-Forschung, in Zusammenarbeit mit der Senatsverwaltung für Stadtentwicklung, Umweltschutz und Technologie (SenSUT),

19  Jean Baudrillard hat die These vorgetragen, dass heute alles und jedes unter ästhetischen Gesichtspunkten betrachtet wird. Jean Baudrillard, Der symbolische Tausch und der Tod. München 1982. Walter Benjamin hat die Ästhetisierung des Politischen als Folge massenmedialer Entwicklungen beschrieben. Walter Benjamin, Das Kunstwerk im Zeitalter seiner technischen Reproduzierbarkeit. Frankfurt 1977

20  Die Tatsache, dass geplanten Baumaßnamen u.U. auch schon vor Bauausführung widersprochen wird (mit dem Argument, die Maßname würde das Landschaftsbild verunstalten), sollte nicht darüber hinwegtäuschen, dass allein die Vorstellung (das Vorstellungsbild und nicht erst das Erscheinungsbild) des angekündigten Bauwerkes in der Landschaft hinreicht oder hinreichen kann, um die fragliche Gegend auch dann wie ein Bild wahrzunehmen, wenn das vordem nicht der Fall war. Vorstellungsgeübt ist es nun mehr oder weniger leicht möglich, das Geplante zu imaginieren.
Modelldarstellungen des „gestörten" Landschaftsbildes werden denn auch erst dann erstellt, wenn die Imagination den Erfolg solchen Unternehmens wahrscheinlich macht. Solche Darstellungen sind dann in der Regel nicht Prüfbilder einer Hypothese, sondern Realisierungen eines vorab gehabten Vorstellungsbildes. Sie sind entsprechend wenig geeignet, tatsächlich eine Hypothese zu prüfen.
Innerhalb künstlerischen Handelns stellt sich in solchen Fällen, in denen das Vorstellungsbild allein bereits den antizipierbaren und beabsichtigten Effekt hat, die Frage, ob das Bild dann überhaupt noch ausgeführt werden muss. Künstlerische Erfahrung lehrt, dass das tatsächlich realisierte Bild immer mehr und noch anderes ist, als das intendierte. Trotzdem bedarf es professioneller Aufmerksamkeit, Kraft und Mut gerade dies wahrzunehmen und als Voraussetzung weiterer Arbeit zu akzeptieren. Allzu oft wird nur das Gewünschte im Realisierten wieder erkannt.
Unter Umständen ist also die Realisierung schon dann nicht mehr notwendig, wenn das Imaginierte bereits den intendierten Effekt hat. Beispielsweise hatte Joseph Beuys auf die Realisierung seines „Erdklaviers" verzichtet, nicht nur weil er auf erhebliche Schwierigkeiten bei der Herstellung stieß, sondern weil diese Schwierigkeiten ihn darauf aufmerksam werden ließen, dass der Begriff „Erdklavier" (und das damit Vorstellbare) hinreicht und vollkommen ausreichend ist. Es musste nicht erst ausgeführt werden.
Mit anderen Worten, die Ankündigung eines Bauvorhabens evoziert selbst schon Vorstellungsbilder einer Landschaft – obgleich die fragliche Landschaft ohne dies bis dahin nicht als Bild wahrgenommen wurde.

21  Dörte Kuhlmann: Der Geist des (W)ortes. In: Thema, 3.Jg., Heft 2, Juni 1998; auch im Internet: Wolkenkuckucksheim – 3. Jahrgang, Heft 2

22  Dörte Kuhlmann, a.a.O.; vgl. auch Kapitel Vorschläge & Weiterungen

23  So kann auch die Ankündigung einer geplanten Anlage schon dazu führen, dass ein Landschaftsbild zur anschaulichen Gegebenheit gelangt, das es vordem einfach nicht gab. Vgl. Anmerkung 8

24  Karin Hausen, … durch die Blume gesprochen. Naturaneignung und Symbolvermarktung. In: Wolfgang Ruppert (Hrsg.), Fahrrad, Auto, Fernsehschrank. Zur Kulturgeschichte der Alltagsdinge. S. 56

25  Hierzu und dem Folgenden, Karin Hausen, a.a.O.

26  Wobei man allzu leicht vergisst, dass auch Heuwiesen Ergebnis menschlichen Handelns sind – ohne dies ist Dschungel oder Steppe.

27  Berühmter Grabspruch von Getrude Stein

28  Der Anspruch wird zwar immer wieder einmal erhoben, aber wir sehen ihn nirgends eingelöst.

29  Vgl. die Diskussion der Methoden der Landschaftsbildbewertung im Methodenkapitel

30  Auch von so genannten 3-D Darstellungen oder von 3-D-Animationen ist keine tatsächlich räumliche Erfahrung der gebauten Körper im Raum zu erwarten.

31  Die Beurteilung eines jedweden ästhetischen Gehalts ist notwendig an dessen Wahrnehmung gebunden. Kunstwerke lassen sich letztlich nur in Ansehung des Originals fachlich beurteilen. Trotzdem ist es im Bereich der Kunst, wenn es um Bewerbungen für Kunst-am-Bau-Maßnehmen, um juriierte Gruppenausstellungen oder um Preisvergaben geht, nicht unüblich, eine erste Beurteilung der Werke an Hand von Fotos oder anderer Darstellungsmitteln vorzunehmen. Meist ist es die Vielzahl der Bewerbungen, die aus raum- und versicherungstechnischen Gründen eine Versammlung und Besichtigung der Originalwerke nicht erlaubt. Das wird zum einen bedauert, zum anderen drückt sich aber gerade auch darin die fachliche Kompetenz der Juroren aus: Sie sind idealiter fähig, in einer meist zweistufig angelegten Beurteilung von Werken, eine erste Einschätzung anhand von Reproduktionen vorzunehmen.

32  Kurt Hübner, Philosophische Fragen der Technik. In: Hans Lenk, Simon Moser (Hrsg.): Techne, Technik, Technologie. Philosophische Perspektiven. Pullach bei München, 1973. S. 142

33  Richard Schindler, Die Mutter aller Bomben. Badische Zeitung vom 24.03.2003

34  Richard Schindler, Visual Profiling. Kunst zu Unternehmen. Künstlerische Handlungsfelder in Unternehmen, Institutionen und anderswo. Jena 2001

35  Autor: Greenpeace, Greenpeace.de 15. 10. 2002

36  Das belegen die bisherigen methodologischen Vorschläge. Vgl. unser Methodenkapitel in Näherung, die erste

37  Jede Baumaßnahme ist ein verändernder Eingriff, der dem Vorhandenen etwas nimmt, insofern es nachher nicht mehr ist, wie es war.

38  Darum haben sich etliche Untersuchungen und methodische Vorschläge bemüht. Vgl. unsere Methodendiskussion in Kapitel Näherung

39  Unter Technology Assessment „verstehen wir ein Verfahren, in dem die unmittelbaren und mittelbaren sozialen, ökonomischen, politischen und ökologischen Auswirkungen einer vorhandenen oder möglichen Technik untersucht werden". Alois Huning, Das Schaffen des Ingenieurs. Beiträge zu einer Philosophie der Technik. Düsseldorf 1974. S. 132 ff

40  Vgl. Analyse, die erste

41  Vgl. Vorschläge & Weiterungen

42  Vgl. Näherung, die erste

43  Günther Förg, dessen Werke in den großen Museen der Welt zugänglich sind, ist 1952 in Füssen geboren. Er lebt in Freiburg und in Areuse, Schweiz. Maler, Bildhauer, Fotograf, Grafiker. 1992-99 Professor an der Hochschule für Gestaltung in Karlsruhe, ab 1999 Professor an der Kunstakademie München.

44  Vgl. Näherung, die zweite

45  Das unterscheidet das Bild vom musikalischen Werk, von Literatur, Thea-

46 Objektiven Rahmendaten zum Beispiel sind ebenso sehr Teile im Bild, das wir wahrnehmen (wenn wir einen Aussichtsturm sehen, „sehen", wir wie alle Türme gebaut werden, nach welchen Gesetzen), als auch Momente der Betrachterkonstitution vor dem Bild (wenn wir einen Aussichtsturm sehen, sehen wir von einem bestimmten Betrachterstandpunkt, dessen Koordinaten unsere Wahrnehmung definieren). Wenn wir einen Satz bilden, nehmen wir nicht nur die Worte in Anspruch, die wir gerade in diesem Satz verwenden, sondern auch die Grammatik derjenigen Sprache, der die Worte zugehören.

47 .... daran scheitern die Zusammenstellungen von musikalischen Highlights auf CD oder bei Konzerten usw. Sie vergehen sich am musikalischen Werk als Werk indem sie das Ganze als notwendigen Zusammenhang unterschlagen.

48 Vgl. Näherung, die erste

49 Selbstverständlich nicht – jeder Autor schlägt sich genau damit herum ;-)

50 Georg Friedrich Wilhelm Hegel: Phänomenologie des Geistes. Hamburg 1952[6], S. 11

51 Künstler sind Leute, die sich beim Beobachten beobachten lassen. Vgl. z.B. Niklas Luhmann et al. Unbeobachtbare Welt. 1990. Ein Maler, der uns ein Landschaftsbild zeigt, zeigt uns zugleich, wie er diese Landschaft gesehen (dargestellt) hat. Mit seiner Darstellung zeigt er uns das. Wir können beobachten, wie er beobachtet hat. Das Bild ist die Darstellung seiner Beobachtung, die wir als Betrachter seines Bildes beobachten können.

52 Jede weitere Arbeit unterstriche nur die Stimmigkeit der Analyse.

53 Theodor W. Adorno. Negative Dialektik. S. 38

54 Ulrich Oevermann, Utopie S. 270

55 ebd.

56 Thodor W. Adorno, Negative Dialektik. S. 165

57 ebd.

58 Adorno, Negative Dialektik, S. 189

59 a.a.O. S. 29

60 Theodor W. Adorno, Ästhetische Theorie, S. 194

61 a.a.O. S. 198

62 ebd. S. 507

63 ebd. S. 507

64 ebd. S. 197

65 Theodor W. Adorno, Negative Dialektik, S. 189. Der Maler Gerhard Hoehme sagte mit Bezug auf seine Bilder: Wer nichts sieht, schaut länger hin.

66 Sequenz bedeutet also zweierlei: einmal die Zeitstrukturiertheit, Temporalität und zum anderen die Gliederung in Abschnitte, optisch unterscheidbare Einheiten.

67 Also wie etwa die in zahlreichen der vorgeschlagenen Landschaftsbildanalysen vorgesehenen Kataloge des möglicherweise Sichtbaren: offene Äcker, teilweise offene Äcker, teilweise geschlossene Äcker, Äcker weitgehend geschlossen

68 Theodor W. Adorno, Ästhetische Theorie, S. 184

69 a.a.O. S. 198

70 Oevermann N, 295

71 ebd. S. 330

72 Emile Durkheim: Die Regeln der soziologischen Methode, Frankfurt/M. 1984, S. 93.

73 So Bernd Demuth: Das Schutzgut Landschaftsbild in der Landschaftsplanung: Methodenüberprüfung ausgewählter Beispiele der Landschaftsrahmenplanung, Berlin 2000, S. 77.

74 Regierungspräsidium Darmstadt – Dezernat VI 53.1, Arbeitskreis Landschaftsbildbewertung beim HMdILFN 1998

75 Franz Schafranski: Landschaftsästhetik und räumliche Planung: Theoretische Herleitung und exemplarische Anwendung eines Analyseansatzes als Beitrag zur Aufstellung von landschaftsästhetischen Konzepten in der Landschaftsplanung. Dissertation, Universität Kaiserslautern 1996, vgl. dagegen S. 114

76 Holger Schilling, Zur Bewertung des Landschaftsbildes innerhalb der Eingriffsregelung – Entwicklung eines praktikablen Bewertungsverfahrens zur Abschätzung der landschaftsästhetischen Folgen von Eingriffsvorhaben. 1994, im Fachbereich 7 der TU Berlin, Regionale Naherholung und Tourismus.

77 http://www.landespflege-freiburg.de/culterra/culterra_33.html. Da heißt es weiter: „Im Ergebnis wird festgehalten, dass die Empfindlichkeit einer Landschaft gegenüber der Errichtung eines Vorhabens einerseits von der Landschaftsbildqualität abhängt; sie kann durch den Indikator „landschaftliche Identität" operationalisiert werden. Andererseits kann die Einsehbarkeit oder visuelle Transparenz der Landschaft eine Rolle spielen; dieser Indikator ist gegebenenfalls getrennt zu behandeln. Darüber hinaus wird, ebenfalls auf Grundlage einer Literaturanalyse, die Größe von Wirkräumen untersucht, die derzeit in Landschaftsbild-Bewertungsverfahren für vertikale Bauwerke zugrunde gelegt werden. Auffällig ist die große Spannweite der angegebenen Werte und deren meist normative Festlegung."

78 http://www.emd.dk/default.htm

79 K. Billwitz, Zur Entwicklung der Geoökologie in Greifswald. Petermanns Geograph. Mitt., 143., 1998/Heft 1. http://www.uni-greifswald.de/~geograph/geooek/Billgeok.htm. 3.9.2003

80 K. Billwitz, Zur Entwicklung der Geoökologie in Greifswald. A.a.O.

81 Michael Roth, a.a.o.

82 Nohl 1993 a

83 www.cube-engineering.com, November 2003

84 Froelich & Sporbeck: Leitfaden zur Erstellung und Prüfung Landschaftspflegerischer Begleitpläne zu Straßenbauvorhaben in Mecklenburg-Vorpommern, Bochum/Schwerin, September 2002, S. 9. und Punkt 5.5. http://www.froelich-sporbeck.de. November 2003

85 Achim Späte, Büro für Landschaftsökologie, Nohfelden: Errichtung einer Ferien- und Freizeitgroßanlage – Quantifizierung der Auswirkungen auf Landschaftsbild und Erholungspotential mittels des Geographischen Informationssystemes IDRISI im Rahmen einer Umweltverträglichkeitsstudie. In: LORUP, E. und J. STROBL (1996): IDRISI GIS 96 = Salzburger Geographische Materialien, Heft 25. Selbstverlag des Instituts für Geographie der Universität Salzburg.

86 Ebd.

87 Ebd.

88 Wirtschaftsministerium Baden-Württemberg: Windfibel, 2003[4]. S. 94

89 Fibel, von Bibel, ursprünglich ein Lehr- und Lesebuch

90 Solche „präzisen" Erkenntnisse scheinen folgenreich zu sein. Vgl. die Ausführungen des Verwaltungsgerichts Karlsruhe (Az.: 4 K 2331/01): die Kammer hebt darauf ab, dass es zur Ablehnung eines Bauantrags hinreichend ist, wenn das Landschaftsbild zum Beispiel aus der Nahsicht beeinträchtigt ist. Eine Prüfung, ob dies auch aus der Fernsicht der Fall ist, hielt die Kammer für dann nicht mehr für notwendig.

91 Joachim Kleinmanns, a.a.aO. S. 19. Die geodätische Sichtweite hängt ab von der Höhe des Ziels und der Augenhöhe des Beobachters.

92 Joachim Kleinmanns, a.a.O. S. 18

93 http://www.umwelt-schweiz.ch/buwal/de/fachgebiete/fg_grundlagen/grundlagen/ landschaftsbild/ was_ist_landschaft/index. html# sprungmarke10

94 P.W. Hartmann, Das grosse Kunstlexikon von P.W. Hartmann. http:// www.beyars.com/kunstlexikon/lexikon_5337.html. 6.9.2003

95 So ein Buchtitel herausgegeben von Wolfgang Kemp: Der Betrachter ist im Bild. Kunstwissenschaft und Rezeptionsästhetik, Köln: DuMont, 1985

96 Bernward Joerges, Gerätetechnik und Alltagshandel. Vorschläge zur Analyse der Technisierung alltäglicher Handlungsstrukturen. In: Bernward Joerges (Hrsg.) Technik im Alltag. Frankfurt 1988. S. 28

97 J. Wenzel, S. Schöbel: Gesellschaftlicher Strukturwandel, kommunalpolitische Probleme und neue Stadtbilder – die kommunale Freiraumplanung im Spannungsfeld. In: Garten und Landschaft 3/1999 und http://www.a.tu-berlin.de/Institute/0835/forsch/veroeff/Ga+La1.html am 03.09.2003; Landschaft ist letzthin nichts anderes als verdinglichte Natur. Rolf Wedewer: Landschafstmalerei zwischen Traum und Wirklichkeit. A.a.O. S. 13

98 Landschaftsbild, mit seiner Unterart Seestück, ist eine traditionelle Bildgattung, die sich, wie andere (Still-Leben, Bildnis etc.) aus der Kirchenkunst entwickelt hat. Fritz Straßner, Johannes Pawlik, Bildende Kunst.

Begriffe und Reallexikon. 2., erweiterte und verbesserte Auflage, Köln 1972
99 Deshalb wirken dreidimensionale virtuelle Welten auch verarmt – was daran interessant ist, scheint etwas anderes zu sein, das geradeso mit dem Bild zusammenhängt: es ist, wie ein Bild, zugleich mehr und weniger als ein Bild, mehr und weniger auch als das, was es repräsentiert.
100 Rolf Wedewer, S. 145
101 Rolf Wedwewer, S.149
102 Rolf Wedewer, S.151
103 Rolf Wedewer, S 151
104 Rolf Wedewer, S. 151
105 Rolf Wedewer, S. 152
106 Ebd. S. 222
107 Gerhad Richter, Notizen 1982, in: Text. Schriften und Interviews, Frankfurt / M. und Leipzig, 1993, S. 89 /91. Zitiert nach: Dietmad Elger, Landschaft als Modell. In: Dietmar Elger (Hrsg.) Gerhard Richter Landschaften, Hannover 1999, S. 22
108 Oskar Bätschmann, Landschaften in Unschärfe. In: Dietmad Elger (Hrsg.) Gerhard Richter Landschaften, Hannover 1999, S. 35
109 Oskar Bätschmann, a.a.O. S. 35
110 Vgl. hierzu und dem Folgenden Patrick Werkner, Land Art USA. Von den Ursprüngen zu den Großraumskulpturen in der Wüste. München 1992
111 Patrick Werkner, a.a.O. S. 17
112 ebd. S. 17
113 ebd. S. 21
114 ebd.
115 Ist demnach der Ausdruck „Landschafts-bild" ein Pleonasmus?
116 Vgl. Kapitel Analyse, die erste. Ansichtskarten
117 Nur mit Sonnenbrillen scheint das anders. Richard Schindler, Private Eye On Art. Annäherung ans Auge. Karlsruhe 1995
118 Richard Schindler, 2002, S. 116
119 Den absichtlich herbeigeführten Fehler im System anderer nennt man Sabotage. Verbrechen: soziale Sabotage. Ein Beispiel: für einen katastrophalern Fehler wäre ein Flugzeugabsturz, Reisende sind nicht sicher ans Ziel gebracht und darüber hinaus sind auch Nicht-Beteiligte zu Schaden gekommen. Chaotische (nicht fehlerhafte) Zustände sind dadurch gekennzeichnet, dass sie unvorhersehbar einen qualitativen Umschlag erleiden können. Ein qualitativer Umschlag (kein chaotischer) von Aggregatzuständen hat statt, wenn Wasser gefriert, Wachs schmilzt, wenn angenehme Wärme unerträglich, wenn Kitzeln schmerzhaft wird, wenn Lachen sich verkrampft, wenn einem die Lieblingsspeise aus den Ohren kommt, wenn man Fernsehen für normal hält, wenn Niederlage sich als Sieg entpuppt, wenn Schönes hässlich wird.
120 Der Hase befindet sich in der Staatsgalerie in Stuttgart.
121 Vgl. die berühmten Analysen dieses Phänomens von Martin Heidegger oder den generellen Ansatz z.B. der Freudschen Psychoanalyse, die ihre Erkenntnisse über Prozesse unseres Selenlebens ausdrücklich an Kranken erforscht.
122 John Armleder war Teilnehmer der Documenta in Kassel und gilt als einer der bedeutendsten zeitgenössischen bildenden Künstler aus der Schweiz.
123 Konkret nennt die Fachsprache Bilder, die alltagssprachlich abstrakt heißen. Das sind gegenstandslose Bilder, die allenfalls auf andere Bilder verweisen, aber nichts abbilden, sondern ausschließlich sich selbst zu sehen geben. Sie sind, ganz konkret, das, was sie sind.
124 Die Beschreibung kennzeichnet einen bestimmten Betrachterstandpunkt – ein (bewusstes oder unbewusstes) darin zum Ausdruck kommendes Interesse des Betrachters. Wortwahl und Formulierung sind Vorschläge einer bestimmbaren Betrachterperspektive – im Kontext dieser Arbeit eine Aussichtsbank (vgl. Kap. Xy)
125 Vgl. den Hinweis von Peter Dreher auf die absichtlich eingebauten Fehler in orientalischen Teppichen. Kapitel Ästhetische Ad-hoc-Urteile: Kollegengespräche
126 Richard Schindler, Das Geschäft der Detektive. Kunstrezeption und Verbrechensaufklärung. In: Das Kunstwerk, a.a.O.
127 Das könnte es sein, aber wenn wir das „Vorbild", dessen Portrait dieses Bild ist, nicht kennen, können wir das nicht entscheiden.
128 Richard Schindler, Haltestelle. 1995, Kunstwerk im öffentlichen Raum, Eingangsbereich Berufsschulzentrum Freiburg Bissierstraße, Gertrud-Luckner-Gewerbeschule
129 Auch innerhalb der Kunst und als Kunst wurden Bilder gestürmt – allerdings haben diese Bilderstürme sich im Nachhinein weniger als Zerstörung, sondern eher als Fortsetzung der Kunst mit anderen Mitteln erwiesen. Peter Moritz Pickshaus, a.a.O. S. 375
130 Dazu und dem Folgenden siehe: Peter Moritz Pickshaus, Kunstzerstörer. Fallstudien: Tatmotive und Psychogramme: Hamburg 1988, S. 175 ff und S. 65 ff
131 Dario Gamboni, Zerstörte Kunst. Bildersturm und Vandalismus im 20. Jahrhundert. Köln 1998, S. 220 ff
132 Zu den Nationalsozialisten und der so genannten „Entarteten Kunst" siehe z.B. Dario Gamboni, Zerstörte Kunst. Bildersturm und Vandalismus im 20. Jahrhundert. Köln 1998, S. 48 ff
133 Vgl. Kapitel Diskussion. Bewertung
134 Ein Kuss, Ausdruck größter Zuneigung, ist in der christlich–abendländischen Geschichte dadurch zu trauriger Berühmtheit gekommen, weil er bewusst als Zeichen des Verrats missbraucht wurde.
135 Für eine Ausstellung im Haus der Kunststiftung Baden-Württember haben wir eines dieser Bilder von der Erbin Willi Baumeisters ausgeliehen.
136 Hier liegt ein grundsätzliches Problem für Museumsbauten, die in gleich bleibenden Räumen wechselnde Ausstellungen mit unterschiedlichsten Werken präsentieren (müssen).
137 Wolfgang Schivelbusch, Geschichte der Eisenbahnreise. Zur Industrialisierung von Raum und Zeit im 19. Jahrhundert. Frankfurt, 1989, S. 39
138 ebd. S. 53
139 Ruskin, zitiert nach Schivelbusch, 1989, S. 53
140 Wolfgang Schivelbusch, 1989, S.54 f
141 ebd. S. 19
142 ebd. S. 58
143 ebd. S. 40
144 ebd. S. 44
145 ebd. S. 58
146 ebd. S. 59 f
147 Joachim Kleinmanns, a.a.O. S 23
148 Robert Stalla, Steile Höhen, sanfte Hügel. Das Motiv ‚Berg' in der Landschaftskunst des 14.-20. Jahrhunderts. In: Robert Stella (Hrsg.) Ansichten vom Berg. Der Wandel eines Motivs in der Druckgrafik von Dürer bis Heckel. S. 26
149 Joachim Kleinmanns, a.a.O. S. 24
150 ebd. S. 61
151 http://www.schauinsland.de/html/bahn.htm vom 3.1.2004
152 http://www.bad-bad.de/umgeb/hochstr.htm 4.1.2004
153 Fritz Todt, Die Straße, 1. Jg. Nr. 1, August 1934, S. 2, zit. Dirk Teuber, Kunst an der Straße. Dokumentation des Wettbewerbs an der Umgehungsstraße B3/31 Freiburg-St. Georgen, durchgeführt im Auftrag des Bundesministers für Verkehr. Freiburg 1993, S. 189
154 Dirk Teuber, Kunst an der Straße, a.a.O. S. 119
155 Konrad Paul Liessmann, a.a.O. S. 69
156 Wolfgang Schivelbusch, 1989, S. 170
157 ebd. S. 161
158 ebd. S. 171
159 Die Anzahl lässt sich anhand der Besucherzahlen an Tagen der offenen Tür schätzen.
160 Florian Rötzer schreibt, „dass Hochhäuser ganz unmittelbar Macht demonstrieren und als hoch in die Luft aufragende Phalli wahrgenommen werden können. Deren gezielte Zerstörung ist beeindruckender und wahrscheinlich auch eine größere Schmach als die eines relativ flachen Gebäudes." http://www.heise.de/tp/deutsch/special/ arch/15722/1.html 2.2.2004
161 Am 11. Juni 2004 übergibt Oberbürgermeisterin Petra Roth von Frankfurt/a.M. den ersten internationalen Hochhaus-Preis in der Frankfurter Paulskirche. Der mit 50.000 Euro dotierte Preis wurde von der DekaBank gestiftet und von Prof. Ingeborg Flagge, Direktorin des Deutschen Archi-

tektur Museums (DAM), initiiert. http://www.frankfurtlive.com/artikel/2004-01_02/2004-01-21_hochhaus.html. 02.02.04. Es geht also weiter in Sachen „Überblick"-Schaffen. Architekturmuseumsleiterin Flagge: „Auf Hochhäuser kann keine Stadt mehr verzichten, in Europa ebenso wenig wie in den USA oder Asien. Und zur Zeit liegen weltweit so viele Hochhaus-Entwürfe vor wie nie zuvor." Die spannendsten Entwürfe werden aus Asien erwartet, dem derzeitigen Eldorado der Planer, deren Größenphantasien kaum Grenzen gesetzt scheinen. A.a.O. „Indien könnte möglicherweise mit dem Center of India Tower (677 Meter) in Katangi alles mit großem Abstand hinter sich lassen. Sollte dieser Turm jemals gebaut werden, so würde das auch den erneuten Übergang von der Wirtschaft zur Religion bedeuten, denn Bauherr wäre die Maharishi-Gruppe." Florian Rötzer, http://www.heise.de/tp/deutsch/special/arch/14764/ 1.html 2.2.2004

162 http://home.t-online.de/home/wleonhard/wlhdbgeb.htm. 2.2.2004. Ein Berg kann mehrere Gipfel ausbilden (vergl. Walliser Alpen: Monte Rosa mit den Gipfeln Dufourspitze, Nordend, Zumsteinspitze etc.). Ob eine Erhebung als eigenständiger Gipfel zählt, hängt von Höhendifferenz und horizontaler Entfernung zur nächsten Scharte ab. Bei den Weltbergen legt man schärfste Kriterien an. Allgemein anerkannt sind nur die jeweils höchsten Punkte eigenständiger Berge. Beim Monte Rosa wäre dies daher nur die Dufourspitze und das Nordend ein namenloser Monte-Rosa-Nordgipfel. Legte man Maßstäbe aus den Alpen an, zählten mehr Gipfel als eigenständige 8000er…. Eine schier übermenschliche Leistung vollbrachte Hermann Buhl 1953 am Nanga Parbat mit der einzigen Solo-Ersteigung eines 8000ers. Vom höchsten Lager aus überwandt er in einem Zug 1600 Höhenmeter, erreichte den Gipfel gegen 7 Uhr abends. Es war die erste Überschreitung eines 8000ers, somit auch Abstieg in unbekanntes Gelände. Rückkehr ins oberste Lager nach einem nächtlichen Stehbiwak bei −15 Grad Celsius und insgesamt 41 Stunden. Die unvermeidlichen Erfrierungen hielten sich dabei in Grenzen. Vier Jahre später verunglückte er bei einer Tour im Himalaya tödlich. Andere etwa: http://www.emporis.com/ge/bu/sk/st/tp/al/
163 Joachim Kleinmanns, a.a.O. S.14
164 Joachim Kleinmanns, a.a.O. S. 16. Nach Roland Barthes und Andre Martin, Der Eifelturm. Deutsch von Helmut Scheffel. München 1970, S. 43 f.
165 Aus dem Spendenaufruf für den Bau des Hochsimmerturms, Eifel. Joachim Kleinmanns, a.a.O. S. 23
166 Auf Fernreisen in Flugzeugen wird zudem die eigene Position auf Karten gezeigt.
167 Wolfgang Ruppert, Zur Kulturgeschichte der Alltagsdinge. In Wolfgang Ruppert (Hrsg.) Fahrad, Auto, Fernsehschrank. Zur Kulturgeschichte der Alltagsdinge. Frankfurt 1993, S. 25
168 Wolfgang Ruppert, a.a.O. S. 29
169 Dies und das Folgende nach Joachim Kleinmanns, Schau ins Land – Aussichtstürme. Marburg 1999. S. 8
170 Baumeister Brune aus Detmold (1837): ein Signal, „das Jedem aus Nah und Fern zuwinkte: Hierher, Hierher musst du kommen, wenn du was sehen willst." Zitiert nach Joachim Kleinmanns a.a.O. S. 9
171 Stephan Oettermann, Das Panorama. Die Geschichte eines Massenmediums. Frankfurt am Main 1980, S. 9 f. Zitiert nach Joachim Kleinmanns, a.a.O. S. 14
172 Joachim Kleinmanns, a.a.O. S. 8
173 Hiroyuki Masuyama, Weltreise 2003, in Stephan Berg, Martin Engler, Die Sehnsucht des Kartografen. Kunstverein Hannover 13. Dezember 2003 bis 1. Februar 2004, S.84 ff
174 Wie jedes andere Dokument protokolliert ein Foto nicht nur das intendierte Objekt, sondern auch die Protokollierhandlung selbst. Im Foto ist also immer auch die Aufnahmesituation festgehalten ebenso wie die medienspezifische Pragmatik der Rezeptionssituation. Die Frage von Wahrheit oder Lüge in Fotografien kann nur in Referenz auf die Sinnstrukturen in diesen drei Dimensionen beantwortet werden. Der gängige Vorwurf, ein Foto stelle die Realität geschönt oder verfälscht dar, greift entschieden zu kurz.
175 So kann z.B. etwas als typisch empfunden werden, obwohl es statistisch sehr selten ist, und umgekehrt.
176 Raach/Sterz 1997, 25
177 Fehrenbach/Kustos, 6
178 Spaude/Karger, 14
179 Raach/Karger/Stechl, 28
180 Einen ganz ähnlichen Fall stellt der Irish Coffee für Irland dar.
181 Andere, wie Seen oder Täler erfordern eine Darstellung, die ihre Einbindung in die weitere Landschaft sichtbar werden lässt.
182 Nicht in Betracht gezogen werden soll hier der Sonderfall, dass die Landschaftsabbildung mit einem Schwarzwaldmädel in Tracht und Bollenhut als „zufällige" Staffage ausgestattet sein könnte.
183 Mark Twain (1880) über das Schwarzwaldhaus: „The house was big enough for a hotel …"
184 Selbstironisch vergleicht Jerome K. Jerome (1900) den Schwarzwald mit den Vogesen unter dem Gesichtspunkt des touristischen Genusses: „The advantage about [the Vosges] from the tourist's point of view is their superior poverty. The Vosges peasant has not the unromantic air of contented prosperity that spoils his vis-à-vis across the Rhine." (174)
185 Jerome K. Jerome (1900) in humoristischer Parodie: „The Black Forest house being built generally on the side of a steep hill, the ground floor is at the top, and the hay-loft at the bottom."
186 Ulrich Schnitzer in: Schwarzwaldverein, Hg., 2000,6
187 Das aus Bildbänden und Postkarten bekannte *Bild* der Schwarzwaldmühlen zeigt diese praktisch nie im Ensemble, sondern sieht sie vorzugsweise als Einzelgebäude.
188 1891 wurde der erste Skiclub Deutschlands in Todtnau gegründet, gleich im selben Jahr, in dem die deutsche Ausgabe von Fridtjof Nansens Bericht über die Durchquerung Grönlands auf Skiern erschien, das Buch, das Ski erstmals außerhalb Skandinaviens bekannt machte. Skifahren am Feldberg gehörte als Sport nicht zum bäuerlichen Milieu, sondern dem der Fabrikantenfamilien aus der Todtnauer Bürstenindustrie.
189 Kahlert, 8
190 Kahlert, 75f., 136ff.
191 Barth, 21
192 vgl. Jockers 1996
193 Die Streckenerschließung als Staatseisenbahn erklärt einerseits die erstaunliche Geschwindigkeit, mit der das neue Verkehrsmittel gerade in und um den Schwarzwald vorangetrieben wurde. Andererseits verursachte dies einigen unnötigen Aufwand bei der Streckenführung: Die Schwarzwaldbahn hätte einfacher gebaut werden können, wenn man sie ein gewisses Stück über württembergisches Gebiet geführt hätte. Die Fortsetzung der Kinzigtalbahn vom badischen Hausach ins württembergische Freudenstadt kam erst mit großer Verzögerung zustande. Einen Sonderfall stellt die Murgtalbahn dar, die lange als Privatbahn betrieben wurde. Mangels Investitionskapital gab es nur Teilstrecken; die durchgehende Verbindung wurde erst nach der Übernahme durch die Deutsche Reichsbahn fertiggestellt.
194 Verschiedene Quellen
195 Bauwerke in der Naturlandschaft stellen überhaupt Grenzphänomene dar: die Bohrinsel im Ozean, die Messstation in der Eiswüste.
196 Ebeling, in Richner/Ebeling, 7
197 ebd., 8
198 Vgl. Kapitel Diskussion. Bewertung
199 Wir scheuen uns nicht vor diesem etwas poetischen Begriff. Er wird gerade in der Literatur, die sich der Schönheit des Landschaftsbilds des Schwarzwaldes widmet, durchaus (und nicht zufällig) verwendet.
200 Das ist der kulturelle Hintergrund der Klagen über die ausbleibenden Schneewinter im Schwarzwald, nicht nur wegen der Tourismuseinbußen im Wintersport, sondern weil angesichts heutiger Verkehrsmittel und Straßenanbindung nur noch schneereiche Winter einen Eindruck von der einstmaligen Abgeschiedenheit vermitteln können, etwa wenn auf der B 500 Schneeketten erforderlich sind oder die Schauinslandstraße vollständig für den Verkehr gesperrt werden muss.
201 Etwas Ähnliches gilt auch für die als Urlaubsziel begehrten Traumstrände oder einsamen Inseln. Dort herrscht zwar ewiger Sommer, aber gerade diese Künstlichkeit macht sie für viele ungeeignet für die Vorstellung, sich

202 Hoggenmüller/Hug, 8
203 Reiter 1992, 10
204 Richner/Ebeling, 8
205 So erklärt sich, warum Naturliebhaber vor allem erpicht sind auf „seltene" oder vom Aussterben bedrohte Tier- und Pflanzenarten oder Biotope.
206 Jensen 1901, 73-74
207 Jensen 1901, 74
208 Jensen 1901, 284
209 Jensen 1901, 83
210 Hockenjoos 2000, 10
211 Jensen 1901, 136
212 ebd., 138
213 Jensen 1901, 292
214 Jensen 1901, 161
215 Jensen 1901, 162
216 Mark Twain, 145
217 Jensen 1901, 196
218 Jensen 1901, 266
219 Jensen 1901, 135
220 Twain, 137
221 Jensen 1901, 152-154
222 Jensen 1901, 255
223 ebd., 255. Ein Bauwerk macht den Berg kenntlich.
224 ebd., 255
225 Guenther, 116-117
226 Jensen 1901, 331
227 Guenther, 6
228 Jensen 1901, 249-250
229 Jensen 1901, 271
230 Guehther, 116
231 Jensen 1901, 193-194
232 Jensen 1901, 194-195
233 ebd., 247
234 ebd., 249
235 Guenther, 9
236 Guenther, 8
237 Guenther, 151
238 Jensen 1901, 135
239 Jensen 1901, 135
240 Jensen 1901, 253
241 Jensen 1901, 260
242 Guenther, 134-135
243 Jensen 1901, 271, Hervorhebung d. Verf.
244 Jeromew K Jerome, 166
245 Jensen 1901, 139
246 ebd., 270
247 Jensen 1901, 275
248 Guenther, 99
249 http://www.schwarzwald.net/landschaften/dreigeteilt.html 4.1.2004
250 http://www.schwarzwald.net/landschaften/suedschwarzwald.html
251 http://www.schwarzwald.net/landschaften/suedschwarzwald.html
252 http://www.schwarzwald.net/news/
253 http://www.schwarzwald.net/wandern/
254 http://www.schwarzwald.net/touren/hoellentalbahn.html
255 http://www.bad-bad.de/umgeb/hochstr.htm 4.1.2004
256 http://www.schauinsland.de/html/bahn.htm vom 3.1.2004
257 http://www.schwarzwald.net/landschaften/schauinsland.html
258 http://www.schwarzwald.net/landschaften/schauinsland.html
259 http://www.schauinsland.de/html/bahn.htm vom 3.1.2004
260 http://www.schwarzwald.net/landschaften/schauinsland.html
261 Straßner/Pawlik
262 Da gibt es eine bedeutende Differenz zu künstlerischen Bildern: die sind in höchstem Maße subjektiv und gerade darum objektiv.
263 Auf Entsprechendes stoßen wir bei einem Bildband über Malerei am Oberrhein. Hofstätter, Paradies in Bildern.
264 Wir sagen nicht, dass es so sein sollte, sondern wir stellen fest, dass es so ist – Ansichtspostkarten funktionieren so. Nicht weil wir es so sehen wollen, sondern weil wir alle offensichtlich genau so mit Ansichtspostkarten umgehen, können wir es feststellen.
265 Interessant: eine Parallele in der Bildkomposition – an der Position des „Mönchs am Meer" sehen wir hier das größte der sichtbaren Verkehrszeichen.
266 Auf diesen Aspekt, der ausführlich zu analysieren wäre, kann hier nicht eingegangen werden.
267 oder des (religiösen) Ritus. Markierungen des Raumes (oder der Zeit) stehen ein für je andere Regeln und Gesetze.
268 Jan Philip Reemtsma berichtet in seinem Buch über seine Entführung, dass er nach seiner Befreiung ein Foto seines Entführers aufgehängt hatte … Das ist ein anderes Thema.
269 Natürlich gibt es spezielle andere Bildbände wie zum Beispiel über die Eisenbahn, die Energieerzeugung etc. in der auch Techniken abgebildet werden.
270 … sondern nur Teile von solchen: wie die Eisenbahn ist das Straßennetz, mit Tankstellen, Parkplätzen, den Produktions und Entsorgungseinrichtungen eine gewaltige Maschine, bei der ein Rad ins andere greift.
271 Dass die Mühlen so schlicht nicht sind, ist etwas was wir wissen, nichts, was wir sehen können. Das komplizierte Innenleben der Mühlen wird selten als Illustration technischer Zusammenhänge abgebildet.
272 Hans H. Hofstätter, Die Landschaft des Schwarzwaldes in der Wirklichkeit und im Abbild. In: Hans Hofstätter: Das Schwarzwaldbild. Augustinermuseum Freiburg i. Br. 1986
273 ebda. S. 9
274 Maria Schüly, Die Arbeitswelt im Schwarzwald. In: Hans H. Hofstätter, Das Schwrzwaldbild. A.a.O. S. 106
275 ebda. S. 106
276 Hofstaätter, a.a.O. S122; vgl. J.Paulus ironische Überhöhung (ebd) Schauplatz lieblicher IdylleS. 124
277 Sybille Bock, Der Schwarzwald in Bildern der Sage und Dichtung. In Hans Hofstätter: Das Schwarzwaldbild. A.a.O. S. 140
278 Hans H. Hofstätter, Paradies in Bildern. Länder am Oberrhein und Hochrhein. Paradis en tableau, Pays au Rhin supérieur. Freiburg 2001. S. 5
279 ebd. S. 7
280 ebd. S. 7
281 Schwarzwaldbild. Kunstverein Hochrhein e.V. Bad Säckingen.
282 Markus Brüderlin, Das Dispositiv „Heimat". In: Schwarzwaldbild. Ausstellungskatalog Kunstverein Hochrhein e.V. Bad Säckingen 1988
283 Vor den Kreuzzügen sind Windräder nur in arabischen Ländern, nicht in Europa nachgewiesen. Ein Windrad mit waagerechter Achse soll Heron aus Alexandrien um 110 zum Antrieb der Pumpe einer Orgel gebaut haben. Die ersten selbstregulierenden Windräder (Halladay-Windräder), die sich in und aus dem Wind drehen, wurden 1786 auf der Weltausstellung zu Philadelphia der Öffentlichkeit präsentiert. Franz Maria Feldhaus, Die Technik. Ein Lexikon der Vorzeit, der geschichtlichen Zeit und der Naturvölker. Unveränderte Sonderausgabe Wiesbaden 1970 (1914) Stichwort: Windrad mit waagerechter Achse. „Die in den Wind drehbare Bockwindmühle scheint im 13. Jahrhundert von den Zisterziensern entwickelt worden zu sein." Friedrich Klemm, Kurze Geschichte der Technik, Freiburg – Basel – Wien 1961. Um 1900 sollen allein 30 000 historische Windmühlen in Nordwestdeutschland das Landschaftsbild bereichert haben. http://www.aufwind-online.de/infos/Landschaftsbild.htm
284 Hernry Petroski, a.a.O. S. 303
285 R. Spalckhaver, Industrie, Technik und Verkehr. In.: Emanuel Müller-Baden, Handbibliothek des allgemeinen und praktischen Wissens. Zum Studium und Selbstunterricht in den hauptsächlichsten Wissenszweigen und Sprachen. Berlin 1906 Bd. 2, S. 76 (diesem Band ist auch die Abbildung entnommen).
286 Im Internet. regiowind.de
287 a.a.O.
288 Günter Ropohl, Prolegomena zu einem neuen Entwurf der allgemeinen

Technologie. In: Hans Lenk, Simon Moser, a.a.O. S. 152 – 172. Da es uns aber ganz auf das visuelle Bild der Anlagen selbst und ihrer Erscheinung mit der Landschaft ankommt, brauchen wir das nur in soweit zu berücksichtigen, als es sich auch tatsächlich zeigt, am Gegenstand der Analyse selbst sichtbar ist.

289 Wolfgang Ruppert, a.a.O. S. 30
290 vgl. Kapitel Analyse, die zweite
291 Franz Maria Feldhaus, Die Technik. Ein Lexikon der Vorzeit, der geschichtlichen Zeit und der Naturvölker. Unveränderte Sonderausgabe Wiesbaden 1970 (1914) Stichwort: Anemoskop
292 Wolfgang Ruppert, a.a.O. S. 31
293 a.a.O. S. 37
294 windkraft.de 21.09.2003
295 http://www.aufwind-online.de/infos/Landschaftsbild.htm
296 Dazu gehören die Mühlenschiffe auf dem Po, die, vom Ufer aus vertäut, auf dem Fluss treiben und ihr Mühlrad von der Wasserströmung in Bewegung setzen lassen.
297 Ein Beispiel für den Übergang von Maschinenantrieb zur Energiegewinnung liefern die bergbäuerlichen Hofmühlen. In diese kleinen Hütten wird einfach ein Generator eingebaut, der den Hof nun mit Strom versorgt (häufig dann als „Lichtmühle" bezeichnet). Diese Umstellung ist begünstigt durch den Wegfall des Getreideanbaus und die Umstellung des Bergbauernhofs vom Subsistenzbetrieb auf eine marktorientierte Milchwirtschaft.
298 Was die alpinen Stauseen besonders deutlich machen, gilt in etwas abgeschwächter Form auch für die Stauseen des Schwarzwaldes, insbesondere für das Schluchseekraftwerk.
299 Die Parallele im Schwarzwald: „Auch das Schluchseewerk griff zum Titisee hinüber. Durch einen ‚Hangkanal' wurden die Bäche abgefangen, die vom Feldberg dem See zuflossen, und da nun das Wasser für Neustadt und seine Fabriken nicht mehr ausreichte, wurde der See im Sommer gestaut, und im Winter nach Bedarf abgelassen. … Einem See, der durch abwechselndes Heben und Senken seiner Wasseroberfläche zum Staubecken geworden ist, entgleiten die Beziehungen zu seinem Ufer. Der See wird aus der ihn umgebenden Landschaft, deren leuchtendster Ausdruck er war, unnatürlich hervorgehoben." (Guenther, 92)
300 Hier ist die Analyse der Argumente der „Windkraftgegner" interessant (siehe Kapitel Kritiken und Antikritiken und Kapitel Diskussion. Bewertung). Es fällt auf, dass sie an diesem Aspekt vorbeigehen.
301 Der architektonische Reiz des Frankfurter Messeturms besteht wohl u.a. darin, genau diese Assoziation zu wecken: das Hochhaus gibt nicht mehr zu erkennen, dass es ihm eigentlich um die Maximierung des umbauten Raumes geht. Es will nur in die Höhe zeigen.
302 Wir scheinen über keine sprachlichen Mittel zu verfügen, diese Differenz zum Ausdruck zu bringen.
303 Interessant ist hier, dass die Funk- und Fernsehtürme im Wettstreit um die höchsten Gebäude nicht mitspielen dürfen.
304 Eine Markierungsfunktion bekommen sie unter Umständen nachträglich: als Marken für den Sichtflugverkehr.
305 Oder eben: durch ein Doppel.
306 Der Fernsehturm in Frankfurt/M. wird von den Ansässigen als „Ginnheimer Spargel" bezeichnet.
307 Vgl. dazu generell: Klaus Beyer, Birgit-Susann Mathis (Hrsg.): So weit das Auge reicht. Die Geschichte der optischen Telegrafie. (anlässlich der Ausstellung „So Weit das Auge Reicht – die Geschichte der optischen Telegrafie" im Museum für Post und Kommunikation Frankfurt am Main vom 27.4. bis 30.7.1995)
308 Astrid Schürmann, Kommunikation in der antiken Gesellschaft. In: Klaus Beyer, Birgit-Susann Mathis (Hrsg.): So weit das Auge reicht. Die Geschichte der optischen Telegrafie. A.a.O. S.12.
309 Stephan Oettermann, Jahrmarkt der Erfindungen. In Klaus Beyer, Birgit-Susann Mathis (Hrsg.): So weit das Auge reicht. Die Geschichte der optischen Telegrafie. A.a.O. S.100
310 Gerhard J. Holzmann, Die optische Telegrafie in England und anderen Ländern. In Klaus Beyer, Birgit-Susann Mathis (Hrsg.): So weit das Auge reicht. Die Geschichte der optischen Telegrafie. A.a.O. S.125
311 Paul Charbon: Entstehung und Entwicklung des Chappeschen Telegrafennetzes in Frankreich. In: Klaus Beyer, Birgit-Susann Mathis (Hrsg.): So weit das Auge reicht. Die Geschichte der optischen Telegrafie. A.a.O. S. 48
312 In: Klaus Beyer, Birgit-Susann Mathis (Hrsg.): So weit das Auge reicht. Die Geschichte der optischen Telegrafie. A.a.O. S. 80
313 In: Klaus Beyer, Birgit-Susann Mathis (Hrsg.): So weit das Auge reicht. Die Geschichte der optischen Telegrafie. A.a.O. S. 81
314 In: Klaus Beyer, Birgit-Susann Mathis (Hrsg.): So weit das Auge reicht. Die Geschichte der optischen Telegrafie. A.a.O. S. 89
315 Für die Entwicklung kinetischer Kunstwerke war insbesondere die Gruppe Zero von Bedeutung. „Die Gruppe war bestrebt, mit einer Art von „neuem Idealismus", einer „neuen Sensibilität", unter Vermeidung alles Figürlichen, mit einer engen Beziehung zu Weiß sowie vitalen Lichtschwingungen im Raum, eine reine und auf die „unendlich große Welt" ausgerichtete moderne Kunst zu schaffen. Gründungsmitglieder waren Heinz Mack und Otto Piene, zu denen 1960 auch Günther Uecker stieß. Charakteristische Merkmale der Zero-Kunstwerke sind die Auseinandersetzung mit Raum, Bewegung. Kinetische Kunst und Licht (als die Quelle allen Lebens), manifestiert in monochromen Bildern und Installationen." Das grosse Kunstlexikon von P.W. Hartmann: http://www.beyars.com/kunstlexikon/lexikon_9771.html
316 O-Ton aus dem Film: George Rickey – Kinetische Objekte 1978. Zitiert nach. Michael Klant (Hrsg.) Skulptur in Freiburg. Kunst des 20. Jahrhunderts im öffentlichen Raum. S.131
317 Wieland Schmied, George Rickey – homo ludens als homo faber. Zitiert nach Oliver Dieskau, Annette Heitz: George Rickey, Flüchtige Formen in Raum und Zeit. In: Michale Klant (Hrsg.) Skulptur in Freiburg. A.a.O. S. 132
318 Jean Baudrillard, Der symbolische Tausch und der Tod. München 1982. S. 110
319 Richard Schindler: Gerhard März. SWF Rundfunk, 1989 (Costruire, Gerhard März im Kunsthaus Zürich)
320 Jean Baudrillard, a,a,O. S. 111
321 vgl. Richard Schindler, Bilder sind das Letzte, in Deutsch-Amerikanische Zeiten, 50 Jahre Amerika-Haus Freiburg und Carl-Schurz-Haus / Deutsch-Amerikanisches Institut e.V. 2002, S. 118
322 Vgl. das Bild von Casper David Friedrich
323 Eine Gruppe skulpturaler Gebilde auf einem Berg, größer als eine Triade, scheint etwas vollkommen neues zu sein – eigenständig nur es selbst?
324 Walter Stein, Navigation leicht gemacht. Eine Einführung in die Küstennavigation für Sportsegler, Küstenschiffahrt und Fischerei. Bielefeld o.J.
325 Waltraud Murauer, Der Schmerz, wenn Du den Ball triffst …" in tremonia nova, magazin für dortmunder kultur & wirtschaft, Ausgabe 5, Dez. 2003
326 Vorlesungen zur Einführung in die Psychoanalyse, Die Symbolik im Traum 1916
327 Thomas Zaunschirm, Bereites Mädchen Ready-made, Klagenfurt 1983, S. 30
328 Thomas Zaunschirm, Robert Musil und Marcel Duchamp. Klagenfurt 1982. S. 212
329 „Duchamp hat gezeigt, […] wenn ich in diesen artifiziellen Raum […]etwas hineintrage, was aus dem Leben stammt, […]dann transformiert sich das. Duchamp hat demonstriert, dass das Kunstleben ein künstliches Ding ist, das eigentlich in keinem Zusammenhang steht mit dem menschlichen Tun im ganzen, sondern nur in der Isolierung und durch die Isolierung funktioniert. Dieses Experiment hat er gemacht. Und das hat nachhaltig als eine Art Kulturschock gewirkt […] Und das hat stilistische Folgen bis in die Gegenwart gehabt. Aber leider nur stilistische, Und warum? Weil Duchamp es verabsäumt hat, die Konsequenzen aus seiner Tat zu ziehen. […] Ja, ‚das Schweigen von Marcel Duchamp wird überbewertet' […] Denn er hätte meines Erachtens sagen müssen: wenn […] das möglich ist, dass […] das normale, anonyme Industrieprodukt im Kunstraum Kunst wird, geht[…] daraus hervor, dass real der Künstler derjenige ist, der das Industrieprodukt gemacht hat. Und da das gar kein Einzelner gemacht hat, sondern viele es gemacht haben, geht daraus eigentlich […] etwas ganz lapidares hervor. Nicht der Maler, Bildhauer, Klavierspieler, Tänzer, Sänger sind Künstler, sondern jeder Mensch ist ein Künstler! Er hätte […] sagen müs-

sen: damit ist die Linie der Kunstentwicklung von der Steinzeit bis zur Gegenwart an einem Ende angelangt." Joseph Beuys in: Bojescul: Zum Kunstbegriff." http://or-om.org/XT+@rt.htm

330 Beuys in: Szeemann: Duchamps, http://or-om.org/XT+@rt.htm
331 Karin Thomas, Bis Heute: Stilgeschichte der bildenden Kunst im 20. Jahrhundert, Köln 1971. S. 207
332 Zitiert nach Karin Thomas, a,a,O, S. 207
333 Karin Thomas, a.a.O. S. 207
334 Karin Thomas, ebd.
335 Johann Wolfgang von Goethe, Wandrers Nachtlied//Über allen Gipfeln/Ist Ruh,/ In allen Wipfeln/ Spürest du/ Kaum einen Hauch;/ Die Vögelein schweigen im Walde./ Warte nur, balde/ Ruhest du auch.
336 Jürgen Hasse hat dies als Entfremdung gedeutet: Leiblich gebundene und visuelle Wahrnehmung fallen auseinander (obwohl der Sturm tobt, drehen sich die Windräder nicht; obwohl hier (unten) kein Wind weht, drehen sich die Windräder). Dass wir dadurch erst, wie Jürgen Hasse selbst auch, auf diese Wahrnehmungen aufmerksam werden, *weil* sie differieren, und wir uns dadurch aufgefordert fühlen sie zu prüfen, zu verstehen und uns darüber zu verständigen, das ist keine Entfremdung, sondern eine Bereicherung im Sinne der Sensibilisierung und der Ausweitung ästhetischer und kognitiver Vorstellungskraft. Jürgen Hasse, Bildstörung, S. 153 ff
337 Theodor W. Adorno, Ästhetische Theorie. A.a.O. S. 108
338 Theodor W. Adorno, a.a.O. S.108
339 Peter Weibel, Territorium und Technik. In: Ars Electronica (Hrsg.), Philosophien der neuen Technik. Berlin, 1989. S. 81
340 Die Regiowind Verwaltungs GmbH etwa benutzt diese Bezeichnung auf ihren Webseiten: www.regiowind.de
341 Vgl. Kapitel Näherung, die zweite
342 Dies allein könnte geeignet sein Gegner auf den Plan zu rufen – und hat es wohl auch. Was für eine Macht müssen diejenigen haben und gehabt haben, die in der Lage sind und waren Atommüll zu hinterlassen? Richard Schindler, Bilder sind das Letzte. A.a.O. S.
343 Von einem Hinweisschild einmal abgesehen. Siehe Foto.
344 Die einzelne Anlage. (technisch). Windkraftanlagen (Anlage zur Umwandlung kinetischer Windenergie in elektrische Energie) werden nach folgenden Merkmalen klassifiziert (z.B. http://www.windkraft.de vom 21. September 2003): die Stellung der Rotorachse (horizontal, vertikal), die Anzahl der Rotorblätter, die Möglichkeit der Leistungsregulierung (stall oder pitch), die Art des Generators (Synchron-, Asynchrongenerator) und die Art der Netzkopplung (direkt oder indirekt).
Technisch gesehen sind die Anlagen an der Holzschlägermatte nach derzeitigem Stand der Technik avancierte getriebelose Horizontalachsenkonverter mit Ringgenerator und Netzkopplung von 98m Nabenhöhe und einem Rotordurchmesser von 70 Metern. Von den Anlagenkomponenten sind aus geeignetem Abstand folgende vier sichtbar: der Rotorkomplex – 3 Rotorblätter und Nabe (Systemelement zur Umwandlung der kinetischen Windenergie in eine mechanische Drehbewegung), das (Gehäuse für den Generator und andere technische Einrichtungen, vom Hersteller „Gondel" genannt), der Turm (freistehend, in geschlossen konischer Bauweise aus Fertigteilebeton), das Fundament (flach- oder tiefgegründete Verankerung im Erdreich.)
Erkennbar sind außerdem die variable Drehzahl des Rotors (nach Herstellerangabe 10 – 22 U/min, eine Frequenz, die unterhalb des Herzschlagfrequenz liege), die Einzelblattverstellung in Abhängigkeit vom Wind, die Windnachführung, die Sichtbemalung und -beleuchtung zur Flugsicherung und Teile der Windmesseinrichtung an der oberen Seite des Generatorgehäuses. (Nach Angaben des Herstellers beträgt die Einschaltwindgeschwindigkeit 2,5 m/s, die Abschaltwindgeschwindigkeit: 28 – 34 m/s
345 Das unterscheidet sie vom Kreuz, das in einer Werbebroschüre absichtsvoll in Beziehung gesetzt ist zum Windrad. Siehe Abbildung in Kapitel Diskussion. Bewertung
346 Laotse: Tao te king. Das Buch vom Sinn und Leben. Aus dem chinesischen übertragen und erläutert von Richard Wilhelm. Köln 1957,1974 S. 51
347 Siehe Abbildung. Ganz generell verdanken sich ingenieurtechnisch konstruierte Gebilde nicht nur physikalischen Gesetzen und funktionstechnischen Notwendigkeiten, sondern ebenso „konstruktionsphilosophischen Präferenzen, die sich zumeist auf Erfahrungen und eigene konstruktive Überzeugungen stützen und nicht unbedingt rein theoretisch ableitbare Fakten darstellen." Heiner Dörner, Institut für Flugzeugbau, Universität Stuttgart, http:// In ihnen bringt sich u.U. ein starker Eigenwille der Konstrukteure zum Ausdruck. Auch bei Windkraftanlagen haben Konstrukteure und Designer nicht nur eine einzige Antwort. „Wie auf allen Gebieten der Technik, (müssen) Randbedingungen geklärt oder gewünschte Vorgaben gemacht werden" (ebd.).
348 Bei so genannten Luvläufern läuft der Rotor in Windrichtung vor dem Turm (up wind rotor).
349 Diese modernen neuen Anlagen sind ohne Getriebe gebaut und verursachen kein eigens Betriebsgeräusch. In unmittelbarer Nähe ist u.U. ein hohes Pfeifen der Transformatoren (?) zu hören. Manchmal auch der Motor, wenn die Gondel in den Wind gedreht wird.
350 Vgl. zum Beispiel: Wirtschaftsministerium Baden-Württemberg: Windfibel, 2003. S. 96: „Aus der Summe der Faktoren ergibt sich für jede Anlage eine visuelle Wirkzone, eine Kreisfläche, in der man eine Anlage theoretisch – ohne Berücksichtigung aller Hindernisse – sehen könnte. Sie reicht von der Nahsicht auf eine Anlage, die – bei 80 m Gesamthöhe – in 150 m Distanz voll im Blickfeld liegt, bis zu der Wahrnehmbarkeitsgrenze bei ca. 30 km."
351 Vgl. dazu die einleitenden Ausführungen in Kapitel Analyse, die zweite
352 Die uns allen geläufigen Worte Vordergrund, Mittelgrund, Hintergrund verdanken sich nicht zuletzt der malerischen Arbeit mit Ölfarbe, die perspektivische Visualisierung allererst erlaubt und erzwingt.
353 Es ist eine interessante Ergänzung, keine Bestätigung. Denn im einen Fall handelt es sich um einen naturgegebenen Umstand, im anderen um einen durch Kultur geschaffenen Sachverhalt. Es ist nicht anzunehmen, dass es einen ursächlichen Zusammenhang gibt, aber die Entdeckung ist als solche geeignet, die Wahrnehmung auf diese Aspekte zu sensibilisieren.
354 Auch unbeschriftete Bänke konstituieren diese mögliche Blickbeziehung und die sich Beziehenden. Aber Autorschaft wird allenfalls über die fehlende Signatur thematisch. Da dies aber unproblematisch ist – wir unterstellen, dass es gemeinschaftlich Verantwortliche (die Kommune) gibt – ist die Frage nach dem Verursacher in der Regel (wenn die Bank nicht stört) kein Thema.
355 Das ist fotografisch kaum zu dokumentieren, weil entweder die Bank nur von der einen oder der anderen Richtung aufzunehmen ist; was aber gezeigt werden müsste, wäre eine Rundumsicht von der Bank und eine solche auf die Bank.
356 tatsächlich stand an dieser Stelle einmal ein militärisches Bauwerk. Entsprechende Hinweisschilder informieren darüber.
357 Als Radkarte wird eine kreisrunde Darstellung des mittelalterlichen Weltbildes bezeichnet. Die größte Radkarte und Darstellung des Weltbildes aus dem Mittelalter ist die Ebstorfer Weltkarte. Sie ist nach ihrem Fundort dem Benediktinerkloster Ebstorf in der Lüneburger Heide benannt. Die Karte mit circa 3,50 m Höhe und Breite wurde als Altarbild genutzt und verbrannte 1943 im 2. Weltkrieg. Von 1950–53 wurden mit Hilfe alter Faksimileausgaben von 1891 und 1896 vier Nachbildungen geschaffen. Das Bild stellt das enzyklopädische Wissen der Zeit dar, indem es nebeneinander gestellt wird. (net-lexikon.de). Die Ebstorfer Weltkarte ist eine Art Atlas. „Sie ist sowohl Momentaufnahme der politischen Verhältnisse des Jahres 1239 wie auch Verkünderin christlicher Heilslehre, Bilderbuch von Flora und Fauna, aber auch schon Vorläuferin von Satellitenbildern und Hypertexten". Martin Warnke, Et mundus, hoc est homo. http://kulturinformatik.uni-lueneburg.de/warnke/etmundus.php (5.3.2004)
358 Foucault, M.: Die Ordnung der Dinge. (Übers. von Ulrich Köppen) Frankfurt am Main: Suhrkamp 1991. »Let mots et les choses« , 1966, Erstauflage in deutsch 1974,S. 47 f.
359 Markus Brüderlin, Kunst-Heimat. Gegenwartskunst zwischen Lokalismus und Globalismus. Vortrag in Freiburg zum „Ende der großen Theorie" im Marianbad. Mauskript.
360 Auffällig: Beide Fernrohre sind biokulare – als sollte auch an dieser Stelle klar gemacht werden, dass wir zwei Augen haben. Vgl. Dazu: Richard

Schindler, Private Eye On Art. Annäherung ans Auge. A.a.O.

**361** Hofstätter 1986, 7.

**362** siehe Kapitel Ästhetische Ad-Hoc-Urteile: Kollegengespräche.

**363** Shakespeare, Macbeth, IV. Aufzug 1. Szene, V. Aufzug 4. und 5. Szene.

**364** Der Soziologe Thomas Dresel, Freiburg hat gesprächsweise darauf aufmerksam gemacht.

**365** A.a.O. S. 119. Vgl. Kapitel Analyse, die erste.

**366** Theodor W. Adorno, Ästhetische Theorie, Frankfurt 1973 S. 107.

**367** Der panoramatische Blick vernichtet den Vordergrund. Vgl. Kapitel Näherung, die zweite.

**368** So jedenfalls das Selbstverständnis von Herr Holger im persönlichen Gespräch.

**369** Von der Bergstation der Schauinslandbahn aus ist auch die Bemalung der Türme sichtbar; nicht zu sehen oder nur undeutlich zu erkennen sind die Türen und die Fundamente.

**370** Vgl. Kapitel Analyse, die erste.

**371** In der Benennung der Planer und Ingenieure ist dieser hintere, fernere als der erste gekennzeichnet. Das bedeutet, diese Kennzeichnung ist nicht vom fußläufigen Betrachter her gedacht. Sie ist sichtlich vom Tal her gedacht – die zweite, hintere, fernere Anlage ist nur vom Tal her gesehen die erste (vordere, nähere) Anlage.

**372** In der Kriminalistik nennt man das „red flag". Die Gestalt des Generatorgehäuses wurde im Auftrag der Herstellerfirma von Norman Foster entworfen. Foster gilt als einer der innovativsten Architekten unserer Zeit.

**373** Henry Petroski, Messer Gabel Reißverschluss. Die Evolution der Gerbrauchsgegenstände. Aus dem Amerikanischen von Inge Rau. Basel Boston Berlin 1994 S. 286 .

**374** Vermutlich ein Windmessgerät (Anemometer). Das bis heute übliche Kugelanemometer „Robinsons Schalenkreuz" wurde 1846 vom Astronomen Thomas Robinson konstruiert. Franz Maria Feldhaus, Die Technik. Ein Lexikon der Vorzeit, der geschichtlichen Zeit und der Naturvölker. Unveränderte Sonderausgabe Wiesbaden 1970 (1914) Stichwort: Anemometer

**375** Friedrich Achleitner; Das europäische Haus (Teil 2) Traum oder Alptraum. In Friedrich Achleitner: Region, ein Konstrukt? Regionalismus eine Pleite? Basel, Bosten, Berlin 1997, S. 7-16. www.oeko-net.de/kommune/kommune1-99/kolfrit1.htm November 2003.

**376** Eva Heller, Wie Farben wirken. Farbpsychologie, Farbsymbolik, Kreative Farbegestaltung. Reinbeck bei Hamburg 1999. S. 71f.

**377** Eva Heller, a.a.O. S. 83.

**378** Diese Denkfigur ist von Baudrillard (Das System der Dinge) und dort im Hinblick auf „Urlaub" im Grünen entwickelt. Vgl. auch Klaus Merkel im Kollegengespräch Kapitel Ästhetische Ad-Hoc-Urteile: „Soll da eine Kuh dagegen laufen?"

**379** Dank der Interviews, die François Truffaut mit Alfred Hitchcock gemacht hat, wissen wir einiges über die Machart seiner Filme. Trotzdem nimmt ihnen dieses Wissen nichts von ihrer faszinierenden Wirkung. Im Anschluß an Falter (1996) vertritt Jürgen Hasse die These, Windkraftanlagen wären ein Ausgriff technischer Anlagen in den Himmel, dem sie dadurch (wie dem Wind auch) „mythologische und ethymologische Tiefe" nähmen. Nun war „Entmythologisierung" einmal Kampfbegriff fortschrittlicher Theologie. Die hat den biblischen Geschichten nichts genommen, sondern ihnen ihre Kraft zurück gegeben. Wenn dem Himmel, der Erde, dem Wind „mythologische Kraft" nur mehr zukommen sollte, weil man sie ihnen (großzügig, rücksichtsvoll) ließe, wäre die Kraft nicht die ihre, sondern (durch Verzicht) menschengemacht. Also kaum mehr das, was Falter und Hasse durch die Windkraftanlagen verursacht schwinden sehen. Dass Windkraftanlagen, wie Jürgen Hasse konstatiert, geeignet sind „naturhermeneutische Fragen zum Mensch-Natur-Verhältnis aufzuwerfen", lässt sich ihnen wohl kaum vorhalten. Jürgen Hasse tut dies schließlich auch. Jürgen Hasse, Bildstörung, S. 153 und 262.

**380** Zum Begriff der Deutungsmusteranalyse: Oevermann 1973, 2001.

**381** Zum Begriff der Triangulation: Flick 2000.

**382** Es wäre natürlich denkbar, dass eine riesige Anlage sich irgendwo versteckt befindet. Dann handelte es sich aber sprachlich um die Konstruktion einer Gegenerwartung: riesig, und dennoch dem Betrachter verborgen.

**383** Bei dem „Scheinriesen" in Michael Endes „Jim Knopf" verhält es sich genau anders herum: Aus der Ferne erscheint er riesenhaft, während er bei der Annäherung immer kleiner wird, bis er schließlich, steht man ihm gegenüber, Menschengröße erreicht hat.

**384** Dass hier überhaupt von „Gipfel" gesprochen wird, ist eine Folge der messtechnischen Orientierung.

**385** In diesem Sinne formuliert der Gesetzgeber völlig sachadäquat, wenn er von „Verunstaltung" der Landschaft spricht; statt beispielsweise von „Beeinträchtigung".

**386** Wir verwenden hier den Begriff nicht im philosophischen Sinn, sondern folgen dem Sprachgebrauch des zu interpretierenden Textes.

**387** Die Riesen, denen das tapfere Schneiderlein begegnet, sind zwar bedrohlich, aber auch menschenähnlich. Das Schneiderlein kann mit ihnen immerhin in Verhandlung treten und sich mit ihnen messen. Ein Monster hätte sich darauf nicht eingelassen.

**388** Zur Erinnerung: Die hier vorgenommene Interpretation verzichtet so weit als möglich auf die Gegenüberstellung von Urteil einerseits, beurteilter Erscheinung oder Realität andererseits. Die Interpretation strebt vielmehr die Rekonstruktion der immanenten Struktur des Urteils an.

**389** Erst in dieser Konstruktion ist es im übrigen möglich, von neuerdings zu sprechen. Denn Aussichtstürme als solche haben eine lange Tradition (vgl. Kapitel Analyse, die erste).

**390** Wir finden hier auf Seiten des Befürworters dasselbe Motiv, das uns dann bei dem entschiedenen Gegner Hockenjos noch beschäftigen wird: „Wo Windräder nicht weiter wehtun". S.u.

**391** Eigentümlicherweise schreibt der Autor von *Techno-Müll* und *Technogläubigkeit* statt von Technik-Müll und Technikgläubigkeit. Mit „techno" (sprich: tekno) ist aber ein Musikstil bezeichnet. Wir können diesem interessanten Detail hier nicht weiter nachgehen.

**392** Dem entspräche beim Hören von Musik: (1) Ein Räuspern im Konzertsaal, das das Hören nicht tangiert; (2) ein „Nebengeräusch", das dazu gehört (wie etwa der Straßenlärm auf Wolf Biermanns frühen, illegal im Wohnzimmer aufgenommenen Platten); (3) ein akustische Störung (Presslufthammer), die das Hören der Musik „verunmöglicht".

**393** „Eine einzige Rechtsverordnung zur Abschaffung der Stand-by-Schaltungen könnte, sofern sich die Experten nicht verrechnet haben, rund 12 Prozent unseres gegenwärtigen Verbrauchs an elektrischer Energie einsparen: das Vierfache dessen, was wir, Weltmeister in Sachen Windenergie, bundesweit derzeit an Windstrom erzeugen." (S. 6).

**394** Entsprechend unserer methodischen Position einer immanenten Analyse verzichten wir auch hier auf eine materiale Betrachtung der *tatsächlichen* Kultur- und Naturlandschaft der Region um Villingen und einer darauf bezogenen Bewertung des Urteils der Fotounterschrift.

**395** Auf diesen nimmt Hockenjos Bezug: vgl. S. 20 f.

**396** Wie überhaupt sehr auffällig ist, dass in der gesamten Broschüre die abgebildeten Windkraftanlagen immer aus einer einzigen Perspektive aufgenommen werden.

**397** Zu der Gegenüberstellung von Verantwortungsethik und Gesinnungsethik. M. Weber: Politik als Beruf.

**398** Die Staudämme sind ja häufig als solche eine touristische Attraktion, erst Recht, wenn man, wie am Reschenpass, bei niedrigem Wasserstand noch die Kirchturmspitze der unter Wasser gesetzten Kirche aus dem See herausragen sieht.

**399** An anderer Stelle in der Broschüre findet sich auch eine solche – relativ – unproblematische und klare Formulierung: „es drängt sich die Frage auf, wie denn die Schwazwälder Touristikbranche, das Aushängeschild unseres Bundeslandes, den vormals eher schleichenden, jetzt rasch sich beschleunigenden Qualitätsverlust verkraften wird." (S. 8) Wobei auch hier erklärungsbedürftig ist, dass die *Touristikbranche* gleich als *Aushängeschild unseres Bundeslandes* bezeichnet werden muss. Die Sorge wird auch hier (s.u.) von den unmittelbar Betroffenen abgelenkt und auf ein landespolitisches Markenzeichen gerichtet.

**400** In der zweiten These der „Sieben Thesen zur Beeinträchtigung des Landschaftsbildes durch *Windkraftanlagen*" sind die WKAs nicht explizit genannt. Insofern könnte eingewendet werden, dass hier von *anderen*

Verunstaltungen die Rede ist. Diese Annahme erscheint aber nicht plausibel. Einerseits müssten wir dann erwarten, dass die Verunstaltungen, von denen nun die Rede sein soll, explizit genannt werden. Und andererseits haben die spezifisch touristischen Beiträge zu einer Landschaftsverunstaltung (Hotels; Skilifte usw.) *nichts* mit Windkraftanlagen zu tun.

401 Perspektiven darf hier nicht mit Konsens verwechselt werden. Natürlich können die Bewohner geteilter Meinung sein. Es geht lediglich darum, analytisch differenzieren zu können, auf welche Perspektive sich welche Argumente berufen. Und natürlich könnten die angegebenen Perspektiven weiter differenziert werden.

402 Obwohl schon hier eine die ganze Broschüre durchziehende Inkonsistenz zu finden ist: die Forderung: „Keine *weiteren* Windräder" wird durch das Urteil: „Die *bestehenden* sind verunstaltend" gestützt.

403 So lautet der Untertitel der Schrift.

404 Entsprechend der Möglichkeit, auf der Vernissage Bier zu trinken.

405 Entsprechend der Unmöglichkeit, im Rahmen eines gehobenen Essens Bier zu trinken.

406 An 4. Stelle wird angeführt, dass Tiere sich schnell an die Anlagen gewöhnen. An 6. Stelle wird auf die geringe Flächenversiegelung und die leichte Rekultivierung nach Abbau hingewiesen. Auch in diesen beiden Punkten spielt „Landschaft" eine Rolle, allerdings stärker aus ökologischer, weniger aus genuin landschaftsästhetischer Perspektive.

407 Die Fakten sind hinreichend bekannt und wir können den *Inhalt* der Aussage als zutreffend unterstellen.

408 Hierhin gehört natürlich der Revolutionsbegriff: Historisch ist der Begriff der Moderne eng assoziiert mit revolutionären gesellschaftlichen Umwälzungen.

409 Vgl zum Folgenden: Bourdieu: 1974; 1979.

410 Damit ist natürlich eine „kriegerische" Episode in Szene gesetzt; wie ja auch bezeichnender Weise dieses Segelschiff, als medial platziertes Symbol von „Green*peace*" (!), den Namen „Rainbow-*Warrior*"(!) trägt.

411 Vgl. die vergitterte Landschaft aus dem Treppenaufstieg vom Schlossbergturm, Kapitel Analyse, die zweite

412 Seit Beginn der Neuzeit haben sie sich explizit zum Thema geäußert. Künstler der Land-Art haben in den 1960er und 1970er Jahren begonnen, gezielt zum Themenkomplex Landschaftsbild zu arbeiten. – 2002 wurde von Michael Fehr zur Landschaftsbauhütte Ruhrtal ein künstlerisch-wissenschaftliches Gutachten vorgelegt. Herausgegeben mit Wolf Falk, Essen 2002

413 In der 1999 erschienen, groß angelegten Untersuchung von Jürgen Hasse (Bildstörung. Windenergie und Landschaftsästhetik) wurden als Experten für eine Delphi-Befragung gewählt: ein Professor für Philosophie, ein Professor für Landespflege, ein Vorsitzender Richter (OVG), ein Mitglied des Bundestags (SPD), eine Expertin des Bund Heimat und Umwelt (BHU), ein Experte des Deutschen Windenergie-Instituts.

414 Vgl. Poppers Begriff der Bewährung.

415 Günter Ropohl, Zum gesellschaftstheoretischen Verständnis soziotechnischen Handelns im privaten Bereich. In: Bernward Joerges, a.a.O. S. 144. Um noch einmal auf das Geschäft mit den Blumen zu kommen: Der Lobby dieses Geschäftszweiges ist es gelungen, einen Beschluss aus dem Jahre 1922 durchzusetzen und 1929 bis 1933 den Muttertag einzuführen und ebenso erfolgreich den Gebrauch von Blumen bei Begräbnissen zu inthronisieren. Karin Hausen, a.a.O. S. 74.

416 Vgl. Rolf Wedewer: Landschaftsmalerei zwischen Traum und Wirklichkeit. Idylle und Konflikt. Köln 1984³.

417 Rolf Wedewer, ebd. S. 10 f.

418 Rolf Wedewer, a.a.O. S. 22.

419 Siehe Kapitel Weiterung.

420 Rolf Wedewer, ebd. S. 36.

421 Rold Wedewer, ebd. S. 37.

422 Georg Simmel, Philosophie der Landschaft. Zitiert nach Herbert Lehmann, Die Physiognomie der Landschaft, in: Studium Generale, Heft 4/5, April 1950, S.185.

423 Georg Simmel, a.a.O.

424 Martin Schwind, Sinn und Ausdruck der Landschaft, in: Studium Generale, Heft 4/5, April 1950, S. 196. Zitiert nach Rolf Wedewer, a.a.O. S. 41. Nicht zuletzt zeigt das Gutachten: dass an einem einzigen „materiellen Gleichnis", und dem Glauben von Sherlock Holmes folgend, dass sich aus einem einzigen Wassertropfen der Ozean und die Welt erschließen lasse, sich die ganze Kultur einer Gesellschaft und tiefste menschliche Erfahrungen aufzeigen lassen.

425 Theodor W. Adorno, Ästhetische Theorie, Frankfurt 1973, S. 107.

426 Rolf Wedewer, a.a.O. S. 61.

427 Vergleiche die Versuche des amerikanischen Militärs beim Sturz der Statue Husseins in Bagdad. Was intendiert war, ein weltweit gültiges, symbolkräftiges Bild für den Sieg, war zwar erkennbar, aber gelungen ist es nicht. Richard Schindler: Das verpasste Symbol. Die Wahrheit eines Moments: Der Sturz der Saddam-Statue. Badische Zeitung 11.04.2003.

428 vgl. Kapitel Analyse, die zweite.

429 auch wenn es dem Fotograf so scheinen mag und die entscheidungsbefugten ersten Betrachter dies einleuchtend fanden und einer Veröffentlichung zugestimmt haben.

430 Martin Heidegger: Die Frage nach der Technik. In: Martin Heidegger, Die Technik und die Kehre. Pfullingen 2.Auflage.

431 Martin Heidegger, ebd. S. 15.

432 Martin Heidegger, ebd. S. 14.

433 Martin Heidegger hebt darauf ab, dass moderne Technik durch erschließen, umformen, speichern, verteilen, umschalten durchherrscht ist. Dass die in modernen Anlagen gewonnene Elektrizität nicht wirtschaftlich gespeichert werden kann und daher immer sofort verbraucht wird – und verbraucht werden muss – ist natürlich kein triftiger Einwand gegen Martin Heideggers Erkenntnis.

434 Theodor W. Adorno, a.a.O. S. 108.

435 Siehe die Beobachtung von Klaus Merkel im Gesprächsprotokoll Kapitel Ästhetische Ad-Hoc_Urteile.

436 „Visuelle Ressourcen sind keine Bestände, wie zum Beispiel ein Erölvorkommen. Visuelle Ressourcen werden nicht verbraucht und sie werden durch Teilung nicht weniger oder kraftloser. ... Bestand besagt, Teil einer technisch-funktionalen Installation zu sein. Bestand meint, für Zwecke verfügbar sein." Richard Schindler: Visual Profiling. Künstlerische Handlungsfelder und visuelle Resourcen. IKS Garamond, Jena 2001.

437 Bernward Joerges, a.a.O. S. 42.

438 C. Geertz, Dichte Beschreibung, Beiträge zum Verstehen kultureller Systeme. Frankfurt. Zitiert nach Karl H. Hörning, Technik im Alltag und die Widersprüche des Alltäglichen. In: Bernward Joerges, a.a.O. S. 69.

439 Michael Certeau, S. 46.

440 Friedrich Achleitner, a.a.O.

441 Diese Zusammenfassung formulierte Peter Weingart, Differenzierung der Technik oder Entdifferenzierung der Kultur. In: Bernward Joerges, a.a.O. S. 151 f.

442 J.Attali, Die kanibalische Ordnung, Frankfurt 1981, S. 245, zitiert nach Peter Weingart, Differenzierung der Technik oder Entdifferenzierung der Kultur. In: Bernward Joerges, a.a.O. S. 155.

443 Richard Schindler, Visual Profiling. A.a.O. S. 34 dtsch.

444 Werner Kitlitschka, Natur und Kunst – gestern – heute – morgen. In: Kunst und Ökologie. Materialien zu einer latenten Kunstdiskussion. Kunstforum International, Bd. 93, Februar , März 1988. S. 63.

445 Werner Kitlitschka, a.a.O.

446 Konrad Paul Liessmann, Natura Mortua. Über das Verhältnis von Ästhetik und Ökologie. In: Kunst und Ökologie. Materialien zu einer latenten Kunstdiskussion. Kunstforum International, Bd. 93, Februar , März 1988. S. 67.

447 Liessmann, S.68.

448 Liessmann, S.68.

449 Liessmann, S.68.

450 Liessmann, S. 69; Matthias Eberle, Individuum und Landschaft. Gießen 1980.

451 Badische Zeitung vom Samstag, 16. August 2003.

452 Friedrich Achleitner, a.a.O.

453 Albrecht Wellmer, Kunst und industrielle Produktion. Zur Dialektik von Modere und Postmoderne. In: Albrecht Wellmer, Zur Dialektik von Moder-

454 Vgl. die Befragung durch die Badische Zeitung ...
455 Albrecht Wellmer, Kunst und industrielle Produktion. Zur Dialektik von Modere und Postmoderne. In: Albrecht Wellmer, Zur Dialektik von Moderne und Postmoderne. Vernunftkritik nach Adorno. Fankfurt 1985. S. 131.
456 Institut für Flugzeugbau und Fakultät Luft- und Raumfahrttechnik und Geodäsie.
457 Dies und das Folgende nach: Heiner Dörner, Übergabe der historischen Windanlage am 30.07.2003. Der Universitäts-Campus hat ein neues Wahrzeichen. http://www.ifb.uni-stuttgart.de/beirag.hp?Beitrag_Id=537, 21.9.2003
458 nach Fischer-Hüftle 1997: 239, ergänzt nach Gareis-Grahmann 1993: 10ff., ergänzt nach Michael Roth 2000 und eigene Ergänzungen.
459 http://www.umweltbundesamt.de/uba-info-daten/daten/umweltqualitaetsziele/uqzinstrumente. html# Eingriffsregelung.
460 http://www.umweltbundesamt.de/uba-info-daten/daten/umweltqualitaetsziele/definitionen. html#Umweltqualitätsziele.
461 Franz Schafranski, Landschaftsästhetik und räumliche Planung: theoretische Anleitung und exemplarische Anwendung eines Analyseansatzes als Beitrag zur Aufstellung von landschaftsästhetischen Konzepten in der Landschaftsplanung. Kaiserslautern 1996, S. 5. Auch unter http://kluedo.ub.uni-kl.de /volltexte/1996/2/.
462 Friedrich Achleitner, a.a.O.
463 Schwan 1997, S. 26.
464 Das gilt auch für die von Nohl angemahnten Erwartungen, Wünsche, Auffassungen (wie Landschaft und Natur zu sein haben) und das über eine Landschaft Gewusste (wie zum Beispiel Werturteile anderer). Nohl 1981: 6 und Nohl 1990: 366ff., vgl. dazu auch Wöbse 1993b: 9.
465 BVerwG, Urt. v. 12.07.1956 – I C 91.54 – , BVerwGE 4,47 = DVBl 1956, 689 (nach Michael Roth a.a.O.).
466 BVerwG, Urt. v. 27.09.1990 – 4 C 44.87 – , BVerwGE 85,384 = NuR 1991, 124 (nach Michael Roth, a.a.O.).
467 Vgl. die Einwände von Demuth & Fünkner 1997: 37; Aus der Rechtssprechung sei nicht zu folgern, dass ein Bewertungsverfahren erforderlich sei, das auf einen aufgeschlossenen Durchschnittsbetrachter abstellt. Denn Gegenstand dieser Gerichtsentscheidungen ist nicht die Klärung eines geeigneten Bewertungsverfahrens, sondern der Frage, wann ein Eingriff in das Landschaftsbild vorliegt. Bernd Demuth, Das Schutzgut Landschaftsbild in der Landschaftsplanung. 2000, S. 34.
468 http://www.a.tu-berlin.de/Institute/0835/forsch/veroeff/Ga+La1.html. 3.9.2003
469 Was natürlich hier nicht im Einzelnen nachgewiesen werden kann.
470 http://www.murl.nrw.de/sites/arbeitsbereiche/forsten/landschaftsbildbewertung.htm.
471 BVerwG 4. Senat, Beschluß vom 15. Oktober 2001, Az. 4 B 8901, BauGB § 35 Abs. 3 S. 1 Nr. 5. Windkraftanlagen, Kriterien für Unzulässigkeit.
472 http:www.brandenburg.de/land/mlur/politik/recht/antenne2.pdf.
473 OVG Bautzen, Urteil v. 18.5.2000 – 1 B 29/98, NuR 2002 S. 162. http://www.uvm.baden-wuerttemberg.de/nafaweb/berichte/ INF02_3/in02_ 3. htm
474 VGH München, Urteil v. 25.3.1996, 14 B 94.119, NVwZ 1997 S. 1010 „Die Landschaft des Bayerischen Waldes umfasst im wesentlichen Tal- und Hanglagen und nur verhältnismäßig wenige hohe Erhebungen, die jedoch den Charakter der Landschaft wesentlich prägen. Das „Gesicht" dieser Landschaft könnte daher durch einige wenige auf Bergkuppen errichtete Anlagen nachhaltig verändert werden. Aus der Nähe ergäbe sich (auch bei einer „nur" 41,5 m hohen Anlage) eine optisch erdrückende Wirkung. Die Eigenart und Schönheit des konkret betroffenen Landschaftsbildes beruht auf seiner Ursprünglichkeit. Eine weit einsehbare Windkraftanlage würde als technische Dominante in einen schroffen Gegensatz zur natürlichen Landschaft geraten, der nicht durch eine kulturhistorisch vorgegebene Landnutzung entschärft oder wenigsten gemildert wäre. Beeinträchtigt somit die Windenergieanlage das Landschaftsbild in einem Naturpark erheblich und nachhaltig, so ist dieser Nachteil nicht schon deshalb als ausgeglichen anzusehen, weil die Anlage zum Schutz des Klimas beiträgt und die natürlichen Ressourcen schont. Eine Befreiung kann daher nicht erteilt werden." Den Ausführungen des Gerichts ist zu entnehmen, dass „natürliche Landschaft" durch kulturhistorisch vorgegebene Landnutzung „entschärft oder wenigstens gemildert" werden kann. Natur erscheint nach dieser Bestimmung als ungezähmt und wild. Sie bedarf der Entschärfung und Milderung.
475 z.B. Adam et al. 1986, Gareisgrahmann 1993, Hoisl et al. 1989, 1990, Krause, Klöppel 1996, Leitl 1997. Michael Roth, Promotionsvorhaben August 2003, http://www.tu-berlin.de/~landschaftsbild/. TU Berlin Fakultät VII Architektur Umwelt Gesellschaft Institut für Landschaftsarchitektur und Umweltplanung. Vgl. demgegenüber das Urteil des Verwaltungsgerichtshofs Baden-Württemberg vom 20.05.2003.
476 Wirtschaftsministerium Baden-Württemberg: Windfibel, 2003$^4$. S. 102
477 Gegenüber der Geschätsführung der Regiowind GmbH & Co. Freiburg KG
478 Peter Weingart, a.a.O. S. 160.
479 „Wir behaupten, dass die Pracht der Welt sich um eine neue Schönheit bereichert hat: die Schönheit der Geschwindigkeit. Ein Rennwagen ist schöner als die Nike von Samothrake." Formulierte der italienische Dichter. Vgl. z.B. Werner Haftmann, Malerei im 20. Jahrhundert. Eine Entwicklungsgeschichte mit über 500 Künstlerbiographien. Bd.1, S. 134 ff.
480 Gerhad Richter, Notizen 1982, in: Text. Schriften und Interviews, Frankfurt / M. und Leipzig, 1993, S. 93. Zitiert nach: Dietmad Elger, Landschaft als Modell. In: Dietmar Elger (Hrsg.) Gerhard Richter Landschaften, Hannover 1999.
481 Vgl. Kapitel Näherung, die zweite.
482 In diesem Zusammenhang soll auf die heute üblichen Verfahren der Restauration von Kunstwerken und archäologisch bedeutsamen Funde verwiesen werden. Während man früher bestrebt war, Reparaturen so unsichtbar wie möglich zu gestalten, ist man heute daran interessiert alle Eingriffe transparent und nachvollziehbar deutlich zu machen.
483 Udo Becker, a.a.O. S. 43.
484 Doppelsterne werden auch Bedeckungsveränderliche genannt, weil sie sich, umeinander drehend, von der Erde aus gesehen wechselseitig verdecken. Die nur so genannten Doppelsterne „Alcor" und „Mizar" – Reiterlein auf dem oberen Deichselstern im Sternbild des Großen Wagens bzw. Bärens – gehören nicht zusammen; sie sehen von der Erde her aber so aus. Doppelsterne und ihrer Beobachtung verdankt man die genauesten Kenntnisse über Zustandsgrößen der Sterne (Masse, Durchmesser). Die Umlaufzeit (umeinander) beträgt, wenn sie weit auseinander stehen, bis zu 11 000 Jahre. Manche stehen so eng, dass sie wie ein einziger Stern aussehen. Das Pendeln ihrer Spektralfarben verrät sie als Doppelgestirn. Einer der bekanntesten Sterne dieser Art ist Algol (arab. Stern), im Sternbild Perseus: Perseus der das Ungeheuer Medusa erschlug; Perseus mit den *Flügelschuhen*. Weiter interessant: offene Sternhaufen (Plejaden, Hyaden – junge Gebilde, einige hundert Millionen Jahre; Sterne der Population I ); Kugelsternhaufen (alte Gebilde –über drei Milliarden Jahre; Sterne der Population II). Raum *zwischen* den Sternen: Staub und Gas, kosmischer Rauch, wird u.U. Umständen zu selbständigem Leuchten angeregt.

# Literatur

Quellenangaben aus dem Internet sind im Text selbst bzw. in den Fußnoten vermerkt und hier nicht noch einmal aufgeführt.

Achleitner; Friedrich
(1997) Das europäische Haus (Teil 2) Traum oder Alptraum. In Friedrich Achleitner: Region, ein Konstrukt? Regionalismus eine Pleite? Basel, Bosten, Berlin.

Adorno, Theodor W. (u.a.)
(1969) Der Positivismusstreit in der deuschen Soziologie. Darmstadt/Neuwied

Adorno, Theodor W.
(1975) Negative Dialektik. Frankfurt a.M.

Adorno, Theodor Wiesengrund
(1977[3]) Ästhetische Theorie. Herausgegeben von Gretel Adorno und Ralf Tiedemann. Frankfurt a.M.

Augustinermuseum Freiburg im Breisgau
(1986) Das Schwarzwaldbild. Hg. Dr. Hans H. Hofstätter. Freiburg: Karl Schillinger

Augustinermuseum Freiburg im Breisgau
(1992) „O. Schwarzwald o. Heimat!" ... Verlust oder Anpassung. Hermann Dischler, Maler und Fotograf (1866-1935). Freiburg: Rombach

Barth, Ansgar
(1999) Tracht und Zeitgeist am Beispiel der Bollenhuttracht. In: Stadt Haslach (Hg.): Fest und Alltag. Darstellungen und Betrachtungen Schwarzwälder Lebens. Band 1 der Schriftenreihe des Schwarzwälder Trachtenmuseums Haslach. Haslach: Hansjakob-Verlag. 21–26

Bätschmann, Oskar
(1999) Landschaften in Unschärfe. In: Dietmar Elger (Hrsg.) Gerhard Richter Landschaften, Ostfildern-Ruit: Hatje Cantz Verlag 1999

Baudrillard, Jean
(1982) Der symbolische Tausch und der Tod. München.

Berg, Stephan & Martin Engler (2003) Die Sehnsucht des Kartografen. Kunstverein Hannover 13. Dezember 2003 bis 1. Februar 2004.

Beyer, Klaus und Mathis, Birgit-Susann (Hrsg.)
(1995) So weit das Auge reicht. Die Geschichte der optischen Telegrafie. Karlsruhe: Braun [anlässlich der Ausstellung „So Weit das Auge Reicht – die Geschichte der optischen Telegrafie" im Museum für Post und Kommunikation Frankfurt am Main vom 27.4. bis 30.7.1995

Billwitz, K.
(1998) Zur Entwicklung der Geoökologie in Greifswald. Petermanns Geograph. Mitt., 143., 1998/Heft 1

Bock, Sybille
(1986) Der Schwarzwald in Bildern der Sage und Dichtung. In Hans Hofstätter: Das Schwarzwaldbild. Augustinermuseum Freiburg i.Br.

Boro, Ismail, & Marianne, Reya, Sera & Akay Boro
(2003) Wir Boros und das „Schwarzwaldhaus". Bergisch Gladbach: Lübbe

Bourassa, Steven C.
The aesthetics of landscape / Steven C. Bourassa. – 1. publ.. – London: Belhaven Pr., 1991. – XVIII, 168 S.: III.; (engl.)

Bourdieu, Pierre
(1974) Klassenstellung und Klassenlage. In: Ders.: Zur Soziologie der symbolischen Formen. Frankfurt/M. 1983, S. 42–74.

Bourdieu, Pierre
(1979) Die feinen Unterschiede: Kritik der gesellschaftlichen Urteilskraft. Frankfurt/M. 1987

Brüderlin, Markus
(1988) Das Dispositiv „Heimat". In: Schwarzwaldbild. Ausstellungskatalog Kunstverein Hochrhein e.V. Bad Säckingen.

Brüderlin, Markus
(o.J.) Kunst-Heimat. Gegenwartskunst zwischen Lokalismus und Globalismus. Vortrag in Freiburg zum „Ende der großen Theorie" im Marianbad. Mauskript

Brugger, Albrecht
(1990) Baden-Württemberg – Landschaft im Wandel. Eine kritische Bilanz in Luftbildern aus 35 Jahren. Mit Texten von Frieder Lutz, Giselher Kaule und Dietmar Reinborn. Stuttgart: Theiss

Charbon, Paul
(1995) Entstehung und Entwicklung des Chappeschen Telegrafennetzes in Frankreich. In: Klaus Beyer, Birgit-Susann Mathis (Hrsg.): So weit das Auge reicht. Die Geschichte der optischen Telegrafie. Museum für Post und Kommunikation Frankfurt am Main. 1995. Karlsruhe: Braun, 29–54

Cosgrove, Denis
(1988) The iconography of landscape: essays on the symbolic representation, design and use of past environments / ed. by Denis Cosgrove .... – Cambridge: Cambridge Univ. Pr., 1988. Reihe: (Cambridge studies in historical geography ; 9).

Dahrendorf, Ralf
(1967) Homo Siciologicus. Köln/Oplanden

de Certeau, Michel
(1988) Kunst des Handelns. Merve.

Demuth, Bernd
(2000) Das Schutzgut Landschaftsbild in der Landschaftsplanung: Methodenüberprüfung anhand ausgewählter Beispiele der Landschaftsrahmenplanung. Berlin: Mensch-und-Buch-Verl., 2000.

Dettmar, J.
(1999) Zwischen Verstand und Gefühl? Das Dilemma der Disziplin Landespflege/ Landschaftsplanung/ Landschaftsarchitektur. In Detmar, J. & Ganser, K (Hrsg.): IndustrieNatur – Ökologie und Gestaltung im Emscher Park. Verlag Eugen Ulmer Stuttgart.

Diederichs, Eugen (Hrsg.)
(1974) Laotse Tao te king. Das Buch vom Sinn und Leben. Aus dem Chinesischen übertragen und erläutert von Richard Wilhelm. Düsseldorf, Köln.

Dieskau, Oliver und Heitz, Annette
(1998) George Rickey, Flüchtige Formen in Raum und Zeit. In: Michael Klant (Hrsg.) Skulptur in Freiburg. Freiburg: modo, 187

Durkheim, Emile
(1898) Die Regeln der soziologischen Methode. Frankfurt/M. 1984

Elger, Dietmar
(1999) Landschaft als Modell. In: Dietmar Elger (Hrsg.) Gerhard Richter Landschaften, Ostfildern-Ruit: Hatje Cantz Verlag

Fechner, Renate
(1986) Natur als Landschaft: zur Entstehung d. ästhet. Landschaft. Frankfurt am Main ; Bern ; New York;. (dt.) Reihe: (Europäische Hochschulschriften: Reihe 28, Kunstgeschichte ; Bd. 64)

Fehrenbach, Oskar, & Norbert Kustos
(2003) Schwarzwald. The Black Forest, La Forêt-Noire. Hamburg: Ellert & Richter, 6. Auflage (1. Aufl. 1993)

Feldhaus, Franz Maria
(1914) Die Technik. Ein Lexikon der Vorzeit, der geschichtlichen Zeit und der Naturvölker. Unveränderte Sonderausgabe Wiesbaden, 1979

Flick, Uwe
(2000) Triangulation in der qualitativen Sozialforschung. In: Uwe Flick; Ernst von Kardorff; Ines Steinke (Hrsg.): Qualitative Forschung – Ein Handbuch. Reinbek, S. 309-318.

Foucault, Michel
(1991) Die Ordnung der Dinge. (Übers. von Ulrich Köppen) Frankfurt am Main. »Let mots et les choses«, 1966, Erstauflage in dtsch. 1974

Freiburger Verkehrs AG (Hg.)
(2001) Mobile Stadt. Die Geschichte der Straßenbahn in Freiburg. Freiburg: Freiburger Verkehrs AG

Freud, Sigmund
(1916) Vorlesungen zur Einführung in die Psychoanalyse, Studienausgabe Band 1. Frankfurt: Fischer 1982

Froelich & Sporbeck
(2002) Leitfaden zur Erstellung und Prüfung Landschaftspflegerischer

Begleitpläne zu Straßenbauvorhaben in Mecklenburg-Vorpommern, Bochum/ Schwerin, September 2002

Gamboni, Dario
(1998) Zerstörte Kunst. Bildersturm und Vandalismus im 20. Jahrhundert. Köln.

Guenther, Konrad
(1954) Naturbuch vom Schwarzwald. Südlicher Schwarzwald, Baar und oberes Donautal. Freiburg: Herder, 2. durchgesehene Auflage

Haftmann, Werner
(19546) Malerei im 20. Jahrhundert. Eine Entwicklungsgeschichte. 2 Bände. München.

Hasse, Jürgen
(1999) Bildstörung: Windenergie und Landschaftsästhetik. (dt.) Reihe: Wahrnehmungsgeographische Studien zur Regionalentwicklung / Bis, Bibliotheks- u. Informationssystem d. Universität Oldenburg.

Hausen, Karin
(1993.) durch die Blume gesprochen. Naturaneignung und Symbolvermarktung. In: Wolfgang Ruppert, Zur Kulturgeschichte der Alltagsdinge. In Wolfgang Ruppert (Hrsg.) Fahrad, Auto, Fernsehschrank. Zur Kulturgeschichte der Alltagsdinge. Frankfurt.

Hegel, Georg Friedrich Wilhelm
(1952) Phänomenologie des Geistes. Hamburg: Felix Meiner

Heidegger, Martin
Die Frage nach der Technik. In: Martin Heidegger, Die Technik und die Kehre. Pfullingen 2. Auflage

Heller, Eva
(1999) Wie Farben wirken. Farbpsychologie, Farbsymbolik, Kreative Farbegestaltung. Reinbeck bei Hamburg.

Hockenjos, Wolf
(2000) Waldpassagen. Gesammelte Versuche über Baum, Wald und Flur. Vöhrenbach: Doldverlag

Hofstätter, Hans H.
(1986) Die Landschaft des Schwarzwaldes in der Wirklichkeit und im Abbild. In: Hans Hofstätter: Das Schwarzwaldbild. Augustinermuseum Freiburg i.Br.

Hofstätter, Hans H.
(2001) Paradies in Bildern. Länder am Oberrhein und Hochrhein. Paradis en tableau, Pays au Rhin supérieur. Freiburg.

Hoggenmüller, Klaus, & Wolfgang Hug
(1987) Die Leute auf dem Wald. Alltagsgeschichte des Schwarzwalds zwischen bäuerlicher Tradition und industrieller Entwicklung. Stuttgart: Konrad Theiss

Hoisl, Richard; Nohl, Werner; Engelhardt, Petra
(2000) Naturbezogene Erholung und Landschaftsbild: Handbuch / Richard Hoisl ; Werner Nohl ; Petra Engelhardt. – Münster: KTBL-Schriften-Vertr. im Landwirtschaftsverl.; Darmstadt: KTBL, Kuratorium für Technik und Bauwesen in der *, 2000. – 306 S.: Ill., Kt.; (dt.) Reihe: (KTBL-Schrift / Kuratorium für Technik u. Bauwesen in der Landwirtschaft e.V., Frankfurt a. M ; 389)

Holzmann, Gerhard J.
(1995) Die optische Telegrafie in England und anderen Ländern. In Klaus Beyer, Birgit-Susann Mathis (Hrsg.): So weit das Auge reicht. Die Geschichte der optischen Telegrafie. Museum für Post und Kommunikation Frankfurt am Main. Karlsruhe: Braun Verlag, 117–136

Hörning, Karl H.
(1988) Technik im Alltag und die Widersprüche des Alltäglichen. In: Bernward Joerges (Hrsg.) Technik im Alltag. Frankfurt.

Hübner, Kurt
(1973) Philosophische Fragen der Technik. In: Hans Lenk, Simon Moser (Hrsg.): Techne, Technik, Technologie. Philosophische Perspektiven. Pullach bei München.

Huning, Alois
(1974) Das Schaffen des Ingenieurs. Beiträge zu einer Philosophie der Technik. Düsseldorf.

Janzing, Bernward
(2002) Baden unter Strom. Eine Regionalgeschichte der Elektrifizierung. Von der Wasserkraft ins Solarzeitalter. Vöhrenbach: Doldverlag

Jensen, Wilhelm
(1901) Der Schwarzwald. Mit Illustrationen in Holzschnitt von Wilhelm Hasemann, Emil Hugo, Max Roman, Wilhelm Volz, Karl Eyth. Leipzig: C. F. Amelangs, 3. ergänzte Auflage (unveränderter Nachdruck, Frankfurt: Weidlich 1980)

Jerome, Jerome K.
(1900) Three Men on the Bummel. Harmondsworth: Penguin, 1987

Jockers, Inge
(1996) „Stolze, Striesi, Sterne" Viehhaltung im Schwarzwald um 1900. Schwarzwälder Freilichtmuseum Gutach. Reihe: Museumserkundungen, II

Joerges, Bernward
(1988) Gerätetechnik und Alltagshandel. Vorschläge zur Analyse der Technisierung alltäglicher Handlungsstrukturen. In: Bernward Joerges (Hrsg.) Technik im Alltag. Frankfurt: Suhrkamp, 20–50

Jüttemann, Herbert
(1985) Schwarzwaldmühlen. Karlsruhe: Braun

Kahlert, Helmut
(1986) 300 Jahre Schwarzwälder Uhrenindustrie. Gernsbach: Casimir Katz

Kameradschaftswerk Lokpersonal beim Betriebswerk Freiburg (Hg.)
(1985) 140 Jahre Eisenbahn in Freiburg. Rheintalbahn. Freiburg: Kameradschaftswerk Lokpersonal beim Betriebswerk Freiburg

Kant, Immanuel
(1799, 1924, 19746) Kritik der Urteilskraft. Herausgegeben von Karl Vorländer. Hamburg.

Kemp, Wolfgang
(1985) Der Betrachter ist im Bild. Kunstwissenschaft und Rezeptionsästhetik, Köln: DuMont

Kitlitschka, Werner
(1988) Natur und Kunst – gestern – heute – morgen. In: Kunst und Ökologie. Materialien zu einer latenten Kunstdiskussion. Kunstforum International, Bd. 93, Februar , März 88

Klant, Michael (Hrsg.)
(1998) Skulptur in Freiburg. Kunst des 20. Jahrhunderts im öffentlichen Raum. Freiburg: modo Verlag

Kleinmanns, Joachim
(1999) Schau ins Land – Aussichtstürme. Marburg: Jonas

Klemm, Friedrich
(1961) Kurze Geschichte der Technik, Freiburg – Basel – Wien.

Krause, Christian L.; Adam, Klaus; Schäfer, Brigitte
(1983) Landschaftsbildanalyse: methodische Grundlagen zur Ermittlung der Qualität des Landschaftsbildes / Christian L. Krause ; Klaus Adam ; Brigitte Schäfer. – Bonn- Bad Godesberg: Bundesforschungsanst. f. Naturschutz u. Landschaf*, 168 S.: Ill. + 3 Ktn.; (dt.) Reihe: (Schriftenreihe für Landschaftspflege und Naturschutz / Bundesamt für Naturschutz).

Krause, Christian L.; Klöppel, Dieter; Hoegen, Petra von

Deutschland / Bundesamt für Naturschutz
Landschaftsbild in der Eingriffsregelung: Hinweise zur Berücksichtigung von Landschaftsbildelementen ; Ergebnisse aus dem F + E-Vorhaben 808 01 139 des Bundesamtes für Naturschutz / bearb. von: Christian L. Krause ; Dieter Klöppel. – Bonn-Bad Godesberg: Bundesamt für Naturschutz, 1996. – 180 S.: Ill., graph. Darst., Kt.; (dt.) Reihe: (Angewandte Landschaftsökologie ; 8)

Kuhlmann, Dörte
(1998) Der Geist des (W)ortes. In: Thema, 3.Jg., Heft 2, Juni 1998

Laotse
(1957 (1974) Tao te king. Das Buch vom Sinn und Leben. Aus dem chinesischen übertragen und erläutert von Richard Wilhelm. Köln.

Liessmann, Konrad Paul
(1988) Natura Mortua. Über das Verhältnis von Ästhetik und Ökologie. In: Kunst und Ökologie. Materialien zu einer latenten Kunstdiskussion. Kunstforum International, Bd. 93, Februar, März 88, 65–71

Luhmann, Niklas, Bunsen, Frederick D., Baecker, Dirk
(1990) Unbeobachtbare Welt. Über Kunst und Architektur. Bielefeld.

Merian
(1989) Schwarzwald. Merian, 42. Jahrgang, Heft 11. Hamburg: Hoffmann und Campe

Murauer, Waltraud
(2003) Der Schmerz, wenn Du den Ball triffst …" in tremonia nova, magazin für dortmunder kultur & wirtschaft, Ausgabe 5, Dez. 2003

Nerlinger, Ulrike
(1997) Das Rad dreht sich wieder. Mühlenausflüge im mittleren Schwarzwald. Strasbourg: Euro-Regions Editions und Euregio Verlage

Oeschger, Bernhard, & Edmund Weeger
(1989) Schwarzwaldleben anno dazumal. Ein historischer Bilderbogen aus dem 19. und frühen 20. Jahrhundert. Stuttgart: DRW-Verlag

Oettermann, Stephan
(1995) Jahrmarkt der Erfindungen. In Klaus Beyer, Birgit-Susann Mathis (Hrsg.): So weit das Auge reicht. Die Geschichte der optischen Telegrafie. Museum für Post und Kommunikation Frankfurt am Main. Karlsruhe: Braun Verlag, 93–104

Oeverman, Ulrich
(1973) Zur Analyse der Struktur von sozialen Deutungsmustern. In: sozialer sinn, 1/2001, S. 3-34.

Oevermann, Ulrich
(1983) Zur Sache. Die Bedeutung von Adornos methodologischem Selbstverständnis für die Begründung einer materialen soziologischen Strukturanalyse. In: Ludwig von Friedeburg, Jürgen Habermas (Hrsg.): Adorno-Konferenz: 1983, Frankfurt/M., S. 234–289.

Oevermann, Ulrich
(2001): Die Struktur sozialer Deutungsmuster. Versuch einer Aktualisierung. In: sozialer sinn 1/2001, S. 35–82

Petroski, Henry
(1994) Messer Gabel Reißverschluss. Die Evolution der Gerbrauchsgegenstände. Basel Boston Berlin: Birkhäuser Verlag

Pickshaus, Peter Moritz
(1988) Kunstzerstörer. Fallstudien: Tatmotive und Psychogramme: Hamburg.

Raach, Karl-Heinz (Bilder), & Joachim Sterz (Texte)
(1997) Schwarzwald. Würzburg: Stürtz

Raach, Karl-Heinz (Fotografie), & Joachim Sterz
(1995) Schwarzwald. Die schönsten Landschaften in Deutschland. Würzburg: Stürz

Raach, Karl-Heinz, & Hans W. Karger (Fotos), Hans-Albert Stechl (Text)
(2003) Schwarzwald. München: C.J. Bucher (Ullstein Heyne List)

Reemtsma, Jan Philipp
(1997) Im Keller. Hamburg.

Regierungspräsidium Darmstadt – Dezernat VI 53.1, Arbeitskreis Landschaftsbildbewertung beim HMdILFN (1998)

Reiter, Nikolaus (Hg.)
(1987) Uriger Schwarzwald. Black Forest Heartwood. Forêt Noire Authentique. Altes Handwerk, Bräuche, Trachten. Freiburg: Rombach

Reiter, Nikolaus (Hg.)
(1992) Schwarzwald Stimmungen. Bilder vom mittleren und südlichen Schwarzwald. Black Forest Moods, Impressions de la Forêt Noire. Freiburg: Rombach, 3. Auflage (1. Aufl. 1984)

Retzlaff, Hans
(o.J.) Volksleben im Schwarzwald. 144 Bilder von Hans Retzlaff mit einführendem Text von Wilhelm Fladt. Berlin: Verlagshaus Bong & Co, 2. Auflage (ca. 1938, 1. Aufl. 1935)

Richner, Werner (Fotos), & Hermann Ebeling (Texte)
(1991) Schwarzwald. Lebendige Landschaft in Licht und Dunkel. Karlsruhe: G. Braun

Ropohl, Günter
(1973) Prolegomena zu einem neuen Entwurf der allgemeinen Technologie. In: Hans Lenk, Simon Moser (Hrsg.): Techne Technik Technologic. Philosophische Perspektiven. Pullach: Verlag Dokumentation (UTB), 152–172

Ropohl, Günter
(1988) Zum gesellschaftstheoretischen Verständnis soziotechnischen Handelns im privaten Bereich. In: Bernward Joerges (Hrsg.) Technik im Alltag. Frankfurt.

Roth, Michael
(2000): Bewertung des Landschaftsbildes der Gemeinde Hinterhermsdorf, Kreis Sächsische Schweiz, mit ArcView. Hochschule für Technik und Wirtschaft Dresden (FH), Fachbereich Landbau/Landespflege: Diplomarbeit.

Ruff, Bruno
(1979) Die Höllentalbahn. Augsburg: Verlag Wolfgang Zimmer, zweite überarbeitete Auflage

Ruppert, Wolfgang
(1993) Zur Kulturgeschichte der Alltagsdinge. In: Wolfgang Ruppert (Hrsg.) Fahrad, Auto, Fernsehschrank. Zur Kulturgeschichte der Alltagsdinge. Frankfurt: Fischer Verlag, 14–36

Rzucidlo, Ewelina
(1998) Caspar David Friedrich und Wahrnehmung: von der Rückenfigur zum Landschaftsbild / Ewelina Rzucidlo. – Münster: Lit, 1998. – 260 S., [28] Bl.: Ill.; (dt.) Reihe: (Kunstgeschichte ; 59)

Schafranski, Franz
(1996) Landschaftsästhetik und räumliche Planung: theoretische Herleitung und exemplarische Anwendung eines Analyseansatzes als Beitrag zur Aufstellung von landschaftsästhetischen Konzepten in der Landschaftsplanung. Reihe: Materialien zur Raum- und Umweltplanung ; 85 Zugl.: Kaiserslautern, Univ., Diss., 1996

Scharfe, Martin
(1999) Erste Skizze zu einer Geschichte der Berg- und Gipfelzeichen. In: Berg-Bilder. Gebirge in Symbolen – Perspektiven – Projektionen. Hessische Blätter für Volks- und Kulturforschung. Band 35. Marburg: Jonas. 97-124

Scherff, Klaus
(2001) Die Schwarzwaldbahn. Stuttgart: transpress

Schilling, Holger
(1994) Zur Bewertung des Landschaftsbildes innerhalb der Eingriffsregelung – Entwicklung eines praktikablen Bewertungsverfahrens zur Abschätzung der landschaftsästhetischen Folgen von Eingriffsvorhaben. 1994, im Fachbereich 7 der TU Berlin, Regionale Naherholung und Tourismus.

Schindler, Richard
(1989) Das Geschäft der Detektive. Kunstrezeption und Verbrechensaufklärung. In: Das Kunstwerk. Zeitschrift für moderne Kunst. XLIII 1990 4–54

Schindler, Richard
(1989): Gerhard März. Costruire – Gerhard März im Kunsthaus Zürich. SWF Rundfunk.

Schindler, Richard
(1995) Haltestelle. Kunstwerk im öffentlichen Raum im Eingangsbereich Berufsschulzentrum Freiburg Bizzierstraße, Gertrud-Luckner-Gewerbeschule

Schindler, Richard
(1995) Private Eye On Art. Annäherung ans Auge. Karlsruhe.

Schindler, Richard
(2001) Visual Profiling. Künstlerische Handlungsfelder und visuelle Resourcen. IKS Garamond, Jena.

Schindler, Richard
(2002) Bilder sind das Letzte, in: Deutsch-Amerikanische Zeiten, 50 Jahre Amerika-Haus Freiburg und Carl-Schurz-Haus / Deutsch-Amerikanisches Institut e.V., Freiburg

Schindler, Richard
(2003) Das verpasste Symbol. Die Wahrheit eines Moments: Der Sturz der Saddam-Statue. Badische Zeitung 11.04.2003

Schindler, Richard
(2003) Die Mutter aller Bomben. Badische Zeitung vom 24.03.2003

Schindler, Richard
(2005) Umgang mit Bildern. 16 Vorlesungen und 1 Vortrag. Hochschule für Gestaltung und Kunst (HGK) Basel. Freiburg: modo Verlag

Schivelbusch, Wolfgang
(1989) Geschichte der Eisenbahnreise. Zur Industrialisierung von Raum und Zeit im 19. Jahrhundert. Frankfurt.

Schmitt, Heinz
(1988) Volkstracht in Baden. Ihre Rolle in Kunst, Staat, Wirtschaft und Gesellschaft seit zwei Jahrhunderten. Karlsruhe: Badenia

Schüly, Maria
(1986) Die Arbeitswelt im Schwarzwald. In: Hans Hofstätter: Das Schwarzwaldbild. Augustinermuseum Freiburg i.Br

Schürmann, Astrid
   (1995) Kommunikation in der Antiken Gesellschaft. In: Klaus Beyer, Birgit-Susann Mathis (Hrsg.): So weit das Auge reicht. Die Geschichte der optischen Telegrafie. Karlsruhe: Braun Verlag, 7–16
Schwarzwaldbild
   (1989) Kunstverein Hochrhein e.V. Bad Säckingen
Schwarzwaldverein e.V. (Hg.)
   (2000) Weiterentwicklung von Schwarzwaldhöfen. Ergebnisse aus dem Architektenwettbewerb des Schwarzwaldvereins. Freiburg: Schriftenreihe des Naturpark Südschwarzwald e.V., Heft 1
Setzler, Wilfried
   (1998) Von Menschen und Maschinen. Industriekultur in Baden-Württemberg. In Zusammenarbeit mit Kerstin Laschewski, Benigna Schönhagen und Sibylle Setzler. Stuttgart; Weimar: Metzler
Shakespeare in deutscher Sprache
   (1922) Neuausgabe in 6 Bänden. Berlin: Georg Bondi
   (1921) in 6 Bänden, herausgegeben und zum Teil neu übersetzt von Friedrich Gundolf
Simmel, Georg
   (1950) Philosophie der Landschaft. Zitiert nach Herbert Lehmann, Die Physiognomie der Landschaft, in: Studium Generale, Heft 4/5, April 1950
Skulima, Loni
   (1957) Schönes Badnerland. Ein Bildwerk, une revue photographique, a pictorial review. Rottweil, Baden-Württembergische Verlagsanstalt Banholzer & Co.
Spalckhaver, R.
   (1906) Industrie, Technik und Verkehr. In: Emanuel Müller-Baden, Handbibliothek des allgemeinen und praktischen Wissens. Zum Studium und Selbstunterricht in den hauptsächlichsten Wissenszweigen und Sprachen. 2 Bände. Berlin
Späte, Achim
   (1996) Büro für Landschaftsökologie, Nohfelden: Errichtung einer Ferien- und Freizeitgroßanlage – Quantifizierung der Auswirkungen auf Landschaftsbild und Erholungspotential mittels des Geographischen Informationssystemes IDRISI im Rahmen einer Umweltverträglichkeitsstudie. In: LORUP, E. und J. STROBL (1996): IDRISI GIS 96 = Salzburger Geographische Materialien, Heft 25. Selbstverlag des Instituts für Geographie der Universität Salzburg.
Spaude, Edelgard (Texte), & Hans W. Karger (Bilder)
   (1969) Impressionen Schwarzwald. Freiburg: Rombach
Stalla, Robert
   (2003) Steile Höhen, sanfte Hügel. Das Motiv ‚Berg' in der Landschaftskunst des 14.–20. Jahrhunderts. In: Robert Stella (Hrsg.) Ansichten vom Berg. Der Wandel eines Motivs in der Druckgrafik von Dürer bis Heckel.
Stein, Walter
   (o.J.) Navigation leicht gemacht. Eine Einführung in die Küstennavigation für Sportsegler, Küstenschiffahrt und Fischerei. Bielefeld.
Steinhard, Axel
   (1986) Das Dreisamtal auf alten Ansichtskarten. Freiburg: Schillinger
Stierle, Karlheinz
   (1979) Petrarcas Landschaften: zur Geschichte aesthet. Landschaftserfahrungen / Karlheinz Stierle. – Krefeld: Scherpe, 1979. – 105 S.; (dt.) Reihe: (Schriften und Vorträge des Petrarca-Instituts Köln ; 29)
Straßner, Fritz und Pawlik, Johannes
   (1972) Bildende Kunst. Begriffe und Reallexikon. 2., erweiterte und verbesserte Auflage, Köln
Svobodová, Hana
   (1990) International Association for Landscape Ecology / Working Group Culture and Landscape. Cultural aspects of landscape: first international conference ..., Castle Groeneveld, Baarn, The Netherlands, 28 – 30 june 1989 / organized by the Working Group „Culture and Landscape" of the International Association for Landscape Ecology (IALE). Hana Svobodová (ed.). – Wageningen: Pudoc, 1990. – VII, 180 S.: Ill., graph. Darst., Kt.; (dt., engl.)
Teuber, Dirk
   (1993) Kunst und Kult an der Straße. anmerkungen zu einer fast vergessenen Geschichte der Kultur im öffentlichen Raum von der Antike bis ins 20. Jahrhundert. In: Regierungspräsidium Freiburg (Hrsg.), Kunst an der Straße. Dokumentation des Wettbeweerbs an der Umgehungsstraße B3/31 Freiburg-St.Georgen, durchgeführt im Auftrag des Bundesministers für Verkehr. Freiburg
Thoma, Georg
   (o.J.) Mein Schwarzwald. Hg. Hansjörg Eckert, Erwin Lauterwasser, Rainer Mülbert, mit Farbbildern von Wolfgang Müller. Freiburg: Eulen (ca. 1990)
Thomas, Karin
   (1971) Bis Heute: Stilgeschichte der bildenden Kunst im 20. Jahrhundert, Köln.
Tölle, Alwin (Bilder), & Wolfgang Hug (Texte)
   (1989) Im Schwarzwald daheim. Leben und Arbeit in alten Fotografien. Stuttgart: Theiss
Twain, Mark
   (1880) A Tramp Abroad. New York (usw.): Penguin Books, 1997
Weber, Max
   (1919) Politik als Beruf. In: Max Weber – Gesamtausgabe, Band I/17 (Studienausgabe), Tübingen 1994, S. 35-88.
Wedewer, Rolf
   (1984) Landschaftsmalerei zwischen Traum und Wirklichkeit. Idylle und Konflikt. (3) Köln: Dumont
Weibel, Peter
   (1989) Territorium und Technik. In: Ars Electronica (Hrsg.), Philosophien der neuen Technik. Berlin.
Weingart, Peter
   (1988 ) Differenzierung der Technik oder Entdifferenzierung der Kultur. In: Bernward Joerges (Hrsg.) Technik im Alltag. Frankfurt.
Wellmer, Albrecht
   (1985) Kunst und industrielle Produktion. Zur Dialektik von Modere und Postmoderne. In: Albrecht Wellmer, Zur Dialektik von Moderne und Postmoderne. Vernunftkritik nach Adorno. Frankfurt.
Wenzel, J., S. Schöbel
   (1999) Gesellschaftlicher Strukturwandel, kommunalpolitische Probleme und neue Stadtbilder – die kommunale Freiraumplanung im Spannungsfeld. In: Garten und Landschaft 3/1999
Werkner, Patrick
   (1992) Land Art USA. Von den Ursprüngen zu den Großraumskulpturen in der Wüste. München.
Werner-Künzig, Waltraut
   (1981) Schwarzwälder Trachten. Traditional Costumes in the Black Forest. Costumes populaires de la Forêt-Noire. Karlsruhe: Badenia
Wernet, Andreas
   (2000) Einführung in die Interpretationstechnik der Objektiven Hermeneutik. Opladen
Wirtschaftsministerium Baden-Württemberg (Hrsg.)
   (2003) Windfibel. Stuttgart.
Zaunschirm, Thomas
   (1982) Robert Musil und Marcel Duchamp. Klagenfurt: Ritter Verlag
Zaunschirm, Thomas
   (1983) Bereites Mädchen Ready-made, Klagenfurt: Ritter Verlag
Žižek, Slavoj (Hrsg.)
   (1992) Der Triumph des Blicks über das Auge. Psychoanalyse bei Hitchcock. Wien.

Impressum

Bibliografische Information der Deutschen Bibliothek
Die Deutsche Bibliothek verzeichnet diese Publikation in der Deutschen Nationalbibliografie; detaillierte bibliografische Daten sind im Internet über http://dnb.ddb.de abrufbar.

Gestaltung: Richard Schindler, modo Verlag

Fotografie: Richard Schindler Seite 124: Blume, Foto 1998; Seite 143: Bankbetrachter, Foto 2003; Seite 268: Ohne Titel, Digitalprint, 2003
Nicht näher bezeichnete Abbildungen sind i.d.R. von Richard Schindler

Verlag und Autoren haben sich nach besten Kräften bemüht, die erforderlichen Reproduktionsrechte für alle Abbildungen einzuholen. Für den Fall, dass wir etwas übersehen haben, sind wir für Hinweise der Leser dankbar.

Gesamtherstellung · modo Verlag GmbH Freiburg i. Br.

Copyright
© 2005, für diese Ausgabe modo Verlag, Freiburg i. Br.
für die Texte: Peter Oberndorfer, Richard Schindler, Andreas Wernet
für die Abbildungen: Die genannten Autoren und VG Bild Kunst, Bonn 2005

Institut für Visual Profiling & Visual Recources Development
www.visual-profiling.de

modo Verlag GmbH
www.modoverlag.de

ISBN 3-937014-30-6
Printed in Germany

Das Buch konnte realisiert werden dank der großzügigen Unterstützung von:
regiowind Verwaltungs-GmbH Freiburg